Inklusive Bildung und gesellschaftliche Exklusion

Magdalena Gercke · Saskia Opalinski
Tim Thonagel
(Hrsg.)

Inklusive Bildung und gesellschaftliche Exklusion

Zusammenhänge – Widersprüche – Konsequenzen

Herausgeber
Magdalena Gercke
Erfurt, Deutschland

Tim Thonagel
Erfurt, Deutschland

Saskia Opalinski
Freiburg, Deutschland

ISBN 978-3-658-17083-7   ISBN 978-3-658-17084-4 (eBook)
DOI 10.1007/978-3-658-17084-4

Die Deutsche Nationalbibliothek verzeichnet diese Publikation in der Deutschen National-bibliografie; detaillierte bibliografische Daten sind im Internet über http://dnb.d-nb.de abrufbar.

Springer VS
© Springer Fachmedien Wiesbaden GmbH 2017
Das Werk einschließlich aller seiner Teile ist urheberrechtlich geschützt. Jede Verwertung, die nicht ausdrücklich vom Urheberrechtsgesetz zugelassen ist, bedarf der vorherigen Zustimmung des Verlags. Das gilt insbesondere für Vervielfältigungen, Bearbeitungen, Übersetzungen, Mikroverfilmungen und die Einspeicherung und Verarbeitung in elektronischen Systemen.
Die Wiedergabe von Gebrauchsnamen, Handelsnamen, Warenbezeichnungen usw. in diesem Werk berechtigt auch ohne besondere Kennzeichnung nicht zu der Annahme, dass solche Namen im Sinne der Warenzeichen- und Markenschutz-Gesetzgebung als frei zu betrachten wären und daher von jedermann benutzt werden dürften.
Der Verlag, die Autoren und die Herausgeber gehen davon aus, dass die Angaben und Informationen in diesem Werk zum Zeitpunkt der Veröffentlichung vollständig und korrekt sind. Weder der Verlag noch die Autoren oder die Herausgeber übernehmen, ausdrücklich oder implizit, Gewähr für den Inhalt des Werkes, etwaige Fehler oder Äußerungen. Der Verlag bleibt im Hinblick auf geografische Zuordnungen und Gebietsbezeichnungen in veröffentlichten Karten und Institutionsadressen neutral.

Lektorat: Stefanie Laux

Gedruckt auf säurefreiem und chlorfrei gebleichtem Papier

Springer VS ist Teil von Springer Nature
Die eingetragene Gesellschaft ist Springer Fachmedien Wiesbaden GmbH
Die Anschrift der Gesellschaft ist: Abraham-Lincoln-Str. 46, 65189 Wiesbaden, Germany

Inhalt

Zur Entstehung dieses Buches IX

Einleitung: Aktuelle Diskurslinien und zentrale Denkfiguren zu Inklusion
und Exklusion in Bildung und Gesellschaft 1
Magdalena Gercke, Saskia Opalinski und Tim Thonagel

I Inklusive Bildung: global – national – regional

Inklusion und kinderrechtsorientierte Schulentwicklung 13
Lothar Krappmann

Räumliche Vielfalt der Inklusiven Bildung und sonderpädagogische
Fördersysteme im Vergleich 25
Justin J. W. Powell

Die Förderschule als sonderpädagogischer Förderort 39
Horst Weishaupt

II Inklusion und Exklusion über die Lebensspanne

Einige Bemerkungen zur Diskussion um Inklusion und Exklusion
in soziologischer Sicht 61
Rudolf Husemann

Zwischen Inklusion und Exklusion. Armut und soziale Benachteiligung
als Herausforderung an die Pädagogik bei Lernschwierigkeiten 87
Ulrich Heimlich

Inklusion im Übergang von der Schule in Ausbildung und Arbeit?
Nachschulische Lebensverläufe ehemaliger Schüler*innen mit
sonderpädagogischem Förderbedarf im Lernen 99
Heike Rosenberger

III Sprachliche Bildung

Sprachliche Bildung und Schulerfolg. Zur Individualisierung der
„Schlüsselkompetenz Sprache" im deutschen Schulsystem 123
Solveig Chilla

Fachdidaktischer Paradigmenwechsel als Wegbereiter schulischer
Inklusion. Das Beispiel des Schriftspracherwerbs 137
Ada Sasse

Reziprokes Lesen. Texte verstehen durch strategisches Lesen und
kooperatives Lernen 151
Hans Wocken

IV Aspekte der Professionalisierung von Lehrkräften

Der „sonderpädagogische Blick". Vom Erkenntniswert besonderer
Perspektiven in der Gestaltung pädagogischer Wirklichkeiten 167
Birgit Jäpelt

Kompetent sein für Inklusive Schulen heißt auch Diagnostizieren lernen.
Eine Aufgabe nicht nur für Sonderpädagog*innen 187
Gabi Ricken

V Inklusive Bildung: gestern – heute – morgen

Inklusive Bildung. Sozialromantische Träumerei? 203
Urs Haeberlin

Die inklusive Schule. Vision oder Illusion? 217
Kurt Jacobs

Zum Umgang mit Widersprüchen in der sonderpädagogischen
Diskussion um Inklusion 229
Karl-Ernst Ackermann

Verzeichnis der Autor*innen 249

Zur Entstehung dieses Buches

Große Ereignisse werfen ihre Schatten voraus: „Was, ihr wollt eine Festschrift herausgeben?" so rief ich ganz entsetzt im Oktober des Jahres 2015. „Schreibt eure Diss zu Ende und lasst die Finger von solch einem Blödsinn." Darauf kam recht kläglich: „Aber es ist doch für Rainer ... ." So oder so ähnlich erinnere ich einen Disput mit Magdalena Gercke, als sie mich um Unterstützung bei der Herausgabe dieser Schrift bat. Auf einer zeitlich befristeten Mitarbeiterinnenstelle mit hoher Arbeitsbelastung in einem sich gerade neu konfigurierenden Fachgebiet erschien mir die Würdigung eines Jubiläums durch die zeit- und arbeitsintensive Erstellung einer Publikation als geradezu deplatziert, eine Vergeudung von Arbeits- und Lebenszeit. Als dann jedoch klar wurde, dass es vor allem um eine thematisch kohärente und inhaltlich aktuelle Publikation ging, sagte ich gerne meine Hilfe zu. Denn eine Laudatio und Anekdotensammlung auf den Jubilar, das wäre nun ganz und gar nicht in seinem Sinne gewesen. Rainer Benkmann liebte schon immer die leiseren Töne, übte sich erfolgreich in Bescheidenheit und pflegte gerne ein gewisses Understatement. Hierarchie- und Statusdenken sowie die Großspurigkeit einer kleinen Universität, die sich in ihrer Gründungszeit gar als „Harvard an der Gera" auslobte, blieben ihm durchgehend fremd. Durch diese Einstellung blieb er immer auf Augenhöhe mit Mitarbeiter*innen, Studierenden und Lehrkräften in der pädagogischen Praxis. Daher soll dieses Vorwort vor allem herausstellen, wie sich dieses Buch auf das wissenschaftliche Werk von Rainer Benkmann bezieht. Dass er ein großer Fan von Borussia Dortmund ist (die spielen Fußball) und gerne die Musik von John Mayall hört, sei daher nicht weiter ausgeführt. Aber dass er mit seiner Frau Birgit und den gemeinsamen Kindern Sarah und Marvin in Berlin wohnt, trägt insofern zur Sache bei, da die lange Fahrt von Berlin nach Erfurt zur Generierung manch wissenschaftlicher Erkenntnisse beigetragen hat. Aus dieser wissenschaftsbezogenen Sicht war die Verkürzung der Fahrzeit durch die neue

Schnellbahntrasse zu bedauern, Rainer Benkmann sah dies jedoch anders und freute sich sehr über den kürzeren Weg zur Arbeit.

Einige biographische Daten gehören in eine Festschrift und sollen hier in der gebotenen Kürze aufgeführt werden: Geboren am 29. Juni 1952 in Schleswig, wuchs Rainer Benkmann größtenteils in Dortmund auf und studierte in Marburg und Gießen (Lehramt Sonderpädagogik / Diplom Erziehungswissenschaft). Referendariat und Zweites Staatsexamen für das Lehramt an Sonderschulen fanden in Berlin statt. Die Promotion erfolgte dann 1987 an der Freien Universität Berlin mit einer qualitativen Untersuchung zum Thema „Sanktion und Streit unter Kindern", die Habilitation 1998 an der Universität Hannover zum Thema „Entwicklungspädagogik und Kooperation: Sozial-konstruktivistische Perspektiven der Förderung von Kindern mit gravierenden Lernschwierigkeiten in der allgemeinen Schule". Zwischen diesen sicherlich anstrengenden akademischen Riten und Ritualen durchlief Rainer Benkmann auch die üblichen Wanderjahre als wissenschaftlicher Mitarbeiter, wissenschaftlicher Assistent und Gastprofessor an den Universitäten in Berlin (HU), Bielefeld und Hannover. Als Sonderschullehrer arbeitete er viele Jahre in Berlin. 1996 kam schließlich die Berufung als Professor für Lernbehindertenpädagogik an die Pädagogische Hochschule Erfurt/Mühlhausen (später Universität Erfurt). Dies war der Startschuss für den Aufbau der universitären Sonderpädagogik im Freistaat Thüringen.

Die Forschungsinteressen von Rainer Benkmann lassen sich klar umreißen und dienen als Folie für die thematische Gestaltung dieses Buches: Die Trias Integration – Inklusion – Exklusion und ihre Interdependenzen stehen klar im Vordergrund. Hinzu kommt die Entwicklung einer lebenslagensensiblen Pädagogik in der Armut, Sozialisation und Entwicklung bei Lernbeeinträchtigungen wichtige Aspekte darstellen. Fragen der Gestaltung von Unterricht (z. B. kooperatives Lernen) und der Professionalisierung von Lehrkräften in der Inklusion sind seine eher praxisorientierten Fragestellungen. Doch Inklusion ist weit mehr als ein pädagogisches Problem. Immer wieder kritisiert Rainer Benkmann die zunehmende Ökonomisierung von Bildung und Gesellschaft sowie von Wissenschaft und Forschung im Zuge neoliberalen Denkens. Und immer wieder verweist er in erziehungswissenschaftlichen, aber auch politisch-soziologischen Argumentationszusammenhängen auf die strukturellen Widersprüche schulischer Inklusion, wie z. B. das selektive Schulsystem und benennt Möglichkeiten ihrer Überwindung, wie z. B. das Modell der Gemeinschaftsschule. Dabei bilden die Menschen- und Kinderrechte sowie die UN-Behindertenrechtskonvention tragfähige Grundpfeiler für seine Theorie- und Praxiskonzepte. Auch in der regionalen Bildungslandschaft hat Rainer Benkmann zahlreiche Innovationen mit angestoßen: Im Freistaat Thüringen ist er als Politikberater und Bildungsexperte in zahlreichen Arbeitsgruppen und Ausschüssen zur Inklusion stark nachgefragt und ehrenamtlich als Vorstandsvorsitzender im Thüringer Landesverband des Deutschen Kinderschutzbundes tätig.

In den letzten Jahren nahm Rainer Benkmann zunehmend internationale Entwicklungen ins Blickfeld und bezog die Erfahrungen insbesondere aus Nordamerika und den skandinavischen Ländern hinsichtlich der Gestaltung von Schule und Unterricht in seine Überlegungen mit ein. Unter seiner Federführung entstand eine enge Kooperation der Erfurter Sonderpädagogik mit den Kolleg*innen der Universität Jyväskylä in Finnland.

Aus dieser Internationalisierung resultiert ein interdisziplinäres Seminar in englischer Sprache zu *learning and intellectual disabilities*, das Rainer Benkmann und ich seit über zehn Jahren in jedem Semester anbieten. Gemeinsam diskutieren wir mit den Studierenden Ergebnisse der internationalen Forschungsliteratur aus beiden sonderpädagogischen Fachrichtungen. Für mich selbst war dieses Seminar eine große Bereicherung, bot es doch die seltene Gelegenheit, die übliche professorale Situation als Einzelkämpfer zu verlassen und im Team-Teaching über Länder- und Fachrichtungsgrenzen hinweg spannende Fragestellungen zu untersuchen. Auch solche internationalen Aspekte spiegeln sich zwischen den Deckeln dieser Publikation.

Daher möchte ich abschließend den drei jungen Kolleg*innen danken, die die Mühen einer Herausgeberschaft auf sich genommen und diese Schrift ohne nennenswerte Hilfe von außen editiert haben. Herausgekommen ist eine inhaltlich dichte und thematisch stringente Publikation, die das wissenschaftliche Lebenswerk von Rainer Benkmann zum Ausgangspunkt nimmt, um aus der Sicht unterschiedlicher Autor*innen ausgewählte Zusammenhänge, Widersprüche und Konsequenzen inklusiver Bildung und gesellschaftlicher Exklusion aufzuzeigen.

Harald Goll
Erfurt, im Januar 2017

Einleitung: Aktuelle Diskurslinien und zentrale Denkfiguren zu Inklusion und Exklusion in Bildung und Gesellschaft

Magdalena Gercke, Saskia Opalinski und Tim Thonagel

Seit Ratifizierung der UN-Behindertenrechtskonvention... ist ein viel bemühter Satzanfang in einschlägigen Publikationen der letzten Jahre. Martin Heinrich (2015) kommentiert:

> „Es erscheint nahezu unumgänglich mit einer vergleichbaren Einstiegssentenz Beiträge zu diesem Thema zu beginnen, um die enorme Provokation anzusprechen und abzuarbeiten, die in ebenjener UN-Behindertenrechtskonvention für das deutsche Schulsystem liegt. (…) Immer wenn Diskursreferenzen in dieser Art und Weise, nahezu zwanghaft, formuliert werden müssen, um Anschlussfähigkeit an den Diskurs zu signalisieren, sagt dies insgesamt mehr über den Status des Diskurses aus als über die jeweilige Position der Autorinnen und Autoren. Es zeigt sich, dass hiermit eine bestimmte Lesart eines Phänomens dominiert." (S. 235)

In diesem Sinne werden wir im Folgenden exemplarisch anhand von Publikationen und Tagungsthemen aktuelle wissenschaftliche Diskurslinien zu Inklusion und inklusiver Bildung aufzeigen, um uns darüber zu positionieren und das Thema des vorliegenden Bandes zu erschließen.

Menschenrechtlich fundierte Inklusion hebt die in der Bundesrepublik Deutschland seit langem bestehenden integrativen Schulkonzepte auf eine neue Ebene. Die UN-Behindertenrechtskonvention (UN-BRK) und das Fakultativprotokoll sollen die allgemein gültigen und unteilbaren Menschenrechte insbesondere für Menschen mit Behinderungen fördern, schützen und gewährleisten. Das deutsche selektive Schulsystem verletzt hingegen das Menschenrecht auf Bildung, vor allem wegen der Benachteiligung von Kindern und Jugendlichen aufgrund von sozialer Herkunft, Migrationshintergrund oder Lebensschicksalen (UN-Generalversammlung 2007). An dieser vom UN-Sonderberichterstatter Muñoz vorgetragenen Kritik wird deutlich, welche brisante Provokation dem Diskurs innewohnt.

Auch wir können uns grundsätzlich dem menschenrechtsbasierten Verständnis von Inklusion der deutschen UNESCO-Kommission (2010) anschließen. Sie definiert Inklusion in der Bildung als einen Prozess,

„bei dem auf die verschiedenen Bedürfnisse von allen Kindern, Jugendlichen und Erwachsenen eingegangen wird. Erreicht wird dies durch verstärkte Partizipation an Lernprozessen, Kultur und Gemeinwesen, sowie durch Reduzierung und Abschaffung von Exklusion in der Bildung. Dazu gehören Veränderungen in den Inhalten, Ansätzen, Strukturen und Strategien. Diese Veränderungen müssen von einer gemeinsamen Vision getragen werden, die alle Kinder innerhalb einer angemessenen Altersspanne einbezieht, und von der Überzeugung, dass es in der Verantwortung des regulären Systems liegt, alle Kinder zu unterrichten." (S. 9)

Um der Verengung des Verständnisses von inklusiver Bildung auf Menschen mit Behinderungen einerseits und der diffusen Ausweitung auf alle Heterogenitätsdimensionen andererseits zu begegnen, folgen wir darüber hinaus dem von Kiuppis und Hausstätter (2014) unter dem Slogan „Inclusive Education for All, and especially for some?" skizzierten Verständnis von inklusiver Bildung. In direkter Tradition der deutschen Sonder- und Integrationspädagogik stehend, nimmt inklusive Bildung dann nicht mehr nur Kinder und Jugendliche mit Behinderungen bzw. sonderpädagogischem Förderbedarf, sondern jegliche als vulnerabel bzw. marginalisiert geltenden Gruppen in ihren je individuellen Lebenslagen in den Blick.

Der zunächst stark sonderpädagogisch dominierte Diskurs um inklusive Bildung weitet sich aktuell in nahezu alle Teildisziplinen der Erziehungswissenschaft und in andere Sozial- und Gesellschaftswissenschaften aus. Dies zeigen beispielhaft die Tagungsthemen „Empirisch pädagogische Forschung in inklusiven Zeiten – Professionalisierung, Konzeptualisierung, Systementwicklung" der Arbeitsgruppe für Empirische Pädagogische Forschung (AEPF 2016), „Heterogenität.Wert.Schätzen" der Gesellschaft für Empirische Bildungsforschung (GEBF 2015) oder „Was ist Inklusion?" der Deutschen Gesellschaft für Soziale Arbeit (DGSA 2016). Auch über die Erziehungswissenschaft hinaus wird Inklusion in den Blick genommen und diskutiert, z. B. auf der Tagung „Diversität und Inklusion – Umgang mit Verschiedenheit bei Beeinträchtigung und Behinderung" der Sektion Soziale Probleme und soziale Kontrolle der Deutschen Gesellschaft für Soziologie (DGS 2014) oder auf dem Tag der Psychologie unter dem Titel „Inklusion – Integration – Partizipation" des Berufsverbandes Deutscher Psychologinnen und Psychologen (BDP 2012). Dabei besteht vielfach Unklarheit darüber, wer sich mit welchem Ziel, auf welchen Ebenen und mit welchem Verständnis mit Inklusion beschäftigt.

Cramer und Harant (2014, S. 642f.) legen vier exemplarische und aktuell dominierende Definitionsangebote von Inklusion vor. Sie grenzen politisch-normative

Stellungnahmen und normativ-pädagogische Ansätze, die Inklusion als Menschenrecht verstehen, von wissenschaftlichen Positionen, wie der soziologischen oder international-vergleichenden Perspektive, ab. Die Deutsche Gesellschaft für Erziehungswissenschaft (DGfE 2017) zeigt in einer aktuellen Stellungnahme auf, wie Inklusion an die Fachdiskussionen anknüpft: als bildungs- und sozialpolitischer Impuls, als ethischer Orientierungshorizont sowie als „*Diskursangebot* für die Bündelung von Fragen der *Bildungsgerechtigkeit sowie der Partizipation*" (DGfE 2017, S. 1, Hervor. i. Org.). Gleichzeitig hebt die DGfE hervor, dass allein in der politischen Programmatik der Inklusion kein Auftrag für die Erziehungswissenschaft formuliert ist. Dieser muss vielmehr innerhalb *aller* Teildisziplinen ausgelotet, konkretisiert und an die jeweiligen Theorietraditionen und Forschungsfelder – „im Sinne einer Querschnittsaufgabe" – angeknüpft werden. Dazu sind interdisziplinäre Auseinandersetzungen, z. B. mit sozial- und gesellschaftstheoretischen Perspektiven hilfreich (ebd., S. 2).

Was Inklusion und inklusive Bildung über die Erziehungswissenschaft hinaus so spannungsreich erscheinen lässt, bringt Rainer Benkmann (2012a) mit der Frage „Inklusive Schule in einer desintegrierten Gesellschaft?" pointiert zum Ausdruck. Die Zusammenhänge und Widersprüche von Inklusion in einer Leistungsgesellschaft mit ihren neoliberalen Leitbildern und den daraus resultierenden Konsequenzen für die Schule, wie z. B. erhöhter Leistungsdruck und Outputorientierung, wurden bis dahin von nur wenigen diskutiert (vgl. z. B. Benkmann 2012b; Dannenbeck und Dorrance 2009; Feuser und Eberwein 2009). Benkmann problematisiert die „Ökonomisierung des Sozialen im Sinne des Eindringens der Effizienz- und Nützlichkeitsprinzipien des Marktes in das Denken und Handeln der Menschen (…)" (Benkmann 2012a, S. 58). Die Ökonomisierung der Lebenswelt in einer auf Konkurrenz ausgerichteten Gesellschaft fördert exkludierende gesellschaftliche Strukturen und Phänomene, wie gruppenbezogene Menschenfeindlichkeit oder rohe Bürgerlichkeit, die im direkten Widerspruch zu Inklusion stehen und damit auch Auswirkungen auf die Entwicklungen im Bildungsbereich haben (Benkmann 2012b, 2014; Zick 2017). Wohlfahrt (2014) führt dies vor dem Hintergrund der Frage nach einer „inklusiven Sozialpolitik" weiter aus und kommt zu dem Fazit, dass gesellschaftliche (Sub-)Systeme in der Konkurrenzgesellschaft, wie das Bildungswesen oder die Arbeitswelt, nicht auf Inklusion *oder* Exklusion ausgerichtet sind. Auf diese Wechselseitigkeit von Inklusion und Exklusion verweisen auch Heinrich, Urban und Werning (2013), wenn sie ein „Gleichgewicht zwischen fördernder und selektiver Praxis bzw. eine Gleichzeitigkeit dieser Pole" (S. 74) im Schulsystem herausstellen.

Dass aktuell das Interesse an gesellschaftswissenschaftlich und soziologisch fundierter Analyse von Inklusionsprozessen in Bildung und Erziehung anzusteigen scheint, lässt sich abermals an Tagungsthemen aufzeigen. Die 50. Arbeitstagung der DGfE-Sektion Sonderpädagogik verlief unter dem Titel „Bildungs- und Erziehungsorganisationen im Spannungsfeld von Inklusion und Ökonomisierung". Auch die 30. Jahrestagung der Integrations-/Inklusionsforscher*innen stand unter dem Thema „Leistung inklusive? – Inklusion in der Leistungsgesellschaft". Dazu passend fordert Kronauer (2015), dass „die Inklusionsdebatte gesellschaftspolitisch erweitert werden" (S. 157) und von der Exklusionsdebatte lernen muss, „um das Ziel der vollen, wirksamen und gleichberechtigten Teilhabe an der Gesellschaft überhaupt im Blick behalten zu können" (Kronauer 2017, S. 3). Ähnlich argumentieren Kluge, Liesner und Weiß (2015), wenn sie die aktuelle „Inklusionsrhetorik" als „ideologisch" bezeichnen, da sie ohne systematische gesellschaftstheoretische Reflexion bleibt, konzeptuelle und begriffliche Widersprüche nicht thematisiert, geschichtsvergessen ist, soziologische und systemtheoretische Grundlagen zu Inklusion und Exklusion als Begriffspaar weitgehend nicht beachtet und durchaus Affinitäten zu „Grundlinien der neoliberalen bzw. neosozialen Aktivierungspolitik" aufweist (S. 11ff.). Becker (2015) bezeichnet Inklusion gar als Utopie, die, wie er in Anlehnung an Hinz formuliert, „den Weg von der ‚Unkenntnis zur Unkenntlichkeit' beschritten hat" (S. 10) und kritisiert die hohe Moralität der Inklusionsdebatte:

> „Ihr Abheben auf eine fast schon metaphysische Ebene immunisiert gegen Kritik! Der geballte moralische Druck dieses Menschenrechtsdiskurses belegt gesellschaftstheoretische Anfragen an das Inklusionskonstrukt gelegentlich kategorisch mit dem Makel feindseliger Gesinnung." (S. 12)

Gleichzeitig braucht es die moralische Debatte über Inklusion, wenn man in Betracht zieht, dass

> „die Akzeptanz von gesellschaftlicher Solidarität mit und Hilfe für schwache und wirtschaftlich wenig gewinnbringende Gruppen durch marktförmigen Extremismus in Frage gestellt wird, beziehungsweise Ungleichwertigkeit und Menschenfeindlichkeit durch ihn aus der gesellschaftlichen Mitte heraus ‚sagbar' werde" (Groß und Hövermann 2014, S. 103).

Analysekategorien wie soziale Ungleichheit, Bildungsarmut und Lebenslage gewinnen vor diesem Hintergrund für die inklusive Pädagogik (wieder) an Bedeutung. Diese werden von Benkmann (2013) vor allem im Rahmen einer lebenslagensensiblen Pädagogik bei Lernbeeinträchtigungen thematisiert (vgl. auch Benkmann 2007; Benkmann und Gercke im Ersch.; Hiller 2016; Thielen 2012) und münden in Überlegungen zu einer Umstrukturierung des deutschen Bildungssystems, der

Aufhebung der Zwei- bzw. Dreigliedrigkeit sowie der Etablierung und Ausweitung der Gemeinschafts- bzw. Gesamtschule (Benkmann 2013, 2015).

Das vorliegende Werk erhebt nicht den Anspruch abschließende Klarheit in die vielschichtigen Zusammenhänge und Widersprüche von inklusiver Bildung und gesellschaftlicher Exklusion zu bringen. Es leistet einen Beitrag zur Weiterführung der hier beschriebenen Diskurslinien und eröffnet – als Konsequenz dessen – ausgewählte Perspektiven auf pädagogische, didaktische und professionsbezogene Fragen inklusiver Bildung. Die wiederholte Bezugnahme auf Rainer Benkmann hat vielleicht auch den Leser*innen, die das Vorwort zur Entstehung dieses Buches übersprungen haben, gezeigt, was unsere Intention mit dieser Herausgeberschrift ist: sie ist unserem Doktorvater Rainer Benkmann zu seinem 65. Geburtstag und seiner Emeritierung im Sommer 2017 gewidmet. Wir greifen mit diesem Buch die zentralen Denkfiguren Rainer Benkmanns auf, welche wiederum durch die individuellen Perspektiven der Autor*innen weitergeführt werden.

Der erste Teil des Buches betrachtet inklusive Bildung in globaler, nationaler und regionaler Perspektive. *Lothar Krappmann* beschäftigt sich in seinem Beitrag mit der Frage, welche Anforderungen an Schulentwicklung aus einer konsequenten Umsetzung der UN-Kinderrechtskonvention und der UN-Behindertenrechtskonvention folgen. Er versteht die Umsetzung von Inklusion dabei als menschenrechtliche Aufgabe, deren Bearbeitung ein verändertes pädagogisches Handeln in den Schulen fordert. Er skizziert dazu drei Ziele einer menschenrechtlich begründeten Bildung, zunächst jeweils für alle Kinder und dann spezifisch für Kinder mit Behinderungen und leitet daraus Anforderungen an Schule als Menschenrechtsinstitution ab. Auch *Justin J. W. Powell* geht in seinem Beitrag von Inklusion als Menschenrecht aus, dessen Umsetzung und Implementation in den Schulen stärker erforscht werden muss. Bei einer großen Varianz in den Bildungssystemen sowie Organisationsformen sonderpädagogischer Förderung können inter- wie intranationale Vergleiche Barrieren und Gelingensbedingungen der Realisierung inklusiver Bildung aufzeigen. Neben einer historischen und international vergleichenden Perspektive nimmt der Beitrag vor allem föderale Kontexte, nicht nur im deutschsprachigen Raum, in den Blick und zeigt auf, wie statt einer Ausweitung inklusiver Bildung schulische Segregation weiter besteht und sogar ausgebaut wird. *Horst Weishaupt* schließt daran an, wenn er in seinem Beitrag die Lernbedingungen an Förderschulen untersucht und den weit verbreiteten Mythos, der besten Förderung von Schüler*innen mit sonderpädagogischem Förderbedarf in Förderschulen, hinterfragt. Dazu stellt er die schulorganisatorischen Gegebenheiten des Förderschulsystems in den Bundesländern Hessen, Niedersachsen und Rheinland-Pfalz dar. Herangezogene Kriterien sind die Kombination mehrerer Förderschwerpunkte in den Schulen einerseits und die Umsetzung zielgleicher bzw. zieldifferenter Unterrichtung der Schüler*innen mit sonderpädagogischem Förderbedarf andererseits. Während im Diskurs um inklusive Bildung und deren erfolgreiche Umsetzung bisher vor allem die Schwierigkeiten an den allgemeinen Schulen betrachtet worden sind, plädiert er für eine stärkere Berücksichtigung der Situation in den Förderschulen.

Im zweiten Teil des Buches stehen Inklusion und Exklusion über die Lebensspanne im Fokus. Die menschenrechtliche Perspektive auf inklusive Bildung aus dem ersten Teil wird um die soziologische Diskussion um Inklusion und Exklusion erweitert. Der Beitrag von *Rudolf Husemann* eröffnet diese Perspektive mit einigen exkursorischen Ausführungen, die die gesamte Lebensspanne und gesellschaftspolitische Integrationsinstanzen in den Blick nehmen. Es werden sowohl strukturtheoretische und systemtheoretische Positionen unter Bezugnahme auf Stichweh und Luhmann, als auch historisch, empirisch und sozialpolitisch orientierte Positionen unter Bezugnahme auf Kronauer und Bude dargestellt. Daraus werden abschließend Überlegungen abgeleitet, normative Positionen zur Gestaltung der Gesellschaft einzunehmen und für den Bildungsbereich wieder stärker auf erziehungswissenschaftliche und bildungstheoretische Positionen Bezug zu nehmen. Von dieser soziologischen Perspektive ausgehend, diskutiert *Ulrich Heimlich* die Themen Armut und soziale Benachteiligung als Herausforderung an die Pädagogik bei Lernbeeinträchtigungen. Er fordert, den Diskurs zu inklusiver Bildung weniger normativ und stattdessen stärker unter Bezugnahme auf das Spannungsverhältnis zum bestehenden Bildungssystem und gesellschaftlichen Strukturen zu führen. Dazu stellt er die gesellschaftliche Ausgangssituation von Schüler*innen im Förderschwerpunkt Lernen dar, ordnet diese in soziologische Erklärungsmodelle ein und formuliert abschließend Konsequenzen für das pädagogische Handeln in Schule und Unterricht, wenn die gesellschaftliche Teilhabe von Kindern und Jugendlichen im Förderschwerpunkt Lernen ermöglicht werden soll. Daran schließt der Beitrag von *Heike Rosenberger* unmittelbar an. Sie berichtet Befunde zu nachschulischen Lebensverläufen ehemaliger Schüler*innen mit sonderpädagogischem Förderbedarf im Lernen. Ihre Daten geben Einblick in die individuellen Lebenslagen der jungen Erwachsenen. Es zeigt sich, wie die Übergänge im (Aus-)Bildungssystem und beim Eintritt ins Erwerbsleben zahlreiche Exklusionsrisiken für diese Gruppe, vor allem auch für junge Frauen, beinhalten.

Der dritte Teil thematisiert Aspekte sprachlicher Bildung. Der Beitrag von *Solveig Chilla* zu sprachlicher Bildung und Schulerfolg knüpft an die Frage nach systematischer Benachteiligung von Personengruppen im deutschen Bildungssystem an. Chilla zeigt auf, wie der Zugang zu institutionell vermittelter Bildung und Teilhabe an die individuellen sprachlichen Fähigkeiten, im Sinne der „Bildungssprache Deutsch", gekoppelt und damit der (mehr-)sprachlichen Realität in Deutschland wenig Rechnung getragen wird. Sie diskutiert, wie ein pädagogisches Verständnis von sprachlicher Bildung als Motor der Inklusion wirken kann. Als ebenso förderliche Faktoren für Inklusion diskutiert *Ada Sasse* in ihrem Beitrag fachdidaktische Innovationen. Sie wählt dazu eine historisch-vergleichende Perspektive auf Normalitätsvorstellungen zum Schriftspracherwerb. Ausgehend von einer Darstellung der Schreib- und Leselehrmethodik in der DDR zeigt sie auf, dass innerhalb weniger Jahrzehnte und somit im Lauf einer Berufsbiographie ein Paradigmenwechsel in den Vorstellungen zum Lesen und Schreiben lernen Potenziale für inklusive Entwicklungen freisetzen kann. *Hans Wocken* zeigt in seinem Beitrag am Beispiel der Methode des Reziproken Lesens, wie Leseverständnis und -fertigkeiten von Schüler*innen in heterogenen Gruppen optimiert werden können. Der Beitrag beschreibt sehr konkret die unterrichtliche Praxis des Reziproken Lesens und den Einsatz der zentralen Lesestrategien, stellt die empirische Evidenz der Methode dar und legt abschließend eine konstruktivistische Erklärung des Verfahrens nahe.

Im vierten Teil werden Aspekte der Professionalisierung von Lehrkräften erörtert. *Birgit Jäpelt* schließt mit ihren Ausführungen zum „sonderpädagogischen Blick" an die von Wocken in seinem Ausblick aufgeworfene konstruktivistische Perspektive an. Die Praxis pädagogischen Handelns wird in Verbindung mit der Grundannahme reflektiert, dass jegliches Handeln von mindestens einer Theorie ausgeht, die mehr oder weniger explizit ist. Die darauf bezogene Ausrichtung der Beobachtung als Bedingung für die Konstruktion pädagogischer Wirklichkeiten erzeugt das Spektrum pädagogischer Handlungsmöglichkeiten bzw. deren Grenzen. Sie diskutiert vor diesem Hintergrund allgemein- und sonderpädagogisches Denken und Handeln und plädiert für eine permanente Selbstreflexion pädagogischer Akteur*innen, die bereits im Studium erlernt werden sollte. Mit einem anderen Zugang, aber ähnlicher Absicht erörtert *Gabi Ricken* die Bedeutung diagnostischer Kompetenzen von Lehrkräften und deren Entwicklung im Lehramtsstudium. Ausgehend von Überlegungen zu barrierefreien Lernsituationen zeigt sie auf, dass derzeit noch kein Gesamtbild der Kompetenzen von Lehrkräften in inklusiven Settings vorliegt, nimmt im Weiteren diagnostische Kompetenzen beispielhaft in den Fokus und stellt das aus der Lehrer*innenprofessionsforschung kommende Konzept des Noticings vor. Damit verbunden ist die Annahme einer Erweiterung professioneller Handlungskompetenzen von Lehrkräften durch verbesserte Wahrnehmung von und in Unterrichtssituationen und ein Plädoyer für die Arbeit mit Videoclips und Fallvignetten.

Im fünften und letzten Teil des Buches wird inklusive Bildung im zeitlichen Verlauf gestern – heute – morgen thematisiert. *Urs Haeberlin* fragt in seinem Beitrag kritisch nach, ob inklusive Bildung sozialromantische Träumerei bleibe und führt aus, dass dies nur mit einer grundlegenden Veränderung des Bildungsverständnisses sowie des Menschen- und Gesellschaftsbildes verhindert werden könne. Dazu werden Verunsicherungen der Heil- und Sonderpädagogik exemplarisch anhand der Konjunktur verschiedener Benennungen von Schüler*innen des Förderschwerpunkts Lernen aufgezeigt und mit dem Konzept gruppenbezogener Menschenfeindlichkeit von Heitmeyer verknüpft sowie Exklusionstendenzen von der griechischen und römischen Hochkultur bis in die Gegenwart dargestellt. Die ebenfalls kritische Rückfrage, ob die inklusive Schule Vision oder Illusion sei, bearbeitet der sich anschließende Beitrag von *Kurt Jacobs*. Ausgehend von einem auf der UN-BRK basierenden Bildungsverständnis stellt er ausgewählte kritikwürdige Aspekte der Inklusionstheorie, z. B. eine Verschleierung des Phänomens Behinderung, dar und bettet inklusive Bildung in die aktuellen gesellschaftlichen Rahmenbedingungen einer globalisierten Welt ein. Dabei greift er das Spannungsfeld einer menschenrechtlich fundierten Inklusion einerseits und Wettbewerbs- und Leistungsstreben andererseits auf. Die Widersprüche in der sonderpädagogischen Diskussion um Inklusion thematisiert *Karl-Ernst Ackermann* in seinem Beitrag und greift die im Fachdiskurs formulierte Forderung nach einer umfassenden Theoriebildung und einem theoriegeleiteten Verständnis von Inklusion auf. Unter Bezugnahme auf Kronauer nimmt er zunächst eine soziologische Perspektive ein. Diese wird im weiteren durch die differenztheoretische Sicht Katzenbachs und Bogers Konzept der trilemmatischen Inklusion erweitert. Diese drei theoretischen Ansätze sind nach Ackermann geeignet, um Inklusion als pädagogische Theorie zu begreifen und zukünftig weiterzuentwickeln.

Beim Schreiben über Inklusion ist es uns wichtig, eine Form zu wählen, die selbst Vielfalt einschließt und ausdrückt. Um dem Anspruch der Herausgeber*innen Rechnung zu tragen, die ganze Bandbreite von sozialen Geschlechtern und Geschlechtsidentitäten abzubilden, wird in dem vorliegenden Band einheitlich auf die Verwendung des generischen Maskulinums und der zweigeschlechtlichen Teilung verzichtet. Stattdessen findet im Folgenden bei geschlechtsrelevanten Verschriftlichungen der sogenannte Gender-Star (*) Verwendung. Dieser Ansatz des linguistischen Genderings entspricht nicht zwangsläufig den im Folgenden publizierenden Autor*innen.

Abschließend bedanken wir uns bei Birgit Schlosser-Benkmann, den Hilfskräften Amelie Knoll, Kathrin Lemmer und Julian Riedel sowie allen Helfer*innen im Hintergrund für ihre Unterstützung. Die in diesem Buch enthaltenen Beiträge sind von Freund*innen, Kolleg*innen, Wegbegleiter*innen und Wegbereiter*innen Rainer Benkmanns verfasst worden. Ihnen allen gilt unser Dank für die Mitwirkung an diesem Projekt. Besonders freut es uns, nicht zuletzt dank Lothar Krappmann, dem Doktorvater Rainer Benkmanns, drei Generationen der scientific community in diesem Buch zu vereinen.

Literatur

Becker, U. (2015). *Die Inklusionslüge. Behinderung im flexiblen Kapitalismus*. Bielefeld: transcript.
Benkmann, R. (2007). Kinderarmut und Lernbeeinträchtigung – Zur Ungleichheit sozialer Beteiligungschancen in der Kinderwelt. In K. Salzberg-Ludwig & E. Grüning (Hrsg.), *Pädagogik für Kinder und Jugendliche in schwierigen Lern- und Lebenssituationen* (S. 79–92). Stuttgart: Kohlhammer.
Benkmann, R. (2012a). Inklusive Schule in einer desintegrierten Gesellschaft? In R. Benkmann, S. Chilla & E. Stapf (Hrsg.), *Inklusive Schule – Einblicke und Ausblicke* (Theorie und Praxis der Schulpädagogik, Bd. 13, S. 54–70). Immenhausen: Prolog-Verlag.
Benkmann, R. (2012b). *Behindertenfeindlichkeit als Form des Rassismus*. Vortrag am 20.11.2012 im Rahmen der Ringvorlesung „Rechtsextremismus, Rechtspopulismus, Fremdenfeindlichkeit – Spurensuche in Geschichte und Gegenwart". Universität Erfurt.
Benkmann, R. (2013). Bildungsarmut und Lebenslage – Herausforderungen für ein inklusives Bildungssystem. In M. Kattein & M. Vonken (Hrsg.), *Zeit-Betrachtungen: Bildung – Arbeit – Biografie* (S. 123–133). Frankfurt a.M.: Peter Lang.
Benkmann, R. (2014). Inklusive Bildung in Zeiten roher Bürgerlichkeit. *Gemeinsam leben, 22* (2), 68–77.
Benkmann, R. (2015). Gemeinschaftsschule im Kontext gesellschaftlicher Exklusion. In C. Siedenbiedel & C. Theurer (Hrsg.), *Grundlagen inklusiver Bildung. Teil 2. Entwicklung zur inklusiven Schule und Konsequenzen für die Lehrerbildung* (Theorie und Praxis der Schulpädagogik, Bd. 29, S. 348–359). Immenhausen: Prolog-Verlag.
Benkmann, R., & Gercke, M. (im Ersch.). *Spezialisierung und Generalisierung in der Lehrer_innenbildung – Aspekte der Professionalisierung für Inklusion im Förderschwerpunkt Lernen*.
Cramer, C., & Harant, M. (2014). Inklusion – Interdisziplinäre Kritik und Perspektiven von Begriff und Gegenstand. *Zeitschrift für Erziehungswissenschaft, 17* (4), 639–659.
Dannenbeck, C., & Dorrance, C. (2009). Inklusion als Perspektive (sozial)pädagogischen Handelns – eine Kritik der Entpolitisierung des Inklusionsgedankens. *Zeitschrift für Inklusion*, (2). http://www.inklusion-online.net/index.php/inklusion-online/article/view/161. Zugegriffen: 19.01.2017.
Deutsche Gesellschaft für Erziehungswissenschaft (DGfE) (2017). *Inklusion: Bedeutung und Aufgabe für die Erziehungswissenschaft*. Stellungnahme. http://www.dgfe.de/fileadmin/OrdnerRedakteure/Stellungnahmen/2017_Inklusion_Stellungnahme.pdf. Zugegriffen: 27.01.2017.
Deutsche UNESCO-Kommission (Hrsg.). (2010). *Inklusion: Leitlinien für die Bildungspolitik* (2. Aufl.). Bonn: Dt. UNESCO-Kommission.
Feuser, G., & Eberwein, H. (2009). *Darmstädter Sozialmanifest*. http://www.politik-gegen-aussonderung.net/index.php/dokumente/darmstaedter-sozialmanifest. Zugegriffen: 30.01.2017.
Groß, E., & Hövermann, A. (2014). Marktförmiger Extremismus – Ein Phänomen der Mitte? In A. Zick & A. Klein (Hrsg.), *Fragile Mitte – Feindselige Zustände. Rechtsextreme Einstellungen in Deutschland 2014* (S. 102–118). Bonn: Verlag J.H.W. Dietz. http://www.fes-gegen-rechtsextremismus.de/pdf_14/FragileMitte-FeindseligeZustaende.pdf. Zugegriffen: 30.01.2017.

Heinrich, M. (2015). Inklusion oder Allokationsgerechtigkeit? Zur Entgrenzung von Gerechtigkeit im Bildungssystem im Zeitalter der semantischen Verkürzung von Bildungsgerechtigkeit auf Leistungsgerechtigkeit. In V. Manitius, B. Hermstein, N. Berkemeyer & W. Bos (Hrsg.), *Zur Gerechtigkeit von Schule. Theorien, Konzepte, Analysen* (S. 235–255). Münster: Waxmann.

Heinrich, M., Urban, M., & Werning, R. (2013). Grundlagen, Handlungsstrategien und Forschungsperspektiven für die Ausbildung und Professionalisierung von Fachkräften für inklusive Schulen. In H. Döbert & H. Weishaupt (Hrsg.), *Inklusive Bildung professionell gestalten. Situationsanalyse und Handlungsempfehlungen* (S. 69–134). Münster: Waxmann.

Hiller, G. G. (2016). Aufriss einer kultursoziologisch fundierten, zielgruppenspezifischen Didaktik – oder: Wie Lebenslagen, Lebensgeschichten und Lebenswelten zu zentralen Bezugspunkten des Lehrens und Lernens werden. In U. Heimlich & F. B. Wember (Hrsg.), *Didaktik des Unterrichts im Förderschwerpunkt Lernen. Ein Handbuch für Studium und Praxis* (3. Aufl., S. 41–55). Stuttgart: Kohlhammer.

Kiuppis, F., & Hausstätter, R. S. (2014). Inclusive Education for All, and especially for some? On different interpretations of who and what the "Salamanca Process" concerns. In F. Kiuppis & R. S. Hausstätter (Hrsg.), *Inclusive Education twenty years after Salamanca* (S. 1–5). New York: Peter Lang Publishing.

Kluge, S., Liesner, A., & Weiß, E. (2015). Editorial. In S. Kluge, A. Liesner & E. Weiß (Hrsg.), *Inklusion als Ideologie* (Jahrbuch für Pädagogik 2015, S. 9–17). Frankfurt a.M.: Peter Lang.

Kronauer, M. (2015). Wer Inklusion möchte, darf über Exklusion nicht schweigen. Plädoyer für eine Erweiterung der Debatte. In S. Kluge, A. Liesner & E. Weiß (Hrsg.), *Inklusion als Ideologie* (Jahrbuch für Pädagogik 2015, S. 147-158). Frankfurt a.M.: Peter Lang.

Kronauer, M. (2017). *Was kann die Inklusionsdebatte von der Exklusionsdebatte lernen?* Hauptvortrag im Rahmen der 31. Internationalen Jahrestagung der Inklusionsforscher*innen (24.02.2017), Pädagogische Hochschule Oberösterreich, Linz. https://phooe.at/fileadmin/Daten_PHOOE/tagungen/veranstaltungen_2016/ifo/Tagungsdoku/Kronauer_Vortrag_Linz.pdf. Zugegriffen: 27.03.2017.

Thielen, M. (2012). Fragen inklusiver Schulentwicklung aus der Perspektive einer lebenslagen- und lebensaltersensiblen Pädagogik im Förderschwerpunkt Lernen. In B. Rauh, D. Laubenstein, L. Anken & H.-L. Auer (Hrsg.), *Förderschwerpunkt Lernen – wohin?* (S. 75–92). Oberhausen: Athena.

UN-Generalversammlung (2007). *IMPLEMENTATION OF GENERAL ASSEMBLY RESOLUTION 60/251 OF 15 MARCH 2006 ENTITLED "HUMAN RIGHTS COUNCIL". Report of the Special Rapporteur on the right to education, Vernor Muñoz. Addendum. MISSION TO GERMANY (13-21 February 2006)*. http://www.netzwerk-bildungsfreiheit.de/pdf/Munoz_Mission_on_Germany.pdf. Zugegriffen: 30.01.2017.

Wohlfahrt, N. (2014). Vom „Klassenkompromiss" zur klassenlosen Staatsbürgergesellschaft? Zu einigen Widersprüchen einer „inklusiven" Sozialpolitik. *Widersprüche, 34* (133), 11–23.

Zick, A. (2017). Macht des Vorurteils oder: Menschenfeindliche Inklusionsvorstellungen. In B. Lütje-Klose, M.-A. Boger, B. Hopmann & P. Neumann (Hrsg.), *Leistung inklusive? Inklusion in der Leistungsgesellschaft. Band I: Menschenrechtliche, sozialtheoretische und professionsbezogene Perspektiven* (S. 26–38). Bad Heilbrunn: Klinkhardt.

I
Inklusive Bildung:
global – national – regional

Inklusion und kinderrechtsorientierte Schulentwicklung

Lothar Krappmann

Zusammenfassung

Die Behindertenrechtskonvention der Vereinten Nationen hat der Aufnahme von Kindern mit Behinderungen in Regelschulen großen Nachdruck gegeben. Es reicht jedoch nicht, Barrieren abzubauen und das Lernen dieser Kinder individuell zu unterstützen. Sie müssen eine Schule erleben können, in der alle Kinderrechte verwirklicht werden, die die Staaten den Kindern in der Kinderrechtskonvention zugesichert haben. Darin liegt eine herausfordernde Aufgabe für die Weiterentwicklung unserer Schulen. Denn nur in einer Schule, die Bildung und alltägliches Schulleben auf den Menschenrechten gründet, kann Inklusion aller in gemeinsames Leben verwirklicht werden. Entscheidend ist, dass alle Kinder, auch Kinder mit Behinderung, mit ihren Sichtweisen, Meinungen und Interessen anerkannt und befähigt werden, an Entscheidungen über gemeinsame Angelegenheiten mitzuwirken.

Die UN-Behindertenrechtskonvention (im Folgenden UN-BRK), seit 2008 in Deutschland in Kraft, hat mit völkerrechtlicher Autorität und allem Nachdruck ihrer Bestimmungen klargestellt, dass die Bildungsstätten der Vertragsstaaten auch die Kinder aufzunehmen haben, die wegen einer Behinderung einer besonderen Unterstützung bedürfen, um sich erfolgreich entwickeln und bilden zu können (Kinder sind für UN-Dokumente alle jungen Menschen bis 18).[1] Dieses Menschen-

---

1   Die Texte der Behindertenrechtskonvention, der Kinderrechtskonvention und der weiteren Menschenrechtsverträge mit samt begleitender Materialien sind auf den Internet-Seiten des Deutschen Instituts für Menschenrechte zu finden: http://www.institut-fuer-men-

recht der Kinder (und Jugendlichen) mit Behinderungen wird zwar immer noch in der Öffentlichkeit diskutiert, dennoch hat die UN-BRK massive Anstrengungen ausgelöst, Kinder mit Behinderungen in öffentlichen Regelschulen zu unterrichten, wie es Eltern, Pädagog*innen und auch Kinder mit Behinderungen selber seit Jahrzehnten verlangen.

1 Inklusion der Kinder mit Behinderungen nach den UN-Menschenrechtsverträgen

Wie schwer es politischen Kräften und amtlichen Stellen fällt, sich auf die volle Teilhabe der Menschen mit Behinderungen an allen gesellschaftlichen Prozessen einzustellen, ist daraus abzulesen, dass die deutsche Übersetzung der UN-BRK den in der Menschenrechts-Community seit der UNESCO-Konferenz in Salamanca 1994 durchgängig verwendeten Begriff der *inclusion* vermeidet.[2] In der UN-Kinderrechtskonvention, die in den 80er-Jahren ausgearbeitet wurde, kam dieser Begriff noch nicht vor (im Folgenden: UN-KRK).[3] Dieser Begriff, der ausdrückt, dass die Menschenrechte mehr als bloßes Dabei-Sein fordern, war noch nicht gebräuchlich. Es besteht jedoch kein Zweifel, dass die Rechte der Kinderrechtskonvention ausnahmslos auch für Kinder mit Behinderungen gelten. Die UN-KRK war sogar der erste Menschenrechtsvertrag, der jegliche Diskriminierung von Kindern aufgrund einer Behinderung ausdrücklich untersagte. Sie enthält einen eigenen Artikel über die Rechte der Kinder mit Behinderungen auf „aktive Teilhabe" und „vollständige soziale Integration" (Art. 23, Abs. 1 und 3).

Der Begriff der Inklusion fand bald in Stellungnahmen und Forderungen Verbreitung, um der Forderung nach effektiver Beteiligung von Personen mit Behinderungen am gesellschaftlichen Leben Ausdruck zu verleihen. Folglich wurde er auch vom UN-Kinderrechtsausschuss in seinen Kommentar Nr. 9 ,Die Rechte von Kindern

---

schenrechte.de. Viele Ministerien und Nichtregierungsorganisationen bieten ebenfalls die Texte und Kommentierungen.

2 The Salamanca statement and framework for action on special needs education: http://unesdoc.unesco.org/images/0009/000984/098427eo.pdf. Zugegriffen: 29.01.2017.

3 Die Kinderrechtskonvention umfasst die wirtschaftlichen, sozialen und kulturellen sowie die politischen und bürgerlichen Rechte der Kinder. Weltweit ist die Kinderrechtskonvention auch deswegen ein wichtiger Bezugspunkt für Kinder mit Behinderungen und ihre Unterstützer, weil die Kinderrechtskonvention von 196 Staaten ratifiziert wurde, die Behindertenrechtskonvention bislang erst von 166 Staaten (August 2016). Siehe http://indicators.ohchr.org/

mit Behinderungen' übernommen (veröffentlicht 2006 kurz vor der Verabschiedung der UN-BRK). In diesem Kommentar wies der UN-Kinderrechtsausschuss darauf hin, dass zur Verwirklichung des Ziels der Inklusion wirksame Maßnahmen im Bildungswesen getroffen werden müssen (Abs. 12 des Kommentars). Was dafür geschehen muss, führte die UN-BRK in ihrem umfassenden Artikel 24 weiter aus.

In diesem Aufsatz will ich die menschenrechtliche Aufgabe, Inklusion im Bildungswesen zu fördern und herzustellen, aus einer Sicht betrachten, die in den Bildungsartikeln der beiden Konventionen angelegt ist, aber in der Praxis der Umsetzung der Artikel nicht mit Konsequenz verfolgt wird. Diese Umsetzungspraxis geht offensichtlich davon aus, dass die Bildungsstätten, in die Kinder mit Behinderungen inkludiert und zur aktiven Teilhabe am sozialen, beruflichen und bürgerlichen Leben befähigt werden sollen, abgesehen von einigen Vorkehrungen und Unterstützungsleistungen für Kinder mit Behinderungen, so weiterarbeiten können wie bisher. Sicherlich sollen inklusive Schulen gute Schulen sein. Aber es ist nicht zu vernehmen, dass diese Schulen aus Menschenrechtssicht überdacht und ihr Bildungskanon und ihre Unterrichtsweisen geprüft und weiterentwickelt werden müssten.

In jüngeren Äußerungen von UN-Gremien über das Recht auf Bildung wird zwar des Öfteren betont, dass *quality education* angeboten werden müsse, so etwa in dem 2015 von der UN-Generalversammlung verabschiedeten Ziel 4 für nachhaltige Entwicklung „Ensure inclusive and quality education for all".[4] Was *quality education* einschließt, wird jedoch nicht weiter ausgeführt. Vermutlich denkt man an didaktisch gut angelegten Unterricht, der von gut ausgebildeten Lehrkräften erteilt wird.

Einen anderen Ton setzt der Ausschuss für die Wirtschaftlichen, Sozialen und Kulturellen Rechte, der die Einhaltung des UN-Sozialpakts überwacht.[5] Der Sozialpakt, in Kraft seit 1976, enthält zwei Artikel über das Menschenrecht auf Bildung (Art. 13 und 14). Im Kommentar des Ausschusses zu Artikel 13 verlangt der Ausschuss, dass die den Kindern zu bietende Bildung sich sowohl den Bedürfnissen der sich wandelnden Gesellschaft als auch der Lebenssituation der Lernenden innerhalb der verschiedenartigen sozialen und kulturellen Umfelder anpassen kann, und zwar auf allen Stufen des Bildungswesens (*adaptability*; siehe insbesondere

---

4 Siehe die Internetseite: http://www.un.org/sustainabledevelopment/education/. Zugegriffen: 29.01.2017.
5 Internationaler Pakt über wirtschaftliche, soziale und kulturelle Rechte (kurz: UN-Sozialpakt). http://www.sozialpakt.info/internationaler-pakt-ueber-wirtschaftliche-soziale-und-kulturelle-rechte-3111/. Zugegriffen: 29.01.2017.

die Absätze 6 und 50 des Kommentars).[6] Der Kommentar konkretisiert nicht, wie Schulen sich dieser Aufgabe widmen sollen. Aber sicher ist, dass Schulen sich mit ihren Curricula und Arbeitsweisen stets weiterentwickeln müssen, um mit ihren Angeboten auf gesellschaftliche Erfordernisse und Lebensinteressen der jungen Menschen zu antworten. Inklusion gehört zu den exemplarischen Herausforderungen von *adaptability*.

Tatsächlich haben die Staaten mit ihrem Beitritt zur UN-KRK und zur UN-BRK zugesagt, eine weit über Fachunterricht hinausreichende Bildungsvorstellung in ihren Schulen zu verwirklichen.[7] Die Bildungseinrichtungen sollen dazu beitragen, dass alle Menschen ihr Leben auf der Grundlage der unverlierbaren Rechte aller Menschen führen können: in gegenseitiger Achtung, ohne Diskriminierung, im gemeinsamen Bemühen um friedliche Konfliktlösung und gerechte Lebensverhältnisse und Beteiligung aller an den sie betreffenden Angelegenheiten.

Diese Grundausrichtung müsste die Arbeit inklusiver Bildungsstätten rahmen, denn Inklusion betrifft Menschen mit allen Rechten. Kaum jemand stellt jedoch diesen menschenrechtlichen Rahmen her. Stattdessen stehen kind- und unterrichtsnahe Probleme im Vordergrund: Sind Regelschulen erreichbar? Wurden Barrieren abgebaut? Steht genug Unterstützung für das Lernen bereit? Das sind zweifellos dringliche Fragen, bei denen jedoch aus dem Blick gerät, dass sowohl die UN-BRK als auch die UN-KRK in ihren Bildungsartikeln ausdrücklich auf mehr zielen, als erfolgreiche Teilnahme an gutem Fachunterricht sicherzustellen.

Drei Ziele beherrschen den UN-Diskurs über das Menschenrecht auf Bildung seit der Allgemeinen Erklärung der Menschenrechte von 1948: Förderung aller menschlichen Potentiale, umfassendes Bewusstsein der Rechte aller Menschen sowie menschenrechtliche Handlungsfähigkeit. Dieser dreigegliederten Aufschlüsselung des Menschenrechts auf Bildung folgen alle Menschenrechtsverträge. Sie ist Grundlage der Bildungsartikel der Kinderrechts- und der Behindertenrechtskonvention und muss auch der Bezugspunkt für inklusive Bildung sein.[8]

---

6 Committee on Economic, Social and Cultural rights (1999). General Comment No. 13: The right to education.

7 Die UN-Generalversammlung berät und beschließt die Menschenrechtsverträge, Pakte oder Konventionen genannt, deren Bestimmungen aber erst durch die aus eigenem Entschluss erfolgende Ratifikation in die Rechtssysteme der einzelnen Staaten übernommen wird. Sie verpflichten sich, die Bestimmungen der Konvention rechtlich und in der Praxis umzusetzen.

8 Da die Allgemeine Erklärung der Menschenrechte „nur" eine Erklärung der UN-Vollversammlung war, die rechtlich nicht verbindlich ist, werden die allen Menschen zuerkannten Rechte dieser Erklärung durch Menschenrechtsverträge zu einklagbaren Rechten gemacht (vgl. Cremer 2011).

2 Die drei Ziele einer menschenrechtlich begründeten Bildung

2.1 Erstes Bildungsziel: Ganzheitliche Bildung

Für alle Kinder: Zum Ersten vereinbarten die Staaten, die Bildung des Kindes darauf auszurichten, „die Persönlichkeit, die Begabung und die geistigen und körperlichen Fähigkeiten des Kindes voll zur Entfaltung zu bringen" (Artikel 29 Abs. 1 (a) der UN-KRK). In Artikel 24, Abs. 1 (b) der UN-BRK wird diese Zielsetzung fast wörtlich wiederholt: Die Vertragsstaaten gewährleisten Menschen mit Behinderungen „ein [inklusives] Bildungssystem auf allen Ebenen (...) mit dem Ziel, zu gewährleisten, Menschen mit Behinderungen ihre Persönlichkeit, ihre Begabungen und ihre Kreativität sowie ihre geistigen und körperlichen Fähigkeiten voll zur Entfaltung bringen zu lassen."[9]

Die Bildungswissenschaften bezeichnen eine Bildung mit diesem umfassenden Spektrum von Bildungsbereichen üblicherweise als ganzheitliche Bildung. In der Realität der meisten Schulen gibt es bestenfalls Ansätze zu einer derartigen ganzheitlichen Bildung; einige nicht primär kognitiv ausgerichtete Fächer ergänzen die Kernfächer. Der Begriff Nebenfächer signalisiert deren Stellung. Manche Angebote sind optional, oft auf den Nachmittag verlagert. Das Grundanliegen einer Bildung, die alle Fähigkeiten des Menschen entfaltet, wird verfehlt. Eltern und Öffentlichkeit sehen die Schule als eine Einrichtung, die intellektuelle Schulleistungen hervorbringen soll; alles andere gilt als schönes Beiwerk.

Mit Blick auf Kinder mit Behinderungen: Eine engspurige Bildung beeinträchtigt alle Kinder. Ganz besonders schadet sie jedoch der Entwicklung der Kinder und späteren Erwachsenen mit Behinderungen. Sie sind vielen Situationen, Erlebnissen und Widerfahrnissen ausgesetzt, die nicht nur kognitiv bearbeitet werden können. Sie brauchen Zugang zu den unterschiedlichen Dimensionen der Sinn- und Selbstfindung, zu den vielfältigen Wegen der Verständigung mit anderen und zu den Problembearbeitungen, die Menschen in Spiel, Theater, Kunst, Musik, Tanz, Design oder Meditation zur Verfügung stehen. Diese Erweiterung menschlicher Entwicklungsmöglichkeiten über spezifische Fachbildung hinaus kann nicht zufälligen Gegebenheiten überlassen werden, sondern braucht einen festen Ort auf dem Bildungsweg aller Kinder – erst recht in der inklusiven Schule.

---

9 Wie erwähnt, steht in der amtlichen nicht-verbindlichen deutschen Übersetzung das Wort integrativ für den Begriff *inclusive* im völkerrechtlich verbindlichen englischen Vertragstext.

Mit umfassend entwickelten Fähigkeiten am Leben teilnehmen zu können ist auch für die Gestaltung menschlicher Gemeinschaft erforderlich, denn Kooperation mit anderen verlangt, nicht nur kognitiv aufmerksam zu sein, sondern alle Möglichkeiten des Gesprächs, der Auseinandersetzung, der Problemlösung und der emotionalen Beteiligung ausschöpfen zu können, um sinnvolle, gerechte, menschenfreundliche und nachhaltige Lebensformen zu entwickeln. Wiederum ist für Kinder mit Behinderungen wichtig, sich in einem Schulumfeld entwickeln und bilden zu können, das diese umfassende Erfahrung mit Menschen, Sachen, Sinn und Werten anbietet.

2.2 Zweites Bildungsziel: Bewusstsein der Rechte aller Menschen

Für alle Kinder: Zum Zweiten stellen die Vertragsstaaten beider Konventionen ihren Schulen die Aufgabe, Kindern bewusst zu machen, dass die Menschenrechte verbindliche Grundlage des Zusammenlebens aller Menschen sein müssen. In der UN-BRK steht: Das inklusive Bildungssystem habe „das Bewusstsein der Würde und das Selbstwertgefühl des Menschen" voll zu entfalten und die „Achtung vor den Menschenrechten, den Grundfreiheiten und der menschlichen Vielfalt" zu stärken (Art. 24, Abs. 1(a)). Entsprechend formuliert die UN-KRK: Bildung müsse dem Kind „Achtung vor den Menschenrechten und Grundfreiheiten und den in der Charta der Vereinten Nationen verankerten Grundsätzen vermitteln" (Art. 29, Abs. 1 (b)).

Es sei daran erinnert, dass die Vereinten Nationen gegründet wurden, um eine friedliche, gerechte und freiheitliche Welt für alle Menschen ohne Diskriminierung zu schaffen. Die Allgemeine Erklärung der Menschenrechte von 1948 hat nach heftigen Auseinandersetzungen festgeschrieben, welche Rechte folglich Menschen niemals genommen werden dürfen. Es ist einseitig, die Vereinten Nationen vor allem mit Blick auf ihren Sicherheitsrat und dessen militärische und humanitäre Aktionen wahrzunehmen, mit denen sich dieses Gremium bemüht, militärische Konflikte und humanitäre Katastrophen zu entschärfen. Denn die erste Aufgabe der Weltorganisation ist eine präventive, nämlich den Aufbau einer Welt zu fördern, in der alle Menschen in wechselseitiger Achtung zusammenleben, ihre Konflikte friedlich lösen und Probleme in gerechtem Interessenausgleich bewältigen.

Ohne Bildung aller Menschen ist dies nicht vorstellbar, weil alle Menschen das Recht haben, ihre Auffassung über Gerechtigkeit und Frieden schaffende Lösungen einzubringen. Sie brauchen dafür Kenntnisse, Handlungsfähigkeit und Urteilsvermögen. Daher ist Bildung für die Anstrengungen der Vereinten Nationen unverzichtbar. Dies wird durch die fast gleichlautende Wiederholung der menschenrechtlichen Zielsetzungen des Bildungswesens in den Menschenrechtsverträgen nachdrücklich unterstrichen.

Mit Blick auf Kinder mit Behinderungen: Wiederum ist zu betonen, dass Kinder mit Behinderungen besonders darauf angewiesen sind, in Schulen und Tagesstätten eine Bildung in sich aufzunehmen, die dem Zusammenleben aller Menschen eine Grundlage gibt. Seit unerdenklichen Zeiten wurden die Würde, die Rechte und eigene Entscheidungen dieser Menschen missachtet, wurden sie als einzelne und als Gruppe von Menschen an den Rand des sozialen, gesellschaftlichen und politischen Geschehens gedrängt. Sie müssen verstehen und darauf beharren können, was allen Menschen und auch ihnen in gleichem Maße verbürgt ist, nämlich Mensch mit Rechten und Freiheiten unter Menschen mit Rechten und Freiheiten zu sein. Sonst sind Wissen und Können aus dem Fachunterricht nur von eingeschränktem Nutzen.

Allerdings ist aus einer Studie von Bauer und Feibig (2013) zu folgern, dass eine reine Unterrichtung über zustehende Menschenrechte das Selbstbewusstsein von Kindern mit Behinderungen auch belasten kann, denn sie nehmen wahr, wie weit die soziale Realität hinter ihren Rechten zurückbleibt. Diese Kinder müssen Fortschritte in der Umsetzung ihrer Rechte erfahren, um das Bewusstsein zu entwickeln, dass die Menschenrechte verbindlich sind und den Einsatz lohnen. Schulleben muss bewusstseinsbildende Beweiskraft haben.

2.3 Drittes Bildungsziel: Menschenrechtliche Handlungsfähigkeit

Für alle Kinder: Konsequenterweise klären die Vertragsstaaten der UN-KRK und der UN-BRK eindeutig, dass bloße Information über Menschenrechte und ihre Umsetzungsprobleme nicht genügt. In Artikel 24, Absatz 1 (c), der UN-BRK versprechen die Staaten eine inklusive Bildung, die die Kinder mit Behinderungen „zur wirklichen Teilhabe an einer freien Gesellschaft befähig(t)" [*to participate effectively* im englischen Originaltext]. Entsprechend heißt es in der Kinderrechtskonvention, die Bildung müsse darauf ausgerichtet sein, „das Kind auf ein verantwortungsbewusstes Leben in einer freien Gesellschaft vorzubereiten" (Art. 29, Abs. 1 (d)).

Es sind viele Probleme, die auf verantwortungsbewusste Bewältigung warten. Oft sind es die Kehrseiten von wissenschaftlichen und technischen Errungenschaften, die das Leben der Menschen erleichtern und neue Handlungsmöglichkeiten eröffnet haben. Desto dringender ist es, Lösungen zu finden, die die Vor- und Nachteile ausgleichen, ohne Ungerechtigkeiten und Exklusion zu erzeugen.

So wichtig es ist, dass die Wissenschaften Erkenntnis und Verstehen mehren, so evident ist auch, dass Wissenschaft und Technik allein menschengerechtes Leben nicht sichern können. Die Bürger*innen des Gemeinwesens müssen aushandeln, welche Problemlösungen fair, gerecht, sozial verträglich sind, wie etwa langwierige Auseinandersetzungen über Abgase, Stromtrassen oder Plastikmüll demonstrieren. Erst recht gilt dies für Probleme wie soziale Ungleichheit, kulturelle Vielfalt oder Diskriminierung. Die Befähigung zur Bewältigung dieser Probleme ist eine genuine Bildungsaufgabe, die in die Schule gehört, um verantwortungsbewussten Umgang mit den Rechten aller Menschen zu sichern (Krappmann und Petry 2016).

Unsere Kultusminister*innen erkennen der Schule diese Aufgabe jedoch nicht zu. In ihrer Erklärung zur Menschenrechtsbildung (2000) ordnen sie den aktiven Einsatz für Menschenrechte, dem „persönlichen und politischen Lebensumkreis" der Schüler*innen zu. In diesem Lebensumkreis außerhalb der Schule steht keine begleitende Unterstützung zur Verfügung, die Wissen klärt, auf Erfahrung verweist, kritisch nachfragt, Enttäuschung auffängt und vor Simplifizierung warnt. Beteiligung aller ist nicht garantiert.

Dass Erkennen, Verstehen und Handeln nicht zu trennen sind, demonstriert Nussbaum (2015) am Beispiel von Bildungsprozessen indischer Frauen in desolaten Landregionen. Diese Frauen entwickeln ihre kognitiven, sozialen und moralischen Fähigkeiten im Kampf um die Verbesserung ihrer Lebenssituation. Gewiss greift Handeln auf Vorkenntnis zurück. Aber da handelnde Menschen auf Bedingungen und Einflusskräfte stoßen, die neues Begreifen und Beurteilen hervorbringen, erweitert es wiederum die Fähigkeiten. Daher ist die Verbindung von Analyse und Verstehen mit Handeln für eine inklusive Schule wesensgemäße Aufgabe.

In allen Schulen gibt es Probleme, die Menschenrechte betreffen: Gewalt, Vorurteile, Herabsetzung. Alle Schulen stehen vor der Aufgabe, kulturelle Diversität konstruktiv zu nutzen, geflohene Kinder zu integrieren und, nicht zuletzt, Kinder mit Behinderungen zu inkludieren. Diese Aufgaben sind nicht administrativ zu regeln, sondern rufen nach gemeinsamer Analyse, Erfahrungsaustausch, Beurteilung und Verantwortungsübernahme durch Lehrkräfte, Kinder und Jugendliche. Das ist Vorbereitung auf verantwortungsbewusstes Leben durch volle Teilhabe im Lebensumkreis der Schule.

Mit Blick auf Kinder mit Behinderungen: Es wäre nicht zu verstehen, wenn eine Schule, die sich der Verpflichtung stellt, zur Umsetzung der Menschenrechte zu befähigen, die Inklusion der Kinder mit Behinderungen nicht als vorrangiges Thema aufgreifen würde. Zum einen ist dafür zu sorgen, dass die Kinder mit Behinderungen voll in Unterricht und Schulleben einbezogen werden. Dafür reicht nicht, Barrierefreiheit herzustellen und Lernhilfen zu organisieren. Schulleben ist weit mehr als Unterricht und Lernen. Mitwirkung in schulischen Gestaltungs- und Entscheidungsprozessen muss erreicht werden. Auch in Schulen mit einem kooperativen Sozialklima gehören Streit, Foppereien und Rangeleien unter Kindern und manch fragwürdige Regelverstöße dazu. Die besonderen Lebensbedingungen der Kinder mit Behinderungen müssen dabei stets beachtet werden (wie auch die der anderen Kinder), aber sie haben keinen menschenrechtlichen Sonderstatus. Volle Inklusion in das vielgestaltige Sozialleben der Schule zu erreichen, fordert allen Beteiligten Aufmerksamkeit, Perspektivenwechsel, Grenzsetzungen und Achtung menschlicher Würde ab – ein gewichtiger Beitrag zur Befähigung, Menschenrechte mit Respekt vor Diversität zu verwirklichen.

Zum anderen ist es Bildungspflicht der Schule, dass Kinder mit Behinderungen auch die Befähigung erwerben, an kinder- und menschenrechtlichen Projekten aktiv, kenntnisreich und verantwortlich mitzuwirken, die die Schule betreibt: keine Gewalt, keine Ausgrenzung, gegen Rassismus oder was immer das Thema sein mag. Die Zusicherung der Schule, das Recht auf Inklusion umzusetzen, verlöre an Glaubwürdigkeit, wenn die Schule nur den Kindern mit Behinderungen und nicht für kindermenschenrechtliche Probleme insgesamt offen wäre, denn die Konzentration auf nur eine Gruppe oder ein Problemfeld weckt den Verdacht, Wohlwollen nur selektiv aufzubringen und nicht die menschenrechtlichen Ansprüche insgesamt ernst zu nehmen. Immer ist die Aufgabenverteilung unter Erwachsenen und Kindern gut zu überlegen. Jedoch sollten Kinder mit Behinderungen auch Aufgaben übernehmen können, die ihre Fähigkeiten herausfordern und ihnen das „verantwortungsbewusste Leben" in Gesellschaft und Staat ermöglichen.

3 Inklusive Schulentwicklung: Die Schule als Menschenrechtsinstitution

Inklusion ist nicht halb zu haben. Die Pflicht, Kindern mit Behinderungen inklusive Bildung zu bieten, ist nur zu erfüllen, wenn Schule ihren Auftrag nicht darauf reduziert, ihnen kognitive Lernprozesse zu erschließen, sondern sie als junge Menschen annimmt, die das unveräußerliche Recht besitzen, aktive Mitglieder ihrer sozialen Umwelt und der Gesellschaft zu sein.

Wer übergeht, dass die Staaten der Welt sich verpflichtet haben, in ihren Schulen diesen menschenrechtlichen Bildungsauftrag zu erfüllen, wird von den nun endlich für Aufnahme in Regelschulen fordernden Kindern mit Behinderungen daran erinnert, dass Kinder mehr brauchen als fachliche Kompetenz. Sie haben den verbürgten Anspruch, Mitbürger*innen der schulischen Bildungsgemeinschaft von jungen und erwachsenen Menschen zu werden, weil die Probleme des Zusammenlernens und -lebens in der Schule bereits präsentieren, was sie ihr Leben lang herausfordern wird: gutes Leben ohne Exklusion und Ungerechtigkeit zu sichern. Verletzungen des menschenrechtlichen Status dieser Kinder wird auch ihren Bildungsprozessen schaden.

Diese Verpflichtung, Schule als Einrichtung zu begreifen, die Fähigkeiten vermittelt, um gemeinsames Leben auf der Grundlage der Menschenrechte zu gestalten, lässt sich nicht durch einige periphere Ergänzungen verwirklichen. Es geht um eine anders zentrierte Schule. Sie muss Vieles weiterführen, was unsere Bildungstradition mit guten Gründen der Schule zugewiesen hat. Sprachen, Literatur, Naturwissenschaften, Mathematik sind unverzichtbar, um an der Entwicklung des menschlichen Bewusstseins und der Suche nach Sinn teilzunehmen. Die Themen dieser Fächer müssen jedoch den Problemen näher sein, die uns heute bedrängen.

Entscheidend ist, dass zusätzliche Themen, Arbeitsweisen und Verfahren in die Schule, in Unterricht und Schulleben, aufgenommen werden, um Menschen zu befähigen, gemeinsam sachlich, kritisch-reflexiv und Rechte achtend gute Lebensformen zu entwickeln. Diese andere Schule unterrichtet nicht einige Stunden über Menschenrechte von Kindern und Erwachsenen, sondern ist eine Menschenrechtsinstitution. Kinder mit Behinderungen werden nicht inkludiert, sondern sie sind da.

Hilfskonzepte für definierte Gruppen erzeugen die Gefahr, eigene Entscheidungsräume dieser Menschen zu schmälern – gerade bei Menschen mit Behinderungen eine prekäre Situation.[10] Erst die Schule, die sich der Umsetzung der Menschenrechte insgesamt verschreibt, bietet Kindern mit Behinderungen Mitwirkung, die sie nicht ausgrenzt. Als engagierte Mitwirkende an allen Themen können Kinder und Jugendliche wahrnehmen, dass nicht Hilfsmaßnahmen für einzelne Gruppen organisiert werden, sondern ihre Schule auf der menschenrechtlichen Verpflichtung aufbaut, die Verschiedenheit der Ausgangslagen, Sichtweisen und Interessen aller Schüler*innen als junge Menschenrechtssubjekte zu berücksichtigen.

Schulen können das leisten, wie zahlreiche Schulen und Schulnetzwerke beweisen, die auf Initiative von engagierten Schulleitungen oder Gruppen von Lehrpersonen, oft unterstützt von Stiftungen oder Bürgerorganisationen, sich auf diesen Weg begeben haben. Das verdient Anerkennung und Schulpreise, aber kann nicht die Pflicht der Staaten ersetzen, alle Bildungsstätten zu Menschenrechtsinstitutionen zu entwickeln, in denen jedes Kind seine Rechte genießt.

---

10 Die Menschenrechtskonventionen sprechen stets von Unterstützung oder Beistand (*support, assistance*), um durch die Wortwahl auszudrücken, dass nicht an Stelle einer Person gehandelt, sondern diese Person in ihrer Kompetenz gestärkt oder ihr Begleitung angeboten wird.

Literatur

Ausschuss für die Rechte des Kindes (2006). *Allgemeine Bemerkung Nr. 9: Die Rechte von Kindern mit Behinderungen.* http://www.un.org/Depts/german/menschenrechte/crc-c-gc9.pdf. Zugegriffen: 09.09.2016.

Bauer, J.-K., & Feibig, M. (2013). *Selbstwertstärkung durch Kinderrechtsbildung bei Kindern einer Förderschule. Eine exemplarische Fallstudie in Brandenburg.* Master-These im Studiengang „Soziale Arbeit als Menschenrechtsprofession" am Zentrum für postgraduale Studien Sozialer Arbeit Berlin.

Cremer, H. (2011). Menschenrechtsverträge als Quelle von individuellen Rechten. Innerstaatliche Geltung und Anwendbarkeit von Menschenrechtsverträgen am Beispiel der UN-Kinderrechtskonvention (KRK). *Anwaltsblatt, 61,* 159–165.

Krappmann, L., & Petry, C. (Hrsg.). (2016). *Worauf Kinder und Jugendliche ein Recht haben – Kinderrechte, Demokratie und Schule.* Schwalbach i. T.: Debus Pädagogik.

Nussbaum, M. (2015). *Fähigkeiten schaffen.* Freiburg: Verlag Karl Alber.

Ständige Konferenz der Kultusminister der Länder (2000/1980). *Empfehlung der Kultusministerkonferenz zur Förderung der Menschenrechtserziehung in der Schule.* http://kmk.org/fileadmin/veroeffentlichungen_beschluesse/1980/1980_12_04_Menschenrechtserziehung.pdf. Zugegriffen: 09.09.2016.

Räumliche Vielfalt der Inklusiven Bildung und sonderpädagogische Fördersysteme im Vergleich

Justin J. W. Powell

Zusammenfassung

Die hohe und gestiegene Bedeutung inklusiver Bildung für Gesellschaften und Individuen wird global, national, regional und lokal von verschiedensten Akteur*innen hervorgehoben und medial sehr breit rezipiert – und zunehmend auch wissenschaftlich multidisziplinär diskutiert. Inklusive schulische Bildung kann in den Merkmalen des Zugangs und der Anwesenheit, der Beteiligung und der Teilhabe (Qualität der Lernerfahrungen aus Sicht der Lernenden) sowie in Bezug auf die Lernleistung, respektive deren Zertifizierung bewertet werden. Aber inklusive Bildung als Menschenrecht zu verstehen geht weit über die Schulbildung hinaus. Die globale Norm des Menschenrechts auf inklusive Bildung wird zunehmend spezifiziert, dennoch bedarf es der Forschung, der Interpretation und der Implementation, was gerade in föderalistisch gesteuerten Bildungssystemen mit räumlichen Disparitäten einhergeht. Inter- wie intranational werden vergleichende Analysen und Länderberichte immer wichtiger, um den Stand nicht nur der schulischen Inklusion, sondern der individuellen Verwirklichungschancen sowie der gesellschaftlichen Teilhabe von benachteiligten und behinderten Menschen zu messen. Die räumliche Vielfalt der Inklusiven Bildung und sonderpädagogische Förderung verdeutlicht vielfältige Grenzen, aber auch Gelingensbedingungen der Inklusion.

1 Das Menschenrecht auf Inklusive Bildung als globale Norm – und als Thema der Bildungsforschung in Deutschland

Die hohe und gestiegene Bedeutung inklusiver Bildung für Gesellschaften und Individuen wird global, national, regional und lokal von verschiedensten Akteur*innen hervorgehoben und medial sehr breit rezipiert – und zunehmend auch wissenschaftlich multidisziplinär diskutiert. Durch Initiativen wie „Education for All" (UNESCO 2015) sowie die Konvention über die Rechte von Menschen mit Behinderungen der Vereinten Nationen (UN-BRK, seit 2006), welche inklusive Bildung als Menschenrecht verankert, wird das Thema Inklusion verstärkt in Bildungspolitik und -praxis aufgegriffen. Innerhalb einer Dekade haben über 160 Länder die UN-BRK ratifiziert (United Nations 2015). Artikel 24 definiert inklusive Bildung als Menschenrecht: „Die Vertragsstaaten [sichern] (…) den Zugang zu einem inklusiven, hochwertigen und unentgeltlichen Unterricht" (Art. 24, UN-BRK). Damit wird inklusive Bildung zur globalen Norm – und zum einklagbaren Recht entlang des Lebenslaufs.

Inklusive schulische Bildung kann in den Merkmalen des Zugangs und der Anwesenheit, der Beteiligung und der Teilhabe (Qualität der Lernerfahrungen aus Sicht der Lernenden) sowie in Bezug auf die Lernleistung, respektive deren Zertifizierung bewertet werden. Aber inklusive Bildung als Menschenrecht zu verstehen, geht weit über die Schulbildung hinaus und umfasst auch die Übergänge in eine berufliche oder hochschulische (Aus-)Bildung sowie das lebenslange Lernen (vgl. Pfahl 2011; Degener 2014; Wrase 2016). In Gesellschaften auf der ganzen Welt werden Lerngelegenheiten immer wichtiger, denn Bildung gilt als zentrale Vorrausetzung sowohl für die individuelle Entfaltung und Anerkennung als auch für soziale und ökonomische Teilhabe. Im gesellschaftlichen Kontext gedacht, wie Rainer Benkmann (2012) betont, muss die ungleiche Verteilung von Lerngelegenheiten vor dem Hintergrund der fortwährenden Exklusion und Diskriminierung von schwachen Gruppen im neoliberalen Zeitgeist diskutiert werden.

In den Erziehungswissenschaften wird, politisch gefördert, in ausgewählte Bereiche investiert, etwa durch Programme und Projekte, die die empirische Bildungsforschung konsolidieren (vgl. Zapp und Powell 2016). Für den Bereich der sonderpädagogischen Förderung und Inklusion sind größere Anstrengungen nötig, wie aktuell in der BMBF-Förderrichtlinie „Qualifizierung pädagogischer Fachkräfte für inklusive Bildung" deutlich wird. Viele Jahrzehnte wurde dieser Bereich in den

Hauptwerken der Bildungsforschung sowie des Bildungsmonitorings vernachlässigt.[1] Erst 2014 widmete sich der Bildungsbericht Deutschland explizit dem Thema der Bildungschancen von Menschen mit Behinderungen. Es gab zwar eine Machbarkeitsstudie zu den Analysepotenzialen für den Vergleich von Schüler*innen mit sonderpädagogischem Förderbedarf (Förderschwerpunkt Lernen) an Regel- und Förderschulen im Rahmen des Nationalen Bildungspanels (NEPS) (vgl. Gresch, Piezunka und Solga 2014). Im Sinne eines quantitativen Längsschnitts würde das von der UN-BRK verlangte „disability mainstreaming" in der Forschung sowie im Monitoring die Notwendigkeit nach sich ziehen, ein „oversampling" aller, z. T. sehr kleinen Teilgruppen innerhalb der Gruppe sonderpädagogisch förderbedürftiger Schüler*innen vorzunehmen, was aus Gründen der fehlenden Bewusstseinsbildung sowie Kosten nicht erfolgte.

International und intranational werden vergleichende Analysen und Länderberichte immer wichtiger, um den Stand nicht nur der schulischen Inklusion, sondern der individuellen Verwirklichungschancen sowie der gesellschaftlichen Teilhabe von benachteiligten und behinderten Menschen zu messen (vgl. Bartelheimer 2007; Teilhabebericht 2013). Auch wenn weltweit in Bildungssystemen verschiedener Regionen inklusive Strukturen entwickelt werden, finden wir derzeit sehr wenige Bildungssysteme, in denen *alle* Schüler*innen in „inklusiven" Klassen gemeinsam lernen (vgl. Benkmann und Pieringer 1991). Paradoxerweise nimmt gleichzeitig die sonderpädagogische Förderung seit Jahrzehnten weltweit zu, oft in Sonderschulen oder -klassen (Richardson und Powell 2011). Damit wird die weiterführende (Aus-) Bildung für Schulabgänger*innen erschwert und deren Teilhabechancen gemindert (vgl. Pfahl 2011).

In Bezug auf die Schule muss nach der Implementierung der Vorgaben der UN-BRK in den Schulgesetzen und in der alltäglichen Praxis gefragt werden. Solche Evaluationen erfolgen durch vielfältige Instanzen, etwa von Gruppen der Betroffenen (vgl. BRK-Allianz 2013). Die Monitoring-Stelle des Deutschen Instituts für Menschenrechte zeigt auf, inwieweit Diskriminierung weiterhin besteht und wie sich die rechtliche Weiterentwicklung in den Bundesländern vollzieht (vgl. Mißling und Überkert 2014; siehe auch die Länderübersicht bei Blanck 2014). Supranationale Regierungen definieren inklusive Bildung etwa als „*participation in meaningful learning for all*", was marginalisierte soziale Gruppen einschließt (vgl. Europäische Kommission 2013). Die Vereinten Nationen selbst verfolgen die Umsetzung in den einzelnen Ländern, die die UN-BRK ratifiziert haben (vgl. General Comments on

---

1 Mit wichtigen Ausnahmen, siehe das Kapitel von Lothar Krappmann und Rainer Benkmann im Bildungsreport des Max-Planck-Instituts für Bildungsforschung schon 1994 (Krappmann und Benkmann 1994; vgl. Krappmann, Leschinsky und Powell 2003).

Inclusive Education, UN 2016). Die globale Norm des Menschenrechts auf inklusive Bildung wird zunehmend spezifiziert, dennoch bedarf es der Forschung, der Interpretation und der Implementation, was gerade in föderalistisch gesteuerten Bildungssystemen mit räumlichen Disparitäten einhergeht.

2 Reduzierte Exklusion heißt nicht automatisch zunehmende Inklusion

Trotz der unbestreitbaren Erfolge in den Bemühungen, allen Kindern den Zugang zu Bildung zu ermöglichen und somit die schulische *Exklusion* zu reduzieren, ist die vollständige schulische *Inklusion* aller Schüler*innen weltweit eine Herausforderung geblieben. Selbst in den nordischen Ländern, welche vergleichsweise fortgeschrittene inklusive Bildungssysteme etabliert haben, wird inklusive Bildung eher als Prozess und Ziel denn als erreichter Status betrachtet (vgl. Barow und Persson 2011; Biermann und Powell 2014; Sigurðardóttir, Guðjónsdóttir und Karlsdóttir 2014). Wie die Ausweitung des Zugangs zu formalisierter Bildung insgesamt, vollzieht sich der Übergang von Exklusion zu Inklusion im Hinblick auf die Förderorte graduell – und „pfadabhängig" (vgl. Blanck, Edelstein und Powell 2013; Edelstein 2016).

Demnach erfolgt der institutionelle Wandel inkrementell, nicht als Transformation. Diese Prozesse bedürfen der Untersuchung. In vielen Ländern wird sonderpädagogische Unterstützung in verschiedenen Organisationsformen angeboten, entlang eines Kontinuums von Segregation (Unterricht in unterschiedlichen Gebäuden), über Separation (Unterricht im selben Schulgebäude, aber in unterschiedlichen Räumen) und Integration (teilweise gemeinsamer Unterricht) hin zu vollständiger Inklusion (umfassender gemeinsamer Unterricht). Die Überwindung organisationaler Exklusion – in vielen Teilen der Welt noch die alltägliche Realität für Kinder oder Jugendliche mit wahrgenommenen Beeinträchtigungen und Behinderungen (etwa Nigeria, mit über 10 Millionen nicht-beschulter Kinder, der höchsten Anzahl weltweit, vgl. Biermann und Powell 2016) – ist demnach nur der erste Schritt hin zur größtmöglichen Teilhabe an formal organisierten Lernmöglichkeiten. Die etablierten separierenden und segregierenden sonderpädagogischen Organisationsformen, die verallgemeinert und verteidigt werden, blockieren gleichzeitig den Ausbau der inklusiven Bildung (vgl. Powell, [2011] 2016).

3 Persistente Varianz in den Förderquoten und Förderorten: Konvergenz zum Kontinuum?

Sowohl Förderquoten als auch Förderorte weisen eine erstaunliche Varianz auf, denn sowohl Schulbildung als auch individuelle Förderung werden international sehr unterschiedlich organisiert (European Agency 2011, 2016; OECD 2007). Im gesamten Lebensverlauf müssen Barrieren abgebaut werden, um Zugang zu (Aus-)Bildung zu sichern und somit die Teilhabe am gesellschaftlichen Leben zu unterstützen. Während viele Länder aufgrund mangelnder Ressourcen sehr wenige Unterstützungsleistungen bereitstellen können, wird in anderen (sehr) viel in etablierte (sonderpädagogische) Fördersysteme investiert. Jedoch ist es nicht lediglich eine Frage von Ressourcen, sondern auch eine des Willens, alle Kinder und Jugendlichen, unabhängig von der ihnen zugeschriebenen Leistungsfähigkeit, in ihren eigenen Lernprozessen zu unterstützen und sie gemeinsam in inklusiven Klassen zu fördern (vgl. TdiverS 2016).

Insbesondere in Deutschland und seinen kontinentaleuropäischen Nachbarländern, wo im internationalen Vergleich ein (sehr) hoher Anteil an Schüler*innen mit sonderpädagogischem Förderbedarf an Sonderschulen unterrichtet wird (European Agency 2011, 2016), stellt die Vision inklusiver Bildung für Alle eine große Herausforderung dar. Aber auch für Nationalstaaten mit längerer Tradition der flächendeckenden schulischen Integration wächst aufgrund der UN-BRK der Druck zu grundlegenden Reformen, denn pädagogische Praktiken sollen sich weiterentwickeln, hin zu einer Schule, in der unabhängig von den Lernausgangslagen im gemeinsamen Unterricht gefördert wird.

Aber innerhalb von Europa gibt es stark kontrastierende Bildungssysteme und variierende Organisationsformen der Lernförderung. In manchen Systemen werden nahezu alle Schüler*innen gemeinsam unterrichtet, wie in den genannten nordischen Ländern sowie in südeuropäischen Ländern wie Italien. Dagegen wird, trotz Ratifizierung der UN-BRK, in „binären" Systemen wie in Belgien, Deutschland, Österreich oder der Schweiz die räumliche Trennung von Regel- und Sonderschulen beibehalten. Viele Nationalstaaten in Europa und Nordamerika haben jedoch ihre Bildungssysteme derart reformiert, dass ein „Kontinuum" an Förderorten, von Sonderschulen über Sonderklassen zu inklusiven Klassen entstanden ist (vgl. European Agency 2011). Auch die deutschsprachigen Länder bewegen sich, Schritt für Schritt, in Richtung eines Kontinuums von Segregation über Separation und Integration hin zu vollständiger Inklusion (gemeinsamer Unterricht), dabei ist die Rhetorik weitaus ambitionierter als es die schulischen Realitäten sind.

Internationale wie intranationale Vergleiche verdeutlichen vor diesem Hintergrund Barrieren wie Gelingensbedingungen der Anerkennung und Verwirklichung des Menschenrechts auf inklusive Bildung (vgl. Blanck, Edelstein und Powell 2013). Vergleichende Studien zur Entwicklung inklusiver Bildung beziehen sich häufig auf die Policyempfehlungen internationaler Organisationen sowie auf andere Länder, insbesondere diejenigen, wie etwa Island, Norwegen oder Kanada, die seit den 1990er-Jahren inklusive Schulen weiterentwickelt haben (vgl. Kiuppis und Peters 2014; Köpfer 2013; Sigurðardóttir, Guðjónsdóttir und Karlsdóttir 2014). Um die Barrieren der Umsetzung inklusiver Bildung überwinden zu können, muss zunächst die Institutionalisierung segregierender und separierender Bildungssysteme verstanden und die Entwicklung hin zur Konvergenz zum Kontinuum der Förderorte untersucht werden (vgl. Powell [2011] 2016): Die vielfältigen negativen Folgen der Stigmatisierung für Individuen und Gesellschaften sowie die eingeschränkten sozialen und fachlichen Lerngelegenheiten in segregierten Settings bedürfen der kritischen Reflexion. Hier sind Ansätze zur Erforschung ländervergleichender und historischer Fragestellungen hilfreich.

4 Inklusion International: Historische und vergleichende Ansätze und Studien

Es gibt viele Gründe dafür, die relativ rare historische und ländervergleichende Perspektive einzunehmen. Vor allem seit dem Zweiten Weltkrieg hat es eine weltweite Bildungsexpansion gegeben, die kein Land unberührt ließ: Die Institutionalisierung vielfältiger Organisationsformen formaler Bildung schreitet voran, sodass von einer komplett beschulten Gesellschaft gesprochen werden kann (vgl. Baker 2014). Die Sonderpädagogik hat sich, teilweise vor Einführung der allgemeinen Schulpflicht, etabliert und hat besonders die Leitprinzipien und Begründungen schulischer Strukturen und pädagogischen Handelns in Bezug auf Heterogenität mitbestimmt. Während internationale und intranationale Vergleiche Kritiken des Status quo begünstigen, unterstreichen auch historische Vergleiche die Kontingenz der Entwicklungen. Seit Jahrhunderten werden Vergleiche als Quelle der Erkenntnis genutzt, durch die Selbstverständlichkeiten hinterfragt werden können (Schriewer 2003). Signifikant in unserer globalisierten Welt sind die kontinuierlichen Versuche des „Lernens von anderen": Ob Schulleistungstests, Benchmarks oder Rankings, kein Land kann sich mehr den internationalen Vergleichsprozessen entziehen, auch nicht im Bereich der inklusiven Bildung (z. B. European Agency 2011, 2016; OECD 2007). Gleichzeitig sammeln europäische Projekte für die unterschiedlichen Ebenen des Schulsystems *„inspiring practices"*, die sie der Praxis, der Wissenschaft und der Politik zur Verfügung stellen (z. B. Videografien inklusiven Unterrichts, vgl. TdiverS 2016).

Aufgrund der relativ geringen, aber wachsenden Anzahl internationaler Vergleiche sonderpädagogischer Fördersysteme wie inklusiver Bildung (auf Deutsch vgl. z. B. Klauer und Mitter 1987; Benkmann und Pieringer 1991; Albrecht, Bürli und Erdélyi 2006; Bürli, Strasser und Stein 2009; Bürli 2010; Johnson 2013; Köpfer 2013), gibt es eine ganze Reihe von Forschungslücken. Biewer und Luciak (2010) kommen zu dem Schluss: „Trotz der Fülle an Darstellungen von Sonderpädagogik in anderen Ländern, mangelt es nach wie vor sowohl an anspruchsvollen systematischen Arbeiten wie auch an empirischer Forschung mit elaboriertem Methodendesign" (S. 15); dies gilt ebenso für die erziehungswissenschaftliche Forschung zur inklusiven Bildung. In einem Review wissenschaftlicher Beiträge mit Bezug auf das Thema „Behinderung" in der vergleichenden und internationalen Erziehungswissenschaft in führenden englischsprachigen Zeitschriften zeigt Brown (2014), dass v. a. zwei Themen dominieren, nämlich die soziale Interpretation von Behinderung sowie Fragen der analytischen Betrachtungsebenen – global, national, regional oder lokal. Trotz Versuchen in den letzten Jahrzehnten durch umfassende vergleichende Studien, wie die der UNESCO oder der OECD sowie in Europa, die der European Agency oder der Expertennetzwerke, gibt es viele Lücken in dem Wissen über Entwicklungen von Fördersystemen wie auch über die Bestrebungen, Bildungssysteme zu reformieren, um inklusiver zu werden (vgl. Richardson und Powell 2011).

Die bestehende, vergleichende Forschung in der Heil- und Sonderpädagogik bezieht sich v. a. auf westliche Länder, wobei auch hier große Anstrengungen nötig sind, um verlässliche Datengrundlagen zur Implementierung inklusiver Bildungsangebote herzustellen (vgl. MIPIE 2011). Zukünftige Analysen sollten über den bisher vielfach untersuchten Ost-West-Dialog hinausgehen, global verstärkt auch zwischen Norden und Süden vergleichen, insbesondere aus interkultureller Perspektive, und die gestiegene Relevanz internationaler Organisationen sowie Netzwerke der Behindertenbewegung analysieren (vgl. Biermann, Graf, Proyer, Reisenbauer und Zahnd 2014; Biermann und Powell 2016). Diese sollten die Interpretation globaler Normen wie die der Inklusion auf unterschiedlichen Ebenen untersuchen (Biewer und Luciak 2010; Artiles, Kozleski und Waitoller 2011). Um die aktuellen Grenzen inklusiver Bildung zu erkennen, zu verstehen und verändern zu können, werden theoretisch anspruchsvolle, systematische, explizite Ländervergleiche von Bildungssystemen entscheidend sein.

5 Zur Institutionalisierung sonderpädagogischer Förderung und inklusiver Bildung in föderalen Kontexten

Die Entwicklung von Bildungssystemen erfolgt eigendynamisch und „pfadabhängig", d. h. schrittweise verstärkend, denn jegliche Reform muss sich auf die schon existierenden Institutionen und Organisationen beziehen, die aufgrund bereits erfolgter Investitionen schwer veränderbar sind (vgl. Blanck, Edelstein und Powell 2013; Edelstein 2016): Dies zeigt sich darin, dass Sonderschulen und -klassen bis heute und aufgrund der institutionellen Reproduktion die Hauptorganisationsformen sonderpädagogischer Förderung – nicht nur im deutschsprachigen Raum – geblieben sind.

Diese Analyseperspektive fokussiert die Bedeutung von Ideen für die Entwicklung von Institutionen und Organisationen und unterstreicht dabei die kulturellen und strukturellen Kontextfaktoren, die inklusive Bildung erschweren oder ermöglichen. Wechselwirkungen zwischen Behinderungsparadigmen und -kategorien einerseits und der Entwicklung sonderpädagogischer Organisationsformen andererseits werden sichtbar, wenn rechtlich kodifizierte, disziplinär abgesicherte und kulturell geprägte Klassifizierungsprozesse in sonderpädagogischen Fördersystemen symbolische und soziale Grenzen ziehen, die weitreichende Auswirkungen auf die individuellen Entwicklungsmöglichkeiten und Lebenschancen von Schüler*innen haben (vgl. Pfahl und Powell 2016).

Die aktuelle Verfasstheit der Fördersysteme und die Debatten um deren Reform sind nur zu verstehen, wenn die historischen Legitimitätsbestrebungen und Interessenlagen bekannt sind, die zu diesen hochgradig institutionalisierten Organisationsformen geführt haben. Neo-institutionalistische Ansätze unterstreichen die Wirkmächtigkeit historisch überlieferter Ideen – etwa medizinischer (klinischer) Modelle von Behinderung – sowie die Beständigkeit der auf deren Basis legitimierten schulischen Organisationsformen – wie Sonderschulen oder -klassen. Wesentliche Barrieren für die heutige schulische Integration respektive Inklusion, v. a. in westlichen Wohlfahrtsstaaten, liegen in der langfristigen Institutionalisierung sonderpädagogischer Fördersysteme sowie der Stratifizierung des Bildungswesens. Die unterschiedlichen Bildungssysteme wurden durch sich verändernde Behinderungsparadigmen, die sich beispielsweise in einem Vergleich der KMK-Empfehlungen von 1964, 1972, 1990 und 2011 nachzeichnen lassen, durch kulturelle Leitideen, insbesondere in Bezug auf Bildung, und Gleichheitsprinzipien sowie politische und gesellschaftliche Bewegungen geprägt.

Aktuell wird weltweit über Leistungsstandards und individuelle Kompetenzen sowie die vielerorts angestrebte „Schule für alle" diskutiert. Dennoch, wenn schulische Inklusion, in der alle Schüler*innen in der Erreichung ihrer individuellen Lernziele unterstützt werden, nicht nur eine rhetorische Forderung bleiben soll, muss sich diese gegen kulturell-kognitive, normative und rechtliche Beharrungskräfte der institutionalisierten Organisationsformen durchsetzen, die für Schüler*innen mit attestiertem Förderbedarf entwickelt worden sind. Hier kann v. a. zwischen schrittweisem und transformativem Wandel unterschieden werden, z. b. der stetige Ausbau des Sonderschulwesens seit den 1960er-Jahren bis heute in Westdeutschland, im Vergleich zur Transformation des Bildungswesens in den neuen Bundesländern nach der Wiedervereinigung (mit einer erstaunlich starken Erhöhung der Sonderbeschulung in den neuen Bundesländern, vgl. Autorengruppe Bildungsberichterstattung 2014, 2016).

Insbesondere in föderalen politischen Systemen wie Deutschland, Kanada, der Schweiz oder den USA darf die Analyse von Disparitäten nicht auf der Nationalebene stehen bleiben, da es auch große regionale Varianzen gibt. Es sind deshalb auch *intra*nationale Vergleiche von Nöten (vgl. z. B. Blanck 2014 zu Deutschland; Johnson 2013 zu den USA; Köpfer 2013 zu Kanada; Mejeh 2016 zur Schweiz). Dennoch zeigt auch der deutsch-amerikanische Vergleich für die letzten 100 Jahre eine deutliche nationale Divergenz aufgrund kontrastierender „institutioneller Logiken": „interschulische Segregation" in Deutschland und „intraschulische Separierung" in den USA (Powell, [2011] 2016). Etwa um 1900 begann eine Phase der sogenannten Nachahmung, in der im gegliederten Bildungswesen Deutschlands die Hilfsschule (Sonderschule) entwickelt wurde, nach der Logik „homogener" Lerngruppen und eigenständiger Schulformen. Im Vergleich dazu wurden in den Gesamtschulen der USA Sonderklassen etabliert, die alle Schüler*innen mit (unterschiedlichen) Förderbedarfen gemeinsam in heterogenen Klassen zu unterstützen versuchten. In der zweiten Phase, der der Expansion und der Differenzierung, seit etwa der 1950er-Jahre, kam es mit der universellen Schulpflicht und der sonderpädagogischen Förderung zu heterogenen Schülerschaften, wobei in US-amerikanischen Schulen lediglich eine individuelle Differenzierung nach Kategorien der Beeinträchtigung vorgenommen wurde, in Deutschland hingegen zusätzlich die organisatorische Differenzierung (nach Sonderschularten) für die Förderung ausschlaggebend war. In der dritten und bis heute andauernden Phase zeichnet sich ein Konflikt zwischen der Persistenz der legitimierten Selektion in Sonderklassen oder -schulen (mit vielen Ressourcen, jedoch niedrigem Status) und dem Wandel hin zur inklusiven Bildung. Seit den 1970er-Jahren folgen elterliche, professionelle und politische Interessen mehrheitlich der „institutionellen Logik" der Bildungssysteme, nämlich der Separation in den USA und der Segregation in Deutschland, weshalb diese Länder herausgefordert sind, inklusive schulische Bildung für Alle zu verwirklichen (Powell, [2011] 2016). Rainer Benkmann (1994) hat die Entwicklungen in den USA und Deutschland verglichen und zeigt wichtige Parallelen in den Integrations- und Inklusionsdebatten seit den 1970er-Jahren auf, insbesondere die Losgelöstheit der wissenschaftlichen und politischen Diskurse – die sich vor allem mit Idealtypen auseinandersetzen – von den komplexen schulischen Realitäten in den beiden föderalen Nationen. Trotz sehr unterschiedlichen historischen Entwicklungen der Fördersysteme sind die Hauptfragen der Sonder- wie Inklusiven Pädagogik in Deutschland wie in den USA die der (Ent-)Klassifizierung sowie die Akzeptanz oder Ablehnung der Heterogenität der Lernenden in Schulklassen (Benkmann 1994, S. 10).

Wichtig ist in der Diskussion über inklusive Bildung, die historische Entwicklung sonderpädagogischer Fördersysteme nicht außer Acht zu lassen. Gleichwohl darf nicht nur auf Indikatoren zurückgegriffen werden, die auf ausgebaute Systeme Bezug nehmen. Vielmehr sollen sie um Aspekte ergänzt werden, die für das Verständnis von Inklusion (vgl. MIPIE 2011) und die Kritik des Status quo der schulischen Segregation und Separation und deren Konsequenzen notwendig sind, u. a. die Stratifizierung des Bildungswesens, die Überrepräsentanz sozial benachteiligter Kinder und Jugendlicher, die als „lernbehindert" etikettiert werden, oder die Intersektion bestimmter Merkmale in der Gruppe der Sonderschüler*innen. Immer noch gibt es keine verlässlichen Statistiken der „Inklusion" (Benkmann 1998, S. 346; Pfahl und Powell 2016).

6 Divergenz von Fördersystemen und Grenzen der Inklusion

Um den realen Stand in den Bundesländern im föderalen System Deutschlands zu messen, sind verschiedene Ansätze notwendig. Seit Jahrzehnten wurden die Tagungen der Integrations-/Inklusionsforscher*innen genutzt, um die Entwicklungen der schulischen Integration und inklusiven Bildung zu verfolgen. Die *Zeitschrift für Inklusion* hat jüngst als Themenschwerpunkt der schulischen Inklusion im deutschsprachigen Raum Beiträge veröffentlicht (*Zeitschrift für Inklusion* 2016). Als Beispiel dienen die Länderberichte von Rainer Benkmann (1998, 2016), in denen er die Situation in Thüringen analysiert und die wesentlichen Veränderungen und Persistenzen verfolgt. Viele Länder, Thüringen inklusive, hatten schon Jahre vor Inkrafttreten der UN-BRK Schritte hin zu mehr schulischer Integration sowie gemeinsamem Unterricht unternommen. Jedoch stellt die UN-BRK sowohl eine entscheidende Chance als auch ein Risiko dar, in dem die Positionen für und gegen den nötigen transformatorischen Wandel neu justiert werden und politische Kräfteverhältnisse sich verändern (vgl. Blanck, Edelstein und Powell 2013). Benkmann

(2016) argumentiert, dass die inklusive Bildung auch als Vorwand dient, um die langfristig bestehende Unterfinanzierung anzuprangern sowie politisch der letzten Konsequenz der inklusiven Bildungsreform – nämlich der vollständigen Auflösung des gegliederten Schulsystems und stattdessen der Etablierung einer Gemeinschaftsschule – zu begegnen. Der heftige Widerstand mächtiger Lobbygruppen, die sich für die Beibehaltung des Status quo aussprechen, ist auch in Bayern zu finden, wo Versuche, schulische Integration weiterzuentwickeln, stocken, aber in Schleswig-Holstein (vgl. Blanck, Edelstein und Powell 2013) oder Bremen vorankommen (vgl. Nikolai und Hartong 2016). In diesen Beispielen wird deutlich, wie schwierig es ist, trotz progressiver Rhetorik sowie Ratifizierung der UN-BRK die notwendige öffentliche Unterstützung für ein inklusives Schulsystem aufzubauen und gegen persistente Strukturen durchzusetzen.

In diesem Beitrag wurde anhand ausgewählter Vergleiche kurz aufgezeigt, wie sich die Expansion und Persistenz der schulischen Segregation, anstatt der Ausweitung der Inklusion, vollzieht. Dabei wurde ein langsamer Wandel statt Transformation dieser komplexen Bildungssysteme in föderalen Ländern konstatiert. Im Ländervergleich wurden immer wieder markante Divergenzen festgestellt, wonach die unterschiedlichen „institutionellen Logiken" dieser Systeme sichtbar wurden. Abschließend lässt sich festhalten, dass die Förderquote wohl weiter steigen wird, wegen größeren Bedarfs (oder wahrgenommenen Förderbedarfs), erhöhter Standards und gesteigerter Rechenschaftspflicht als Teilen der Governance von Bildung. Sonderpädagogische Förderung nimmt seit Jahrzehnten weltweit zu, oft in Sonderschulen oder -klassen. Es mag paradox erscheinen, dass gleichzeitig sowohl segregierende als auch inklusive Lernumwelten expandieren. Der Grund: Die Verflechtung und Wechselwirkungen zwischen sonderpädagogischen Fördersystemen, allgemeiner Bildung und anderen Institutionen sowie die Interessen der beteiligten Professionen verhindern die Transformation hin zur schulischen Inklusion für Alle.

Vergleichende Forschung verdeutlicht vielfältige Grenzen der Inklusion. Die Ratifizierung der UN-BRK in Deutschland hat die Wahrnehmung der Notwendigkeit des Umbaus der Bildungssysteme in den Ländern und lokal sowie die Erforschung des Wandels unterstrichen. Die UN-BRK stärkt Advokaten der inklusiven Bildung nachhaltig. Die Implementierung wird jedoch weiterhin ein schrittweiser, pfadabhängiger Prozess und keine fundamentale Transformation sein. Gerade in föderalen Ländern wie Deutschland und den USA gibt es eine Persistenz einzelstaatlicher Disparitäten trotz (inter-)nationaler Ziele, Normen und völkerrechtlicher Verträge, die es weiter zu untersuchen gilt.

Literatur

Albrecht, F., Bürli, A., & Erdélyi, A. (Hrsg.). (2006). *Aspekte internationaler Heil- und Sonderpädagogik*. Bad Heilbrunn: Klinkhardt.

Artiles, A. J., Kozleski, E. B., & Waitoller, F. R. (Hrsg.). (2011). *Inclusive Education*. Cambridge, MA: Harvard Education Press.

Autorengruppe Bildungsberichterstattung (2014, 2016). *Bildung in Deutschland 2014, 2016*. Bielefeld: Bertelsmann.

Baker, D. P. (2014). *The Schooled Society*. Stanford, CA: Stanford University Press.

Barow, T., & Persson, B. (2011). Die Sonderpädagogik in der bildungspolitischen Debatte Schwedens. *Sonderpädagogische Förderung heute, 56* (1), 20–32.

Bartelheimer, P. (2007). *Politik der Teilhabe: ein soziologischer Beipackzettel* (Fachforum Analysen und Kommentare, Arbeitspapier Nr. 1). Berlin: Bertelsmann. http://library.fes.de/pdf-files/do/04655.pdf. Zugegriffen: 27.01.2017.

Benkmann, R. (1994). Dekategorisierung und Heterogenität: Aktuelle Probleme schulischer Integration von Kindern mit Lernschwierigkeiten in den Vereinigten Staaten und der Bundesrepublik Deutschland. *Sonderpädagogik, 24* (1), 4–13.

Benkmann, R. (1998). Thüringen. In M. Rosenberger (Hrsg.), *Schule ohne Aussonderung* (S. 344–351). Neuwied: Luchterhand.

Benkmann, R. (2012). Inklusive Schule in einer desintegrierten Gesellschaft? In R. Benkmann, S. Chilla & E. Stapf (Hrsg.), *Inklusive Schule. Einblicke und Ausblicke* (Theorie und Praxis der Schulpädagogik, Bd. 13, S. 54–70). Immenhausen: Prolog-Verlag.

Benkmann, R. (2016). Umsetzung der UN-Behindertenrechtskonvention in der Bildungspolitik Thüringens. *Zeitschrift für Inklusion*, (2). http://www.inklusion-online.net/index.php/inklusion-online/article/view/367/297. Zugegriffen: 02.10.2016.

Benkmann, R., & Pieringer, G. (1991). *Gemeinsame Erziehung behinderter und nichtbehinderter Kinder und Jugendlicher in der Allgemeinen Schule: Entwicklungsstand und Forschung im In- und Ausland*. Berlin: Pädagogisches Zentrum.

Biermann, J., Graf, E. O., Proyer, M., Reisenbauer, S., & Zahnd, R. (2014). Über die Grenzen der ‚nationalen und Grenzen überschreitenden europäischen Heil- & Sonderpädagogik' und darüber hinaus. *Vierteljahresschrift für Heilpädagogik und ihre Nachbargebiete, 83* (3), 259–263.

Biermann, J., & Powell, J. J. W. (2014). Institutionelle Dimensionen inklusiver Schulbildung: Herausforderungen der UN-Behindertenrechtskonvention für Deutschland, Island und Schweden im Vergleich. *Zeitschrift für Erziehungswissenschaften, 17* (4), 679–700.

Biermann, J., & Powell, J. J. W. (2016). From Exclusion and Segregation to Inclusion? Dis/ability and Inequalities in the Education Systems of Germany and Nigeria in Global Context. In A. Hadjar & C. Gross (Hrsg.), *Education Systems and Inequalities* (S. 209–233). Bristol: Policy Press.

Biewer, G., & Luciak, M. (2010). Der internationale Vergleich in der Sonderpädagogik. *Enzyklopädie Erziehungswissenschaft Online*, 1–19.

Blanck, J. M. (2014). Organisationsformen schulischer Integration und Inklusion. Eine vergleichende Betrachtung der 16 Bundesländer. *WZB Discussion Papers*, SP I 2014–501. Berlin: Wissenschaftszentrum Berlin für Sozialforschung.

Blanck, J. M., Edelstein, B., & Powell, J. J. W. (2013). Persistente schulische Segregation oder Wandel zur inklusiven Bildung? Die Bedeutung der UN-Behindertenrechtskonvention für Reformprozesse in den deutschen Bundesländern. *Schweizerische Zeitschrift für Soziologie, 39* (5), 267–292.

BRK-Allianz (2013). *Für Selbstbestimmung, gleiche Rechte, Barrierefreiheit, Inklusion!* Erster Bericht der Zivilgesellschaft zur Umsetzung der UN-Behindertenrechtskonvention in Deutschland. Berlin.

Brown, A. M. B. (2014). Situating Disability within Comparative Education. *Global Education Review, 1* (1), 56–75.

Bürli, A. (2010). Wie hast du's, Europa, mit der Integration Behinderter? *Zeitschrift für Inklusion,* (2). http://www.inklusion-online.net/index.php/inklusion-online/article/view/137/137. Zugegriffen: 20.09.2015.

Bürli, A., Strasser, U., & Stein, A. (Hrsg.). (2009). *Integration/Inklusion aus internationaler Sicht.* Bad Heilbrunn: Klinkhardt.

Degener, T. (2014). *A Human Rights Model of Disability.* http://www.academia.edu/18181994/. Zugegriffen: 20.01.2015.

Edelstein, B. (2016). Stabilität und Wandel der Schulstruktur aus neoinstitutionalistischer Perspektive. In B. Hermstein, N. Berkemeyer & V. Manitius (Hrsg.), *Institutioneller Wandel des Bildungswesens* (S. 47–70). Weinheim: Beltz.

Europäische Kommission (2013). *Briefing Paper on Inclusive Education.* Brussels: EC.

European Agency for Special Needs and Inclusive Education (2016). *Country Information.* Odense: EASNIE. http://www.european-agency.org/country-information. Zugegriffen: 16.08.2016.

European Agency for Development in Special Needs Education (2011). *Mapping the Implementation of Policy for Inclusive Education.* Odense, DK: EADSNE.

Gresch, C., Piezunka, A., & Solga, H. (2014). Realisierbarkeit einer Ergänzungsstichprobe von Integrationsschülerinnen und -schülern im Rahmen des Nationalen Bildungspanels (NEPS): Möglichkeiten und Perspektiven. Unter Mitarbeit von J. M. Blanck. *NEPS Working Paper No. 37.* Bamberg: Leibniz-Institut für Bildungsverläufe.

Johnson, M. (2013). *Schulische Inklusion in den USA. Ein Lehrbeispiel für Deutschland?* Bad Heilbrunn: Klinkhardt.

Kiuppis, F., & Peters, S. J. (2014). Inclusive Education for All as a Special Interest within the CIE Research Community. *International Perspectives on Education and Society, 25,* 53–63.

Klauer, K. J., & Mitter, W. (Hrsg.). (1987). *Vergleichende Sonderpädagogik.* Berlin: Marhold.

Köpfer, A. (2013). *Inclusion in Canada.* Bad Heilbrunn: Klinkhardt.

Kottmann, B. (2006). *Selektion in die Sonderschule.* Bad Heilbrunn: Klinkhardt.

Krappmann, L., & Benkmann, R. (1994). Kinder, die besonderer pädagogischer Förderung bedürfen. In Arbeitsgruppe Bildungsbericht am Max-Planck-Institut für Bildungsforschung (Hrsg.), *Das Bildungswesen in der Bundesrepublik Deutschland* (S. 341–363). Reinbek: Rowohlt.

Krappmann, L., Leschinsky, A., & Powell, J. J. W. (2003). Kinder, die besonderer pädagogischer Förderung bedürfen. In K. S. Cortina, J. Baumert, A. Leschinsky, K. U. Mayer & L. Trommer (Hrsg.), *Das Bildungswesen in der Bundesrepublik Deutschland* (S. 755–786). Reinbek: Rowohlt.

Mejeh, M. (2016). *Absicht und Wirklichkeit integrativer Bildung.* Wiesbaden: Springer VS.

MIPIE (2011). *Die Entwicklung von Datengrundlagen zur Implementierung inklusiver Bildung.* Odense, DK: EASNIE.

Nikolai, R., & Hartong, S. (2016). Schulstrukturreform in Bremen: Promotoren und Hindernisse auf dem Weg zu einem inklusiveren Schulsystem. *Zeitschrift für Pädagogik*, Beiheft 62, 105–123.

OECD (2007). *Students with Disabilities, Learning Difficulties and Disadvantages: Policies, Statistics and Indicators*. Paris: OECD.

Piezunka, A., Gresch, C., Sälzer, C., & Kroth, A. (2016). Identifizierung von Schülerinnen und Schülern nach Vorgaben der UN-BRK in bundesweiten Erhebungen. *Zeitschrift für Pädagogik*, Beiheft 62, 190–211.

Pfahl, L. (2011). *Techniken der Behinderung*. Bielefeld: transcript.

Pfahl, L., & Powell, J. J. W. (2016). „Ich hoffe sehr, sehr stark, dass meine Kinder mal eine normale Schule besuchen können." Pädagogische Klassifikationen und ihre Folgen für die (Selbst-)Positionierung von Schüler/innen. *Zeitschrift für Pädagogik*, Beiheft 62, 58–74.

Powell, J. J. W. ([2011] 2016). *Barriers to Inclusion: Special Education in the United States and Germany*. London: Routledge.

Richardson, J. G., & Powell, J. J. W. (2011). *Comparing Special Education: Origins to Contemporary Paradoxes*. Stanford: Stanford University Press.

Schriewer, J. (2003). Problemdimensionen sozialwissenschaftlicher Komparatistik. In J. Schriewer (Hrsg.), *Discourse Formation in Comparative Education* (S. 9–52). Bern: Peter Lang.

Sigurðardóttir, A. K., Guðjónsdóttir, H., & Karlsdóttir, J. (2014). The Development of a School for All in Iceland: Equality, Threats and Political Conditions. In U. Blossing, G. Imsen & L. Moos (Hrsg.), *The Nordic Education Model* (S. 95–113). Heidelberg: Springer.

TdiverS (2016). *Teaching Diverse Learners in School Subjects*. EU Comenius Project. www.tdivers.eu. Zugegriffen: 20.09.2016

Teilhabebericht (2013). *Teilhabebericht der Bundesregierung über die Lebenslagen von Menschen mit Beeinträchtigungen*. Berlin: BMAS.

United Nations (2013). *Thematic Study on the Right of Persons with Disabilities to Education*. General Assembly, Human Rights Council: A/HRC/25/29. New York.

United Nations (2015). *UN enable*. http://www.un.org/disabilities/. Zugegriffen: 04.08.2015.

United Nations (2016). *General Comment on the Right to Inclusive Education*. Geneva: OHCHR. http://www.ohchr.org/EN/HRBodies/CRPD/Pages/GCRightEducation.aspx. Zugegriffen: 01.09.2016.

UNESCO (2015). *Education for All 2000-2015: Achievements and Challenges*. Paris: UNESCO.

Wrase, M. (2016). Auflösung der Förderschulen. *WZ Brief Bildung* 33. Juni 2016.

Zapp, M., & Powell, J. J. W. (2016). How to Construct an Organizational Field: Empirical Educational Research in Germany, 1995–2015. *European Educational Research Journal*, 15 (5), 537–557.

Die Förderschule als sonderpädagogischer Förderort

Horst Weishaupt

Zusammenfassung

In der Inklusionsdiskussion wird oft die Qualität der Lernbedingungen an den allgemeinen Schulen kritisch betrachtet. Nicht weiter untersucht werden die Lernbedingungen an den Förderschulen, obwohl es dazu wenig Forschung gibt. Kaum beachtet werden die schulorganisatorischen Gegebenheiten an den Förderschulen. Deshalb wird anhand der Schulverzeichnisse der Länder Hessen, Niedersachsen und Rheinland-Pfalz dargestellt, in welchem Umfang Schüler*innen mit sonderpädagogischem Förderbedarf an Schulen mit mehreren Förderschwerpunkten und mit zielgleich und zieldifferent zu unterrichtenden Schüler*innen unterrichtet werden. Die Ergebnisse führen zu Rückfragen an die Qualität der Lernbedingungen an den Förderschulen und verweisen auf Forschungsbedarf.

1 Einleitung

Die Auseinandersetzung über die schulische Förderung von Kindern mit sonderpädagogischem Förderbedarf ist vor allem eine Auseinandersetzung über den besten Förderort. Dabei war historisch die Diskussion zunächst davon bestimmt, dass in besonderen Einrichtungen mit speziell qualifiziertem Personal die Förderung dieser Kinder besser erreicht werden kann als in den großen Klassen des Volksbildungssystems. Hinzu kamen lokale private Initiativen und vor allem kirchliche Träger, die in der Förderung von Behinderten ein besonderes Anliegen sahen und dazu führten, dass bis heute private Einrichtungen bei der sonderpädagogischen Förderung von Kindern – speziell in einigen Förderbereichen – eine besondere Rolle spielen.

Nicht zu vergessen sind die daneben bedeutsamen standespolitischen Interessen der Sonderschullehrkräfte, die über ein ausdifferenziertes Sonderschulsystem auch eine Statusverbesserung und -absicherung anstrebten.

Die Politik hat sich lange Zeit nur als regulierender Vermittler zwischen diesen Interessen verstanden. Auch als Eltern auf eine integrative Förderung ihrer behinderten Kinder bestanden, wurden zwar die Empfehlungen der Kultusministerkonferenz (KMK) an die neue Lage angepasst und die dominante Rolle der Förderschule als sonderpädagogischer Förderort relativiert, die weiterreichenden Formulierungen der KMK-Empfehlung von 1994 blieben aber ohne Konsequenzen.

Erst der internationale Anstoß durch die UN-Behindertenrechtskonvention hat eine grundsätzliche Debatte in Deutschland ausgelöst und die Politik zu einem aktiveren Handeln genötigt. Wiederum hat der begonnene Prozess zu vielversprechenden Erklärungen der Kultusministerkonferenz geführt (Kultusministerkonferenz 2011; Kultusministerkonferenz und Hochschulrektorenkonferenz 2015). Allerdings hat auch die jüngste Entwicklung bis heute bestenfalls in einigen Ländern zu grundlegenden Änderungen bei der sonderpädagogischen Förderung von Schüler*innen geführt. Bundesweit ist weiterhin eine konstante Besuchsquote von Förderschulen und nur eine leicht steigende Förderquote an sonstigen allgemeinbildenden Schulen zu beobachten (Autorengruppe Bildungsberichterstattung 2016, S. 81). Der immer noch vorherrschende Ort für die Förderung von Kindern mit sonderpädagogischem Förderbedarf – nicht zuletzt aufgrund von gesellschaftlichen Widerständen – bleibt die Förderschule (vgl. Benkmann 2012).

Das Festhalten an der Förderschule als Förderort für Kinder mit sonderpädagogischem Förderbedarf resultiert aber auch aus dem verbreiteten Mythos, dass die Förderschule, auch unter den inzwischen gegenüber der historischen Ausgangslage fundamental veränderten Bedingungen an den sonstigen allgemeinbildenden Schulen, ein fraglos besonders geeigneter Förderort für Kinder mit sonderpädagogischem Förderbedarf sei. Von Mythos muss man sprechen, weil es keine umfassende wissenschaftliche Studie über die Alltagswirklichkeit der Förderschulen in Deutschland in den einzelnen Förderschwerpunkten gibt. Die Suche nach entsprechenden Studien führte wenigstens zu einer Arbeit über die Schule für Erziehungshilfe, in der konstatiert werden musste: „In Deutschland lässt sich ein folgenreiches Forschungsdesiderat beklagen, dass es nahezu unmöglich erscheinen lässt, gültige Aussagen über Qualität und Effektivität der Schulform zu treffen" (Willmann 2007, S. 58). Wenn es auch keine Studien zur pädagogischen Alltagspraxis von Förderschulen gibt, so gibt es aber wenigstens Befunde über die Rahmenbedingungen der Arbeit an den Förderschulen und die erreichten Abschlüsse und seit einiger Zeit auch die gezeigten Leistungen von Förderschüler*innen, die

Anlass geben, nicht mehr die Qualität der pädagogischen Arbeit und die Leistungen der Förderschulen unkritisch zu akzeptieren.

Im Zusammenhang des Schwerpunktkapitels des Bildungsberichts 2014 wurde beispielsweise auf die Absolvent*innen von Förderschulen hingewiesen, die zwar zielgleich unterrichtet werden, aber nur selten einen höheren Schulabschluss als einen Hauptschulabschluss erreichen (Autorengruppe Bildungsberichterstattung 2014, S. 181). Ein verschwindend geringer Anteil der Förderschüler*innen erreicht eine Hochschulreife. Zurückgeführt wurde dies u. a. auf die Ausbildung der Lehrkräfte an Förderschulen, deren fachliche Qualifizierung für die Unterrichtsfächer gegenüber der sonderpädagogischen Qualifizierung oft nicht den notwendigen Stellenwert erhält. Deshalb wird inzwischen gefordert, in der Ausbildung der Förderschullehrkräfte anstelle von zwei sonderpädagogischen Schwerpunkten eine Kombination von fachlichem und sonderpädagogischem Schwerpunkt vorzusehen (Heinrich, Urban und Werning 2013, S. 110-112). Zweifel an der fachlichen Qualität des Unterrichts an Förderschulen erzeugten auch zwei aktuelle Studien, die sich mit dem Leistungsstand der Schüler*innen in der Sekundarstufe I (Müller et al., im Druck) bzw. der Grundschule befassen. Auch bei Kontrolle zahlreicher Einflussfaktoren auf die Schüler*innenleistung wiesen Schüler*innen an Förderschulen im 4. Schuljahr im Vergleich zu Schüler*innen mit sonderpädagogischem Förderbedarf an Grundschulen schlechtere Leistungen auf (Kocaj et al. 2014). Vor allem im Förderschwerpunkt Lernen scheint sich die leistungsmäßig ausgelesene Gruppe der Schüler*innen für einen lernförderlichen Unterricht nicht geeignet zu erweisen (Boban und Hinz 2008, S. 412). Daher muss es verwundern, dass insbesondere dem Unterricht und den Bedingungen des Lernprozesses in den Förderschulen Lernen und geistige Entwicklung keine besondere Aufmerksamkeit in der sonderpädagogischen Schulforschung zukommt.

2 Die schulorganisatorischen Besonderheiten von Förderschulen

Wenig beachtet werden die schulorganisatorischen Bedingungen an Förderschulen, die ebenfalls auf die Unterrichtsprozesse und Lernergebnisse an Förderschulen einwirken. Obwohl Förderschulen nach den Grundschulen und Gymnasien mit fast 3.000 Schulen in Deutschland 2015 die dritthäufigste Schulart darstellen, besuchten sie nur 3,9 % der Schüler*innen an allgemeinbildenden Schulen, denn sie hatten durchschnittlich nur 108 Schüler*innen. Damit wird aber schon deutlich, dass eine jahrgangsgegliederte Schule unter diesen Bedingungen im Durchschnitt nur ohne Parallelklasse und mit wenigen Schüler*innen in einer Klasse möglich ist. Diese Betrachtung relativiert sich zwar, wenn berücksichtigt wird, dass Förderschulen unterschiedliche Förderschwerpunkte haben und beispielsweise Schulen für Geistigbehinderte nicht jahrgangsgegliedert geführt werden.

Bei den Schüler*innen mit den Förderschwerpunkten Lernen (LE) und geistige Entwicklung (GG) ist davon auszugehen, dass sie dem Unterrichtsniveau des Unterrichts an allgemeinen Schulen nicht folgen können und dementsprechend mit einem verminderten Leistungsanspruch unterrichtet werden müssen (zieldifferent). Bei den übrigen Förderschwerpunkten ist aber wiederum nicht eindeutig, ob alle Schüler*innen zielgleich unterrichtet werden können, wie eine entsprechende Statistik für die Schulen in Nordrhein-Westfalen verdeutlicht (Tab. 1). Förderschulen haben folglich unterschiedlich große Anteile von Schüler*innen, die in den zielgleich zu unterrichtenden Förderschwerpunkten zieldifferent unterrichtet werden müssen. Als Ursache ist die Mehrfachbehinderung einer größeren Zahl von Kindern mit sonderpädagogischem Förderbedarf anzunehmen. In Nordrhein-Westfalen wurden 2011 etwa 8 % der Kinder mit einem zielgleich zu unterrichtenden Förderschwerpunkt zieldifferent unterrichtet. Bei den meist kleinen Schulen mit nur einer Klasse je Jahrgang verlangt diese Situation eine Leistungsdifferenzierung innerhalb der Lerngruppen.

In der bundesweiten Schulstatistik wurden vor längerer Zeit die Schulen nach Förderschwerpunkt ausgewiesen. Darauf wird seit fast 20 Jahren verzichtet und nur für den Bildungsbericht 2010 wurde eine entsprechende Sonderauswertung für das Schuljahr 2008/09 zur Verfügung gestellt (Autorengruppe Bildungsberichterstattung 2010, S. 326). Sie verdeutlicht, dass nur für die Förderschwerpunkte Lernen und geistige Entwicklung ein flächendeckendes Schulangebot besteht, wenn erwartet wird, dass wenigstens jeder Landkreis/jede kreisfreie Stadt ein Förderschulangebot mit dem entsprechenden Förderschwerpunkt anbietet. Die niedrige Angebotsdichte der Schulen in den anderen Förderschwerpunkten führt zu Schulen, die zwei und mehr Förderschwerpunkte anbieten oder einzelne Schüler*innen anderer Förderschwerpunkte aufnehmen. Die dadurch entstehenden Angebots- bzw. Besuchskonstellationen an den Förderschulen können sich auf die Unterrichts- und Lernbedingungen an den einzelnen Schulen erheblich auswirken. Vor allem dann, wenn zielgleich und zieldifferent zu unterrichtende Schüler*innen in einer Schule gemeinsam unterrichtet werden. Solche Bedingungen lassen sich nicht den veröffentlichten Statistiken entnehmen. Die Schulverzeichnisse einiger Länder bilden aber die Schüler*innen an den einzelnen Schulen nach (überwiegendem) Förderschwerpunkt ab und gestatten darüber einen relativ differenzierten Einblick in die Förderkonstellationen an den einzelnen Schulen.

Die Förderschule als sonderpädagogischer Förderort

Tab. 1 Zielgleich und zieldifferent unterrichtete Schüler*innen nach allgemeinen Schulen und Förderschulen in Nordrhein-Westfalen, Primarstufe und Sekundarstufe I, absolut im Schuljahr 2011/2012

		Anzahl Schüler*innen mit Förderbedarf im zielgleichen und zieldifferenten Unterricht					
		Allgemeine Schule		Förderschule		Insgesamt	
		GS	Sek. I	GS	Sek. I	GS	Sek. I
LE	Zielgleich	0	0	0	0	0	0
	Zieldifferent	4.913	4.797	5.749	27.862	10.662	32.659
ES	Zielgleich	2.867	2.215	4.759	9.306	7.626	11.521
	Zieldifferent	97	98	337	1.352	434	1.450
SQ	Zielgleich	2.962	802	9.912	1.993	12.874	2.795
	Zieldifferent	145	34	338	101	483	135
HK	Zielgleich	383	237	2.409	1.034	2.792	1.271
	Zieldifferent	2	3	100	201	102	204
SE	Zielgleich	184	116	1.494	487	1678	603
	Zieldifferent	5	4	100	83	105	87
GG	Zielgleich	0	0	0	0	0	0
	Zieldifferent	558	285	5.490	13.058	6.048	13.343
KM	Zielgleich	989	616	2.471	3.528	3.460	4.144
	Zieldifferent	80	49	390	809	470	858

Förderschwerpunkt: LE=Lernen, ES=emotional-soziale Entwicklung, SQ=Sprache, HK=Hören und Kommunikation, SE=Sehen, GG=geistige Entwicklung, KM=körperlich-motorische Entwicklung (Schwarz et al. 2013, S. 28)

Eine Analyse der Schulverzeichnisse in den Ländern Hessen, Niedersachsen und Rheinland-Pfalz bildet nachfolgend die Grundlage für die differenzierte Analyse des sonderpädagogischen Schulangebots und der Förderbedingungen für die Schüler*innen in den einzelnen Förderschwerpunkten[1]. Die Analysen führen zu abschließenden Überlegungen zur Bedeutung der beobachtbaren Unterrichtskonstellationen für die Bewertung der Förderschule als Förderort.

---

1 Da die Förderschulen für Kranke in der Schulstatistik Niedersachsens und von Rheinland-Pfalz nicht berücksichtigt werden, fehlen sie bei diesen Ländern (s. dazu: Fesch und Müller 2014).

2.1 Hessen

Hessen hat im Ländervergleich mit 5,7 % einen relativ niedrigen Anteil von Schüler*innen, die eine sonderpädagogische schulische Förderung erfahren. Zugleich ist der Anteil integrativ unterrichteter Schüler*innen mit weniger als einem Viertel im bundesdeutschen Vergleich sehr gering. Insofern hat in Hessen die Förderschule noch eine starke und von der Inklusionsdiskussion wenig angefochtene Stellung. Im Schuljahr 2014/15 besuchten insgesamt nach den veröffentlichten Zahlen des Statistischen Landesamtes 24.015 Förderschüler*innen 247 Förderschulen. Darunter waren 34 (13,8 %) private Schulen, die 4.014 Schüler*innen[2] (16,7 % aller Schüler*innen an Förderschulen) besuchten. Auf den ersten Blick erscheint damit die Angebotssituation ausreichend beschrieben. Doch zeigt die nähere Betrachtung, dass nur 148 der 246 Förderschulen, die in die Auswertung einbezogen werden konnten (s. Tab. 2), nur einen Förderschwerpunkt (ohne Vorklasse) anbieten. Zwei von fünf Förderschulen haben Schüler*innen in zwei und mehr Förderschwerpunkten oder sind mit einer Vorklasse, aber meist mit einer Grundschule oder weiterführenden Schule verbunden. Zwei Privatschulen bieten alle Förderschwerpunkte an. Generell ist für die Privatschulen kennzeichnend, dass sie weit häufiger als öffentliche Schulen mehr als einen Förderschwerpunkt anbieten.

Auffallend ist noch, dass Schulen mit den Förderschwerpunkten Sprache und Hören ausnahmslos mit einer Vorklasse und/oder einem weiteren Förderschwerpunkt verbunden angeboten werden. Schulen mit den Förderschwerpunkten geistige Entwicklung und Lernen sind vergleichsweise häufig eigenständig organisiert. Deren Schüler*innen müssen zieldifferent unterrichtet werden, was anscheinend ihre Separierung begünstigt.

---

2 In der veröffentlichten Statistik sind 4.114 Schüler*innen an privaten Förderschulen verzeichnet, die Analyse des Schulverzeichnisses ergibt aber nur 4.014. – Wie Tab. 4 zeigen wird, ergab die Auswertung des Schulverzeichnisses 24.419 Schüler*innen an Förderschulen. Es mag sein, dass bei einigen Schüler*innen der sonderpädagogische Förderbedarf nicht festgestellt wurde. Ein Vergleich mit den veröffentlichten Zahlen nach Förderschwerpunkt ergab vor allem eine größere Abweichung der Anzahl der Schüler*innen im Bereich Lernhilfe.

Tab. 2 Die Förderschulen in Hessen im Schuljahr 2014/15 nach den an ihnen unterrichteten Förderschwerpunkten

Schule für	Förderschulen mit einem Förderschwerpunkt	Förderschulen mit einem Förderschwerpunkt und Vorklasse	Förderschulen mit zwei Förderschwerpunkten*	Förderschulen mit Vorklasse und zwei Förderschwerpunkten*	Förderschulen (mit Vorklasse) und mehr als zwei Förderschwerpunkten*	Förderschule Lernhilfe mit mehreren weiteren Förderschwerpunkten*	Grundschulen mit einem Förderschwerpunkt (meist mit Vorklasse)	Grundschulen und weiterführende Schulen mit einem oder mehreren Förderschwerpunkten	Förderschulzweig an Schulen mit mehreren Bildungsgängen	Insgesamt	Anteil der Schulangebote mit nur einem Förderschwerpunkt
1 praktisch Bildbare	44	1	3		5	5		1	1	60	75,0
2 Lernhilfe	73	4	12	7	5	8	6	4	12	131	65,6
3 Erziehungshilfe	12		13	4	6	7		2	1	45	26,7
4 Sprachförderung		8	1	6	4	3	7	2	3	34	44,1
5 Körperbehinderte	3			6	3	3		1	1	17	23,5
6 Hörgeschädigte		2			3				3	8	25,0
7 Sehbehinderte	1	1			3					5	40,0
8 Kranke	15	1	9	1	5	3				34	47,1
9 Realschulklassen für Förderschüler*innen					1	1				2	0,0
Förderschwerpunkte insgesamt	148	17	44	22	33	31	14	9	18	336	53,3
Förderschulen insgesamt	148	17	22	11	9	8	14	5	12	246	74,0
darunter private Schulen	15	7		1	5	4	1	1		34	67,6

* Mehrfachnennungen (gezählt sind die Förderschwerpunkte)

Tab. 3 Das Förderschulangebot mit einer Kombination von Förderschwerpunkten in einer Schule in Hessen im Schuljahr 2014/15

Förderschwerpunkt	Zahl der Schulen mit der Kombination von zwei Förderschwerpunkten							Zahl der Schulen mit der Kombination von mehr als zwei Förderschwerpunkten						
	1	2	3	4	5	6	7	1	2	3	4	5	6	7
1 praktisch Bildbare	X	2						3	2	1	1	1	2	1
2 Lernhilfe		X						3	2	1	1	1	2	1
3 Erziehungshilfe	9	X						3		1	1	1	2	1	1
4 Sprachheilförderung	6	1	X						1		1	2	1	1
5 Körperbehinderte	1	4								2	1	2	2	1
6 Hörgeschädigte			2		X					2			1	1
7 Sehbehinderte							X			2				1
8 Kranke			8	1	1					2	1		1	1
9 Realschulklassen für Förderschüler*innen						1								1

Betrachtet man die 36 Schulen mit zwei Förderschwerpunkten und die 18 Schulen mit mehr als zwei Förderschwerpunkten (s. Tab. 3), dann fällt auf, dass 20 Schulen mit zwei Förderschwerpunkten sowohl zielgleich als auch zieldifferent zu unterrichtende Schüler*innen aufnehmen. Bei den Schulen mit mehr als zwei Förderschwerpunkten vereinigen nur drei Schulen ausschließlich Schüler*innen mit zielgleich zu unterrichtenden Förderschwerpunkten.

Unter dem Gesichtspunkt der regionalen Versorgung bedeuten die wenigen Standorte für Körper-, Seh- und Hörbehinderte eine Konzentration, die nicht mehr für alle Schüler*innen eine wohnortbezogene sonderpädagogische Förderung sicherstellt, sondern einen Wohnortwechsel der Familien oder eine Internatsbeschulung voraussetzt.

Für Außenstehende ist die Vielfalt der Angebotsstrukturen überraschend und es stellt sich die Frage, ob sie für die Förderung der Schüler*innen mit sonderpädagogischem Förderbedarf immer vorteilhaft ist. In der Debatte über die Umsetzung der UN-Behindertenrechtskonvention in Hessen fordern Vertreter*innen des Hessischen Kultusministeriums „zu einer verantwortungsvollen Diskussion im Sinne der Kinder und Jugendlichen mit Behinderungen zu gelangen, die ein Recht darauf haben, in der Entfaltung ihrer Persönlichkeit in der Gesellschaft gefördert zu werden" (Bognar und Helbig 2016, S. 234). In diesem Zusammenhang sollte aber nicht nur auf die Förderbedingungen an den allgemeinen Schulen geachtet, sondern auch die Varianz der Förderbedingungen an den Förderschulen in ihrer Bedeutung für die Qualität der Lernarrangements berücksichtigt werden.

Dazu lohnt sich eine nähere Betrachtung der Förderbedingungen für die einzelnen Schüler*innen, wie sie sich nach dem Schulverzeichnis darstellt. Dabei müssen die vielfältigen Konstellationen an den einzelnen Schulen sinnvoll zusammengefasst werden, um zu einer allgemeineren Bewertung gelangen zu können. Zunächst wird analysiert, wie hoch die Anteile der Schüler*innen sind, die in Förderschulen oder Förderschulzweigen unterrichtet werden, die nur einen Förderschwerpunkt aufweisen (s. Tab. 4). Dies gilt ganz überwiegend nur für die Förderschwerpunkte praktisch Bildbare, Sehbehinderte und Lernhilfe. Körperbehinderte und Erziehungsschwierige werden meist an Schulen mit mehreren Förderschwerpunkten unterrichtet.

Das häufig verwendete Argument, dass Förderschulen einen beschützten Raum bieten, in dem sich die Lehrkräfte auf die Schüler*innen mit einem spezifischen sonderpädagogischen Förderbedarf konzentrieren können, lässt sich nicht ungeprüft auf die schulischen Konstellationen mit mehreren Förderschwerpunkten übertragen. Sicher haben die Schulen durchschnittlich meist geringere Schüler*innenzahlen als eine allgemeine Schule, doch besteht darin wiederum auch ein Problem, wenn keine leistungsförderliche Organisation der Lerngruppen möglich ist. Insbesondere die Schulen mit zwei und mehr Förderschwerpunkten sind vermutlich häufig auf die

Zusammenfassung von Schüler*innen mit unterschiedlichen Förderschwerpunkten in einer Klasse angewiesen, wenn eine Jahrgangsgliederung des Unterrichts ermöglicht werden soll. Wenn dann noch zielgleich und zieldifferent zu unterrichtende Schüler*innen zusammengefasst werden müssen, entsteht eine Heterogenität in den Lernvoraussetzungen und Unterrichtsbedingungen, die eigentlich durch das differenzierte Förderschulsystem vermieden werden soll.

Tab. 4 Schüler*innen an Förderschulen in Hessen im Schuljahr 2014/15 nach Förderschwerpunkt und Organisation der Förderschule

Schule für …	Anteil der Schüler*innen in Schulen …				Durchschnittliche Schüler*innenzahl der Schulen …		
	mit einem Förderschwerpunkt	mit zwei Förderschwerpunkten	mit mehr als zwei Förderschwerpunkten	Insgesamt	mit einem Förderschwerpunkt	mit zwei Förderschwerpunkten	mit mehr als zwei Förderschwerpunkten
1 praktisch Bildbare	82,2	3,7	14,1	5.049	92	62	59
2 Lernhilfe	77,1	17,0	5,8	10.447	86	81	41
3 Erziehungshilfe	42,3	29,4	28,3	1.953	69	32	37
4 Sprachheilförderung	57,0	23,7	19,3	2.581	98	56	62
5 Körperbehinderte	36,9	36,5	26,5	1.237	114	75	47
6 Hörgeschädigte	50,4	26,8	22,8	734	185	66	56
7 Sehbehinderte	87,6	0,0	12,4	298	131	--	12
8 Kranke	78,0	15,1	6,9	2.109	103	32	18
9 Realschulklassen für Förderschüler*innen	0,0	36,4	63,6	11	--	4	7
Insgesamt	70,6	16,9	12,5	24.419	91	56	43

Aus der Schulstatistik (Hessisches Statistisches Landesamt 2015, S. 89) ist zu ersehen, dass teilweise die Förderschulen auf sehr kleine Klassen mit bis zu sechs Schüler*innen ausweichen (2014 jede 5. Klasse an Förderschulen), die dann zu einer Bindung von Förderschullehrkräften an Förderschulen führen, die in der Folge für integrative Maßnahmen nicht zur Verfügung stehen. An den durchschnittlichen Schüler*innenzahlen je Schule nach Förderschwerpunkt ist die geringe Schüler*innenzahl je Förderschwerpunkt zu ersehen (Tab. 4). Sie ist aber schwer zu bewerten, weil nicht bekannt ist, ob Schulen alle Jahrgänge führen oder andere Besonderheiten zu berücksichtigen sind. Die Grenzen der Möglichkeiten einer flächendeckenden förderschulischen Unterrichtung von Schüler*innen in einem Bundesand mit teilweise dünn besiedelten Regionen wird aber deutlich. Ob die für die inklusive Unterrichtung an allgemeinen Schulen eingeforderten Qualitätsstandards an den Förderschulen eingehalten werden können, erscheint zumindest für die zahlreichen Schulen mit mehreren Förderschwerpunkten fraglich.

2.2 Niedersachsen

Niedersachsen hat wie Hessen eine sonderpädagogische Förderquote von 5,7 %. Der Anteil der integrativ unterrichteten Schüler*innen mit sonderpädagogischem Förderbedarf beträgt aber über 30 %. Niedersachsen hat mit 304 Schulen mehr Förderschulen als Hessen. Dennoch gelingt es auch in Niedersachsen nur in den vier Förderschwerpunkten Lernen, geistige Entwicklung, emotionale und soziale Entwicklung und Sprache ein einigermaßen flächendeckendes gut erreichbares Angebot an Förderschulen anzubieten. In Niedersachsen hat – wie in Hessen – etwa ein Viertel der Schulen mehr als einen Schulzweig (s. Tab. 5). Die Kombination der Förderschule mit einer Vorklasse ist weniger verbreitet. Auch sind Förderschulzweige nur an zwei weiterführenden Schulen angegliedert. Schulen mit dem Förderschwerpunkt emotionale und soziale Entwicklung beziehungsweise körperliche und motorische Entwicklung, die in Hessen ganz überwiegend in Kombination mit anderen Förderschwerpunkten geführt werden, weisen in Niedersachsen nur wenige Kombinationen von Förderschwerpunkten auf. Für die sonderpädagogische Förderung von Schüler*innen im Bereich Sprache wird ganz ausgeprägt die Kombination mit einer Grundschule angeboten.

Tab. 5 Die Förderschulen in Niedersachsen im Schuljahr 2014/15 nach den an ihnen unterrichteten Förderschwerpunkten

Förderschwerpunkt	Förderschulen mit einem Förderschwerpunkt	Förderschulen mit einem Förderschwerpunkt und Vorklasse	Förderschulen mit zwei Förderschwerpunkten*	Förderschulen mit Vorklasse und zwei Förderschwerpunkten*	Förderschule Lernhilfe mit mehreren weiteren Förderschwerpunkten*	Grundschulen mit einem Förderschwerpunkt (teilweise mit Vorklasse)	Weiterführende Schulen mit einem Förderschwerpunkt	Insgesamt	Anteil der Schulangebote mit nur einem Förderschwerpunkt
1 Geistige Entwicklung	44		27		8	1		80	56,3
2 Lernen	102		45	1	8	3	1	160	65,6
3 Emotionale und soziale Entwicklung	37		8		3		1	49	75,5
4 Sprache	5	3	19	1	5	26		59	52,5
5 Körperliche und motorische Entwicklung	9		4		1	3		17	70,6
6 Hören	5		2				2	7	71,4
7 Sehen	1		1					2	50,0
Förderschwerpunkte insgesamt	203	3	106	2	25	33	2	374	63,1
Förderschulen insgesamt	204	3	53	1	8	33	2	304	78,0
darunter private Schulen	40		8		2	1	1	52	78,8

* Mehrfachnennungen (gezählt sind die Förderschwerpunkte)

Der Privatschulanteil beträgt 17,1 %. Privatschulen bieten eher seltener als staatliche Schulen die Kombination von Förderschwerpunkten an. Die Kombination von Förderschwerpunkten in einer Schule (Tab. 6) konzentriert sich auf die Verbindung der Förderschwerpunkte Lernen und geistige Entwicklung beziehungsweise Lernen und Sprache. Auch in Niedersachsen werden folglich zielgleich und zieldifferent zu unterrichtende Schüler*innen in einer Schule zusammengefasst. Dies betrifft 31 der 54 Schulen mit zwei (57 %) und alle acht Schulen mit mehr als zwei Förderschwerpunkten.

Tab. 6 Das Förderschulangebot mit einer Kombination von Förderschwerpunkten in einer Schule in Niedersachsen im Schuljahr 2014/15

Förderschwerpunkt	Zahl der Schulen mit der Kombination von zwei Förderschwerpunkten					Zahl der Schulen mit der Kombination von mehr als zwei Förderschwerpunkten			
	2	3	4	5	6				
1 Geistige Entwicklung	21	4		2		3	4	1	1
2 Lernen		3	20	2		3	4	1	1
3 Emotionale und soziale Entwicklung						3			
4 Sprache						4	1		1
5 Körperliche und motorische Entwicklung						1		1	
6 Hören		1							
7 Sehen					1				

Aus der Perspektive der Schüler*innen mit sonderpädagogischem Förderbedarf lernen 70 % an Schulen mit einem Förderschwerpunkt (s. Tab. 7). Die durchschnittliche Schulgröße lässt darauf schließen, dass nur bei den Förderschulen Lernen eine jahrgangsgegliederte Unterrichtsorganisation häufig nicht gewährleistet ist. Bei den Schulen mit zwei Förderschwerpunkten sind vor allem die kleinen durchschnittlichen Schüler*innenzahlen bei den Förderschwerpunkten Hören und Sehen auffällig. Sonst ist mit zunehmender Zahl von Förderschwerpunkten nicht ein mit Hessen vergleichbarer Rückgang der durchschnittlichen Schüler*innenzahl je Schule zu beobachten. Dies ändert aber nichts daran, dass sich die Schulgrößen am unteren Bereich der Leistungsfähigkeit einer Förderschule bewegen, die an einem jahrgangsgegliederten Unterricht festhalten will. Bei einer jahrgangsübergreifenden Organisation und der entsprechenden Binnendifferenzierung und Individualisierung des Unterrichts – Ironie der Entwicklung – würden die Förderschulen die Legitimation für eine separierende Unterrichtung verspielen.

Tab. 7 Schüler*innen an Förderschulen in Niedersachsen im Schuljahr 2014/15 nach Förderschwerpunkt und Organisation der Förderschule

Schule für …	Anteil der Schüler*innen in Schulen …				Durchschnittliche Schüler*innenzahl der Schulen …		
	mit einem Förderschwerpunkt	mit zwei Förderschwerpunkten	mit mehr als zwei Förderschwerpunkten	Insgesamt absolut	mit einem Förderschwerpunkt	mit zwei Förderschwerpunkten	mit mehr als zwei Förderschwerpunkten
1 Geistige Entwicklung	71,5	22,1	6,5	7.063	112	58	57
2 Lernen	63,0	31,5	5,3	11.887	71	82	78
3 Emotionale und soziale Entwicklung	82,1	14,9	3,0	3.457	75	65	34
4 Sprache	61,6	27,7	5,8	3.503	63	57	41
5 Körperliche und motorische Entwicklung	83,1	12,5	4,4	2.068	143	65	90
6 Hören	93,7	6,3	0,0	830	156	26	---
7 Sehen	82,0	18,0	0,0	200	164	36	---
Insgesamt	69,6	24,6	5,1	29.008	84	68	59

Im Prinzip zeigen sich ähnliche Angebotsstrukturen und Folgeprobleme der Förderschulsituation in Niedersachsen wie in Hessen. Ein erheblicher Anteil von Schüler*innen mit sonderpädagogischem Förderbedarf besucht Schulen mit mehreren Förderschwerpunkten, häufig mit zielgleich und zieldifferent zu unterrichtenden Schüler*innen. Es wäre von großem Interesse zu erfahren, wie im Schulalltag diese Bedingungen bewältigt werden und die Qualität der sonderpädagogischen Förderung gesichert wird.

2.3 Rheinland-Pfalz

Rheinland-Pfalz als drittes Beispiel für eine Analyse der Förderschullandschaft in Deutschland verfügt über ein weniger differenziertes Schulverzeichnis zur Analyse der Schulangebotssituation. Für die Schulen mit mehreren Förderschwerpunkten werden nicht die Schüler*innenzahlen in den einzelnen Förderschwerpunkten ausgewiesen, sondern nur die Gesamtschüler*innenzahl der Schulen. Dadurch muss sich in Rheinland-Pfalz die Analyse auf die Schulangebote beschränken.

Rheinland-Pfalz hat mit 5,6 % die niedrigste sonderpädagogische Förderquote aller Bundesländer. Hinsichtlich der Integrationsquote liegt Rheinland-Pfalz mit gut einem Viertel zwischen Hessen und Niedersachsen. Die Förderschule hat auch in Rheinland-Pfalz eine gefestigte Stellung, was sich nicht zuletzt auch an einem leichten Anstieg der Förderschulbesuchsquote zwischen 2012 und 2014 ableiten lässt (Autorengruppe Bildungsberichterstattung 2016, S. 81). Im Schuljahr 2015/16 hatte Rheinland-Pfalz nach dem Schulverzeichnis 132 Förderschulen, die 14.578 Schüler*innen besuchten (Statistisches Landesamt Rheinland-Pfalz 2016, S. 55). Auch in Rheinland-Pfalz haben 33 Förderschulen zwei (25 %) und zwei Förderschulen mehr als zwei Förderschwerpunkte (s. Tab. 8). Auffallend ist die häufige Kombination der Förderschwerpunkte ganzheitliche Entwicklung und motorische Entwicklung (an 15 Schulen), die bei den anderen beiden Ländern nur vereinzelt auftritt. An 31 Schulen mit zwei Förderschwerpunkten und allen Schulen mit drei und mehr Förderschwerpunkten werden zielgleich und zieldifferent zu unterrichtende Förderschwerpunkte kombiniert.

17 % der Förderschulen in Rheinland-Pfalz sind Privatschulen, sämtliche Schulen mit dem Förderschwerpunkt sozial-emotionale Entwicklung, die überwiegende Zahl der Förderschulen motorische Entwicklung und ein Drittel der Schulen ganzheitliche Entwicklung. Dazu gehört die Hälfte der Schulen (7), die die Förderschwerpunkte geistige und motorische Entwicklung verbinden.

Sowohl bei den Förderschulen Lernen als auch den Schulen, die die Förderschwerpunkte geistige und motorische Entwicklung verbinden, gibt es Schulen mit nur etwa 30 Schüler*innen. Dies sind aber Einzelfälle. Im Ländervergleich zeigen sich ähnliche durchschnittliche Schulgrößen für die Schulen mit einem Förderschwerpunkt, wie sie sich bei den anderen Ländern gezeigt haben. Folglich ergeben sich vergleichbare Rückfragen an die Prozessqualität der förderschulischen Förderung, wie sie bereits bei den anderen beiden Ländern angesprochen wurden.

Tab. 8 Das Förderschulangebot und die Kombination von Förderschwerpunkten in einer Schule in Rheinland-Pfalz im Schuljahr 2015/16

Förderschwerpunkt	Förderschulen mit …						Förderschwerpunkte	
	einem Förderschwerpunkt	zwei Förderschwerpunkten*				mehr als zwei Förderschwerpunkten*	Insgesamt	darunter an Privatschulen
		2	3	4	5			
1 ganzheitliche Entwicklung	19	2		1	15	1	39	11
2 Lernen	51	2	3	12		1	70	1
3 sozial-emotionale Entwicklung	7		3				10	7
4 Sprache	7			13		1	22	
5 motorische Entwicklung	6				15	1	22	11
6 Gehörlose und Schwerhörige	3						3	
7 Blinde und Sehbehinderte	1						1	
Förderzentren	3						3	
Förderschwerpunkte insgesamt	97	4	6	26	30	4	170	30
Förderschulen insgesamt	97	2	3	13	15	1	132	23

* Mehrfachnennungen (gezählt sind die Förderschwerpunkte)

3 Fazit

Anliegen des Beitrags ist ein differenzierter Blick auf die Situation der Förderschule als Förderort am Beispiel von drei Bundesländern. Deutlich werden dabei eine vielfältige Struktur des Schulangebots und keine klare Aufteilung der Förderschulen in Schulen der jeweiligen Förderschwerpunkte. Bei Dreivierteln der Schulen ist dies zwar in allen drei Ländern der Fall, aber in den Ländern Hessen und Niedersachsen besuchen fast ein Drittel der Schüler*innen an Förderschulen Einrichtungen, die mehr als einen Förderschwerpunkt anbieten. Schon bei den Schulen mit den zieldifferent zu unterrichtenden Förderschwerpunkten Lernen oder geistige Entwicklung ergibt sich die Frage, wie in einem homogen leistungsschwachen Lernmilieu Lernfortschritte und eine optimale Förderung des einzelnen Kindes gelingen sollen. Umso mehr ergibt sich diese Frage, wenn an Förderschulen zwei und mehr Förderschwerpunkte kombiniert werden, die häufig unterschiedliche kognitive Anforderungsniveaus verlangen. Dabei konnten in den vorliegenden Analysen die Lehrkräfteversorgung und die an den Schulen verfügbaren Kompetenzschwerpunkte bei den Lehrkräften für eine optimale sonderpädagogische und fachliche Förderung der Schüler*innen nicht berücksichtigt werden. Diese Informationen wären eine wichtige Ergänzung des vorgelegten Materials.[3]

Alles dies weist auf ein Defizit der sonderpädagogischen Schulforschung hin, die es bisher versäumt hat, die organisatorische Vielfalt der pädagogischen Bedingungen an den Förderschulen zu erfassen und diese in ihren Konsequenzen für den Lehr-Lernprozess der Schüler*innen mit sonderpädagogischem Förderbedarf zu analysieren. So hätte sie dazu beitragen können, den Mythos von der Leistungsfähigkeit der Förderschule durch empirische Forschung und eine realistische Einschätzung ihrer Leistungen und Probleme zu ersetzen. Dies könnte in der gegenwärtigen Inklusionsdiskussion dazu beitragen, nicht nur die Problemlagen an den allgemeinen Schulen als Hemmnisse einer zügigeren Umsetzung der Inklusion, sondern auch die Schwierigkeiten an den Förderschulen bei der Verfolgung ihrer Ziele, verstärkt zu beachten, um so zu einem Entwicklungsprozess beizutragen, der tatsächlich die optimale Förderung und Unterstützung der Kinder mit sonderpädagogischem Förderbedarf in das Zentrum der Bemühungen rückt.

---

3 Für Hessen weist die Schulstatistik für die Lehrer*innen an Förderschulen und Förderschulzweigen im Schuljahr 2014/15 aus, dass 71 % von ihnen ein Förderschullehramt haben, etwa 9 % ein sonstiges Lehramt und etwa ein Fünftel kein Lehramt (Landesamt für Statistik 2015, Tab. 17). In Rheinland-Pfalz haben 91 % der Lehrkräfte an Förderschulen im Schuljahr 2015/16 ein Förderschullehramt und nur 1,9 % kein Lehramt. Für Niedersachsen liegen diese Informationen in den veröffentlichten Statistiken nicht vor.

Literatur

Autorengruppe Bildungsberichterstattung (2010). *Bildung in Deutschland 2010. Ein indikatorengestützter Bericht mit einer Analyse zu Perspektiven des Bildungswesens im demografischen Wandel.* Bielefeld: Bertelsmann. http://www.bildungsbericht.de/de/bildungsberichte-seit-2006/bildungsbericht-2010/pdf-bildungsbericht-2010/bb-2010.pdf. Zugegriffen: 23.01.2017.

Autorengruppe Bildungsberichterstattung (2014). *Bildung in Deutschland 2014. Ein indikatorengestützter Bericht mit einer Analyse zur Bildung von Menschen mit Behinderungen.* Bielefeld: Bertelsmann. http://www.bildungsbericht.de/de/bildungsberichte-seit-2006/bildungsbericht-2014/pdf-bildungsbericht-2014/bb-2014.pdf. Zugegriffen: 02.12.2014.

Autorengruppe Bildungsberichterstattung (2016). *Bildung in Deutschland 2016. Ein indikatorengestützter Bericht mit einer Analyse zu Bildung und Migration.* Bielefeld: Bertelsmann. http://www.bildungsbericht.de/de/bildungsberichte-seit-2006/bildungsbericht-2016/pdf-bildungsbericht-2016/bildungsbericht-2016. Zugegriffen: 23.01.2017.

Benkmann, R. (2012). Inklusive Schule in einer desintegrierten Gesellschaft? In R. Benkmann, S. Chilla & E. Stapf (Hrsg.), *Inklusive Schule – Einblicke und Ausblicke* (Theorie und Praxis der Schulpädagogik, Bd. 13, S. 54–70). Immenhausen: Prolog-Verlag.

Boban, I., & Hinz, A. (2008). Sonderpädagogische Förderung in der Allgemeinen Schule (Integration) und in Sonderschulen. In K.-H. Arnold, O. Graumann & A. Rakhkochkine (Hrsg.), *Studium Pädagogik. Handbuch Förderung. Grundlagen, Bereiche und Methoden der individuellen Förderung von Schülern* (S. 410–419). Weinheim: Beltz.

Bognar, D., & Helbig, R. (2016). Grundsatzziele für die Umsetzung der UN-Behindertenrechtskonvention. Schritte zu deren Realisierung in Hessen. *SchulVerwaltung Hessen/Rheinland-Pfalz, 20* (9), 234–236.

Fesch, K., & Müller, T. (2014). Schule für Kranke in Deutschland – zur heterogenen Situation der Bundesländer im Umgang mit psychisch erkrankten Kindern und Jugendlichen. *Zeitschrift für Heilpädagogik, 65* (2), 50–59.

Heinrich, M., Urban, M., & Werning, R. (2013). Grundlagen, Handlungsstrategien und Forschungsperspektiven für die Ausbildung und Professionalisierung von Fachkräften für inklusive Schulen. In H. Döbert & H. Weishaupt (Hrsg.), *Inklusive Bildung professionell gestalten. Situationsanalyse und Handlungsempfehlungen* (S. 69–133). Münster: Waxmann.

Hessisches Statistisches Landesamt (2015). *Die allgemeinbildenden Schulen in Hessen 2014. Teil 1.* Wiesbaden.

Kocaj, A., Kuhl, P., Kroth, A. J., Pant, H. A., & Stanat, P. (2014). Wo lernen Kinder mit sonderpädagogischem Förderbedarf besser? Ein Vergleich schulischer Kompetenzen zwischen Regel- und Förderschulen in der Primarstufe. *Kölner Zeitschrift für Soziologie und Sozialpsychologie, 66* (2), 165–191.

Kultusministerkonferenz (2011). *Inklusive Bildung von Kindern und Jugendlichen mit Behinderungen in Schulen. Beschluss der Kultusministerkonferenz vom 20.10.2011.* http://www.kmk.org/fileadmin/veroeffentlichungen_beschluesse/2011/2011_10_20-Inklusive-Bildung.pdf. Zugegriffen: 10.06.2015.

Kultusministerkonferenz & Hochschulrektorenkonferenz (2015). *Lehrerbildung für eine Schule der Vielfalt. Gemeinsame Empfehlung von Hochschulrektorenkonferenz und Kultusministerkonferenz.* http://www.kmk.org/fileadmin/veroeffentlichungen_beschluesse/2015/2015_03_12-Schule-der-Vielfalt.pdf. Zugegriffen: 10.06.2015.

Müller, K., Prenzel, M., Sälzer, C., Mang, J., & Gebhardt, M. (im Druck). Wie schneiden Schülerinnen und Schüler an Sonder- und Förderschulen bei PISA ab? Analysen aus der PISA 2012-Zusatzerhebung zu Jugendlichen mit sonderpädagogischem Förderbedarf.

Schwarz, A., Weishaupt, H., Schneider, K., Makles, A., & Tarazona, M. (2013). *Mögliche kommunale Folgekosten der Umsetzung der Inklusion im Schulbereich in Nordrhein-Westfalen am Beispiel der Stadt Essen und des Kreises Borken*. Köln. http://www.staedtetag-nrw.de/imperia/md/content/stnrw/siteuebergreifend/2013/gutachten_spitzverbnrw_inklusion_130712_final.pdf. Zugegriffen: 23.01.2017.

Statistisches Landesamt Rheinland-Pfalz (2016). *Allgemeinbildende Schulen im Schuljahr 2015/2016. Teil I: Schülerinnen und Schüler, Schulabgängerinnen und Schulabgänger*.

Willmann, M. (2007). Die Schule für Erziehungshilfe/Schule mit dem Förderschwerpunkt Emotionale und Soziale Entwicklung: Organisationsformen, Prinzipien, Konzeptionen. In H. Reiser, M. Willmann & M. Urban (Hrsg.), *Sonderpädagogische Unterstützungssysteme bei Verhaltensproblemen in der Schule. Innovationen im Förderschwerpunkt Emotionale und Soziale Entwicklung* (S. 13–69). Bad Heilbrunn: Klinkhardt.

II
Inklusion und Exklusion über die Lebensspanne

Einige Bemerkungen zur Diskussion um Inklusion und Exklusion in soziologischer Sicht

Rudolf Husemann

> **Zusammenfassung**
>
> Inklusion und Exklusion sind Begrifflichkeiten, denen in der soziologischen Diskussion ein zentraler Stellenwert zukommt. Der Beitrag thematisiert diesbezüglich strukturtheoretische und systemtheoretische Positionen einerseits und historisch-empirisch und sozialpolitisch argumentierende Positionen andererseits. Weiterhin werden Argumentationen einbezogen, die die Grenzbereiche der Diskussion erkennen lassen. Auf die Bedeutung von Bildung für eine angemessene Teilhabe an der gesellschaftlichen Lebenswelt, vor allem Erwerbstätigkeit, wird Bezug genommen. Der Beitrag verweist darauf, dass Fragen von Inklusion und Exklusion im soziologischen Kontext angemessen nur in einer an gesellschaftspolitischen Integrationsinstanzen und Lebensverläufen orientierten Prozessperspektive diskutiert werden können.

1 Vorbemerkungen und Betrachtungskontext

Mit der UN-Behindertenrechtskonvention aus dem Jahre 2006, die von der Bundesrepublik Deutschland (BRD) 2009 anerkannt und ratifiziert wurde, verpflichtet sich die BRD zu entsprechenden Reformen im Bildungssystem. Inklusion in diesem Kontext bedeutet u. a., einen größeren Teil von jungen Menschen mit Beeinträchtigungen und Behinderungen vom Segment der Förderschulen in die „regulären" Grund- und Regelschulen zu übernehmen. Aus zahlreichen Diskussionen ist bekannt, dass der Weg zu einem inklusiven Bildungssystem mühevoll sein wird (vgl. z. B. Benkmann 2012, 2013).

Reformen im bundesrepublikanischen Bildungswesen, die auf eine Integration von Lern- und Bildungsprozessen abzielen, sind hierzulande bekanntermaßen sperrig. So wurde etwa in den 1960er-Jahren eine konsequente Reform des dreistufigen Schulsystems versäumt – was damals in vielen europäischen Ländern gelang – auch erscheint aus heutiger Sicht die Implementation von integrierten Gesamtschulen als mühevoller Prozess. Bis heute weiträumig getrennt bleiben auch die sogenannte allgemeine und berufliche Bildung, und nur langsam setzen sich „Durchlässigkeit" und „Gleichwertigkeit" im Hinblick auf den Hochschulzugang durch (Husemann, Münch und Pütz 1995). Man muss also nicht unbedingt mit hohem Optimismus auf die Umsetzung von Reformprogrammen im Bildungswesen blicken. Hier ist eine Vielzahl von Institutionen mit jeweils spezifischen Interessenlagen beteiligt, auch erscheint es nicht allzu kompliziert, auf politischem Wege und über die Medienwelt öffentliche Meinungen für und gegen die Inklusion von Menschen mit speziellem Lern- und Bildungsbedarf in das allgemeine Schulsystem zu gestalten.

Gedanken über Inklusion und Exklusion werden vielfach und schwerpunktmäßig auch in der Soziologie formuliert. Dies ist zum einen dem Umstand geschuldet, dass damit etwa die Zugehörigkeit oder Nichtzugehörigkeit zu sozialen Systemen beschrieben werden kann (2. Abschnitt). Zum anderen ist eine empirische, sozialpolitisch orientierte Soziologie daran interessiert, Teilhabemöglichkeiten an gesellschaftlichen Prozessen zu untersuchen (3. Abschnitt). Die hier berücksichtigten Positionen stehen ihrerseits in einem engen Argumentationszusammenhang mit Ansätzen, die Grenzfelder der Diskussion um Inklusion und Exklusion unter dem Gesichtspunkt gesellschaftlicher Ungleichheit, etwa vermittelt durch Bildung oder Zugang zu anderen gesellschaftlichen Ressourcen, thematisieren (4. Abschnitt). Die im Folgenden zusammengetragenen Beiträge zu Fragen der Inklusion und Exklusion[1] werden also gerahmt durch Aspekte über Sozialstaatlichkeit und Fragen von sozialen Ungleichheiten oder Disparitäten und, damit verknüpft, ihren Zusammenhängen mit bildungspolitischen Aspekten der Inklusion und Exklusion auch in der Weiterbildung.

Im europäischen Kontext hat die Diskussion um Exklusion und Inklusion maßgeblich an Bedeutung gewonnen. Bude und Willisch (2006) sprechen *„nicht mehr von relativer Unterprivilegierung nach Maßgabe allgemein geschätzter Güter*

---

[1] An dieser Stelle kann kein breitflächiger oder gar systematischer Überblick gegeben werden, auch könnten maßgebliche Positionen zur Diskussion ganz übersehen worden sein. Die hier zusammengetragenen Ausführungen verstehen sich eher exkursorisch und nehmen auch keinen Bezug auf die UN-Behindertenrechtskonvention. Eine ausführlichere soziologische Diskussion zur Frage der Exklusion findet sich v. a. bei Kronauer (1998) und vielen seiner folgenden Publikationen. Für eine internationale Diskussion vgl. z. B. Vislie (2003).

wie Einkommen, Bildung oder Prestige, sondern von sozialer Exklusion aus den dominanten Anerkennungszusammenhängen und Zugehörigkeitskontexten unserer Gesellschaft" (S. 6). Die Sozialberichterstattung der EU bezeichnet Exklusion als einen *„Prozess, durch den bestimmte Personen an den Rand der Gesellschaft gedrängt und durch ihre Armut bzw. wegen unzureichender Grundfertigkeiten oder fehlender Angebote für lebenslanges Lernen oder aber infolge von Diskriminierung an der vollwertigen Teilhabe gehindert werden"* (Europäische Kommission 2004, S. 12; zit. nach Bude und Willisch 2006, S. 8). Dass in dieser kurzen Begriffsbestimmung auch dem Bildungsgedanken ein gewisser Raum gewidmet wird, signalisiert nicht nur Problemlagen im Bildungsangebot, sondern appelliert auch an die individuelle Eigentätigkeit. Die Diskussion um Exklusion verortet sich somit im Kontext einer breitflächigen europäischen Umsteuerung der Sozialstaatlichkeit vom Konzept eines vorsorgenden hin zum Konzept eines aktivierenden Programms.

Mit dem Blick auf die Idee von Exklusion und Inklusion scheint in diesem Sinne ein kleiner Exkurs in die Sozialstaatspolitik nützlich, weil hier eine der Wurzeln der Debatte zu liegen scheint (vgl. auch Vogel und Ahlers 2004). Im Modell einer vorsorgenden Sozialstaatlichkeit fand sich ein Maßnahmenbündel, welches insgesamt auf die Absicherung und Stärkung einer Arbeitnehmerfunktion und auf die Möglichkeit des beruflichen und sozialen Aufstiegs orientiert war. Dazu zählten etwa Aspekte der betrieblichen und universitären Bildung, Übergangsregelungen und Fortbildungsmöglichkeiten, Vermögensbildung, Gesundheitsschutzaspekte, Sozialversicherungen, Rahmenregelungen für Tarifrecht, Arbeitsrecht, Betriebsverfassung, Übergangsregelungen bei vorzeitigem beruflichen Ausstieg etc.. Insgesamt handelte es sich um ein Gesamtpaket von staatlich abgesicherten Leistungen, die zur Stabilisierung und zur Entwicklung eines aktiven, auf regionale Bedarfslagen abgestimmten, Beschäftigungs- und Sozialsystems ausgerichtet waren. Dem gegenüber orientiert sich der „aktivierende" oder „Gewährleistungsstaat" überwiegend daran, Optionen und Chancen zu ermöglichen, dies ganz deutlich auch durch Übertragung solcher Aufgaben an Dritte (Privatisierung, v. a. von Dienstleistungen). Sozialpolitik wird in diesem Sinne wegbewegt vom Prinzip des Statuserhalts, wogegen der Gedanke der Marktfähigkeit und der Exklusionsvermeidung an Bedeutung gewinnt. Marktfähigkeit soll dabei in erster Linie durch die Stärkung der Erwerbsfähigkeit erzielt werden, wobei die (berufliche) Qualifikation als Indikator von überragender Bedeutung gesehen wird. Marktfähigkeit darf hier allerdings auch in einem erweiterten Sinne verstanden werden. So setzt die politische Strategie der marktkonformen Ausgestaltung westeuropäischer Demokratien nicht nur auf die Vermarktlichung aller Arten von Dienstleistungen, sondern ebenso auf den subjektiven Faktor des Bildes von Konsument*innen und Produzent*innen der je eigenen Biographie und hier besonders der Erwerbsfähigkeit bzw. „employability" (vgl. etwa Wirsching 2015, S. 82ff.; s.a. Voss und Pongratz 1998). Diesen Gedanken greifen wir weiter unten im Zusammenhang mit der Idee des „lebenslangen Lernens" wieder auf.

Inklusion und Exklusion sind somit verknüpft mit Angelegenheiten der Teilhabe an sozialen bzw. gesellschaftlichen Prozessen. Möglichkeiten zur Reproduktion der Lebensverhältnisse, wie Erwerbstätigkeit, Bildung, Ausbildung und Teilhabe am gesellschaftlichen Leben, stellen die wesentlichen Bezugspunkte dar. Im soziologischen Kontext hat die Diskussion um Inklusion und Exklusion einige Tradition.

2 Strukturtheoretische und systemtheoretische Positionen

Ein klassischer Ausgangspunkt für die Frage der Inklusion findet sich bei Max Weber in seinen „Grundbegriffen", in denen er soziale Beziehungen als nach außen „offen" oder nach außen „geschlossen" klassifiziert (Weber 2005, S. 31). Die Offenheit bestimmt sich danach dadurch, dass die Teilnahme an sozialem Handeln nach geltenden Ordnungen niemandem verwehrt wird, sofern er dazu in der Lage wäre, wogegen die Geschlossenheit eine Teilnahme ausschließen, beschränken oder an Bedingungen knüpfen kann. Weber (2005) spricht dann von verschiedenen Formen sozialer Schließung, z. B. traditionalen, affektualen, wertrationalen oder zweckrationalen, und erläutert: *„Eine geschlossene soziale Beziehung kann monopolisierte Chancen den Beteiligten a) frei oder b) nach Maß und Art reguliert oder rationiert oder c) den Einzelnen oder Gruppen von ihnen dauernd und relativ oder völlig unentziehbar appropriiert garantieren."* (S. 31) Zugehörigkeit zu einer sozialen Beziehung – oder zu einem sozialen Gebilde – bedeutet somit den Genuss von Schutz, Privilegien und die Anwendung von Regeln auf die jeweilige soziale Handlung. Weber sieht diese Konstellationen sowohl auf der Ebene der Vergemeinschaftung als auch der Vergesellschaftung, also als generell zutreffend. Allerdings erkennt er, dass Regulierungen und Schließungen als relative Konzepte zu verstehen und in vielfältigen Ausprägungen vorstellbar seien. Er geht allerdings nicht so weit wie die Systemtheorie, die die Frage der Bedingungen der Inklusion oder Exklusion enger an Funktionssysteme koppelt. Jedenfalls gewinnen wir mit Weber einen Einblick in die Ideen von der sozialen Schließung und der geschlossenen Systeme, so wie sie auch in die weitere Diskussion um Exklusion und Inklusion eingegangen sind.

Die soziologische Systemtheorie sieht Fragen der Inklusion und Exklusion deutlicher im Zusammenhang mit der funktionalen Differenzierung als generelles Merkmal moderner Gesellschaften. Geht man hier auf Spurensuche, zeigt sich, dass damit eine Erweiterung und Generalisierung von Beschreibungsmodellen für moderne Gesellschaften im Vergleich zu älteren theoretischen Modellen beabsichtigt wird.

Rudolf Stichweh (1997, S. 2) verortet die Quellen der Diskussion um Inklusion und Exklusion im französischen politischen Diskurs um Sozialpolitik um die Mitte der 70er-Jahre des 20. Jahrhunderts. Seiner Meinung nach wurzelt dies in dem Umstand, dass seinerzeit – etwa im Unterschied zu England und Deutschland – dort „Sozialpolitik" nicht als eine etablierte politische und theoretische Kategorie existierte. Er sieht dies in Verbindung damit, dass Probleme des Ausschlusses von bestimmten Gruppen mit verschiedenen Betroffenheitskategorien nicht in Form von Einzelzuständigkeiten und Maßnahmenpaketen diskutiert wurden, sondern als Frage gesamtgesellschaftlicher Differenzierung gesehen wurde. Auf dieser Grundlage – so folgert Stichweh – konnten heterogene Gruppen sozialpolitisch zusammengefasst werden. Kleinräumige Exklusion wäre eher als Bruch gesamtgesellschaftlicher oder nationaler Solidarität gesehen worden. Diese historische Spurensuche verweist auch auf die sozialpolitische Konnotation der Begrifflichkeiten.

In der weiteren Beobachtung zeigt er, dass der Exklusionsbegriff mehr und mehr dahin entwickelt wurde, soziale Ungleichheit zu thematisieren und damit den Armutsbegriff, vermittelt etwa über die Idee sozialer Schichtungen, abzulösen. Am Beispiel des Armutsbegriffes führt Stichweh (1997, S. 4) weiter aus, wie der Exklusionsbegriff später für die soziologische Theoriebildung fruchtbar gemacht wurde. Armut, gesehen in einer historischen Perspektive, lasse sich nicht allein in einer ökonomischen Dimension abbilden. Daneben sei vor allem eine strukturell schwache Position, die durch das Ausgeschlossensein von lokal relevanten Berechtigungen geprägt wäre, zu bedenken, was eher auf Machtlosigkeit als auf Mittellosigkeit verweise.[2] Eine ähnliche Perspektive sieht er in der US-amerikanischen Frage nach der „underclass", was der Idee der Exklusion schon weitgehend entsprechen würde und auch mehr auf gesellschaftliche Trennungslinien als auf hierarchisch geordnete gesellschaftliche Strukturen hindeute.

In weiteren Überlegungen versucht Stichweh (2009) eine Weiterentwicklung mit höherem Abstraktionsgrad. Dazu entwickelt er Leitgesichtspunkte einer Soziologie der Inklusion und Exklusion. Eingangs stellt er drei klassische paradigmatische Figuren vor, die die Unterscheidung von Inklusion und Exklusion markieren. Als erste Figur benennt er die „Mitgliedschaft" und meint damit die kommunikative Berücksichtigung von Personen in Sozialsystemen. Diese auf die Idee der „citizen-

---

[2] Hier verweist Stichweh auch darauf, dass insbesondere auch der Fremde als arm zu bezeichnen ist, wenn er wegen seiner Ungebundenheit nicht in lokale Berechtigungen eingebunden ist.

ship" (Marshall) bezogene Figur thematisiert nicht nur die Möglichkeit singulärer Mitgliedschaft, sondern auch und gerade pluralistische Formen, so wie sie auch von Talcott Parsons in Bezug auf die funktionale Differenzierung von Gesellschaften weiter spezifiziert wurden. Als zweites Paradigma spricht Stichweh über „Solidarität" und bezieht sich darin auf eine französische Tradition (Durkheim). Das Verhältnis von Inklusion und Exklusion beschreibt er hier darüber, dass mit Exklusion das Versagen von Bindungen, die die Gesellschaft zusammenhalten, gemeint ist, wogegen Inklusion sich auf intentionale Anstrengungen der Integration von Exklusion bedrohter bzw. betroffener Gruppen beziehe. Als drittes Paradigma der Differenz von Inklusion und Exklusion erkennt Stichweh die „Disziplinierung". Bemerkenswert sei hier der Umstand, dass Disziplinierung als Merkmal moderner Gesellschaften eher einen universellen Charakter hat, jedoch in der Vorstellung von hoher gesellschaftlicher Differenzierung ebenfalls hoch differenziert sei. Exklusion bedeute in diesem Sinne nicht die Lockerung der Disziplinierung, sondern eher deren Verstärkung. Als Referenz nimmt Stichweh Bezug auf das Modell der totalen Institutionen (Goffman).

Als abstraktere und damit universeller nutzbare Form der Differenzierung von Inklusion und Exklusion führt Stichweh (2009) nun eine vierte Variante ein und beschreibt sie so: *„Wir behandeln Gesellschaft als Kommunikation und gehen unter dieser Voraussetzung davon aus, dass die Unterscheidung von Inklusion und Exklusion die Frage der Bezeichnung oder Adressierung von Personen in Sozialsystemen betrifft. Eine solche Adressierung von Personen findet entweder statt oder es fällt auf, dass sie nicht erfolgt – und je nachdem wird die eine oder die andere Seite der Unterscheidung hervorgehoben."* (S. 10) In diesem Sinne bezeichnet Stichweh den Sachverhalt der Inklusion dann als gegeben, wenn für Beteiligte erkennbar ist, dass Personen zu denen gehören, an die eine kommunikative Operation gerichtet ist. Inklusion wird damit als soziales Ereignis klassifiziert. Dem gegenüber sei Exklusion (Nicht- oder Letztadressierung) wesentlich schwieriger beobachtbar, weil diese eher als Nicht-Ereignis oder Sequenz von Nicht-Ereignissen zu klassifizieren sei.

Aus dem weiteren Verlauf der Argumentation sei vermerkt, dass Stichweh eine asymmetrische Unterscheidung von Inklusion und Exklusion ins Spiel bringt. Ausgehend von der Bewertung, dass moderne differenzierte Gesellschaften den Sachverhalt der Exklusion tendenziell für illegitim deklarieren, stelle sich die Möglichkeit der Exklusion eigentlich nur unter der Bedingung, dass sie wiederum in eine Form von Inklusion überführt werden könne (Stichweh 2009, S. 36ff.). Dazu bediene sich die moderne Gesellschaft vor allem der Organisationen, die in großer Bandbreite und stark differenziert das Geschäft der inkludierenden Exklusion übernehmen.³ Darüber hinaus wirft er die Frage der Affinitäten von Inklusion und Exklusion einerseits und Gleichheit und Ungleichheit andererseits auf. Hier stellt er fest, dass in dieser theoretischen Variante diese Begriffspaare nicht aufeinander abbildbar seien: Gleichheiten und Ungleichheiten seien also sowohl anzunehmen auf der Seite der Inklusion – wo er ein prinzipielles Gleichheitspostulat unterstellt –, als auch auf der Seite der Exklusion, wo eher Ungleichheiten, sozialpolitisch organisiert etwa durch Institutionen der inkludierenden Exklusion – z. B. Gefängnis mit Rehabilitierungsabsicht – zu thematisieren wären. In dieser Lesart beschreibt Stichweh die Inklusion als den Regelfall funktional differenzierter Gesellschaften, wenn man annähme, dass die Nichterreichbarkeit für Kommunikation in diesen Konstellationen eher untypisch sei.

Niklas Luhmann (1995, S. 237ff.) sah als Ausgangspunkt für Überlegungen zur Inklusion und Exklusion die Notwendigkeit, die Eindimensionalität des etablierten Konzepts der sozialen Differenzierung weiter zu entwickeln. So prägte er vor allem in Anknüpfung an Talcott Parsons die Idee der funktionalen Differenzierung. Für Parsons war die Frage nach der Systemintegration bedeutungsvoll; ebenfalls kannte er auch den Inklusionsbegriff als Eingebundenheit in das gesellschaftliche Gesamt. Eine solche Begriffsverwendung befand Luhmann jedoch als wenig wegweisend, weil dem positiv besetzten Begriff der Inklusion das fehlt, was er eigentlich ausschließt: *„Und auf jeden Fall fehlt ein Begriff für das, was fehlt, wenn Inklusion nicht zustande kommt."* (Luhmann 1995, S. 239) Er sieht eine Aufgabe darin, die Differenz von Inklusion und Exklusion in Beziehung zu setzen zu den Erfordernissen der Systembildung und insbesondere zu den Konsequenzen bestimmter Formen der Differenzierung.

Zur Erläuterung dieser Idee geht Luhmann in einer historisch geprägten Argumentation auf Differenzierungserfordernisse in verschiedenen Gesellschaftsformen ein (Luhmann 1995, S. 242ff.). Danach wäre etwa für segmentäre Gesellschaften typisch, dass Inklusion sich eben auf bestimmte Segmente der Gesellschaft bezieht und jeweils nach festen Regeln erfolgt, so wie sie durch die Segmente historisch geprägt wurden. Stratifizierten – ständischen – Gesellschaftsformen spricht er einen Inklusionstyp zu, der vor allem über Endogamie (Verwandtenehe etc.) geschlossen wird. Wie auch in segmentären Formen wäre hier die Zugehörigkeit jeweils nur zu einem Segment, etwa Stand, Schicht oder Kaste, denkbar. Den Unterschied

---

3   Die Idee, dass Fragen der Exklusion nicht auf der Ebene der Funktionssysteme anzusiedeln sind, sondern auf der Ebene der Organisation, findet auch in der sozialen Arbeit Resonanz: „*Die moderne Gesellschaft antwortet zur Bearbeitung ihrer Inklusionsprobleme und Exklusionsgefährdungen (...) mit der Bildung von Organisationen*" (Mayrhofer 2009, S. 7).

zur segmentären Gesellschaft beschreibt er dadurch, dass in der stratifizierten Gesellschaft mehrere auch ungleiche Möglichkeiten der Inklusion vorstellbar sind: Über die Familienzugehörigkeit ergäbe sich so etwa eine „ökonomische" Inklusion auf Haushaltsebene, über öffentliche Funktionen etwa für Haushaltsvorstände auch eine „politische" Inklusion. Mit diesen erweiterten Möglichkeiten erkennt Luhmann auch schon entwickelte Formen einer Exklusionspolitik, wie sie etwa durch Territorialstaaten, Zünfte und später auch durch eine rigide Sozialdisziplinierung praktiziert werden, *„(...) deren Härte in auffälligem Kontrast steht zu den Humanitätsidealen der Aufklärung, die offensichtlich nur für den inkludierten Bevölkerungsanteil bestimmt waren"* (Luhmann 1995, S. 245). Dabei werden die Regeln für Exklusion/Inklusion durchweg von Spezialeinrichtungen geprägt und kontrolliert. In konsequenter Form findet sich dies in sozialen Systemen nach dem Typ der „totalen Institution", für die er die Beispiele Kloster, Schiff und Arbeitshaus anführt. Typisch für diese Gesellschaftsform sei auch die Vorstellung über Möglichkeiten der Re-Inklusion, die über Formen der Besinnung, Selbstbeobachtung oder Entscheidung sowie über akzeptables zukunftsorientiertes „profitables" Verhalten zu gewährleisten wären und so versuchen, das Individuum selbst für entsprechende Ziele in Dienst zu nehmen.

Im Unterschied zu den bis hier thematisierten Gesellschaftsformen kennzeichnet Luhmann die moderne funktional differenzierte Gesellschaft dadurch, dass die Frage der Inklusion den einzelnen Funktionssystemen überlassen bleibt, also auf die Idee von einer gesellschaftseinheitlichen Regelung verzichtet wird (Luhmann 1995, S. 246ff.). Für diese Idee habe die moderne Gesellschaft allgemeine Bürger- und Menschenrechte der Freiheit und Gleichheit entwickelt, die darauf verweisen, dass die Kontaktaufnahme mit den Funktionssystemen möglich ist mit der Maßgabe, *„(...) dass Ungerechtigkeiten bzw. Konditionierungen des Freiheitsgebrauchs nur gerechtfertigt werden können, wenn sie von dem jeweiligen Funktionssystem selbst ausgehen"* (Luhmann 1995, S. 246). Allerdings unterliege diese Zuschreibung von Inklusion im Hinblick auf die Möglichkeiten der Erzeugung gesellschaftlicher Ungleichheiten (z. B. Verteilung von öffentlichen und privaten Gütern) zwei beschränkenden Bedingungen: zum einen seien solche Ungleichheiten temporär zu sehen, zum Zweiten ist gemeint, dass diese Differenzierungsmodi auf einzelne Funktionssysteme beschränkt seien und zwischen ihnen Interdependenzunterbrechungen bestünden. Diese Bedingungen stellt Luhmann jedenfalls selbst auch in Frage, wenn er die Unwahrscheinlichkeit ihrer Funktionsfähigkeit gerade in Gesellschaften im Modernisierungsprozess als Möglichkeit darstellt.

Seine Skepsis unterlegt Luhmann mit einer Beschreibung von Netzwerken. Ihre Funktionsweise sieht er in der Bedeutung der Verfügung über legale oder auch illegale Einflussmöglichkeiten bezüglich der Positionierung in Organisationen in der Art, dass Vorteilsverschiebungen und Gunsterweise gegen eine tragende Sozialordnung als Leistungsbereiche etabliert werden, wobei je funktionsspezifische Differenzierungsregeln verfügbar werden – mit der Möglichkeit der (Selbst-)Exklusion im Falle von regelwidrigen Operationen. Solche „Netzwerke des wechselseitigen Gunsterwerbs" mit ihren selbst geschaffenen Regeln der Inklusion/Exklusion und mit bemerkenswerter Stabilität und Reproduktionsfähigkeit stehen neben denjenigen, die als gesellschaftliche Institutionen anzusehen sind, also etwa Familienstand, Religion, Recht, Ökonomie, Politik u. a.. Für diese nimmt Luhmann bezüglich der Inklusion spürbare Lockerungen an, d. h. die Zugehörigkeit ist nicht an feste Praktiken gebunden. Dies sei dem Umstand zuzuschreiben, dass die Beziehungen zwischen den Funktionssystemen fluktuieren und nicht mehr gesamtgesellschaftlich festgelegt werden könnten (Luhmann 1995, S. 256). Umgekehrt sei jedoch zu konstatieren, dass Exklusion deutlicher funktionssystemübergreifend verstanden werden müsse, d. h. die Exklusion aus einem solchen bringe die Wahrscheinlichkeit der Exklusion aus anderen mit sich. Zur Differenz der Begrifflichkeiten knüpft Luhmann an die Positiv-Konnotation des Inklusionsbegriffs an: *„Mit den Modi der Inklusion beschreibt die Gesellschaft das, was sie als Teilnahmebedingung setzt bzw. als Teilnahmechance in Aussicht stellt. Exklusion ist dem gegenüber das, was unmarkiert bleibt, wenn diese Bedingungen bzw. Chancen formuliert werden."* (Luhmann 1995, S. 262) Damit sieht er diese Differenz als systemintern begründet an und versteht sie als Ordnung der Kommunikation.

Im Zusammenhang mit der Idee von der funktionalen Differenzierung der modernen Gesellschaft untersuchen Luhmann und Schorr (1999, S. 29ff.) Kontingenz und Autonomie des Erziehungssystems. Hier erkennen sie auch Veränderungen in den Rollendifferenzierungen im Vergleich zu stratifizierten Gesellschaften. In letzteren wären Rollendifferenzierungen mit Komplementärverhältnissen anzunehmen, wie etwa Arzt*Ärztin–Patient*in, Lehrkraft–Schüler*in etc., die ihrerseits eine Sozialtypik mit vergleichsweise stabilen, z. B. ständischen gesellschaftlichen Strukturen erzeugte. Auch ausgehend von solchen etablierten Rollendifferenzierungen mit zugehörigen Komplementärverhältnissen, aber in generalisierter Form werden diese (asymmetrischen) Sozialbeziehungen als Katalysatoren für den Aufbau funktionsrelevanter Sozialsysteme genutzt. Die Typik einer solchen modernen Gesellschaft zeichnet sich nun dadurch aus, dass eben nicht nur Leistungsrollen, sondern auch Komplementärrollen differenziert werden. Ebenfalls gehört zu diesem Bild, dass grundsätzlich einer Gesamtbevölkerung Zugang zu den Komplementärrollen und damit zu den differenzierten Funktionssystemen zu gewährleisten sei. Mit dieser Bedingung verbinden Luhmann und Schorr hier die Idee der Inklusion, die somit nur über die Komplementärrollen erfolgen kann. *„Inklusion heißt also nicht: Mitgliedschaft in einer Gesellschaft, sondern heißt als*

Modus vollwertiger Mitgliedschaft: Zugang eines jeden zu jedem gesellschaftlichen Funktionssystem." (Luhmann und Schorr 1999, S. 31) In diesem Artikel sehen sie die Idee der Inklusion begründet in der frühen Forderung des Comenius, dass alle Kinder in Schulen erzogen werden sollten. In der späteren Auffassung von der Eigenständigkeit der Kindheit erkennen Luhmann und Schorr eine Wendung vom Kind als Objekt der Erziehung hin zur Vorstellung vom Kind als Subjekt der Erziehung, was deutlich mit der Idee der Komplementärrolle korrespondiert. Dass damit noch nicht eine volle Inklusion im quantitativen oder qualitativen Sinne behauptet wird, versteht sich leicht bei Betrachtung der vorigen Überlegungen. Dies greift Luhmann (2002, S. 135ff.) später wieder auf, indem er die problematische Entwicklung der Bereitstellung eines allgemeinen Schulsystems beschreibt, die flankiert werden musste durch eine rechtlich bestimmte Schulpflicht, weil die Inklusion nicht etwa über Interessen oder Absichten umsetzbar erschien – zumal sie sich nicht allein auf der personellen Ebene realisieren würde, sondern gerade auf die körperliche Anwesenheit (der Schüler*innen in der Schule) angewiesen war.

Im Prinzip legen die bis hier angesprochenen Positionen den Gedanken der Inklusion als grundsätzlich für die Beobachtung von sozialen Systemen an, und zwar vor allem über die Möglichkeiten der Kommunikation. Damit wird ihm ein systemlogisches Prädikat zugesprochen, was zu der Folgerung Anlass gibt, dass hier die Frage der Inklusion bzw. Exklusion nicht empirisch, historisch oder politisch zu verstehen wäre. Jedoch ist bemerkenswert, wie ausführlich Luhmann hier die Idee der Inklusion besonders in der funktional ausdifferenzierten Gesellschaft mit Funktionsbeschreibungen über Netzwerke[4] illustriert. Somit stellt sich die Frage, ob die Schlüsselfunktion dieser Kategorie ganz eindeutig durch ihre formal-logische Form zu bestimmen ist. Auch erscheint in diesen Ausführungen wenig plausibel, dass Exklusion und Inklusion jeweils in einzelnen Funktionssystemen unabhängig voneinander zu verstehen seien, wenn etwa die Frage der Interdependenzunterbrechungen uneindeutig bleibt.

---

4   Man könnte annehmen, dass sich hier eine Affinität zur Bedeutung der Organisation bei Stichweh andeutet. Möglicherweise könnte die hervorgehobene Bedeutung der Netzwerke aber auch auf ein informelles Lobbywesen hindeuten, welches neben formal erkennbaren (Organisations-)Strukturen in nicht unerheblichen Maße in den hoch differenzierten Funktionssystemen wirksam ist, und möglicherweise ebenso wirksam deren Grenzen transzendiert.

3 Historisch, empirisch und sozialpolitisch orientierte Positionen

Unter dem Stichwort der Exklusion beteiligt sich Martin Kronauer seit etwa 20 Jahren[5] an der Debatte. Sein Ansatz versteht sich im Vergleich zu den systemtheoretischen Positionen historisch, empirisch und politisch. Bevor seine Konzeption skizziert wird, sollen hier einige seiner kritischen Argumente gegenüber den systemtheoretischen Positionen erwähnt werden. Bezüglich der Stichweh'schen Variante äußert Kronauer zunächst Zweifel am Postulat der „Vollinklusion", und begründet dies vor allem mit den von Stichweh selbst formulierten Einschränkungen. Danach wäre dieses Postulat eher und typisch nur der Systemtheorie zuzurechnen, welche sich vor allem auf Beobachtungen stützen würde, die sich auf die Funktionssysteme selbst beziehen (Kronauer 2010a, S. 236ff.). Auch die von Stichweh vertretene Argumentation, dass Exklusion letztlich nur bei Nicht- oder Letztadressierung durch die Funktionssysteme anzunehmen und daher eher unwahrscheinlich sei, würde bedeuten, die Idee von Exklusion auf (materielle?) Einzeltatbestände zu reduzieren. Der Behauptung der Interdependenzunterbrechungen der Funktionssysteme hält Kronauer entgegen, dass Exklusionsverläufe typischerweise gerade durch das Zusammenwirken von geringen ökonomischen, sozialen und kulturellen Ressourcen zu kennzeichnen seien.

Kronauer (2010a, S. 112ff.) unternimmt auch eine umfangreiche Kritik an der Luhmann'schen Position zur Inklusionsdebatte. Daraus sei hier erwähnt, dass er zwei Bedeutungen des Exklusionsbegriffs herausarbeitet, die im Hinblick auf die systemtheoretische Position unstimmig erscheinen. Eine erste beziehe sich darauf, dass Inklusion in Bezug auf Funktionssysteme über Kommunikation lediglich als Rollentypologie vorstellbar, und damit durch Differenzierungsmöglichkeiten nach Rollen und Funktionssystemen gekennzeichnet sei – was bedeute, dass Inklusion über die Idee der Individualität nicht denkbar sei. Eine zweite Bedeutung des Exklusionsbegriffs erkennt Kronauer in der Figur des blockierten Zugangs zu Funktionssystemen. Beide Bedeutungsvarianten bleiben, so Kronauer, unvereinbar auch im Hinblick auf die Logik der Funktionssysteme, ungeachtet der angenommenen und auch nicht schlüssig erklärten Interdependenzunterbrechungen. Weiterhin fehle dieser Position die Dimension der Erfahrung, die das kulturelle Bewusstsein und die subjektive Erfahrung einbeziehen könne, ebenso wie eine historisch-empirisch orientierte Dimension, die den Prozesscharakter von Inklusions- bzw. Exklusionsverläufen thematisieren könnte (ebd.).

---

5 Hier etwa zurückverfolgt bis Kronauer (1998). *Exklusion in der Armutsforschung und in der Systemtheorie.*

Mit seinem Hintergrund in der Armuts- und Arbeitslosigkeitsforschung legt Kronauer seine Überlegungen zum Exklusionsbegriff ganz anders an. Ein wesentliches Grundprinzip stellen die empirische und politische Anschlussfähigkeit und die historische Fundierung seiner Diskussion dar. So sieht er als Eckpunkte für die Bestimmung von Inklusion und Exklusion Erwerbsarbeit, persönliche, politische und soziale Bürgerrechte im Sinne von Schutz- und Teilhaberechten („Partizipation"), „Interdependenz" als Wechselseitigkeit und Eingebundensein in persönliche und gesellschaftliche Arbeitsteiligkeit sowie „Reziprozität" im Sinne von sozialen Nahbeziehungen. Diese drei Dimensionen, so Kronauer (2013, S. 21ff.), ergänzen einander, lassen sich jedoch nicht wechselseitig ersetzen.

Historisch ordnet Kronauer (2010a, S. 40ff., 2013, S. 21f.) die Debatte um den Inklusionsbegriff in die internationale klassische und moderne soziologische Diskussion ein. Er sieht hier einen maßgeblichen Ausgangspunkt in der französischen Diskussion der 1970er- und 1980er-Jahre um die Ablösung der wirtschaftlichen und sozialen Prosperität im Europa der Nachkriegszeit, angezeigt durch zunehmende Probleme auf den Arbeitsmärkten, zunehmende Ungleichverteilung von Einkommen und Strategien des Umbaus von staatlichen sozialen Sicherungssystemen, verbunden mit Fragen der Umorganisation von sozialen Rechten und Pflichten. Grundsätzlich wendet sich Kronauer auch in der Tradition Simmels gegen eine dichotome Betrachtung eines „Drinnen" und „Draußen" und damit gegen das Bild einer logischen Alternative. Er sieht Inklusion und Exklusion somit in einer Form der Gleichzeitigkeit, die jedoch graduell durch gesellschaftliche Ungleichheiten erkennbar gemacht werden kann (Kronauer 2010a, S. 23f. und S. 194ff.). In dieser Lesart findet sich auch der Gedanke, dass Exklusion eher prozedural als statisch zu klassifizieren sei – mit der Konsequenz, die Möglichkeit sozialpolitischer Interventionen einzubeziehen. Somit erweise sich der Exklusionsbegriff nicht als Spezifikum sozialer Randgruppen, sondern als Kategorie der Gesellschaftstheorie selbst (ebd., S. 48).

Aufgrund der maßgeblichen Bedeutung der Erwerbsarbeit sieht Kronauer die Inklusion in kapitalistisch verfassten Gesellschaften grundsätzlich als prekär an, weil etwa im Vergleich zu Bürgerrechten die Möglichkeit der Erwerbstätigkeit in Form von Marktabhängigkeiten und in einem Machtgefälle von Kapital und Arbeit organisiert ist. Mit Bezug auf Karl Polany hebt er hervor, dass kapitalistische Marktwirtschaften deutlich auf staatliche und öffentliche nicht-marktförmige Leistungen und Regulationen angewiesen sind, um ihre Funktionsfähigkeit aufrecht erhalten zu können, und gerade aufgrund der Eigenständigkeit und Komplementarität von Institutionen wie Erwerbsarbeit, Sozialsystem und Familie/Nahbeziehung sei jedenfalls von Interdependenzen zwischen den Funktionssystemen im Hinblick auf die Differenz von Inklusion und Exklusion auszugehen (Kronauer 2010b, S.

48ff.). In Anlehnung an Castel spricht Kronauer (2013, S. 23) von einer systemischen Schwachstelle der Inklusion und von damit verbundenen Schockwellen in der Entwicklung von Arbeits- und Beschäftigungsverhältnissen, die insbesondere der Marktabhängigkeit der Beschäftigungsverhältnisse geschuldet seien. Kronauers Ausdeutung des Verhältnisses von Inklusion und Exklusion bewegt sich deutlich im (sozial-)politischen Bereich, wenn er sie im Sinne der Institutionalisierung von sozialer Sicherheit und zur Gewährleistung von Lebensperspektiven auch und gerade bei asymmetrischen Machtverhältnissen in kapitalistischen Marktwirtschaften versteht (Kronauer 2010a, S. 260).

Auch Bude (2004) verortet den Gedanken der Exklusion im politischen Raum. Er bezeichne somit eine Klasse von sozialen Problemen, die geeignet seien, den Zusammenhalt unserer Gesellschaften zu gefährden. Als Beispiele führt er Konstellationen sozioökonomischer Marginalisierung an, wie sie etwa typisch seien für Sozialmilieus in Ghettos und anderen sozialen Brennpunkten, und die dadurch gekennzeichnet sind, dass der Anschluss an die Mainstreams gesellschaftlicher Entwicklung verloren gegangen sei: „*Institutionelle Unerreichbarkeit, soziale Abgeschlossenheit und kulturelle Selbstausschließung ergänzen sich zu einem unaufhaltsamen Prozess der Entkopplung vom Ganzen.*" (Bude 2004, S. 5ff.) Dieses Modell einer „Zwei-Welten-Theorie" des Exklusionsbegriffs, der Welt der Chancen und der Welt der Ausgeschlossenen, steht nach Bude in zwei kulturellen Traditionen. Zum einen beschreibt er eine anglo-amerikanische Variante, die sich auf den Begriff der „underclass" bezieht. In der britischen Tradition fußt die Wahrnehmung einer Unterklasse auf einer Qualität von „citizenship", die Dimensionen der rechtlichen, politischen und sozialen Teilhabe betrifft. Hier würden sich ungerechtfertigte Partizipationssperren finden lassen, die besonders für Migrant*innen und andere Gruppen mit niedrigem sozialen Status zu konstatieren seien. Grundmuster dieses Exklusionsmodells sei hier vor allem die Inklusionslogik des Wohlfahrtsstaates, weniger dagegen die Spaltungslogik des Klassenkampfes. Für die USA sieht Bude als Abgrenzungslinie für die Zurechnung zur Unterklasse „*(...) die meritokratische Mittelklassekultur des verdienten Lebens und der erworbenen Position*" (Bude 2004, S. 7). Unterklasse markiere sich danach durch die Inanspruchnahme sozialstaatlicher Leistungen und etwa durch mangelnde Bereitschaft zur Selbsttätigkeit, aber durchaus verbunden mit personell gebundenen Merkmalen wie Hautfarbe, ethnischer Zugehörigkeit und religiöser Herkunft, die auch mitbestimmend sein können für die Gestaltung von Biographien, die in das Segment der welfare-Zone weisen. Von dieser anglo-amerikanischen Typologie der Exklusion unterscheidet Bude einen französischen Typ. Dieser bewege sich um den Gedanken einer Republik, die in der französischen Kultur und Tradition begründet und durch nicht darauf bezogene Bewegungen bzw. Gruppen gefährdet sei. Der gesellschaftliche Ausschluss in diesem Typ ginge also einher „(...) *mit einem Mangel des Französischseins, was Kultur, Bildung und Lebensart angeht*" (Bude 2004, S. 8).

Dem gegenüber sieht Bude die Diskussion um Exklusion in Deutschland in einer anderen Tradition. Sie beziehe sich auf die im Nachkriegsdeutschland beschworenen Formeln von der „Schicksalsgemeinschaft" und der „nivellierten Mittelstandsgesellschaft" (Schelsky) und eine darauf gegründete Idee über Randgruppen, deren Integration als eine Aufgabe des Sozialstaates angesehen wurde: Für die Bildung kommt Bude hier auf das Picht'sche Bild vom katholischen Arbeitermädchen vom Lande zu sprechen. Eher Abweichung als Exklusion sei hier der leitende Gedanke einer differenzierten Gesellschaft gewesen (Bude 2004, S. 9).

Dieses Bild von der Mittelstandsgesellschaft wurde – so Bude weiter – allerdings schon im Jahre 1968 von einer Autorengruppe um C. Offe in Frage gestellt. Sie brachten mit Argumenten über sozioökonomische Randgruppen mit Marginalisierungstendenzen in Wirtschaftskreisläufen eine Disparitäten-Theorie in die wissenschaftliche und politische Öffentlichkeit, die eine Gefährdung der „Mitte" der Gesellschaft von „außen" beinhaltete. Diese Theorie wurde in eine Richtung weiterentwickelt, die die Interessenorganisation der Randgruppen berücksichtigte, somit einen Interessenaustausch im kommunikativen und politisch-institutionellen Sinne implizierte. Erst wenn solcherart Verhandlungsmöglichkeiten radikal geschwächt, disparat oder nicht (mehr) anzunehmen seien, sei von Exklusion zu sprechen. Bude zieht daraus folgenden Schluss: „*Man kann aufgrund prinzipieller Kriterien des Ausschlusses, die mit dem Legalitätsstatus, der Sozialkompetenz, dem Bildungsabschluß oder der Kulturaffinität zusammenhängen, gar nicht erst ins Spiel kommen, man kann andererseits aber auch durch bestimmte Umstände der Stigmatisierung, Degradierung und Ignorierung aus dem Spiel fallen.*" (Bude 2004, S. 10)

Bude und Willisch (2006) sehen den Exklusionsgedanken ähnlich eingebettet in das Verhältnis von Sozialstaatlichkeit und kapitalistisch organisierter Marktwirtschaft mit korrespondierender Arbeitsmarktorganisation. Sie erkennen in diesem Kontext drei Spezifikationen der Exklusionsdebatte (Bude und Willisch 2006, S. 14ff.). Zunächst beschreiben sie unter dem Merkmal „agency" eine politische Haltung, die mit stigmatisierenden Äußerungen das Problem der Exklusion an die wohlfahrtsstaatlichen Abhängigkeitskulturen und Versorgungsmentalitäten der Betroffenen bindet. Sie sehen darin einerseits die Tendenz der Arbeitskraftorientierung auf der individuellen Ebene, ebenso auch die Möglichkeit der selbstbestimmten Entfaltung der Persönlichkeit auch in Erwerbsangelegenheiten. Als zweites Merkmal führen sie das Phänomen der „Kohäsion" an. Dieses verstehen sie in französischer Tradition als Frage der sozialen Spaltung der Gesellschaft, die nicht von der Peripherie nach innen dringt, sondern gleichsam in deren Zentrum befindlich scheint und mit Aspekten von Solidarität, sozialen Absicherungen und nationalen Werten zu tun hat. Exklusion zeige sich darin als Bedrohung der gesamten Gesellschaft. Das dritte Merkmal bezeichnen Bude und Willisch als „Anschluß". Dies beziehen sie auf das mit sozialer Exklusion verbundene Driften und sprechen damit Prozesse der Mehrfachbetroffenheit und Vielfachbenachteiligung an. Dazu rechnen sie Indikatoren wie Marginalisierung von Erwerbsarbeit, Familie, Netzwerkarmut, Misstrauen gegen Institutionen und Körperbetroffenheit, die in der Kumulation im individuellen Fall das Abkoppeln von gesellschaftlichen Prozessen spürbar machen könne.

4 Grenzfelder der Diskussion und die Frage der Teilhabe an gesellschaftlichen Ressourcen, im Besonderen Bildung

Die bislang zusammengetragenen Positionen zur Konzeptualisierung von Exklusion und Inklusion verweisen einerseits auf eine Dualität der Begrifflichkeiten und klassifizieren sie als analytisches Unterscheidungsmerkmal. Andererseits finden sich breiter aufgestellte gesellschaftspolitische Varianten mit empirischem und historischem Anspruch. Wenn man die Frage der Inklusion bzw. Exklusion denn als gesellschaftspolitischen Sachverhalt akzeptiert, scheint ein kleiner Exkurs in Grenzbereiche angebracht, der bezwecken könnte, sich der Frage der prekären Zugehörigkeit bzw. Nicht-Zugehörigkeit zu sozialen Systemen mit neuen Schwerpunktsetzungen zu nähern. Als Beispiel verweise ich auf den Begriff der Vulnerabilität, so wie er von Vogel und Ahlers (2004, S. 6ff.) im Anschluss an Castel in die Debatte eingebracht wird. Sie formulieren – im Einklang etwa mit Kronauer – zunächst einige Kritikpunkte am Exklusion/Inklusion-Konzept. So verstelle etwa die Dichotomie zwischen „innen" und „außen" bzw. „Zentrum" und „Peripherie" die Zusammenhänge und Prozesse, die beide Seiten verbinden, auch würde eine jeweilige Stabilität oder Homogenität der Sphären angenommen. So stünden auch Beobachtungen und Befunde über die Merkmale etwa der Exklusion im Vordergrund der Betrachtungen. Die empirische Sozialforschung habe darin ein ergiebiges Tätigkeitsfeld gefunden und könne dabei immerhin an oft genannten Brennpunkten und Krisen der zentralen gesellschaftlichen Integrationsinstanzen, also Wohlfahrtsstaat, Arbeitsmarkt und Bildung, Analysen erstellen. Dem stellen Vogel und Ahlers (2004) eine Perspektive gegenüber, „(...) *die die Grauzonen und Übergangsphasen als Prozesse des sozialstrukturellen und sozialpolitischen Wandels, d. h. für die allmähliche Erosion und Gefährdung sozialer Stabilität, für die Prekarität des Wohlstands, für die Verwundbarkeit beruflicher Positionen und für die Folgen* *des politischen Entzugs sozialer Sicherungen und Bestandsgarantien"* (S. 7) in den Blick nimmt. Mit der Konzeptualisierung dieser Prozesse unter den Begrifflichkeiten der Vulnerabilität und Prekariat des Wohlstands sei eine subjektive Wende möglich, die von der „bewährten Indikatorik" ausgeht, jedoch weiter weist auf die lebensweltliche Ebene. In der Tradition von Simmel, Popitz und Plessner sehen die Autor*innen hier die Arbeiten von Robert Castel, der damit die „Metamorphosen der sozialen Frage" anspricht. Mit Castel identifizieren sie drei Zonen des sozialen Lebens: Integration, Vulnerabilität und Abkopplung bzw. Ausgrenzung, je nach Grad der Stabilisierung in den Bereichen Erwerbsarbeit und soziale Netze. Gegenwärtig, so die Argumentation, sei die Zone der Vulnerabilität eher in einer Ausweitung befindlich. *„In dieser Verwendungsweise des Begriffs steckt Vulnerabilität eine Zone sozialer Wahrscheinlichkeit ab, in der es um Abstiegs- und Deklassierungsdrohungen, um Aufstiegs- und Stabilitätshoffnungen, aber eben nicht um Exklusionsgewissheiten geht."* (Vogel und Ahlers 2004, S. 7) Somit verweist das Konzept auf die objektiven und subjektiv wahrnehmbaren Strukturen und Prozesse, die die Möglichkeiten und Befürchtungen des Verlusts eines sozialen Ortes „in der Mitte der Gesellschaft" (etwa Dahrendorf) umfassen.

Schon weiter oben war bemerkt worden, dass die soziologische Diskussion um Inklusion und Exklusion kaum je substanziell geführt werden kann, wenn nicht sozial- und wirtschaftspolitische Modelle und deren Ausformungen mit einbezogen werden; dies scheint auch und besonders bezüglich eines solchen Konzepts der Vulnerabilität stimmig. Dass Tendenzen der Vulnerabilität und sozialen Differenzierung nicht abstrakt, sondern vielfach und zunehmend anzunehmen sind, zeigt die laufende Sozialberichterstattung[6], gleichwohl scheint es so, als wenn mit der weiteren Ausgestaltung und Institutionalisierung von sozialpolitischen Aktivitäten allein auch kein struktureller Weg zur Vermeidung des Eintritts in die Zone der Vulnerabilität aufgezeigt würde.[7]

---

6 So verweist der gegenwärtig (Januar 2017) in der Ressortabstimmung befindliche Armuts- und Reichtumsbericht der Bundesregierung (BMAS, o.J.) auf eine Armutsrisikoquote von mehr als 15 Prozent mit steigender Tendenz (doppelt so hoch liegt der Wert bei Alleinerziehenden mit Kind!); ohne Sozialtranfers wäre mit einer Quote von über 23 Prozent zu rechnen.

7 Dieter Lenzen (1999) diskutiert die Probleme der Etablierung eines Funktionssystems der Sozialen Hilfe im Hinblick auf Exklusion und Inklusion und argumentiert: *„So gesehen hätte ein System der sozialen Hilfe dann größere Chancen, zu einem funktionalen Teilsystem zu werden, wenn die wirtschaftliche Potenz seiner Teilnehmer groß genug ist, um ein interessanter Faktor im Wirtschaftssystem zu sein und gleichzeitig klein genug, um als Machtfaktor für das politische System auszufallen. Man kann dies erreichen, indem man versucht, das ökonomische Verhalten der Teilnehmer des Systems der sozialen Hilfe auf Konsum zu steuern und gleichzeitig den Zugang zu anderen funktionalen Teilsystemen,*

Dass eine Option dafür in einem breitflächigen Abbau von Bildungsbarrieren liegen könnte, beschreibt Fratzscher (2016) in einer Studie zur sozialen Ungleichheit in Deutschland. Hier stellt er dar, dass die gegenwärtige Praxis der neuen deutschen Marktwirtschaft – eingebettet in internationale Trends – zu einer massiv spürbaren und sich verschärfenden sozialen Ungleichheit führt. Im Vergleich mit anderen Ländern liegt Deutschland bei der Umverteilung von weniger gut gestellten Einkommen und Vermögen hin zu den oberen Gruppen weit vorne. In diesem Zusammenhang sieht Fratzscher (2016, S. 12) zusätzlich ein deutschlandspezifisches Problem geringer und abnehmender sozialer Mobilität, oder – anders ausgedrückt – einen überaus starken Einfluss der sozialen Herkunft auf Einkommen, Vermögensbildung und Chancen zur Verbesserung der Lebenssituation.

In einem folgenden Argumentationsstrang verdeutlicht er diese Lageskizze an einem Vergleich von zwei Bildungsbiographien und macht damit Entstehungs- und Verlaufsprozesse sozialer Differenzierung und besonders auch deren Stabilität plastisch (Fratzscher 2016, S. 24ff.). Ausgehend von zwei fiktiven Figuren – gleiche Intelligenz und gleiche Talente angenommen – geht er auf Aspekte wie Bildung, soziale Integration, Berufswahl, Karrierechancen, Familiengründung, Gesundheit und Absicherung im Alter ein. Die Erzählung weckt Erinnerungen an die schichtentheoretisch gegründete bildungspolitische Schrift von Georg Picht aus der Mitte der 60er-Jahre des vorigen Jahrhunderts; hier wird aber gezeigt, welche Konstellationen über die Entwicklung und Biographie dazu beitragen, dass sich die Lebenschancen der hier konstruierten Figuren ganz eng an der Teilhabe an Bildung, an den familiären Möglichkeiten der Unterstützung und an den Fördermöglichkeiten der jeweiligen sozialen Umwelten orientieren und recht schnell zu deutlich spürbaren Divergenzen in den schulischen und beruflichen Biographien führen – flankiert von durch Vermögen und dessen Übertragung abgesicherten individuellen Handlungsmöglichkeiten und Risikominimierungen.

Ausgehend von der empirischen Lebenslaufforschung entwickelt Hillmert (2009) ein korrespondierendes Bild über die Bedeutung von Bildungsdifferenzierungen für Exklusion und Inklusion. Er betont die kumulativen Effekte von Bildungsprozessen und -zertifikaten über den Lebenslauf. Wie auch Kronauer sieht er Inklusion und Exklusion nicht als Alternativen, sondern als korrespondierende Aspekte bei der Beobachtung von Strukturen und Prozessen im Bildungswesen. Er sieht Inklusionswirkungen eher in der faktischen Offenheit bzw. Durchlässigkeit

---

wie dem der Bildung beispielsweise, durch Gebührenerhebung zu erschweren bzw. die Abkopplung des Bildungs- vom Beschäftigungssystem so zu stabilisieren, dass eine Teilnahme an der Kommunikation im Bildungssystem ohne Aussicht auf Verbesserung der ökonomischen Lage uninteressant erscheint." (S. 551)

des Bildungssystems. Besonders auch bei der Annahme einer leistungsgerechten Verteilung erkennt Hillmert Risiken bezüglich Exklusion gerade für Leistungsschwache aus ohnehin diskriminierten Gruppen. *„Vor allem aber entscheidet es sich an der Art der Folgen, ob Bildungsprozesse eher integrativ oder exklusiv wirken. Harte Selektionen und die Verknüpfung von Auswahlprinzipien in unterschiedlichen Lebensbereichen tragen dabei ein besonderes Potential sozialer Exklusion mit sich."* (Hillmert 2009, S. 98)[8] Der Befund, dass das deutsche Bildungssystem kaum in der Lage ist, solche Differenzen und Risikolagen zu kompensieren, ist nicht neu. Der Bildungsbericht 2016 führt dazu aus: *„Die Frage der sozialen Selektivität bleibt nach wie vor aktuell. Seit längerer Zeit ist dieser Befund unbestritten, hinreichend belegt und bleibt als eine der dringlichsten Herausforderungen bestehen. Dass es dem Bildungssystem in Deutschland trotz beträchtlicher Bemühungen in Bildungspraxis und Bildungspolitik auch bei erkennbaren Fortschritten noch nicht gelungen ist, den engen Zusammenhang zwischen sozialer Herkunft und Bildungserfolg nachhaltig aufzubrechen, verweist erneut auf den besonderen Handlungsbedarf, der es erforderlich macht, Lösungsansätze über die verschiedenen Bildungsbereiche hinweg zu konzipieren."* (Autorengruppe Bildungsberichterstattung 2016, S. 14)[9] Für den frühkindlichen Bereich der Bildung beschreibt Fratzscher (2016, S. 164) etwa, dass den in diesem Segment investierten Mitteln sehr viel umfangreichere individuelle und volkswirtschaftliche Erträge gegenüberstünden, da in der Frühförderung die Grundlagen für die Entwicklung individueller Fähigkeiten gelegt würden – dies etwa gegenübergestellt mit der Förderung von Bildung im Erwachsenenalter. Dazu vermerkt der Bildungsbericht 2016, dass trotz des Ausbaus dieses Bildungsbereichs noch keine Verringerung der Ungleichheiten an der Beteiligung erzielt worden sei (Autorengruppe Bildungsberichterstattung 2016, S. 70). Soziale Disparitäten konstatiert der Bildungsbericht 2016 besonders bezüglich der kognitiven Kompetenzen, der Lesekompetenz und der Freude am Lesen; dieses sind die Faktoren, die schon zu großen Anteilen mit schulischem Erfolg in Verbindung zu bringen sind (ebd.,

---

8   Ein hier nicht weiter verfolgter, aber immerhin auch erwähnenswerter Beitrag zur Exklusionsdebatte aus der Perspektive des Lebenslagenkonzepts findet sich bei Engels (2006).

9   Kaum empirisch belegt aber gleichwohl plausibel ist die Annahme, dass insbesondere die individuelle familiale Förderung der schulischen Leistungen für diese Zusammenhänge maßgeblich ist. So ist es nicht verwunderlich, dass im wettbewerblichen Kontext Eltern daran interessiert sind, ihren Kindern besonders im Bildungsbereich größtmögliche Unterstützung zu gewähren, um Ausschlüsse, Abstiege oder Nachteile zu vermeiden. Dass solche Förderung immer auch an einen materiellen und kulturellen Hintergrund gebunden ist, der die Sinnhaftigkeit der Sache hervorbringt, illustriert die erwähnte Erzählung von Fratzscher (2016, S. 24ff.) sehr deutlich.

S. 95). Der Ausbau des privaten schulischen Sektors könnte als ein Hinweis darauf gedeutet werden, dass sich Bedingungen der Segmentation bezüglich der Vermittlung von Chancengleichheit durch Bildung nun durch innere Differenzierung neu konfigurieren. Für die Ballungsräume ist schon die soziale Selektivität hinsichtlich des Zugangs zu privaten Bildungseinrichtungen nachweisbar (ebd., S. 99). Es bleibt ungewiss, welche weiteren bildungspolitischen Ansätze, die das inklusive Potential des Bildungswesens zu stärken vermögen, umgesetzt werden können.

Solche strukturellen Differenzierungen im Bereich des allgemeinen Schulwesens verlaufen vor einer Folie der Übertragung von in ökonomischen Zusammenhängen entwickelten Steuerungsmodellen. Angesprochen ist hier der Trend, Institutionen des Bildungssystems mit der Produktion und Verwertung von Leistungsindikatoren zu überziehen mit der Annahme, darüber Wettbewerbsfähigkeit zu erzeugen und ebenso Rückschlüsse auf Chancenvorteile oder -nachteile hinsichtlich der Partizipation an den jeweilgen Einrichtungen zu prognostizieren. In einer kritischen Studie zur Übertragung von Steuerungslogiken der Finanzmärkte auf andere gesellschaftliche Funktionssysteme beschreibt Crouch (2015, S. 115ff.) damit verbundene Möglichkeiten und Risiken. So sei etwa über die Veröffentlichung von Leistungsdaten von Einrichtungen im Bildungssystem mehr Transparenz und entscheidungsrelevantes Informationspotential für die zuweisenden Institutionen (Eltern, Ämter) zu erzielen, was insgesamt zu einer Steigerung der Rationalität der Zukunftsplanung beitragen könne. Kritisch merkt er jedoch an, dass solche Leistungsindikatoren jeweils eher nur unvollständig die vielfältigen Konstellationen des erfolgreichen Absolvierens von Bildungsgängen abbilden könnten, überdies sei auch ungewiss, welche Informationen jeweils geöffnet und welche geschlossen bleiben würden. Überdies äußert er eine gewisse Skepsis gegenüber der Indikatorenpraxis, deren Auswahl typischerweise politisch motiviert sei und möglicherweise einen Kompromiss darüber darstelle, was messbar sei und was für messenswert und publikationswert deklariert werde.[10] In den Möglichkeiten, solche Indikatoren zu bewerten und die daraus gezogenen Schlussfolgerungen für die Gestaltung einer Bildungsbiographie zu verwenden, sieht Crouch maßgebliche Differenzen zwischen verschiedenen gesellschaftlichen Gruppen, ohne dass es irgendwelche Anzeichen

---

10 Auch der Bildungsbericht ist als indikatorengestützter Bericht angelegt. Das erlaubt natürlich, Vergleiche über längere Erhebungszeiträume unter Berücksichtigung verschiedener Kennzahlen anzustellen, so etwa finanzieller und solcher über Beteiligungsquoten. In der Formulierung von Handlungsperspektiven etwa für den schulischen Förderbereich findet sich dann allerdings lediglich: „*Der Unterstützung von leistungsschwachen Schülerinnen und Schülern sollte insgesamt ein bildungsbereichsübergreifender Ansatz zugrunde liegen, der neben dem Ausbildungssystem auch den frühkindlichen Bereich explizit mit einschließt.*" (Autorengruppe Bildungsberichterstattung 2016, S. 100)

einer öffentlichen Politik dafür gäbe, die dahingehend wirken würde, gleiche Zugangschancen zu den Einrichtungen des Bildungssystems zu ermöglichen.

In einer mehr klassischen Variante nehmen Lenhardt und Stock (1997) Stellung zum Zusammenhang zwischen Bildungszielen und bürgerlicher Gesellschaft, in der eben auch der inklusive Aspekt betont wird. Im Zuge einer Untersuchung über Schulentwicklung und Sozialstruktur weisen sie darauf hin, dass sowohl in der Schulorganisation als auch in den schulischen grundlegenden Bildungszielen Elemente von liberalen Bürgerrechten korrespondieren (Lenhardt und Stock 1997, S. 28f.). Dazu rechnen etwa Unabhängigkeit, Leistungsprinzip, Gleichheitsnorm und funktionale Spezifität – also das Formen von Voraussetzungen zur Ausgestaltung verschiedener sozialer Rollen. Das Argument versteht sich hier in dem Sinne, dass erst durch ein allgemeines, breit zugängliches Schulwesen Voraussetzungen geschaffen werden, politische Strukturen zu schaffen und auf Dauer zu stellen, die Mitwirkungsmöglichkeiten auf breiter Basis implizieren. Das wäre natürlich zum Beispiel in den Übergängen von feudalen zu Bürgergesellschaften und Demokratien der Fall, könnte aber durchaus auch dort aktuell sein, wo bislang Menschengruppen von politischer Teilhabe ausgeschlossen und kaum Ansätze dafür erkennbar sind, dass dies durch entsprechende Bildung absehbar gefördert würde.

Im Bereich der Weiterbildung und Erwachsenenbildung wird die Forderung nach Inklusion etwa durch die Metapher vom „lebenslangen Lernen" eingeschleust. Sie vermittelt sich jedenfalls näher an gesellschaftlichen Teilhabemöglichkeiten und hier ganz besonders im Hinblick auf die Teilhabe am Beschäftigungssystem und damit an wirtschaftlichen Prozessen. Der Bedeutung nach folgt diese Vorstellung sicherlich den Normen eines liberalen Individualismus (Lenhardt und Stock 1997, S. 88), der immerhin impliziert, in der modernen marktwirtschaftlich ausgestalteten Demokratie sei die Teilhabe an diesen Prozessen eine Angelegenheit der privaten und individuellen Daseinsvorsorge.

Auch Luhmann (1997) hat die Bedeutung des lebenslangen Lernens als generelles Moment der gesellschaftlichen Teilhabe aufgegriffen. Wenn er in seinen früheren Werken das *Kind* als Medium des Erziehungssystems betrachtete, so sieht er nun den *Lebenslauf* in dieser exponierten Funktion. Hier ist zu bemerken, dass er in dem Begriffspaar Medium und Form eben zum ersten den unendlichen (kontingenten) – an das Subsystem gebundenen – Möglichkeitsraum, zum zweiten die je einzigartig vorhandene Ausprägung im spezifischen Fall erkennt. Dies akzeptiert und eingebettet in den schon angesprochenen Rahmen einer marktwirtschaftlich organisierten Demokratie kann jedenfalls bedeuten, dass maßgebliche Wechselwirkungen zwischen der Erziehung und der Formung des Lebenslaufs anzunehmen sind: „*In erheblichem Umfang wird Erziehung heute als Ausbildung geplant, das heißt als Erwerb von Fähigkeiten, die karrierewirksam eingesetzt werden können.*

Das hat sein gutes Recht, denn Karriere ist in der modernen Gesellschaft diejenige bewegliche Form, die Individuen und Gesellschaft integriert." (Luhmann 1997, S. 27) So formuliert, bezieht die Idee der Verknüpfung von Individuum und Gesellschaft nicht (mehr) allein die liberalen Bürgerrechte ein, sondern ebenfalls die gesellschaftliche Inklusion, soweit sie die Teilhabe an sozialen und wirtschaftlichen Prozessen anspricht.

Positionen jüngeren Datums sehen in der Bedeutung der Weiterbildung im Hinblick auf Inklusion durch Teilhabe am Erwerbssystem durchaus kritische Aspekte. In einem auf Individualisierung und Kompetenzentwicklung fokussierten Gesellschaftsbild erscheint die Inklusion als Konkurrenz der Individuen um Erwerbsmöglichkeiten. Darin findet sich das Datum der „employability" als Ziel der Selbstbestimmung und als zentrale biographische Sinnstiftung. In diesem Sinne fasst Faulstich (2004) zusammen, was die Forschungen zur Figur des „Arbeitskraftunternehmers" (vgl. hierzu Voss und Pongratz 1998 und besonders auch Moldaschl 2003) ausführen: *„Der Appell, zum Unternehmer des eigenen Lebens zu werden, ist eingelassen in vielfältige Programme neoliberaler Gouvernementalität. (...) Formelhaft zugespitzt: Das Risiko der Exklusion steigt durch individualisierte Inklusion."* (Faulstich 2004, S. 25) Damit ist das Paradigma, dass über die Erwachsenen- und Weiterbildung Benachteiligungen in früheren Sozial- und Bildungskonstellationen kompensiert werden könnten, somit die soziale und berufliche Exklusion vermieden oder gar ein positiver Beitrag zur Stabilisierung der Lebenslage etwa durch beruflichen Aufstieg erreicht werden könnte, brüchig geworden. Nicht mehr neu ist die These, dass jedenfalls die berufliche und besonders die betriebliche Weiterbildung soziale Selektion und Segmentationstendenzen befördert, und zwar in einer Form, die im Hinblick auf die Zugangsmöglichkeiten zu den Segmenten des Arbeitsmarktes eher kontraproduktiv wirkt. Zu Segmentationsspiralen in der beruflichen Biographie könne es kommen, wenn der Selbststeuerung des Marktes nicht bewusst weiterbildungspolitische Akzente entgegengestellt würden, die Benachteiligungen in den Zugangs- und Verwertungsmöglichkeiten ausgleichen (Institut der deutschen Wirtschaft 1990, S. 238ff.). Der Bildungsbericht 2016 greift das Thema wieder auf und stellt nun eine Zunahme der Teilnahme vor allem im Bereich der betrieblichen Weiterbildung fest, allerdings verbunden mit dem Hinweis, dass nach wie vor ein starkes Gefälle zwischen unterschiedlichen Gruppen besteht und besonders für die kurzzeitigen betrieblichen Weiterbildungen kaum etwas über Lernziele und -inhalte gesagt werden könne (Autorengruppe Bildungsberichterstattung 2016). Zu ergänzen bleibt, dass die betriebliche Weiterbildung ja durchweg nur Personen im Beschäftigtenstatus erreicht und im eigentlichen Sinne mehr betrieblichen Bedarfslagen folgt als etwa individuellen Weiterbildungsinteressen, die dem Verbleib in der Erwerbstätigkeit oder individueller beruflicher Mobilität gewidmet sind.

Dass im Bereich der Erwachsenen- und Weiterbildung den Prinzipien der marktförmig organisierten Demokratie schon weitgehend entsprochen wird, zeigt die unübersehbare Tendenz zur Privatisierung der dort organisierten Lern- und Bildungsprozesse, sowohl was die Angebotsseite (Betriebe und private Bildungsträger) als auch die Nachfrageseite (private Kostenübernahme) betrifft. So gehört Bildung schon auf breiter Basis – korrespondierend mit der Digitalisierung von Bildungsangeboten – etwa zu den weltweit prosperierenden Märkten (Hirtt 2002). Das bedeutet, dass für die Teilnahme an der Erwachsenen- und Weiterbildung zunehmend private Ressourcen zu veranschlagen sind. Es bleibt wachsam zu beobachten, wie weit sich solche Tendenzen in den weiteren Segmenten des Bildungssystems etablieren.

5 Normative Positionen als weitere Perspektive?

Wie gezeigt werden konnte, erweist sich das soziologische Diskussionsspektrum um die Idee von Exklusion und Inklusion als reichhaltig und differenziert. Jedenfalls wird deutlich, dass diese Kategorien mit empirischem Hintergrund diskutierbar sind und in einem wirtschafts- und sozialpolitischen Kontext stehen, dessen Rahmen die Rechtsstaatlichkeit und die Staatsbürgerlichkeit bilden. In diesem Sinne könnte man einem Vorschlag von Vogel und Ahlers (2004) Beachtung schenken, der den letztgenannten Institutionen gleichsam einen Gestaltungsauftrag in Bezug auf unser Thema, das Strukturgefüge unserer Gesellschaft, überträgt. Ansatzpunkt dafür wäre etwa die Akzeptanz einer Auffassung, die neben marktliberalen Tendenzen der sozialstrukturell formativen und selektiven Kraft des Rechts- und Sozialstaates Raum gibt und von daher eine wie immer zu bestimmende soziale Mittelklasse und deren Arbeits- und Lebensbedingungen als Ausgangspunkt nimmt. Sie sehen eine positive Option in einer staatsrechtlich orientierten politischen Gesellschaftslehre, die solches programmatisch formuliert: *„Anzustreben ist die Etablierung einer Staats- und Gesellschaftswissenschaft, die nicht nur empirisch beschreibt, sondern auch in der Tradition der Aufklärung die politische Gesellschaft normativ entwirft. Der Staat und die von ihm garantierte Rechtsordnung bleiben die Adresse, unter der Fragen nach Gerechtigkeit, nach der guten Gemeinschaft, nach Lebensbedingungen für freie und selbstbewusste Menschen gestellt werden können"* (Di Fabio 2003, S. 81; zit. nach Vogel und Ahlers 2004, S. 14). Das Argument, welches hier von Vogel und Ahlers vorgebracht wird, ist schon recht weitreichend. Es wendet sich gegen den Primat der Ökonomie, so wie er sich in der kollektiven Wahrnehmung des Selbst und der Umwelt, ebenso wie im individuellen und institutionellen Handeln und in der Funktionsweise politischer Prozesse durchgesetzt hat.

Eine solche, normative Aspekte akzentuierende Option eröffnet auch eine Perspektive dafür, in der Diskussion um Inklusion und Exklusion im Bildungswesen wieder mehr erziehungswissenschaftliche bzw. bildungstheoretische Positionen aufzugreifen. Darin könnten nicht nur die Ideen über Bürgerrechte, Eingebundensein und Nahbeziehungen, sondern auch über die Zusammenhänge von Bildungsprozessen und deren Folgen im Hinblick auf Zugänge zu Erwerbsarbeit und andere Aspekte sozialer Teilhabe aufgehoben sein. Anknüpfungspunkte dafür finden sich etwa in der nun schon klassischen Formulierung von „allgemeinen" Bildungszielen wie Fähigkeit zur Selbstbestimmung, Mitbestimmungsfähigkeit und Solidaritätsfähigkeit, so wie sie von Wolfgang Klafki in den 1980er-Jahren vorgeschlagen wurden. Dass eine Weiterentwicklung des Bildungswesens im Hinblick auf mehr Inklusion ebenso vielschichtige wie schwierig realisierbare Reformvorhaben impliziert, liegt auf der Hand, und es wäre wünschenswert, wenn die bildungspolitischen Akteur*innen dabei auch solche Positionen mitberücksichtigen würden.

Literatur

Autorengruppe Bildungsberichterstattung (2016). *Bildung in Deutschland 2016. Ein indikatorengestützter Bericht mit einer Analyse zu Bildung und Migration.* Bielefeld: Bertelsmann.

Benkmann, R. (2012). Inklusive Schule in einer desintegrierten Gesellschaft? In R. Benkmann, S. Chilla & E. Stapf (Hrsg.), *Inklusive Schule. Einblicke und Ausblicke* (Theorie und Praxis der Schulpädagogik, Bd. 13, S. 54–70). Immenhausen: Prolog-Verl.

Benkmann, R. (2013). Bildungsarmut und Lebenslage – Herausforderungen für ein inklusives Bildungssystem. In M. Kattein & M. Vonken (Hrsg.), *Zeitbetrachtungen. Bildung – Arbeit – Biografie; Festschrift für Rudolf Husemann* (S. 123–133). Frankfurt a.M.: Lang.

Bude, H. (2004). Das Phänomen der Exklusion: Der Widerstreit zwischen gesellschaftlicher Erfahrung und soziologischer Rekonstruktion. *Mittelweg, 36* (4). http://www.his-online. de/fileadmin/verlag/leseproben/9783936096156.pdf. Zugegriffen: 12.12.2016.

Bude, H., & Willisch, A. (2006). Das Problem der Exklusion. In H. Bude & A. Willisch (Hrsg.), *Das Problem der Exklusion. Ausgegrenzte, Entbehrliche, Überflüssige* (S. 7–26). Hamburg: Hamburger Edition.

Bundesministerium für Arbeit und Soziales (BMAS) (Hrgs.). (o.J.). *Armuts- und Reichtumsbericht der Bundesregierung, vorl. Daten Jan. 2017.* http://www.armuts-und-reichtumsbericht.de/DE/Indikatoren/Armut/Armutsrisikoquote/A01-Indikator-Armutsrisikoquote. html. Zugegriffen: 10.01.2017.

Crouch, C. (2015). *Die bezifferte Welt: Wie die Logik der Finanzmärkte das Wissen bedroht.* Berlin: Suhrkamp Verlag.

Engels, D. (2006). Lebenslagen und soziale Exklusion: Thesen zur Reformulierung des Lebenslagenkonzepts für die Sozialberichterstattung. *Sozialer Fortschritt*, (5), 109–117. https://www.isg-institut.de/download/Lebenslagen%20und%20soziale%20Exklusion. pdf. Zugegriffen: 12.12.2016.

Faulstich, P. (2004). Exklusion durch prekäre Inklusion und der „neue Geist" der Weiterbildung. *Report Weiterbildung, 27* (3), 23–30. http://www.forschungsnetzwerk.at/downloadpub/beteiligung_motivation.pdf#page=23. Zugegriffen: 12.12.2016.

Fratzscher, M. (2016). *Verteilungskampf: Warum Deutschland immer ungleicher wird*. München: Carl Hanser Verlag.

Hillmert, S. (2009). Soziale Inklusion und Exklusion: Die Rolle von Bildung. In R. Stichweh & P. Windolf (Hrsg.), *Inklusion und Exklusion. Analysen zur Sozialstruktur und sozialen Ungleichheit* (S. 85–100). Wiesbaden: VS Verl. für Sozialwiss.

Hirtt, N. (2002). The 'Millenium Round' and the Liberalisation of the Education Market. In I. Lohmann & R. Rilling (Hrsg.), *Die verkaufte Bildung. Kritik und Kontroversen zur Kommerzialisierung von Schule, Weiterbildung, Erziehung und Wissenschaft* (S. 15–27). Opladen: Leske+Budrich.

Husemann, R., Münch, J., & Pütz, C. (Hrsg.). (1995). *Mit Berufsausbildung zur Hochschule: Argumente zur Gleichwertigkeit allgemeiner und beruflicher Bildung*. Frankfurt a.M.: Verl. der Ges. zur Förderung Arbeitsorientierter Forschung und Bildung.

Institut der Deutschen Wirtschaft Köln; Deutschland (1990). *Betriebliche Weiterbildung – Forschungsstand und Forschungsperspektiven* [2 Gutachten]. Schriftenreihe Studien zu Bildung und Wissenschaft: Vol. 88. Bad Honnef: Bock.

Kronauer, M. (1998). *„Exklusion" in der Armutsforschung und der Systemtheorie: Anmerkungen zu einer problematischen Beziehung*. Beitrag für den internationalen Workshop: „Exclusion – Theoretical and Empirical Problems" in Bielefeld, 17. April 1998. http://www.sofi.uni-goettingen.de/fileadmin/SOFI-Mitteilungen/Nr._26/kronauer.pdf. Zugegriffen: 12.12.2016.

Kronauer, M. (2006). „Exklusion" als Kategorie einer kritischen Gesellschaftsanalyse: Vorschläge für eine anstehende Debatte. In K.-S. Rehberg (Hrsg.), *Soziale Ungleichheit, kulturelle Unterschiede. Verhandlungen des 32. Kongresses der Deutschen Gesellschaft für Soziologie in München 2004* (S. 4179–4190). Frankfurt a.M.: Campus.

Kronauer, M. (2010a). *Exklusion: Die Gefährdung des Sozialen im hoch entwickelten Kapitalismus* (2., aktual. und erw. Aufl.). Frankfurt a.M.: Campus.

Kronauer, M. (2010b). Inklusion – Exklusion. Eine Annäherung an die soziale Frage der Gegenwart. In M. Kronauer (Hrsg.), *Theorie und Praxis der Erwachsenenbildung. Inklusion und Weiterbildung. Reflexionen zur gesellschaftlichen Teilhabe in der Gegenwart* (S. 24–58). Bielefeld: Bertelsmann.

Kronauer, M. (2013). Soziologische Anmerkungen zu zwei Debatten über Inklusion und Exklusion. In R. Burtscher, E. J. Ditschek & K.-E. Ackermann (Hrsg.), *Zugänge zu Inklusion. Erwachsenenbildung, Behindertenpädagogik und Soziologie im Dialog* (S. 17–25). Bielefeld: Bertelsmann.

Lenhardt, G., & Stock, M. (1997). *Bildung, Bürger, Arbeitskraft: Schulentwicklung und Sozialstruktur in der BRD und der DDR*. Frankfurt a.M.: Suhrkamp.

Lenzen, D. (1999). Jenseits von Inklusion und Exklusion. Disklusion durch Entdifferenzierung der Systemcodes. *Zeitschrift für Erziehungswissenschaft, 2* (4), 545–556. http://www.pedocs.de/volltexte/2011/4535/pdf/ZfE_1999_04_Lenzen_Inklusion_Exklusion_D_A. pdf. Zugegriffen: 12.12.2016.

Luhmann, N. (1995). Inklusion und Exklusion. In N. Luhmann (Hrsg.), *Soziologische Aufklärung* (Vol. 6, S. 237–264). Wiesbaden: VS Verl. für Sozialwiss.

Luhmann, N. (1997). Erziehung als Formung des Lebenslaufs. In D. Lenzen & N. Luhmann (Hrsg.), *Bildung und Weiterbildung im Erziehungssystem. Lebenslauf und Humanontogenese als Medium und Form* (S. 11–29). Frankfurt a.M.: Suhrkamp.

Luhmann, N. (2002). *Das Erziehungssystem der Gesellschaft*. Frankfurt a.M.: Suhrkamp.

Luhmann, N., & Schorr, K. E. (1999). *Reflexionsprobleme im Erziehungssystem* (2. Aufl.). Frankfurt a.M.: Suhrkamp.

Mayrhofer, H. (2009). Soziale Inklusion und Exklusion: Eine (system-)theoretische Unterscheidung als Beobachtungsangebot für die Soziale Arbeit. *soziales_kapital wissenschaftliches journal österreichischer fachhochschul-studiengänge soziale arbeit, Bd. 2*, http://soziales-kapital.at/index.php/sozialeskapital/article/viewFile/108/145.pdf. Zugegriffen: 12.12.2016.

Moldaschl, M. (2003). Zehn Gebote einer zukunftsfähigen Arbeitsforschung. *WSI-Mitteilungen*, (10), 571–577.

Stichweh, R. (1997). Inklusion/ Exklusion, funktionale Differenzierung und die Theorie der Weltgesellschaft. http://www.forschungsnetzwerk.at/downloadpub/inklusion_exklusion_weltgesellschaft_stichweh_2000_artikel.pdf Zugegriffen: 17.01.2017.

Stichweh, R. (2009). Leitgesichtspunkte einer Soziologie der Inklusion und Exklusion. In R. Stichweh & P. Windolf (Hrsg.), *Inklusion und Exklusion. Analysen zur Sozialstruktur und sozialen Ungleichheit* (S. 29–42). Wiesbaden: VS Verl. für Sozialwiss.

Vislie, L. (2003). From integration to inclusion: focusing global trends and changes in the western European societies. *European Journal of Special Needs Education, 18*(1), 17–35.

Vogel, B., & Ahlers, E. (2004). *Der Nachmittag des Wohlfahrtsstaats. Zur politischen Ordnung gesellschaftlicher Ungleichheit*. http://www.eurozine.com/articles/2004-09-15-vogel-de.pdf. Zugegriffen: 12.12.2016.

Voss, G. G., & Pongratz, H. J. (1998). Der Arbeitskraftunternehmer. *Kölner Zeitschrift für Soziologie und Sozialpsychologie, 50*(1), 131–158.

Weber, M. (2005). *Wirtschaft und Gesellschaft: Grundriss der verstehenden Soziologie* (zwei Teile in einem Band). Frankfurt a.M.: Zweitausendeins.

Wirsching, A. (2015). *Demokratie und Globalisierung: Europa seit 1989* (Originalausgabe). München: Verlag C.H. Beck. http://www.gbv.de/dms/faz-rez/FD1201508254623026.pdf. Zugegriffen: 12.12.2016.

Zwischen Inklusion und Exklusion
Armut und soziale Benachteiligung als Herausforderung an die Pädagogik bei Lernschwierigkeiten

Ulrich Heimlich

Zusammenfassung

Gerade angesichts des allenthalben geführten Inklusionsdiskurses ist es angezeigt daran zu erinnern, dass die gesellschaftliche Wirklichkeit von Kindern und Jugendlichen in der BRD auch durch Tendenzen zur Exklusion gekennzeichnet ist. Das gilt insbesondere für Kinder und Jugendliche in Armut und sozialer Benachteiligung. Sie sind ebenfalls von Bildungsarmut bedroht, die wiederum eine der Hauptursachen für eine Verstetigung der Lebenslage Armut darstellt. Der Beitrag enthält auf der Basis aktueller Daten zu Armut und sozialer Benachteiligung bei Kindern und Jugendlichen eine Diskussion solcher Theorieansätze, die ebenso die personalen Umgangsweisen mit schwierigen Lebenssituationen thematisieren. Mit der Frage nach den schulpädagogischen Konsequenzen ist abschließend zugleich die Perspektive verbunden, für die erziehungswissenschaftliche Teildisziplin einer Pädagogik bei Lernschwierigkeiten eine Neubestimmung anzuregen.

Vorbemerkung

Der Diskurs zur inklusiven Pädagogik findet in der BRD nach wie vor zu sehr auf einer normativen Ebene statt (vgl. Ahrbeck 2014). Dabei wird größtenteils ausgeblendet, dass Inklusion als neues Leitbild der Bildungs- und Sozialpolitik im Anschluss an die UN-Behindertenrechtskonvention sich stets in einem Spannungsverhältnis zu einem vorhandenen Bildungssystem und realen gesellschaftlichen Strukturen bewegt. Dieses Spannungsverhältnis kann keineswegs einfach dadurch aufgehoben werden, dass Zielvorstellungen und gesellschaftliche Ausgangssituation gleichgesetzt werden und den bildungspolitischen sowie pädagogischen Akteur*innen der „schwarze Peter" der Umsetzungsdefizite zugeschoben wird. Das Spannungsverhältnis zwischen dem Leitbild der Inklusion und den realen gesellschaftlichen Tendenzen zur Exklusion soll im Folgenden Ausgangspunkt für eine Neubestimmung der erziehungswissenschaftlichen Teildisziplin der Pädagogik bei Lernschwierigkeiten sein (vgl. Benkmann 1998; Heimlich 2016). Dazu wird zunächst die gesellschaftliche Ausgangssituation von Kindern und Jugendlichen mit gravierenden Lernschwierigkeiten im Lichte der Armutsforschung dargestellt (1). Sodann erfolgt eine Einordnung dieser sozialen Phänomene in soziologische Erklärungsmodelle und Begründungszusammenhänge (2), um abschließend einige Konsequenzen für schulische Lernprozesse deutlich zu machen (3).

1 Armut und soziale Benachteiligung bei gravierenden Lernschwierigkeiten

Die Einsicht in den Zusammenhang von sozialen Problemlagen und Lernschwierigkeiten ist so alt wie die „Lernbehindertenpädagogik" selbst. Schon Heinrich Stötzner (1832–1910) erkannte in seiner Schrift „Die Schule für Schwachbefähigte (1864)" die Schwachsinnigen als Angehörige der unteren Volksschichten. Ernst Begemann griff diesen Zusammenhang wieder in seiner „Erziehung der soziokulturell benachteiligten Schüler" (1970) auf und stellte die Verbindung zwischen sozialer Herkunft aus der Unterschicht und Lernproblemen in den Mittelpunkt seiner pädagogischen Konzeption. Bis heute ist durch verschiedene Untersuchungen (vgl. Wocken 2000; Klein 2001; Koch 2004) immer wieder bestätigt worden, dass bis zu 90 % der Schüler*innen mit „Lernbehinderungen" aus der sozialen Unterschicht kommen (vgl. Thimm und Funke 1977; Ellinger 2013). Die Hamburger Untersuchung von Hans Wocken (2000) bestätigt diesen Befund nochmals in seiner unverminderten aktuellen Gültigkeit und anhand einer großen Stichprobe.

Allein die Zugehörigkeit zur Unterschicht hat in der BRD bereits Folgen für den Bildungsweg von Kindern und Jugendlichen. Der Begriff „Unterschicht" wird hier im Anschluss an Hradil (1999, S. 36ff.) und den soziologischen Sprachgebrauch als Bezeichnung für eine gesellschaftliche Gruppe verwendet, die über den Beruf und damit verbundene Statusmerkmale wie Einkommen, Vermögen, Berufsprestige und Qualifikation bestimmt wird (mehrdimensionaler Schichtungsbegriff). Damit ist eine erste Annäherung an die Lebenslage sozial benachteiligter Kinder und Jugendlicher erreicht, die sich sehr wohl innerhalb der Unterschicht noch einmal deutlich unterscheiden kann. Allerdings hat auch der Historiker Hans-Ulrich Wehler

(2013) in seinem Buch zur sozialen Ungleichheit betont, dass sich Ungleichheitsstrukturen im Sinne von Klassen und Schichtenmodellen historisch betrachtet als ziemlich robust erweisen. In keinem Land hängt die Bildungslaufbahn so eng mit der sozialen Herkunft zusammen wie in der BRD, so konnte in den PISA-Studien seit Anfang der 2000er-Jahre gezeigt werden (vgl. Deutsches PISA-Konsortium 2001). Der Zusammenhang von Lebenssituation und Bildungsweg in Bezug auf die Gruppe der Schüler*innen mit „Lernbehinderungen" unterscheidet sich in wesentlichen Merkmalen offenbar nicht von der Situation der Unterschicht-Kinder (vgl. den Überblick bei Schröder 2005, S. 160ff.). Schröder weist allerdings auch darauf hin, dass ein großer Teil der Kinder und Jugendlichen aus der Unterschicht in die Hauptschule (bzw. Mittelschule) gelangen. Insofern kann von einem linearen Zusammenhang zwischen Unterschichtzugehörigkeit und „Lernbehinderung" bzw. Lernschwierigkeiten nicht ausgegangen werden. Es müssen offensichtlich andere Faktoren hinzukommen, damit aus einer Unterschichtzugehörigkeit eine soziale Benachteiligung wird.

Von sozialer Benachteiligung bei Kindern und Jugendlichen kann Hans Weiß (2007) zufolge dann gesprochen werden, „(…) wenn (…) ihre Handlungs- und Entfaltungsspielräume in wesentlichen Bereichen der Daseinsgestaltung und Entwicklung (…) im Vergleich zur Mehrheit ihrer Altersgruppe deutlich eingeschränkt sind" (S. 20). Soziale Benachteiligung setzt damit soziale Ungleichheit voraus. Der Zugang zu Gütern und Teilhabechancen ist nicht nur in westlichen Industriegesellschaften ungleich verteilt. Armut wird hingegen einer neueren Definition zufolge als „Kumulation sozialer Benachteiligung" (Dietz 1997, S. 111) verstanden. Das Einkommen gilt hier zwar nach wie vor als Orientierungswert, aber letztlich wirkt sich Armut auf die gesamte Lebenssituation aus. So wird die *relative Armut* auch nach neuer OECD-Norm weiterhin über die Einkommenshöhe bestimmt (weniger als 60 % des Durchschnittsäquivalenzeinkommens). Von *absoluter Armut* spricht man nur dann, wenn die Lebensverhältnisse Menschen in ihrer gesamten Existenz bedrohen. Dies sollte in westlichen Industriegesellschaften eigentlich ausgeschlossen sein, auch wenn beispielsweise Obdachlose oder Straßenkinder (Schätzungen zufolge ca. 50.000 in der BRD, vgl. Klocke und Hurrelmann 2001, S. 11) auch hier eher in lebensbedrohlichen Verhältnissen leben. Wenden wir den *relativen Armutsbegriff* auf die Einkommensstatistik der BRD an (Datenbasis: Sozio-oekonomisches Panel, SOEP, vgl. Statistisches Bundesamt 2016, S. 170ff.), so ist davon auszugehen, dass die Armutsgefährdungsquote im Jahr 2014 bei 16,7 % bezogen auf die Gesamtbevölkerung lag, im Vergleich zum Jahr 2004 also leicht gestiegen ist. Kinder und Jugendliche unter 18 Jahren sind mit einem Anteil von 15,1 % gefährdet. Familien mit Migrationshintergrund und alleinerziehende Frauen sind nach wie vor häufiger von Armut betroffen.

Als weiteres Kriterium zur Armutsbestimmung wird in der BRD häufig der Sozialgeldbezug (bzw. Bezug von laufender *Hilfe zum Lebensunterhalt*, HLU) genannt, auch als „*bekämpfte Armut*" bezeichnet. Mit der HLU soll ein Mindestbedarf für Einzelpersonen oder Familien abgedeckt werden, der auf der Basis eines Warenkorbes bzw. einer Verbrauchsstichprobe ermittelt wird (Bedarfsdeckungsprinzip). Das entspricht einer relativen Einkommensarmut in Höhe von gut 40 % (auch: *strenge Armut*). Nach der Sozial- und Arbeitsmarktreform von 2003 haben Kinder und Jugendliche bis zu einem Alter von 15 Jahren Anspruch auf Sozialgeld, während die älteren Arbeitsfähigen eine Grundsicherung auf der Basis des SGB II erhalten (sog. „Hartz IV"). Im Jahre 2011 bezogen 1,66 Millionen Kinder und Jugendliche unter 15 Jahren Sozialgeld, im Vergleich zu 2007 mit sinkender Tendenz. In der Gruppe der unter 3-Jährigen liegt der Anteil allerdings 2011 bei 18,2 % – eine besonders alarmierende Zahl. Kinder alleinerziehender Mütter sind nach wie vor am häufigsten von Armut betroffen (alle Angaben aus dem 4. Armuts- und Reichtumsbericht der Bundesregierung: BMAS 2013, S. 121f.). Überdies betonen alle vorliegenden Armutsstudien, dass auf zwei Sozialgeldempfänger*innen noch einmal ein bis zwei Anspruchsberechtigte kommen, die jedoch erst gar keinen Antrag stellen (sog. „*verdeckte Armut*").

In der Armutsforschung (vgl. Butterwegge 2000; Butterwegge und Klundt 2003; Butterwegge, Klundt und Zeng 2004) wird dieser verengte Blick auf die Einkommenssituation – meist als *Ressourcenansatz* bezeichnet – mehr und mehr zu Gunsten einer multidimensionalen Perspektive aufgegeben. Bereits in den Armutsberichten des Caritas-Verbandes (vgl. Hauser und Hübinger 1993) und des Paritätischen Wohlfahrtsverbandes in Verbindung mit dem Deutschen Gewerkschaftsbund (DGB) und der Hans-Böckler-Stiftung (vgl. Hanesch, Krause und Bäcker 2000) ist auf die *Bedeutung der Lebenslage „Armut"* in ihrer gesamten Komplexität aufmerksam gemacht worden. Bezogen auf den *Lebenslagenansatz* werden die zentralen Lebensbereiche Einkommen, Arbeit, Ausbildung und Wohnen unterschieden und jeweils mit sog. „Unterversorgungsschwellen" versehen. Eine Unterschreitung dieser Mindeststandards in mehr als einem Bereich wird mit Armut gleichgesetzt. Das Einkommen stellt jedoch auch hier wieder den zentralen Indikator für Armut dar. Amartya Sen (1999, S. 110ff.) – der indische Wirtschaftswissenschaftler – zeigt in seiner „Ökonomie für den Menschen" allerdings auf, dass ökonomische Armut in jedem Fall mit einem „Mangel an Verwirklichungschancen" einhergeht und damit eine Einschränkung der persönlichen Freiheit in der Lebensführung nach sich zieht.

Hinzu tritt der Blick auf die sozialen Folgen der Armut (vgl. Zimmermann 2000, S. 62ff.). Ausgrenzung und die Gefährdung der sozialen Teilhabe sind in der Regel mit der Lebenslage „Armut" verbunden. Insofern liegt es nahe, das Exklusionsrisiko von Armut bei Kindern und Jugendlichen zu thematisieren und unter sozialpolitischem Aspekt über Möglichkeiten der Inklusion nachzudenken (vgl. Beisenherz 2002). Festzuhalten bleibt, dass auch reiche Industrieländer nach wie vor soziale Ungleichheit produzieren. Die Armut von Kindern und Jugendlichen ist deshalb die Nagelprobe auf die Inklusionsproblematik, die in der „Lernbehindertenpädagogik" in den 1990er-Jahren intensiver als das Problem der sozialen Benachteiligung diskutiert wird (vgl. Iben 1996, 1998; Klein 1996, 2007). Am Phänomen der wachsenden Kinder- und Jugendarmut zeigt sich jedoch erst der Umfang der Exklusionstendenzen in modernen Gesellschaften und gleichzeitig die Bedeutung der Inklusionsaufgabe in ihrer ganzen Bandbreite.

2 Gravierende Lernschwierigkeiten in modernen Gesellschaften

Unter dem Eindruck der Sozialisationsforschung werden gravierende Lernschwierigkeiten in den 1970er-Jahren in zunehmendem Maße als Spiegel der gesellschaftlichen Entwicklung und nicht mehr nur als individuelle Defizite analysiert. Wolfgang Jantzen gibt in seinem Werk „Sozialisation und Behinderung" (1974) den Anstoß für eine sozialwissenschaftliche Wende in der „Lernbehindertenpädagogik". „Lernbehinderung" wird bei Jantzen (1985) mit *sozialer Isolation* gleichgesetzt und stellt letztlich die Inklusion in der Gesellschaft in Frage. Gerade in der Dauerarbeitslosigkeit wird ein Hinweis dafür gesehen, dass Kinder und Jugendliche mit „Lernbehinderung" der „industriellen Reservearmee" zugeordnet werden können. Insofern steht innerhalb des gesellschaftstheoretischen Modells die Annahme im Mittelpunkt, dass die gesellschaftlichen Verhältnisse das individuelle Scheitern in der Schule determinieren. Offen bleibt in diesem Erklärungsmodell allerdings, warum nicht alle Kinder der Arbeiterklasse zur Gruppe der Kinder mit „Lernbehinderungen" zählen, Arbeiterkinder bis heute auch höhere Bildungsabschlüsse erreichen (wenn auch mit sinkenden Anteilen) und durchaus gelingende Formen der sozialen Inklusion im Beruf und im Alltag aufgezeigt werden können. In dieser ursprünglichen Form des gesellschaftstheoretischen Ansatzes erweist sich die Zuordnung zu einer sozialen Klasse erneut als sehr unspezifische Kennzeichnung der sozialen Benachteiligung, mit der viele subjektive Reaktionen auf schwierige Lebenssituationen nicht erklärt werden können. In neuerer Zeit hat Jantzen (2000) seine Überlegungen durch das Konzept des französischen Soziologen Pierre Bourdieu (1930–2002) erweitert (vgl. Moser und Sasse 2008, S. 68). Bourdieu liefert eine neue Beschreibung von sozialen Klassen (vgl. Bourdieu 1998, S. 24). Zur Erklärung von sozialen Unterschieden greift er auf „Besitzverhältnisse" zurück. Allerdings bezieht er sich nicht nur auf das zur Verfügung stehende Einkommen und Vermögen (*ökonomisches Kapital*), sondern ebenso auf soziale Kontakte, Bildungsgrad, Image usf. (*soziales, kulturelles und symbolisches Kapital*) zur Bestimmung einer Klassenzugehörigkeit. Aus der jeweiligen Kombination des zur Verfügung stehenden Kapitals ergibt sich ein bestimmtes Handlungsmuster, das Bourdieu mit dem Begriff *Habitus* bezeichnet. Damit werden auch Unterschiede in der Bewältigung von schwierigen Lebenssituationen erklärbar (vgl. Mand 2003, S. 89). Bei entsprechenden kulturellen und sozialen Ressourcen können vorübergehende Lebensabschnitte mit knappen ökonomischen Mitteln erfolgreich bewältigt werden. Ob dies auch für langfristige Formen der Verarmung gilt (z. B. Langzeitarbeitslosigkeit), darf bezweifelt werden. Auch Gotthilf G. Hiller (2016) bezieht sich in seinem Konzept einer „kultursoziologisch fundierten, zielgruppenspezifischen Didaktik" auf Bourdieu und zieht daraus didaktisch-methodische Konsequenzen für den Unterricht bei gravierenden Lernschwierigkeiten. In Ergänzung zu den objektiven Merkmalen einer Lebenssituation (wie Einkommenshöhe, Wohnungsgröße, Wohnumfeld usf.) ist es also offensichtlich erforderlich, auch die subjektive Seite des Umgangs mit einer erschwerten Lernsituation zur Erklärung von Lernschwierigkeiten mit heranzuziehen. Insbesondere stellt sich die Frage, welche Auswirkungen soziale Benachteiligung auf die Persönlichkeit von Kindern und Jugendlichen mit Lernschwierigkeiten hat.

Erst die Resilienzforschung hat allerdings die Verbindung zwischen der Person der Kinder und Jugendlichen aus erschwerten Lebenssituationen und dem gesellschaftlichen Kontext in eine neue Balance gebracht. Auf gesellschaftliche Risiken für ihre Entwicklung reagieren Kinder und Jugendliche mit unterschiedlichen Bewältigungsstrategien. Sie bilden in Teilen sogar Widerstandskraft gegen schwierige Lebenssituationen aus. Lernschwierigkeiten sind ebenfalls in diesem Spannungsfeld von Risiko und Resilienz angesiedelt (vgl. Opp, Fingerle und Freytag 1999, S. 14ff.). Schon die Ergebnisse der Armutsforschung der 1990er-Jahre haben darauf aufmerksam gemacht, dass sich in modernen Gesellschaften Verlauf und Struktur von Armutslagen verändern. Während in den 1950er- und 1960er-Jahren noch schichtenspezifische Formen der Unterstützung und Vernetzung als Abfederung von schwierigen Lebenssituationen festgestellt werden können, brechen diese verwandtschaftlichen und nachbarschaftlichen Unterstützungssysteme im Zeitalter gestiegener Mobilität zunehmend weg (vgl. Beck 1986, S. 125). Außerdem erfasst das Armutsrisiko gegenwärtig nicht mehr nur die Gruppe der an- und ungelernten Arbeitskräfte, sondern ebenso Facharbeiter, Handwerker und leitende Berufe im Management von Unternehmen (vgl. ebd., S. 143ff.).

Armut gewinnt durch diese Tendenz fast so etwas wie eine gesellschaftliche Normalität. Im drittreichsten Land der Welt (vgl. Speck 1999, S. 225) hat diese

Feststellung gleichwohl das Zeug zum gesellschaftspolitischen Skandal. Gerade unter dem Eindruck der Forschungsergebnisse zu den Folgen von Armut bei Kindern und Jugendlichen (s.o.) bedeutet dies nämlich, dass auch Lernschwierigkeiten zum *Modernisierungsrisiko* werden, da Kinder und Jugendliche potenziell von Lebenssituationen bedroht sind, die ihnen die nötigen Voraussetzungen für ungestörte Lernprozesse vorenthalten. Zugleich verändern sich die Bedingungen des Aufwachsens für Kinder in der Risikogesellschaft nachhaltig (vgl. Beck 1986, S. 161ff.). Lernschwierigkeiten erhalten in Zusammenhang mit diesen gesellschaftlichen Entwicklungen immer stärker einen individuellen Charakter und erfordern in noch stärkerem Maße die individualisierende Zuwendung seitens der Pädagog*innen. Dies kann allerdings in der allgemeinen Schule angesichts großer Klassen und anspruchsvoller Bildungspläne nicht immer gewährleistet werden. Insofern wachsen der Heil- und Sonderpädagogik hier auch aus der Risikogesellschaft neue Aufgaben zu.

Gegenwärtig machen sich die Folgen der Modernisierungsrisiken zunehmend als soziale *Exklusion* bemerkbar. Der Soziologe Heinz Bude (2008) stellt fest, dass moderne Gesellschaften wie die BRD offenbar eine Gruppe von „Überflüssigen" produzieren und somit dabei sind, das Ziel der Schaffung sozialer Gerechtigkeit aufzugeben (vgl. auch Bude und Willisch 2008). Die Gruppe der „Ausgeschlossenen" wird in dieser Gesellschaft schlicht nicht mehr gebraucht. Dabei ist der Übergang von prekären Lebensverhältnissen (ab einer Einkommenshöhe von weniger als 75 % des Durchschnittseinkommens) zu Lebensverhältnissen, die von der Gesellschaft einfach abgekoppelt werden, fließend. Bis zu einem Viertel der Bevölkerung ist von diesem Phänomen der sozialen Exklusion mehr oder weniger direkt betroffen. Das sind die ausbildungslosen jungen Erwachsenen, die funktionalen Analphabeten, das sind v. a. junge Männer, und sie kommen zu fast der Hälfte aus Migrantenfamilien. Hier zeigen sich die Folgen einer wachsenden *Bildungsarmut*. Bildung stellt in dieser Gesellschaft eine basale Voraussetzung für gesellschaftliche Teilhabe dar. Allein die zentrale Kompetenz, das Lernen gelernt zu haben, liefert beispielsweise die Grundlage für die immer stärker geforderten lebenslangen Weiterqualifizierungsprozesse. Absolvent*innen von Haupt- bzw. Mittel- und Förderschulen sind hier auf dem Ausbildungs- und Arbeitsmarkt weitgehend chancenlos.

Welches gesellschaftliche Konfliktpotenzial hier heranwächst, zeigt sich gegenwärtig bereits in Stadtteilen und Orten mit einer Dauerarbeitslosigkeit von mehr als 15 % (vgl. die Fallbeispiele bei Korbmacher 2004). Die Revolten der Jugendlichen in den Vororten französischer Großstädte sind für die BRD hoffentlich noch Zukunftsmusik. Gleichwohl haben sie gezeigt, dass Jugendliche den sozialen Ausschluss nicht einfach so akzeptieren werden. Wenn die Gesellschaft ihre *Inklusionsaufgabe* nicht mehr bewältigt, dann wird diese möglicherweise mit Gewalt eingefordert.

Dabei geht es keineswegs um die Überbrückung kultureller Unterschiede. Die ausgeschlossenen Jugendlichen fordern vielmehr die *Inklusion* in diese Gesellschaft mit allen ihren Gütern und Einrichtungen. Sie wollen partizipieren an deren Vorzügen, die sie nur zu genau kennen (vgl. Bude und Willisch 2008). Die Bewältigung von Lernschwierigkeiten im Bildungssystem durch entsprechende Fördermaßnahmen gewinnt vor diesem Hintergrund die Bedeutung eines Weges zur gesellschaftlichen Inklusion. Bildung ist in modernen Gesellschaften also im Zentrum mit Prozessen der Exklusion und Inklusion befasst. Armut und soziale Exklusion sind von daher nicht nur an objektiven Daten der Lebenssituation festzumachen. Zu ihnen gehört auch das subjektive Erleben. Nur so ist zu erklären, dass Kinder und Jugendliche trotz schwieriger Lebenssituationen die soziale Inklusion erfolgreich bewältigen oder sich junge Erwachsene trotz beruflicher und ökonomischer Inklusion persönlich ausgeschlossen fühlen.

3 Armut und Schule – schulpädagogische Konzeptualisierungen

Von *Urie Bronfenbrenner*, dem amerikanischen Sozialwissenschaftler und Sozialpolitiker, der gleichzeitig als Begründer einer ökologischen Sozialisationsforschung gilt, ist ein Ausspruch überliefert, der als Motto über den folgenden Überlegungen zu einer Pädagogik der Armut stehen soll:

> „Wenn Sie etwas verstehen wollen, versuchen Sie, es zu ändern." (Bronfenbrenner 1989, S. 268)

Übersetzt auf die Problemstellung Kinder- und Jugendarmut heißt dies: Erst wenn wir versuchen, die sozial benachteiligte Lebenssituation von Kindern und Jugendlichen in Armut zu verändern, werden wir das Problem der Armut von Kindern und Jugendlichen verstehen. Weiß (1982, 1994, 1996) hat das in mehreren Beiträgen seit Ende der 1980er-Jahre immer wieder betont.

Gerade in Bezug auf die „Bildungsarmut" als verstärkende Bedingung für die Lebenslage „Armut" sind besonders im Anschluss an die Ergebnisse der PISA-Studien Fragen nach der Qualität des Bildungsangebotes für sozial benachteiligte Kinder und Jugendliche zu stellen. Wenn wir „Bildungsarmut" mit Edelstein (2006) sowohl als „Kompetenzarmut" wie auch als „Zertifikatsarmut" verstehen, dann wird es darum gehen müssen, Schulen zu entwickeln, die beides verhindern. Auf der Basis der international vergleichenden Schulleistungsstudien sind das nach gegenwärtigem Kenntnisstand inklusive Schulen, in denen die Schüler*innen lange gemeinsam lernen und nicht nach Leistung getrennt werden, in denen es kein Sitzenbleiben und keine Zensuren gibt und in denen alle soweit wie möglich individuell gefördert werden. Dass solche Bildungs- und Erziehungssysteme internationale Spitzenleistungen hervorbringen, haben die skandinavischen Länder – allen voran Finnland – gezeigt.

Fragen wir darüber hinaus nach konkreten Möglichkeiten einer organisatorischen Weiterentwicklung von Schule als Reaktion auf die wachsende Kinder- und Jugendarmut, so liegt es nahe, hier eine Schulentwicklungsaufgabe zu vermuten (vgl. Heimlich 1999). Schulentwicklung mit dem Ziel, auch sozial benachteiligte Kinder und Jugendliche in das Bildungssystem zu integrieren, muss durch externe Unterstützungssysteme auf der Ebene der Schulaufsicht und der föderalen Bildungspolitik abgefedert werden (vgl. die Erfahrungen mit den Brennpunktschulen in den letzten Jahren: Themenheft der Zeitschrift Pädagogik: Brennpunktschulen 2007).

Unter didaktisch-methodischem Aspekt zählt das Konzept der „realitätsnahen Schule" von Hiller (1989) in der Pädagogik bei Lernschwierigkeiten zu den weitreichendsten Versuchen einer konzeptionellen Reaktion auf veränderte gesellschaftliche Bedingungen sozialer Benachteiligung. Schulorganisatorische Konsequenzen zieht Hiller (1994) in seinem Modell einer Jugendschule, in dem er vorschlägt, die Oberstufe der „Schule für Lernbehinderte" mit der Hauptschule bzw. Mittelschule und dem Berufsvorbereitungsjahr (BVJ) zu einer Schulform zusammenzuschließen. Zu ähnlichen Schlussfolgerungen gelangt auch Iben (1998, S. 198ff.) in seiner Auseinandersetzung mit der Problematik Armut und Schule, wenn er eine lebensweltorientierte Schule fordert, in der die Schüler*innen entlang ihrer Lebenssituation zu Lernsituationen gelangen.

Armut bei Kindern und Jugendlichen erfordert deshalb eine Vielzahl von inklusiven Settings, die auf die gesellschaftliche Teilhabe in einer Gesellschaft mit deutlich exklusiven Tendenzen vorbereiten. Zugleich werden die Grenzen der institutionellen Organisationsformen in der Pädagogik bei Lernschwierigkeiten sichtbar. Die nachgehende Betreuung von Schulabsolvent*innen wäre ein weiteres Beispiel. Hier ist in entsprechenden Modellprojekten in Reutlingen und Berlin ein Konzept von Alltagsbegleitung entstanden (vgl. Schröder und Storz 1994; Storz und Stein-Siegele 1994; Hiller 1997), in dem benachteiligte Jugendliche und junge Erwachsene auf dem Weg zur beruflichen und gesellschaftlichen Inklusion intensiv unterstützt werden. Pädagogik bei Lernschwierigkeiten erhält gerade angesichts der Armutsproblematik eine Dimension, die nicht nur innerhalb des schulischen Arbeitsfeldes verankert ist. Pädagogische Unterstützungsangebote bei sozialer Benachteiligung tendieren gegenwärtig verstärkt zu einer lebenslaufbegleitenden

Perspektive, die von der Frühförderung über die Schule bis hin zum Erwachsenenalter reicht.

Literatur

Ahrbeck, B. (2014). *Inklusion. Eine Kritik* (2. Aufl.). Stuttgart: Kohlhammer.
Beck, U. (1986). *Risikogesellschaft. Auf dem Weg in eine andere Moderne*. Frankfurt a.M.: Suhrkamp.
Begemann, E. (1970). *Die Erziehung der sozio-kulturell benachteiligten Schüler. Zur erziehungswissenschaftlichen Grundlegung der „Hilfsschulpädagogik"*. Hannover: Schroedel.
Beisenherz, H. (2002). *Kinderarmut in der Wohlfahrtsgesellschaft. Das Kainsmal der Globalisierung*. Opladen: Leske+Budrich.
Benkmann, R. (1998). *Entwicklungspädagogik und Kooperation. Sozial-konstruktivistische Perspektiven der Förderung von Kindern mit gravierenden Lernschwierigkeiten in allgemeinen Schulen* (Zugl.: Hannover, Univ., Habil.-Schr., 1998). Weinheim: Deutscher Studien Verlag.
Bourdieu, P. (1998). *Praktische Vernunft. Zur Theorie des Handelns* (frz. Originalausgabe: 1994). Frankfurt a.M.: Suhrkamp.
Brennpunktschulen (2007). *Pädagogik* 59 (5) (Themenheft).
Bronfenbrenner, U. (1989). *Die Ökologie der menschlichen Entwicklung. Natürliche und geplante Experimente* (Erstausgabe: 1979). Frankfurt a.M.: Fischer.
Bude, H. (2008). *Die Ausgeschlossenen. Das Ende vom Traum einer gerechten Gesellschaft*. München: Hanser.
Bude, H., & Willisch, A. (2008). *Exklusion. Die Debatte über die »Überflüssigen«*. Frankfurt a.M.: Suhrkamp.
Bundesministerium für Arbeit und Sozialordnung (BMAS) (2013). *Lebenslagen in Deutschland. 4. Armuts- und Reichtumsbericht der Bundesregierung*. Berlin: Bundesregierung. http://www.armuts-und-reichtumsbericht.de/SharedDocs/Downloads/Berichte/vierter-armuts-und-reichtumsbericht.pdf?__blob=publicationFile&v=3. Zugegriffen: 01.09.2016.
Butterwegge, C. (2000). *Kinderarmut in Deutschland. Ursachen, Erscheinungsformen und Gegenmaßnahmen* (2. Aufl.). Frankfurt a.M.: Campus.
Butterwegge, C., & Klundt, M. (Hrsg.). (2003). *Kinderarmut und Generationengerechtigkeit. Familien- und Sozialpolitik im demografischen Wandel* (2. Aufl.). Opladen: Leske+Budrich.
Butterwegge, C., Klundt, M., & Zeng, M. (2004). *Kinderarmut in Ost- und Westdeutschland. Ein empirischer Vergleich der Lebenslagen*. Wiesbaden: VS Verlag für Sozialwissenschaften.
Deutsches PISA-Konsortium (Hrsg.). (2001). *PISA 2000. Basiskompetenzen von Schülerinnen und Schülern im internationalen Vergleich*. Opladen: Leske+Budrich.
Dietz, W. (1997). *Soziologie der Armut. Eine Einführung*. Frankfurt a.M.: Campus.
Edelstein, W. (2006). Bildung und Armut. Der Beitrag des Bildungssystems zur Vererbung und zur Bekämpfung von Armut. *Zeitschrift für Soziologie der Erziehung und Sozialisation, 26* (2), 120–134.
Ellinger, S. (2013). *Förderung bei sozialer Benachteiligung*. Stuttgart: Kohlhammer.

Hanesch, W., Krause, P., & Bäcker, G. (2000). *Armut und Ungleichheit in Deutschland. Der neue Armutsbericht der Hans-Böckler-Stiftung, des DGB und des Paritätischen Wohlfahrtsverbands* (Neuauflage). Reinbek b. Hamburg: Rowohlt.
Hauser, R., & Hübinger, W. (1993). *Arme unter uns* (Hrsg. v. Deutschen Caritasverband e.V.). Freiburg i. Br.: Lambertus.
Heimlich, U. (1999). *Sonderpädagogische Fördersysteme – Auf dem Weg zur Integration.* Stuttgart: Kohlhammer.
Heimlich, U. (2016). *Pädagogik bei Lernschwierigkeiten* (2. Aufl.). Bad Heilbrunn: Klinkhardt.
Hiller, G. G. (1989). *Ausbruch aus dem Bildungskeller. Pädagogische Provokationen.* Langenau-Ulm: A. Vaas.
Hiller, G. G. (1994). *Jugendtauglich. Konzept für eine Sekundarschule.* Langenau-Ulm: A. Vaas.
Hiller, G. G. (1997). Tarik – oder wer profitiert von wem? Ein Versuch zu Methoden und Theorie der Alltagsbegleitung als einer pädagogischen Praxis. In U. Heimlich (Hrsg.), *Zwischen Aussonderung und Integration* (S. 248–267). Berlin: Luchterhand.
Hiller, G. G. (2016). Aufriss einer kultursoziologisch fundierten, zielgruppenspezifischen Didaktik – oder: Wie Lebenslagen, Lebensgeschichten und Lebenswelten zu zentralen Bezugspunkten des Lehrens und Lernens werden. In U. Heimlich & F. B. Wember (Hrsg.), *Didaktik des Unterrichts im Förderschwerpunkt Lernen. Ein Handbuch für Studium und Praxis* (3. Aufl., S. 41–55). Stuttgart: Kohlhammer.
Hradil, S. (1999). *Soziale Ungleichheit in Deutschland* (7. Aufl.). Opladen: Leske+Budrich.
Iben, G. (1996). Armut als Thema der Sonderpädagogik. *Zeitschrift für Heilpädagogik, 47* (11), 450–454.
Iben, G. (1998). *Kindheit und Armut. Analysen und Projekte.* Münster: Lit.
Jantzen, W. (1974). *Sozialisation und Behinderung. Studien zu sozialwissenschaftlichen Grundfragen der Behindertenpädagogik.* Gießen: Focus.
Jantzen, W. (1985). Materialistische Theorie der Behindertenpädagogik. In U. Bleidick (Hrsg.), *Theorie der Behindertenpädagogik* (Hb. d. Sonderpädagogik, Bd. 1., S. 322–342). Berlin: Marhold.
Jantzen, W. (2000). Behinderung und Feld der Macht. Bemerkungen zur Methodologie einer Soziologie der Behinderung. In F. Albrecht, A. Hinz & V. Moser (Hrsg.), *Perspektiven der Sonderpädagogik* (S. 58–73). Neuwied: Luchterhand.
Klein, G. (1996). Soziale Benachteiligung. Zur Aktualität eines verdrängten Begriffs. In G. Opp & F. Peterander (Hrsg.), *Focus Heilpädagogik* (S. 140–149). München: Reinhardt.
Klein, G. (2001). Sozialer Hintergrund und Schullaufbahn von lernbehinderten Förderschülern 1969–1997. *Zeitschrift für Heilpädagogik, 52* (2), 51–61.
Klein, G. (2007). Armut, soziale Benachteiligung, Vernachlässigung. *Vierteljahrsschrift für Heilpädagogik und ihre Nachbargebiete, 76* (2), 156–158.
Klocke, A., & Hurrelmann, K. (Hrsg.). (2001). *Kinder und Jugendliche in Armut. Umfang, Auswirkungen und Konsequenzen* (2. Aufl.). Opladen: Westdeutscher Verlag.
Koch, K. (2004). Die soziale Lage der Familien von Förderschülern – Ergebnisse einer empirischen Studie. Teil 1: Sozioökonomische Bedingungen. Teil 2: Sozialisierungsbedingungen in Familien von Förderschülern. *Sonderpädagogische Förderung, 49* (2), 181–200/ 411–428.
Korbmacher, S. (2004). *Ghettokids. Immer da sein, wo's weh tut.* München: Piper.
Mand, J. (2003). *Lern- und Verhaltensprobleme in der Schule.* Stuttgart: Kohlhammer.
Moser, V., & Sasse, A. (2008). *Theorien der Behindertenpädagogik.* München, Basel.
Opp, G., Fingerle, M., & Freytag, A. (Hrsg.) (1999). *Was Kinder stärkt. Erziehung zwischen Risiko und Resilienz.* München u. Basel: Reinhardt.

Schröder, U. (2005). *Lernbehindertenpädagogik. Grundlagen und Perspektiven sonderpädagogischer Lernhilfe* (2. Aufl.). Stuttgart: Kohlhammer.
Schröder, J., & Storz, M. (Hrsg.). (1994). *Einmischungen. Alltagsbegleitung junger Menschen in riskanten Lebenslagen.* Langenau-Ulm: A. Vaas.
Sen, A. (1999). *Ökonomie für den Menschen. Wege zur Gerechtigkeit und Solidarität in der Marktwirtschaft.* München: Hanser.
Speck, O. (1999). *Die Ökonomisierung sozialer Qualität. Zur Qualitätsdiskussion in Behindertenhilfe und sozialer Arbeit.* München: Reinhardt.
Statistisches Bundesamt (2016). *Datenreport 2016.* Bonn: Bundeszentrale für politische Bildung. https://www.destatis.de/DE/Publikationen/Datenreport/Downloads/Datenreport2016.pdf?__blob=publicationFile. Zugegriffen: 01.09.2016.
Stötzner, H. E. (1864). *Schulen für schwachbefähigte Kinder. Erster Entwurf zur Begründung derselben. Vollständiger Nachdruck der Originalausgabe von 1864.* Berlin-Charlottenburg: Carl Marhold Verlagsbuchhandlung.
Storz, M., & Stein-Siegle, C. (1994). *Alltagsbegleitung konkret. Ein Leitfaden für die Praxis.* Langenau-Ulm: A. Vaas.
Thimm, W., & Funke, E. H. (1977). Soziologische Aspekte der Lernbehinderung. In G. O. Kanter & O. Speck (Hrsg.), *Pädagogik bei Lernbehinderten* (Hb. d. Sonderpädagogik, Bd. 4., S. 581–611). Berlin: Marhold.
Wehler, H. U. (2013). *Die neue Umverteilung. Soziale Ungleichheit in Deutschland.* München: C.H. Beck.
Weiß, H. (1982). *Armut und Erziehung. Früherziehung und Schulbesuch von Kindern einer Wohnwagensiedlung am Rande der Großstadt.* Berlin: Marhold.
Weiß, H. (1994). Armut, Entwicklungsgefährdung und „frühe Hilfen". Bedingungen, Probleme, Möglichkeiten und Grenzen der Arbeit mit sozial benachteiligten Kindern und ihren Familien in der Frühförderung. *Frühförderung interdisziplinär, 13,* 145–165.
Weiß, H. (1996). Armut als gesellschaftliche Normalität: Implikationen für die kindliche Entwicklung. In G. Opp & F. Peterander (Hrsg.), *Focus Heilpädagogik* (S. 150–162). München: Reinhardt.
Weiß, H. (2007). Armut/ soziale Benachteiligung. In K. Bundschuh, U. Heimlich & R. Krawitz (Hrsg.), *Wörterbuch Heilpädagogik* (3. Aufl., S. 19–24). Bad Heilbrunn: Klinkhardt.
Wocken, H. (2000). Leistung, Intelligenz und Soziallage bei Schülern mit Lernbehinderungen – Vergleichende Untersuchungen an Förderschulen in Hamburg. *Zeitschrift für Heilpädagogik, 47* (12), 492–503.
Zimmermann, G. E. (2000). Ansätze zur Operationalisierung von Armut und Unterversorgung im Kindes- und Jugendalter. In C. Butterwegge (Hrsg.), *Kinderarmut in Deutschland. Ursachen, Erscheinungsformen und Gegenmaßnahmen* (2. Aufl., S. 59–77). Frankfurt a.M.: Campus.

Inklusion im Übergang von der Schule in Ausbildung und Arbeit?
Nachschulische Lebensverläufe ehemaliger Schüler*innen mit sonderpädagogischem Förderbedarf im Lernen

Heike Rosenberger

Zusammenfassung

Soziale Ungleichheit manifestiert sich vor allem in Übergangsprozessen, z. B. bei Übergängen von der Schule in eine Berufsausbildung und in das Erwerbsleben. Ehemalige Schüler*innen der Förderschule mit dem Förderschwerpunkt Lernen sind besonders bedroht, nach der Schulzeit an den gesellschaftlichen Rand gedrängt zu werden. Der Beitrag greift auf die Studien und Ergebnisse des Dissertationsprojektes „Wahl-lose Berufswahl" (Rosenberger 2012) zu berufsbezogenen Entscheidungsprozessen von Schüler*innen der Förderschule mit dem Förderschwerpunkt Lernen zurück und erweitert diese durch eine aktuelle biografisch angelegte Verlaufsstudie zu nachschulischen Lebensverläufen. Die Ergebnisse zeigen Inklusionsfaktoren und Exklusionsrisiken auf, die die Lebenssituation des*der Einzelnen entscheidend beeinflussen und die bei der Herausforderung nach gesellschaftlicher Teilhabe über die gesamte Lebensspanne Beachtung finden sollten.

1 Berufswahl- und Übergangsprozesse bei Schüler*innen mit sonderpädagogischem Förderbedarf im Lernen

Übergänge stellen ein zentrales Merkmal des Lebensverlaufs eines jeden Menschen dar. Inwiefern diese erfolgreich bewältigt werden, wirkt sich nicht zuletzt auf die Möglichkeiten der Realisierung von Lebensentwürfen aus (Walther und Stauber 2013). Im Fokus der wissenschaftlichen Diskussion um soziale Ungleichheiten stehen vor allem die Übergänge im (Aus-)Bildungssystem und an der Schwelle in das Erwerbsleben. Diezinger und Mayr-Kleffel (2009) sprechen in diesem Zusammenhang von einem „enormen Anpassungsdruck (...), der vom Erwerbsbereich als großem Verteilerschlüssel von Lebenschancen ausgeht" (S. 66).

Mit dem Ziel, Stigmatisierungsprozessen und Selektionsmechanismen bereits vor dem Übertritt in die Arbeitswelt entgegenzuwirken und Chancengleichheit zu fördern, kommt u. a. der inklusiven Bildung eine tragende Rolle zu. Ergebnisse verschiedener Studien belegen, dass Schüler*innen mit sonderpädagogischem Förderbedarf im Lernen in integrativen Settings bei dem Erwerb eines Schulabschlusses und dem Übergang in Ausbildung im Vergleich zu Abgangsschüler*innen aus Förderschulen bessere Chancen haben (vgl. Ginnold 2008; Klemm 2009). Diese positive Datenlage kann jedoch nicht darüber hinwegtäuschen, dass der Großteil der Jugendlichen mit sonderpädagogischem Förderbedarf im Lernen ungeachtet der Beschulungsart nach wie vor große Schwierigkeiten hat, im Anschluss an die Schulzeit einen betrieblichen Ausbildungsplatz zu bekommen und hinsichtlich der selbstbestimmten beruflichen Teilhabe ein enormer Handlungsbedarf mit Blick auf die Forderungen des Artikels 27 der UN-Behindertenrechtskonvention besteht.

Spätestens an der zweiten Schwelle, am Übergang in das Beschäftigungssystem, werden die Jugendlichen erneut mit zahlreichen Exklusionsrisiken konfrontiert, die sich aus dem marktwirtschaftlichen System ergeben. „Integrative Beschulung ist (...) an dieser Stelle kein ausreichender protektiver Faktor gegen gesellschaftlichen Ausschluss mehr" (Schramme 2015, S. 307). Durch die Kumulation der insgesamt ungünstigen Bedingungen, wie soziale Herkunft, das Leistungs- und Sozialvermögen und die oft in diesem Zusammenhang stehenden Etikettierungs- und Stigmatisierungsprozesse, die Niedrigwertigkeit der zu erreichenden Abschlüsse, die zunehmenden Anforderungen des Ausbildungs- und Arbeitsmarktes, die Vorurteile von Betrieben sowie die zeitliche Begrenzung der besonderen Unterstützungsangebote ist die dauerhafte berufliche Eingliederung dieser jungen Menschen meist nur schwer zu erreichen (van Essen 2013).

Der Herausforderung, jungen Menschen eine frühzeitige und systematische berufliche Orientierung und Vorbereitung auf die Herausforderungen der Berufs- und Arbeitswelt zu geben sowie der Übergangsproblematik an der ersten Schwelle entgegenzuwirken, stellen sich Haupt- und Förderschulen seit den 1970er-Jahren (Duismann 2007). In den letzten Jahren hat die öffentliche Diskussion um den Stellenwert der schulischen Berufsorientierung allerdings deutlich zugenommen. Ausdruck dessen sind u. a. eine Vielzahl bundesweiter und regionaler Projekte und Angebote an Maßnahmen und Initiativen, die darauf abzielen die Ausbildungsreife und Berufswahlkompetenz sowie berufsübergreifende Schlüsselkompetenzen zu fördern, die für die Erstberufswahl und erfolgreiche Bewältigung der Übergänge von der Schule in eine Berufsausbildung und in das Erwerbsleben unerlässlich erscheinen. Betrachtet man Übergangsprozesse bei Schüler*innen mit sonderpädagogischem Förderbedarf im Lernen jedoch genauer, lässt sich in Anlehnung an die Kritiken zum Begriff der Berufswahl eher von einer „Fiktion" (Golisch 2002, S. 21) sprechen, bei der eine Berufswahlsituation simuliert wird. Studien zeigen, dass bei diesen Jugendlichen kaum von individueller Entscheidungsfreiheit und tatsächlich vorhandenen Auswahloptionen gesprochen werden kann (vgl. Ginnold 2008; Rosenberger 2012).

> „Statt die sozialen Mechanismen der Ausgrenzung und Beschämung in der Schule und auf dem Ausbildungs- und Arbeitsmarkt aufzudecken, transportiert der aktuelle Hype um Berufsorientierungsmaßnahmen und -instrumente die Ideologie der Leistungsgerechtigkeit und der daraus abgeleiteten alleinigen Verantwortung jedes und jeder Einzelnen für sein oder ihr berufliches Schicksal." (Lehmkuhl, Schmidt und Schöler 2013, S. 117)

2 Berufsbezogene Entscheidungsprozesse: Studie I und Studie II

Das Dissertationsprojekt „Wahl-lose Berufswahl" (Rosenberger 2012)[1] beschäftigte sich mit berufsbezogenen Entscheidungsprozessen Jugendlicher mit sonderpädagogischem Förderbedarf im Lernen und deren weiteren Verläufen bis fünf Jahre nach Schulentlassung. Mit Hilfe von Leitfadeninterviews, Dokumentenanalysen, teilnehmender Beobachtung und einer Gruppendiskussion wurden in einem mehrstufigen qualitativen Forschungsdesign (Studie I und Studie II) Daten von insgesamt 18 Abgänger*innen eines Förderzentrums mit dem Förderschwerpunkt Lernen zu verschiedenen Zeitpunkten erhoben. Die Studie I umfasste zwölf Jugendliche, die vor Schulentlassung im Juli 2006 zu ihrem Berufswahlentscheidungsverhalten befragt wurden. An vier nachfolgenden Befragungszeitpunkten zwischen 2007–2011 erfolgte die Datenerhebung bis insgesamt 64 Monate nach Schulentlassung zu deren weiteren beruflichen Werdegängen. Für die Rekonstruktion von Berufsfindungs- und entscheidungsprozessen wurden in einer vertiefenden Studie II sechs weitere Jugendliche an acht Erhebungszeitpunkten im Zeitraum Juli 2007 bis Juni 2008 jeweils vor und nach der psychologischen Begutachtung und den Gesprächen mit

---

[1] Das Forschungsprojekt wurde an der Universität Erfurt im Fachgebiet Sonder- und Sozialpädagogik unter der Begleitung von Prof. Dr. Rainer Benkmann im Zeitraum 2006-2011 durchgeführt.

einem Mitarbeitenden der Reha-Beratung der Agentur für Arbeit befragt. Im Folgenden werden zentrale Erkenntnisse des Dissertationsprojektes wiedergegeben.

Berufswahlprozesse von Schüler*innen mit sonderpädagogischem Förderbedarf im Lernen sind im Vergleich zu Jugendlichen der allgemeinbildenden Schulen neben den regionalen Bedingungen des Ausbildungs- und Arbeitsmarktes vor allem durch den institutionell gesteuerten Prozess der psychologischen Begutachtung und Beratung der Agentur für Arbeit geprägt. Dabei kommt den Mitarbeiter*innen der Reha-Beratung, als wichtigste Ansprechpartner*innen, eine Gatekeeperrolle zu. Sie beeinflussen letztlich wichtige Auswahl- und Anspruchsentscheidungen der einzelnen Jugendlichen und bewirken somit Selektionsprozesse an den Statusübergängen und die Zuweisung von Lebenschancen. Die Sozialisationsinstanz Schule ist für die Jugendlichen insbesondere für den Erwerb des Schulabschlusses und die Organisation und Durchführung betrieblicher Praktika wichtig. Eltern und Sorgeberechtigte sowie Peers fungieren in dieser Zeit als informelle Ratgeber*innen und soziale Unterstützung. Die erhobenen Daten des Forschungsprojektes rücken insbesondere die Interaktionen des Individuums mit den unterschiedlichen Personen in den Vordergrund (Rosenberger 2012).

> „Erwartungshaltungen und Rollenzuschreibungen sowie Selbsterfahrungen und -interpretationen, die innerhalb dieser Prozesse entstehen und zu einem Großteil verfestigt werden, beeinflussen maßgeblich das Selbstbild, die Selbstwirksamkeits- und Konsequenzerwartungen und somit die Wahl- und Handlungsmöglichkeiten der Jugendlichen." (Rosenberger 2012, S. 260)

Bislang wurde das Thema Behinderung und Benachteiligung innerhalb gängiger berufswahltheoretischer Erklärungsmodelle nicht explizit aufgegriffen. Allerdings bieten sich auf Grundlage der vorliegenden Ergebnisse der interaktionstheoretische und der allokationstheoretische Ansatz für das Verständnis vorberuflicher Sozialisations- und Entscheidungsprozesse bei Schüler*innen mit sonderpädagogischem Förderbedarf im Lernen an, da dadurch Stigmatisierungs-, Selektions- und Benachteiligungsmechanismen erkennbar werden. Alle befragten Jugendlichen orientierten sich bei der Erstberufswahl am Normallebensverlauf und dem Berufskonzept. Der Orientierungs- und Entscheidungsprozess stellte dabei allerdings „ein hochsensibles Thema [dar, d.V.], in dem die Vermeidung bzw. Kompensierung von Misserfolgen und die Orientierung an Erfolg und Sicherheit im Mittelpunkt stehen" (ebd., S. 236). Bei ihren Bemühungen, nach Schulende einen Ausbildungsplatz zu bekommen, konnten unterschiedliche Handlungs- und Interaktionsstrategien identifiziert werden, die einen engen Zusammenhang mit den Selbstwirksamkeits- und Ergebniserwartungen sowie dem Bewerbungsverhalten der einzelnen Jugendlichen erkennbar werden lassen. Neben verschiedenen Copingstrategien bewältigten die

Schüler*innen vor allem durch eine pragmatische Denk- und Handlungsweise, durch Reduktion des eigenen Anspruchsniveaus, Vermeidung und Verdrängung bzw. Umdeutung (Refraiming) die Entwicklungsaufgabe der Berufswahl. Als Ergebnis der Datenanalyse wurden drei Typen von Berufswähler*innen identifiziert, die sich aufgrund der Bereitschaft der Verantwortungsübernahme bzw. -abgabe unterscheiden:

- **Typ I** ist durch die freiwillige Abgabe der Verantwortung an die Mitarbeiter*innen der Reha-Beratung bzw. die Eltern/Sorgeberechtigten gekennzeichnet.
- **Typ II** umfasst diejenigen Schüler*innen, die unfreiwillig die Verantwortung an die Mitarbeiter*innen der Reha-Beratung oder die Eltern/Sorgeberechtigten abgeben.
- **Typ III** stellen diejenigen Schüler*innen dar, die selbständig ihre Berufswahlentscheidung getroffen und die Hauptverantwortung nicht abgegeben haben (Rosenberger 2012, S. 237ff.).

Die Ergebnisse weisen darauf hin, dass die Berufswahl für diese Jugendlichen eine belastende Situation und erneute Stigmatisierungserfahrung darstellt. Nur wenigen von ihnen gelang die Realisierung des Wunschberufes. Sie gingen in Umorientierungsprozessen, die mit Gefühlen der Wut, Enttäuschung und Aggression verbunden waren, Kompromisslösungen ein. Drei der Jugendlichen aus Studie I nahmen nach der Schulzeit eine duale betriebliche Ausbildung auf. Sieben von ihnen bewältigten den Übergang durch die Aufnahme einer dualen außerbetrieblichen bzw. außerbetrieblichen Ausbildung für Menschen mit Behinderung. Eine Schülerin begann im Anschluss eine schulische Berufsausbildung und ein Jugendlicher mündete in eine berufsvorbereitende Maßnahme ein. Beim Übergang an der zweiten Schwelle zeigten sich ein unmittelbarer Zusammenhang mit den Erstberufswahlprozessen und eine geschlechtsspezifische Benachteiligung der weiblichen Jugendlichen. Zwei männliche Jugendliche mit betrieblichem Ausbildungsabschluss gingen nach Ausbildungsende nahtlos in ein unbefristetes Vollzeitbeschäftigungsverhältnis über. Für sechs Jugendliche gestaltete sich der berufliche Verlauf nach Eintritt in das Erwerbsleben diskontinuierlich. Drei weiteren Jugendlichen gelang die Integration auf dem ersten Arbeitsmarkt in diesem Zeitraum nicht. Eine Jugendliche hatte zum Zeitpunkt der letzten Befragung weder eine Ausbildung abgeschlossen, noch eine Erwerbstätigkeit aufgenommen (Rosenberger 2012). Die gewonnenen Ergebnisse bestätigten zentrale Determinanten, wie z.B. das psychologische Gutachten, die Festlegung des sonderpädagogischen Förderbedarfs oder die Beschulungsform, die beim Übergang an der ersten Schwelle für diese Schüler*innen wirksam werden (vgl. Basendowski und Werner 2010; Holaschke 2015; van Essen 2013).

Die aktuelle Datenlage über nachschulische Lebensverläufe von Schulabgänger*innen mit sonderpädagogischem Förderbedarf im Lernen, die neben den beruflichen Sozialisationsprozessen ebenso die Lebenssituation in anderen wichtigen Lebensbereichen abbildet und diese über einen längeren Zeitraum nach Schulentlassung erfasst, ist nach wie vor unzureichend. Vereinzelt geben biographische Verlaufsstudien Einblicke in die Lebenswirklichkeiten dieser Zielgruppe. Diese zeigen, dass bei kaum einem der ehemaligen Schüler*innen mit sonderpädagogischem Förderbedarf im Lernen von einem normativ erwartbaren traditionellen Werdegang nach der Schule gesprochen werden kann (vgl. Holaschke 2015; van Essen 2013). Destabilisierungs- und Individualisierungsdebatten hinsichtlich traditioneller Lebensverläufe und Diskussionen um den Stellenwert der Arbeit sowie Möglichkeiten gesellschaftlicher Teilhabe werden seit Jahren geführt. Inwiefern die normative Vorstellung eines gelingenden Lebensverlaufs nach den typischen Etappen „Schule – Berufsausbildung – Beruf – Renteneintritt" überhaupt noch erreichbar und als Zielperspektive sinnvoll ist, bleibt diskussionswürdig und soll an dieser Stelle nicht weiter thematisiert werden.

Einmündungsprozesse in Erwerbstätigkeit bei Menschen mit geringer Qualifizierung sind meist von Diskontinuitäten gekennzeichnet. Atypische Beschäftigung, befristete Stellen, Arbeit im Niedriglohnsektor, Phasen von Arbeitslosigkeit bzw. Langzeitarbeitslosigkeit sowie ein geringer Zugang zu innerbetrieblichen Fort- und Weiterbildungsmöglichkeiten prägen deren berufliche Sozialisation. Sie werden aufgrund der Zugangs- und Teilhabebarrieren am Arbeitsleben und der damit einhergehenden eingeschränkten gesellschaftlichen Teilhabe oft als Personen wahrgenommen, die am Rande unserer Gesellschaft leben und deren Lebensgestaltung im Rahmen eines sogenannten soziokulturellen Existenzminimums stattfindet (van Essen 2013). Unter Einbezug weiterer Lebensbereiche lässt sich auch von einer insgesamt „objektiv ‚schlechten' Lebenssituation und letztlich (…) einer Reproduktion der sozialen Verhältnisse" (Holaschke 2015, S. 12) sprechen. Um herauszufinden, ob bei ehemaligen Schüler*innen mit sonderpädagogischem Förderbedarf im Lernen tatsächlich von „‚Verlierern' im Kontext der skizzierten Modernisierungsprozesse" (van Essen 2013, S. 126) gesprochen werden kann, wurde das Dissertationsprojekt 2016 erneut aufgegriffen und um eine dritte Studie erweitert.

3 Studie III: „Im Erwerbs(losen)leben" – nachschulische Lebensverläufe ehemaliger Schüler*innen des Förderzentrums mit dem Förderschwerpunkt Lernen

Im Rahmen der Studie III sollten die mittlerweile zwölf erwachsenen Männer und Frauen der Studie I, die 2006 das Förderzentrum mit dem Förderschwerpunkt Lernen verlassen hatten und deren Ausbildung und beruflicher Werdegang bis 2011 begleitet und erforscht wurde, erneut befragt werden. Ziel des Forschungsprojektes war es, auf der Grundlage biografischer Interviews erneute Einblicke in die anschließenden beruflichen Werdegänge und in weitere Lebensbereiche (Einkommen, Wohnen, Freizeit, Partnerschaft/Familie, soziale Netzwerke) zu bekommen. Der Fokus der Befragung lag vor allem auf der subjektiven Wahrnehmung der eigenen Lebenslage und der Bewertung der individuellen Lebenszufriedenheit.

Der Zugang zur Stichprobe erwies sich rückblickend in den meisten Fällen als schwierig. Aufgrund von Wohnungs- und Arbeitsplatzwechsel konnten nicht alle zwölf Personen der Studie I ausfindig gemacht werden. Für die Suche und Kontaktaufnahme stellte sich dabei das soziale Netzwerk „Facebook" als besonders wertvoll heraus. Drei der ehemaligen Schüler*innen waren trotz Kontaktaufnahme zu einem Interview nicht bereit bzw. meldeten sich nach der ersten Absprache nicht zurück. Durch Erweiterung der ursprünglich geplanten Zielgruppe konnten im Zeitraum von Mai bis August 2016 mit

- drei Frauen und zwei Männern aus der Studie I (2006-2011),
- zwei Frauen aus der der Studie II (2007-2008) und
- drei Männern und einer Frau, die die Schule bereits vor 15 Jahren verlassen hatten[2],

insgesamt elf narrativ fundierte Leitfadeninterviews durchgeführt werden (Schütze 1983).

Die Interviews fanden entweder bei den Befragten zu Hause oder in einer Gaststätte statt. Für die Interviewerin stellte sich als forschungspraktische Herausforderung neben der Erreichbarkeit insbesondere die Rollenveränderung heraus, die mit dem Erwachsenenstatus der ehemaligen Schüler*innen einherging.

Alle Interviews wurden mit dem Programm f4 vollständig transkribiert und mit Hilfe von MAXQDA in Anlehnung an die Grounded-Theory-Methodologie

---

2 Es handelt sich hierbei um Absolvent*innen desselben Förderzentrums mit dem Förderschwerpunkt Lernen. Der Kontakt wurde in einem Fall durch das Förderzentrum hergestellt. Die Kontaktaufnahme mit drei weiteren Erwachsenen erfolgte über das soziale Netzwerk „Facebook".

ausgewertet (Strauss und Corbin 1996). Die Datenerhebung und -auswertung orientierte sich am Lebenslagenkonzept, da dieses relevante Dimensionen jenseits der Erwerbstätigkeit erfasst (vgl. Engels 2006; Voges 2005). Auf eine Darstellung entlang der einzelnen Dimensionen wird an dieser Stelle bewusst verzichtet, da sich die einzelnen Bereiche gegenseitig stark beeinflussen und enge Wechselbeziehungen bestehen.

Die wichtigsten Ergebnisse werden im nachfolgenden Abschnitt zusammenfassend dargestellt. Anhand von zwei kontrastierenden Falldarstellungen wird anschließend ein Blick auf individuelle Verlaufsmuster und Bewältigungsstrategien sowie Lebenslagen und subjektive Sichtweisen geworfen.

4 Ergebnisse der Studie III

Die Ergebnisse zu nachschulischen Lebensverläufen der elf befragten ehemaligen Förderschüler*innen bestätigen die Befunde von Holaschke (2015). Der Großteil von ihnen führt ein Leben, das von persönlicher Zufriedenheit geprägt ist. Die wesentlichen Merkmale der Lebenssituation der Befragten sind in Tabelle 1 zusammengefasst.

Tab. 1 Übersicht zur Lebenssituation der Befragten (anonymisierte Namen)

Name, Alter	Berufsabschluss	Aktuelle berufliche Tätigkeit	Wohnsituation	Familienstand/ Partnerschaft ggf. Kinder
Claudia, 27 Jahre	ungelernt	erwerbslos	allein lebend, 4-Zimmer-Wohnung, Dorf	ledig/ in Partnerschaft, vier Kinder
Renie, 26 Jahre	Fachpraktikerin/ Küche (Beiköchin)	Beiköchin in Elternzeit	allein lebend, 2,5-Zimmer-Wohnung, Stadtrand	ledig, ein Kind
Sarah, 26 Jahre	Fachpraktikerin/ Verkauf	Verkäuferin in Elternzeit	allein lebend, 2,5-Zimmer-Wohnung, Stadtrand	ledig/ in Partnerschaft, ein Kind

Name, Alter	Berufsabschluss	Aktuelle berufliche Tätigkeit	Wohnsituation	Familienstand/ Partnerschaft ggf. Kinder
Carolin, 27 Jahre	Fachpraktikerin/ Verkauf	Verkäuferin (geringfügig beschäftigt, befristet)	allein lebend, 1-Zimmer-Wohnung, Dorf	ledig
Sophie, 27 Jahre	Fachpraktikerin/ Küche (Beiköchin)	Küchenhilfe (unbefristet)	allein lebend, 1-Zimmer-Wohnung, Dorf	ledig/ in Partnerschaft
Sandra, 32 Jahre	Fachpraktikerin/ Hauswirtschaft	Hauswirtschafterin in der Altenpflege (unbefristet)	allein lebend, 2,5-Zimmer-Wohnung, Dorf	ledig, ein Kind
Manuel, 31 Jahre	ungelernt	unregelmäßige Montagetätigkeit, „scheinselbständig"	allein lebend, 1-Zimmer-Wohnung, Kleinstadt	ledig
Fabian, 31 Jahre	Fachpraktiker/ Holzverarbeitung	Reinigungskraft bei der Deutschen Bahn (befristet)	allein lebend im Haus der Eltern (eigene Wohnung), Dorf	ledig
Paul, 27 Jahre	Helfer/ Gartenbau	ungelernter Helfer in einer Wäscherei (unbefristet)	wohnt mit der Freundin in einer 2-Zimmer-Wohnung, Kleinstadt	ledig/ in Partnerschaft
Dominik, 27 Jahre	Landwirt	Landwirt (unbefristet)	wohnt mit der Freundin im Haus der Eltern (eigene Wohnung), Dorf	ledig/ in Partnerschaft
Franz, 31 Jahre	Landwirt	Landwirt (unbefristet)	wohnt mit der Freundin im Haus der Eltern (eigene Wohnung), Dorf	ledig/ in Partnerschaft, zwei Kinder

Quelle: eigene Darstellung

Allen Befragten ist gemeinsam, dass sie sich bei ihren Lebensentwürfen am kleinbürgerlichen Lebensstil bzw. am Normallebensverlauf orientieren. Erwerbsarbeit stellt für sie die Grundlage zur Sicherung des Lebensunterhaltes, für soziale Anerkennung, Sinnfindung und Selbstbestätigung dar. Bis auf zwei Männer, die sich seit Abschluss der betrieblichen Berufsausbildung in einem andauernden unbefristeten Arbeitsverhältnis befinden, haben alle anderen bereits Erfahrungen mit Arbeitslosigkeit gemacht. Deren berufliche Verläufe sind durch Beschäftigungsinstabilität, d. h. Phasen befristeter und unterbezahlter oder geringfügiger Beschäftigung bzw. Leiharbeit geprägt.

Insbesondere die sechs befragten Frauen sind von Armut gefährdet bzw. von ihr betroffen. Dieser Umstand lässt sich zum einen auf die geschlechtsspezifische Benachteiligung auf dem Arbeitsmarkt zurückführen. Zum anderen spielt das Ausmaß der sozialen und finanziellen Unterstützung durch Familie und Partner eine große Rolle. Vier der sechs Frauen haben bereits Kinder. Während zwei von ihnen alleinerziehend sind, wohnen die anderen beiden Frauen trotz Partnerschaft aufgrund der Übernahme des Wohngeldes durch die Wohngeldstelle nicht mit ihrem Partner zusammen. Die Geburt eines Kindes und die Ausübung der Hausfrauen- und Mutterrolle bedeutet für die Frauen eine berufsbiografische Unterbrechung, die u. a. mit Problemen wie Isolation und Überforderung und für drei von ihnen mit einer beruflichen Umorientierung einhergeht. Claudia musste durch die erste Schwangerschaft die Berufsausbildung zur Kinderpflegerin abbrechen. Sie ist bis heute ungelernt, Mutter von vier Kindern und lebt vom Arbeitslosengeld II, dem Kindergeld und von Unterhaltsleistungen. Bei ihr ist derzeit kein Bemühen erkennbar, eine berufliche Qualifizierung zu erreichen. Für Renie als alleinerziehende Mutter ist die Rückkehr in den erlernten Beruf als Beiköchin aufgrund der Wochenendarbeit und dem Schichtbetrieb nach der Elternzeit fast undenkbar. Sie spielt mit dem Gedanken, sich nach Ablauf der Elternzeit als Reinigungskraft zu bewerben. Sarah hat bis zur Geburt ihres Sohnes als Verkäuferin in mehreren Unternehmen innerhalb befristeter Arbeitsverhältnisse gearbeitet. Sie möchte in einem halben Jahr eine Umschulung zur Altenpflegerin beginnen. Der Wiedereintritt in die Erwerbsarbeitswelt ist für alle vier Frauen mit enormen Schwierigkeiten verbunden und stellt sie vor die Herausforderung, die Doppelbelastung Familie und Beruf zu bewältigen. Carolin und Sofie haben noch keine Kinder. Sofie lebt in einer Partnerschaft, allerdings nicht in einer gemeinsamen Wohnung mit ihrem Freund. Nach einer Lehre als Beiköchin erhielt sie nach mehreren Arbeitsplatzwechseln einen unbefristeten Arbeitsvertrag als Küchenhilfe. Sie ist bereit, Arbeiten im Schichtdienst für mehr Entgelt in Kauf zu nehmen. Durch ihren Lebenspartner hat sie voraussichtlich die Möglichkeit, zeitnah in eine Kantine der Bundeswehr zu wechseln. Bei Carolin lässt sich im Interview der große Wunsch nach Familie und Partnerschaft erkennen. Die Partnersuche stellt für sie neben dem Erwerb eines unbefristeten Vollzeitarbeitsvertrages ein zentrales Lebensthema dar. Dazu nutzt sie u. a. soziale Netzwerke und kostenlose Internetportale. Sie hatte es bisher aufgrund sozialer Probleme in der Ausbildung, einer geringen Motivation zur Leistungserbringung und eines Mangels an elterlicher Unterstützung sehr schwer, ihre beruflichen und privaten Ziele umzusetzen.

Von den fünf jungen Männern der Stichprobe wohnen zwei allein. Drei Männer bewohnen mit ihrer Partnerin eine gemeinsame Wohnung. Keiner der Befragten ist verheiratet. Einer der Männer, Manuel, ist besonders armutsgefährdet. Dies ist vor allem der Tatsache geschuldet, dass er kaum Unterstützung durch seine Herkunftsfamilie erhält. Manuel wurde im Laufe seiner Biographie mehrfach straffällig und hatte bereits öfters Kontakt mit Drogen und Alkohol. Durch den Abbruch mehrerer Ausbildungen ist er bis heute ungelernt. Seinen Lebensunterhalt verdiente er sich zeitweise durch Montagetätigkeiten in einer Abrissfirma. Seit Februar 2016 ist er „scheinselbständig". Drei der befragten Männer haben eine Wohnung im Elternhaus ausgebaut. Sie brauchen keine Mietzahlungen zu leisten, geben aber einen geringen Teil ihres Einkommens für Nebenkosten an die Eltern ab. Alle fünf Männer haben den Führerschein, drei von ihnen besitzen ein Auto. Paul wurde der Führerschein vor drei Jahren wegen Fahrerflucht entzogen. Aufgrund der damit einhergegangenen eingeschränkten Mobilität und Flexibilität, erhielt er von seinem damaligen Arbeitgeber kurz darauf die Kündigung. Nach einer Phase längerer Arbeitslosigkeit begann er in einer Zeitarbeitsfirma zu arbeiten, die ihn ebenfalls kurze Zeit später wegen längerer und häufiger Krankheitsausfälle entlassen hat. Seit einem Jahr ist er mit einem unbefristeten Arbeitsvertrag in der Wäscherei seiner Heimatstadt angestellt. Seit Sommer 2016 bewohnt Paul mit seiner Freundin eine 2-Zimmer-Wohnung in einem sozialen Brennpunktviertel. Monatlich zahlt er Raten für einen bestehenden Kredit und Überbezahlungsbeiträge der Arbeitsagentur ab. Er hat nie im gelernten Beruf (Helfer/Gartenbau) gearbeitet.

Ein zusammenfassender Blick auf die Berufsbiografien der Befragten zeigt, dass von den elf Befragten zwei ungelernt geblieben sind, zwei Männer mit betrieblicher Ausbildung und vier Frauen nach wie vor im gelernten Beruf arbeiten bzw. bis zur Elternzeit gearbeitet haben und in drei Fällen nie oder nur kurze Zeit der Ausbildungsberuf ausgeübt wurde. In Anlehnung an die Typisierung der Arbeitsplatzwechsel nach Holaschke (2015, S. 203f.) zeigt sich, dass der Großteil der Kündigungen bzw. Arbeitsplatzwechsel unfreiwillig erfolgte. Nur in einem Fall wurde von Seiten eines ehemaligen Schülers gekündigt, da er sich beruflich verändern wollte. Hinweise auf Karriereaufstiege, die mit Leitungsfunktionen oder besserer Entlohnung einhergehen, lassen sich in keiner der elf Erzählungen wiederfinden. Die erhobenen Daten deuten insgesamt auf eine positive Gesamtbeurteilung der erlebten Arbeitsbedingungen und eine soziale Integration in die Arbeitskollegien hin. In zwei Fällen wurde von Problemen mit Mitarbeiter*innen und Spannungen zu Vorgesetzten berichtet. In acht der elf Interviews thematisierten die Befragten die Einschränkung der zeitlichen Flexibilität und die Überstunden sowie die körperlichen Arbeitsbelastungen und die Eintönigkeit einzelner Tätigkeiten in Bezug auf Gesundheit und Privatleben.

Interessanterweise sind alle Befragten in der Heimatregion bzw. in ihrem Heimatort geblieben. Sie äußerten keinerlei Bereitschaft, für eine Arbeit den Wohnort dauerhaft zu wechseln. Zudem waren bei keiner der interviewten Personen die Auswirkungen des Besuchs einer Förderschule ein Thema. Vielmehr spielt es für sie eine entscheidende Rolle, eine Arbeit zu haben und ein unabhängiges und selbstbestimmtes Leben führen zu können. Das zum Leben verfügbare Einkommen liegt bei den Befragten zwischen 800 und 1500 Euro. Aufgrund der finanziellen Lage und der begleitenden Umstände (Wohnsituation, Partnerschaft, familiäre Unterstützung, Phasen der Arbeitslosigkeit oder zum Großteil schlecht bezahlte Tätigkeiten) ist über die Hälfte der elf ehemaligen Förderschüler*innen gezwungen, das Konsumverhalten auf ein Minimum einzuschränken. Die Begrenzung der Handlungsspielräume äußert sich diesbezüglich u. a. beim Verzicht auf die Inanspruchnahme von Dienstleistungen (Friseur, Kosmetik etc.) und kostenpflichtige Freizeitaktivitäten sowie den Erwerb des Führerscheins. Zwei Drittel der ehemaligen Förderschüler*innen gestaltet die Freizeit dennoch aktiv (Besuch von Konzerten, Fußballspielen, Kirmsen und Festivals, Kinobesuche, Treffen mit Freunden, Freizeitgestaltung mit den eigenen oder Kindern des Partners, Bowling, Einkaufen, sportliche Aktivitäten, Motorradfahren). Befragt nach ihrem Freundeskreis äußerten die meisten Interviewten, dass wenige Kontakte zu ehemaligen Mitschüler*innen bestehen und der Freundeskreis relativ klein ist. Die Urlaubszeit verbringt über die Hälfte der Befragten aus finanziellen und privaten Gründen zu Hause. Die anderen Interviewten verreisen maximal zwei Wochen im Jahr. Deren Reiseziele liegen innerhalb des Bundeslandes des Wohnortes oder Deutschlands sowie in Spanien bzw. auf den spanischen Inseln.

Ein unmittelbarer Zusammenhang besteht zwischen der Einkommens- und Wohnsituation. Über ein Drittel der Befragten hat seit Ausbildungsende eine eigene Wohnung. Drei weitere Männer bewohnen eine ausgebaute Wohnung im Elternhaus. Dabei ist bei ihnen keinerlei Bestreben nach mehr Unabhängigkeit und Autonomie von den Eltern erkennbar. Drei weitere Erwachsene haben bis vor drei bzw. vier Jahren bei ihren Eltern oder Sorgeberechtigten gelebt. Die Interviews machen zudem deutlich, dass die Lebenssituation in Haushalten mit zwei Erwachsenen ohne Kinder positiver bewertet wird als in Haushalten von Alleinlebenden bzw. -erziehenden.

Abschließend soll noch auf einen Aspekt aufmerksam gemacht werden, der lebensphasenübergreifend ist und schichtenspezifische Unterschiede widerspiegelt. In den Interviews zeigt sich, dass mit einem sehr niedrigen Einkommen meist auch Mangel- oder Fehlernährung einhergehen. So gibt ein Teil der Befragten an, dass Lebensmittel u.a. im Sonderangebot oder bei der „Tafel" geholt werden und auf warmes Essen ganz oder teilweise verzichtet wird.

Nachfolgend werden zwei kontrastierende Fallbetrachtungen dargestellt, die tiefere Einblicke in die Lebensverläufe und -bedingungen von Dominik (erfolgreicher Verlauf) und Carolin (Einmündung mit massiven Schwierigkeiten) geben.

4.1 Fallbetrachtung Dominik

Dominik, 27 Jahre, besuchte eine Förderschule mit dem Förderschwerpunkt Lernen. Nach Erlangung des gleichwertigen Hauptschulabschlusses begann er 2006 eine Ausbildung zum Landwirt, die er 2009 erfolgreich abschloss. Er wurde im Anschluss von einem agrargenossenschaftlichen Betrieb in ein unbefristetes Arbeitsverhältnis übernommen. Es kann als fördernder Umstand angesehen werden, dass er bereits in der Klassenstufe 9 und 10 sein Langzeitpraktikum in diesem Betrieb absolvierte, in dem er bis heute arbeitet. Interessanterweise ist Dominik dem Vorschlag der Reha-Beratung nicht gefolgt, aufgrund der Lernbehinderung eine theorieverminderte Ausbildung zum Gartenfachwerker zu beginnen. Auf Grundlage der Ergebnisse der psychologischen Begutachtung wurde ihm damals von einer Vollausbildung wegen des berufsschulischen Niveaus abgeraten. Dominik ist im Großen und Ganzen mit seiner derzeitigen Arbeitssituation zufrieden. Vor drei Jahren hat er innerhalb des Betriebes den Arbeitsbereich aufgrund gesundheitlicher Belastungen durch Schichtarbeit gewechselt.

„Zehn Jahre bin ich jetzt dabei. Mir geht es gut. Mir macht die Arbeit Spaß. Ich bin zufrieden. (...) Na ich mach im Stall sauber und miste aus. Und in der Saison kümmern wir uns nach der Arbeit noch um die Tiere. (...) Das Geld, also für die Arbeit ist nicht so. Da müsste es eigentlich mehr sein. Wir kriegen zwar alles bezahlt. Aber in der Saison geht es bis spät in die Nacht. Ich arbeite zum Großteil mit zwei bis drei Leuten zusammen. (...) In anderen Bereichen ist es schlimmer. Da laufen nur Schichten. Ich habe genauso Schichten gemacht. Also du hast da Tag- und Nachtschicht. Aber das mache ich jetzt schon seit drei Jahren nicht mehr. Ich war zwar zufrieden, aber ich wollte diese Schichten nicht mehr. Und dann wäre ich gegangen. Dann hat mein Chef gesagt, wir

finden eine Lösung. Ich hatte ein halbes Jahr, wo ich nicht mehr so konnte mit meinem Kreuz." (Interview Dominik)

Durch die Marktkrise in der Milchproduktion ist das Unternehmen zum Interviewzeitpunkt durch Insolvenz bedroht. Sollte es zu einer Firmenschließung kommen, würde Dominik vor einem unfreiwilligen Arbeitsplatzwechsel stehen. Gedanklich hat er sich schon neuorientiert. Er greift dabei auf soziale Kontakte bzw. Beziehungen zurück und zeigt die Bereitschaft, sich fortzubilden.

„Auf der Arbeit ist es halt gerade alles stressig. Dadurch, dass die Milchpreise erhöht sind und so. Der Chef hat uns gesagt, dann müssen wir uns halt was anderes suchen. Dann müssen wir uns beim Arbeitsamt melden. Wir hatten ja schon ein Gespräch. Wenn es bis Ende des Jahres nicht besser aussieht, dann sind wir arbeitslos. (...) Ich könnte bei meinem Vater, bei der Post einsteigen. Der ist da Chef. Ich könnte LKW fahren und so einen Kram. Dann muss ich nur noch den Führerschein machen." (Interview Dominik)

Dominik verdient zwischen 1300 und 1500 Euro netto im Monat. Er lebt mit seiner Lebensgefährtin, die auch erwerbstätig ist, in einer 3-Zimmer-Dachgeschosswohnung in seinem Elternhaus. Das gemeinsame Einkommen reicht für den Lebensunterhalt. Von dem Einkommen werden monatlich 100 Euro gespart. Mit der Wohnsituation ist er sehr zufrieden. Die Wohnung ist modern eingerichtet und wurde größtenteils selber finanziert. Soziale und finanzielle Unterstützung erhalten die jungen Leute von den Eltern und Großeltern. Das Zusammenleben im Haus mit mehreren Generationen wird als harmonisch beschrieben.

„So lange ich die Arbeit habe, reicht es ja. Wenn ich die nicht mehr habe, wird es ganz schön knapp mit dem Geld. Ich habe einen großen Volvo gekauft. Der war ein halbes Jahr und hatte gerade mal 6000 Kilometer. Meine Freundin die hat sich ein kleines Auto gekauft. Und der Große kostet schon ein bisschen was. Der hat 180 PS. (...) Ich wohne noch in A. Ich habe zusammen mit meiner Freundin ausgebaut. Ich habe oben drei Zimmer. Wir bräuchten, wenn sie mal schwanger wird, noch ein Zimmer. Aber solange mein Opa noch da ist, wird das nichts." (Interview Dominik)

Die Gründung einer eigenen Familie wird bereits in Erwägung gezogen. Im Interview wurde diesbezüglich die Orientierung an gesellschaftlichen Normalvorstellungen deutlich, die sich in dem Bestreben nach einer bürgerlich-traditionellen Form der Familie äußerte. Dominik hat einen großen Freundeskreis. Die Freizeit verbringt er meist mit seiner Freundin und einigen Arbeitskolleg*innen. Die genannten Aktivitäten verweisen auf eine aktive Freizeitgestaltung und kulturelle Teilhabe.

„In den Urlaub geht es dieses Jahr mit meiner Freundin und noch einem Arbeitskollegen. Da geht es ab Leipzig mit einem Flieger nach Bulgarien. Mit Sonne und Strand. Und in meiner Freizeit geh ich mit S. hier und noch Kollegen immer zum Bowling. Schwimmen gehen wir auch immer viel. Kino sowieso. Dann gehen wir mit einem Kumpel und seiner Freundin und meiner Freundin immer shoppen. Wir sind eigentlich kaum zu Hause, wenn wir mal frei haben und nicht auf der Arbeit sind. Man muss ja auch Zeit mit seiner Freundin verbringen. Und wenn man immer arbeitet, besonders in der Saison, dann sieht man sich ja nicht, dann muss man das dann halt nachholen. In der Saison schläfst du nur noch zu Hause, mehr ist dann nicht mehr. Da stehst du früh immer gleich wieder auf der Matte. So mit vier bis fünf Stunden Schlaf. Eigentlich nicht, aber sage ich mal so, dann trinkst du deinen Kaffee und dann ist gut." (Interview Dominik)

Dominik ist mit seiner momentanen Lebenssituation sehr zufrieden. Er führt mit seiner Freundin ein finanziell eigenständiges und unabhängiges Leben. Gefragt nach seinen Wünschen äußerte er sich lediglich in Bezug auf die Arbeitsbedingungen.

„Dass sich auf der Arbeit ein bisschen was verändert. Ich sage mal so, der Job könnte noch ein bisschen ruhiger werden und dass wir auch mehr Leute haben. Aber sonst ist alles super. Ich bin echt zufrieden." (Interview Dominik)

Erwerbsarbeit erfüllt für Dominik neben der ökonomischen insbesondere eine wesentliche Funktion hinsichtlich der Selbstverwirklichung und Identitätsbildung. Durch die persönliche Entscheidung für eine Vollausbildung zum Landwirt zum Schulende hat er die Chance genutzt, seine beruflichen Vorstellungen umzusetzen und wichtige Lebensziele zu erreichen.

4.2 Fallbetrachtung Carolin

Carolin ist zum Interviewzeitpunkt 27 Jahre alt. Aufgrund großer Schwierigkeiten mit ihren Eltern lebte sie von 2002 bis 2006 im Kinderheim. Sie besuchte eine Förderschule mit dem Förderschwerpunkt Lernen und verließ die Schule mit dem gleichwertigen Hauptschulabschluss. Ihr Wunsch am Ende der Schulzeit war es, eine Ausbildung zur Erzieherin zu absolvieren. In den Reha-Beratungsgesprächen wurde ihr eine einfach-theoretische Ausbildung mit sozialpädagogischen Hilfen und psychosozialer Betreuung vorgeschlagen. 2006 begann sie eine zweijährige Ausbildung in einer privaten Berufsfachschule als staatlich geprüfte Kinderpflegerin. Nach sieben Monaten brach sie diese aufgrund der zu hohen theoretischen Anforderungen ab. Danach folgte ein Jahr der Arbeitslosigkeit, bevor sie drei weitere Beschäftigungsmaßnahmen begann, die sie jedoch alle nach kurzer Zeit aus persönlichen Gründen beendete. Im Anschluss daran bekam sie eine Arbeitsgelegenheit mit Mehraufwandsentschädigung, die sie ebenfalls nur drei Monate ausübte.

Daraufhin ging sie wieder für einige Monate in die Arbeitslosigkeit über. Eine weitere Berufsausbildung in einer außerbetrieblichen Einrichtung brach Carolin nach fünf Monaten ab. Sie wurde wiederholt für ein Jahr arbeitslos. Nach dem Abbruch einer dritten Lehre und einem mehrmonatigen Aufenthalt in einer psychiatrischen Klinik aufgrund von Suizidgefährdung nahm sie 2013, nach einigen Schwierigkeiten mit der Agentur für Arbeit, eine zweijährige Ausbildung zur Fachpraktikerin im Verkauf in einer überbetrieblichen Ausbildungsstätte auf. Diese schloss sie im Sommer 2015 mit 26 Jahren erfolgreich ab. Sie selbst beschreibt diese Zeit folgendermaßen:

> *„Die Ausbildung ging zwei Jahre. Die hab ich auch abgeschlossen, hab die durchgezogen. Naja, vorher da sollt ich vom Arbeitsamt mal dahin und mal dahin. Das war mir aber alles nichts. Also ich hab da mehr oder weniger alles hängenlassen. Und habe dann regelrecht um eine Ausbildung in der Reha gekämpft. Mir wollten sie ja die Reha-Ausbildung nicht geben. Weil ich sie angeblich nicht bräuchte. Ich wäre lernfaul. Ich hätte keine Lernschwäche, sondern ich wäre einfach nur faul. Ich hab dann die dritte Ausbildung abgebrochen. Also ich hab's einfach schulisch nicht geschafft, zehn Seiten über Gesetze zu lernen."* (Interview Carolin)

Erhebliche Barrieren bezüglich der beruflichen Einmündungsprozesse waren im Fall von Carolin vor allem die hohen theoretischen Anforderungen einer Berufsausbildung bzw. der Abbruch verschiedener aufeinanderfolgender Maßnahmen des beruflichen Übergangssystems. Hinzu kamen gravierende soziale Probleme im Kontext der Herkunftsfamilie, während der Ausbildung mit Lehrpersonal und anderen Auszubildenden sowie innerhalb der Partnerschaften.

Nach der Ausbildung war Carolin für drei Monate arbeitslos. Seit November 2015 arbeitet sie als Verkäuferin in einer Discounterkette im Rahmen der geringfügigen Beschäftigung („450-Euro-Minijob"). Sie hat einen befristeten Arbeitsvertrag bis 2017 mit einer Arbeitszeit von 11,5 Stunden/Woche. Ihre Tätigkeiten umfassen das Einräumen und das Saubermachen von Regalen. Zum gegenwärtigen Zeitpunkt ist sie noch mit 700 Euro beim Arbeitsamt aufgrund von Rückzahlungsforderungen verschuldet. Hinzu kommen 300 Euro (von ursprünglich 600 Euro) Schulden beim Landratsamt, die sich aus Bußgeldern durch Schulschwänzen in der Berufsschule zusammensetzen und monatlich mit 50 Euro getilgt werden. Trotz der geringen Entlohnung und der Abhängigkeit von Sozialleistungen scheint Carolin mit ihrer derzeitigen beruflichen Situation relativ zufrieden zu sein.

> „Ich habe insgesamt 40 Bewerbungen abgeschickt und es hat sich nur eine, nur die Discounterkette B. gemeldet. Ich hab einen Arbeitsvertrag erstmal! Das ist wichtig. Vorher hab ich nur vom Amt gelebt. Das war nichts für mich. Ich könnt's mir heute gar nicht mehr vorstellen so zu leben. Und ich hab jetzt meine Beschäftigung und äh ich bin glücklich auf Arbeit. Ich hab meinen Spaß, ich bin jetzt seit fast einem Jahr dabei. Ich war noch nicht einmal krank. Im Gegenteil! Ich bin diejenige, die für Kollegen einspringt; die sogar guckt, ob sie nicht eventuell doch mehr Stunden bekommen kann. Was der Chef allerdings nicht macht, was schade ist. Ich bin zufrieden mit meiner Arbeit. Ich bin och gerne auf Arbeit. Die Kollegen sind sehr nett. Also ich hab mit den hinten in meiner Abteilung gar keine Probleme. Und ja, wir haben halt viele Studenten und ich hab sogar eine Arbeitskollegin, mit der hab ich über WhatsApp guten Kontakt. Und ja, mit der geh ich zusammen feiern." (Interview Carolin)

Carolin lebt mit ihrem monatlichen Nettoeinkommen und der Aufstockung des Arbeitslosengeldes II zum Großteil unter der Armutsgefährdungsgrenze. Aufgrund von Überstunden und Sonderzahlungen schwankt ihr monatliches Gehalt zwischen 350 und 850 Euro. Sie ist bestrebt, einen unbefristeten, sozialversicherungspflichtigen Vollzeitarbeitsvertrag zu bekommen bzw. vorerst eine weitere geringfügige Beschäftigung aufzunehmen, um ihren Lebensunterhalt selbständig bestreiten und ein finanziell unabhängiges Leben führen zu können. Die Erwerbsarbeit dient ihr in erster Linie zur sozialen Anerkennung und Existenzsicherung.

> „Leute, wie soll ich's denn machen? Ich sage, ihr nehmt den kleenen Leuten noch's Geld weg. Ich sage, ihr kümmert euch noch nich mal drum, dass ihr mich in 'nen festen Job kriegt. Solange ich keine Vollzeitstelle finde, werd ich wohl erstmal vom Amt abhängig bleiben. Leider! Und jetzt wollt ich abends nebenbei bei Discounterkette A. auf 450 Euro-Basis arbeiten, damit ich vom Amt wegkomme. Das darf ich aber von der Discounterkette B. aus nicht, da das unter Konkurrenz zählt. (…) Meine Aufstockung reicht jetzt gerade mal für Miete und Strom. Das Fahrgeld, das sind jeden Monat 65 Euro, muss ich auch noch selber bezahlen. Das stemm ich aus eigener Tasche. Manchmal

bleiben mir nur 300 Euro zum Leben. Ich schaff's jeden Monat irgendwie, ich weiß auch nicht wie. Aber ich schaff's!" (Interview Carolin)

Carolins Wohn- und Lebenssituation ist eng mit ihrer Einkommenssituation, dem Singlestatus sowie dem Ausmaß der familiären Unterstützung verbunden. Seit der Trennung von ihrem Freund bewohnt sie eine 31,5qm große 1-Zimmer-Wohnung ohne Balkon auf einem Dorf in der Nähe der Stadt A., in der sie arbeitet. In unmittelbarer Nähe wohnen ihre Mutter und ihr Cousin, durch die sie soziale Hilfe und zum Teil finanzielle Unterstützung erhält. Da sie keinen Führerschein besitzt, ist sie auf die öffentlichen Verkehrsmittel angewiesen. Sie hat sich bewusst gegen eine Wohnung im Brennpunktviertel der Stadt A. entschieden, in dem Marginalisierungsprozesse besonders deutlich werden (erhöhter Anteil von Langzeitarbeitslosen, Kriminalität, schlechte Wohnverhältnisse etc.), und somit Nachteile bezüglich der Arbeitszeit in Kauf genommen. Die Auswirkungen von Armut in Bezug auf die Wohnverhältnisse und Haushaltsführung sowie das Konsum- und Ernährungsverhalten werden in folgenden Interviewausschnitten deutlich.

„Mit meinem Freund hab ich einen gemeinsamen Haushalt gehabt. Ich hab alles von mir verkauft damals aus meiner Wohnung. Ich stand da mit nichts. Seit anderthalb Jahren wohn ich in B. Hier waren die Wohnungen günstig. In dem Wohnviertel in A. hätte ich zwar auch eine kriegen können, aber das ist für mich so ein Nogo-Pflaster. Der Nachteil ist, ich kann keine Spätschichten machen aufgrund meiner Busverbindung. Das heißt mir fehlen dann die Spätschichtzuschläge. (...)
Wir ham vorne im Dorf den kleinen Laden, aber wie gesagt, ich hab fast keine warme Küche mehr. Das lass ich schon fast komplett weg. Es gibt bei mir eigentlich fast nur noch Toastbrot, Frischkäse und Wurst weil ich och keene Küche hab. Das Arbeitsamt bezahlt mir ja keene Küche. Ich hab 'nen Kühlschrank, ich hab 'ne Zweierkochplatte, ich hab 'ne Kaffeemaschine und ich hab 'nen Wasserkocher. Und ich hab 'ne Schlafcouch zum Ausklappen mit Bettkasten unten dran. Ich hab 'ne Schrankwand, wo halt meine Klamotten drinne sind, wo ich's Küchengeschirr mit drinne lagere und wo ich die Lebensmittel mit drinne lagern muss. Die Couch und die Schrankwand hab ich mir selber gekauft. Den Tisch, den ham wir einfach aus dem Hausflur geklaut. Der hat doch keenem gehört. Eine Waschmaschine hab ich auch nicht. Mach ich bei Mama drüben oder bei meinem Cousin. Ich hab 'nen kleinen Stuhl und 'ne kleine Garderobe und das war's eigentlich. Die Möbel für die Wohnstube, die habsch von der Tafel. Außer die Couch, die habsch mir erst im Dezember neu geholt, weil meine andre Schlafcouch die hat sich durchgelegen gehabt,

da ist die Feder unten raus gekommen. Da ham wir für 50 Euro halt ene in B. gefunden mit Doppelmatratze. (...) Naja, wie gesagt, ich fahr halt mit meiner Mama, meinem Papa und meinem Onkel einmal im Monat zu den Tschechen. Ich hole mir dort Kaffee, Cappuccino, Hosen und so. Also eigentlich alles was günstig ist. Dann geh'n wir da drüben auch Mittag essen. Meine Ma zahlt für ein Mittagessen 10 Euro. (...) Dann muss ich mich und meine Katze versorgen, dann die ganzen Ratentilgungen. Aber ich hab eine Freundin aus B., zu der geh ich immer mal. Sie gibt mir immer mal was zu Essen oder Tabak und so." (Interview Carolin)

Im Gesprächsverlauf werden weiterhin der Wunsch nach einer festen Partnerschaft und Familienplanung thematisiert. Für die Aufrechterhaltung bzw. Aufnahme von Kontakten wirken sich diesbezüglich die schwierige finanzielle Situation und die eingeschränkte Mobilität, die mit dem Wohnen auf dem Dorf einhergeht, negativ aus. Die Interviewausschnitte verweisen auf eine massive Einschränkung von Handlungsspielräumen, um individuelle Bedürfnisse und Wünsche zu realisieren und eine Beteiligung am gesellschaftlichen Leben zu sichern. Die Freizeit verbringt Carolin meist allein. Sie hat kaum Freunde und ist zum Großteil auf sich allein gestellt.

„Ich wünsch mir 'ne Partnerschaft, aber es ist schwierig. Ich bin leider immer noch Single. Ich sitz hier auch nur im Dorf rum. Wo soll ich da jemand kennenlernen?! Ich bin eigentlich wirklich nur, wenn dann auf Kirmsen unterwegs, um mal jemanden kennen zu lernen. Naja ich geh dann halt auch nur mit 20 Euro oder so weg. Also ich war jetzt zweimal weg gewesen, das hab ich mir diesen Monat geleistet. Ich hab mich auch in Facebook in 'ner Singlebörse angemeldet. Aber ach um Gottes Willen, da sind ja och nur Schwachmaten. (...) Ich hab in dem Dorf gar nichts. Ich sitze dann einfach nur zu Hause. Ich würde es schön finden, wenn ich jetzt halt wieder in der Stadt wäre. Ich hab so viele Freunde in C. noch von damals. Wo man dann halt och mal hinfahren kann ohne Probleme. Ohne zu gucken, scheiße schaff ich den letzten Bus raus. Mit meinem damaligen Partner ham wir viel gemacht. Da sind wir immer mal weggefahren. Da hab ich auch 'ne Zeitlang beim Mittelalterleben mitgemacht, was ich ja auch nicht mehr machen kann. Lesen tu ich gar nicht. Und Kino ja, wenn ich jemanden finde der mitkommt. Aber wie gesagt, größtenteils sitz ich eigentlich nur zu Hause. Ich guck Fernsehen, ich hör Musik und räum meine Wohnung auf. Im Urlaub mach ich och nichts. Es ist schon lange her, dass ich mal verreist war. Naja man will ja hier nicht jedes Mal mit den Eltern fahren. Das ist ja och blöd. Die würden mich aber mitnehmen, wenn ich das Geld

zusammenspare, würden die mich auch mitnehmen. Ich muss selber zusehen wie ich zurechtkomme." (Interview Carolin)

Carolin führt nach eigenen Angaben ein einfaches Leben. Sie ist mit ihrer derzeitigen Lebenslage im Großen und Ganzen zufrieden. Die Erwerbsarbeit gibt ihrem Leben eine Struktur, sie fühlt sich gebraucht und anerkannt. Allerdings wird der Wunsch nach Partnerschaft und Familie sowie nach einem unbefristeten Arbeitsvertrag deutlich, der mit einer Entlohnung einhergeht, von der sie leben und sich auch zusätzlich Dinge, wie Kleidung, Friseur und Urlaub leisten kann.

5 Zusammenfassung und Ausblick

Das Leben der elf ehemaligen Förderschüler*innen ist nach Schulende sehr unterschiedlich verlaufen. Während sich in einigen wenigen Erzählungen traditionelle Erwerbsbiografien wiederfinden lassen, spiegelt der Großteil eine Auflösung des Lebensverlaufs durch die sogenannte Postmoderne wider. Die Befragten werden mit den Folgen der Prekarisierung, Phasen der Erwerbslosigkeit und zunehmenden Arbeitsplatzwechseln und Übergängen konfrontiert. Es zeigt sich, dass sich die Arbeitsgesellschaft „insgesamt in einem Transformationsprozess" (Vogel 2013, S. 286) befindet, der den einzelnen Individuen Wandel und Veränderung abverlangt sowie eine biografische Unsicherheit vermittelt, die sich auf die gesamte Lebensspanne ausdehnt (Maier und Vogel 2013).

Für die Gruppe ehemaliger Schüler*innen mit sonderpädagogischem Förderbedarf im Lernen erhält die Diskussion um Armutsrisiken eine besondere Relevanz. Es wird deutlich, dass der Großteil der Befragten dieser Stichprobe trotz Erwerbsarbeit von Armut gefährdet oder von ihr betroffen ist. Nicht nur Arbeitslosigkeit, sondern auch die Höhe des erzielten Einkommens trägt entscheidend zu den Lebensbedingungen und -lagen bei. Erwerbsarbeit erhält vor diesem Hintergrund eine ambivalente Rolle.

> „Auf der einen Seite sichert sie, und sei sie noch so prekär, eine gewisse Autonomie und gibt den Befragten das Gefühl, selbstbestimmt zu leben und ein anerkanntes Mitglied der Gesellschaft zu sein. Auf der anderen Seite bewegen sich die Working Poor durch die Arbeitssituation bedingt immer am Rande eines gesellschaftlichen Abstiegs." (Jukschat 2016, S. 248)

In der Auswertung der Daten wurden verschiedene Handlungsspielräume ersichtlich, die in einem engen Zusammenhang mit Inklusionsfaktoren (betriebliche

Ausbildung, Eigenaktivität, Partnerschaft, familiäre Unterstützung etc.) und Exklusionsrisiken (Führerschein und Auto, personenbezogene Eigenschaften wie z. B. Unzuverlässigkeit, mangelnde Unterstützung, geschlechtsspezifische Benachteiligung, Kriminalität etc.) stehen. Angesichts der Forderung nach Inklusion über die gesamte Lebensspanne und umfassender gesellschaftlicher Teilhabe „stellt sich die Frage, wie neue pädagogische Antworten auf den Wandel der Arbeitsgesellschaft aussehen können" (Vogel 2013, S. 286) und inwiefern bestehende (Berufsausbildungs-)Strukturen verändert bzw. welche lebenslaufbegleitenden institutionellen Unterstützungssysteme etabliert werden sollten. In der gegenwärtigen Debatte lassen sich beispielsweise unter den Begriffen „Übergangspädagogik" (Vogel 2013, S. 271) und „Pädagogik des Übergangs" (Elster 2013, S. 295) Überlegungen und Anregungen finden, die u. a. darauf abzielen, Jugendlichen insbesondere in der Zeit krisenhafter Übergänge wichtige Anerkennungserfahrungen und Erfahrungsräume zu ermöglichen. Dabei stehen vor allem das Erleben von Selbstwirksamkeit und Wertschätzung, die Förderung der Identitätsentwicklung und personaler Kompetenzen, das Ermöglichen des Entwerfens und Ausprobierens von Zukunftsentwürfen und damit letztlich die Erweiterung der „(berufs-)biographischen Handlungsfähigkeit" (Vogel 2013, S. 291) im Vordergrund. Es geht zunehmend weniger um die Frage nach den Defiziten bezüglich der Integration in das Erwerbsleben als vielmehr um die Frage, welche Lebensperspektiven der Einzelne hat „und wie er sie in einer prekären (Arbeits-)Welt mit den in jedem Menschen vorhandenen Potentialen verwirklichen kann" (ebd., S. 290).

Literatur

Basendowski, S., & Werner, B. (2010). Die unbeantwortete Frage offizieller Statistiken: Was machen Förderschülerinnen und -schüler eigentlich nach der Schule? Ergebnisse einer regionalen Verbleibsstudie von Absolventen mit sonderpädagogischem Förderbedarf Lernen. *Empirische Sonderpädagogik, 2*(2), 64–88.
Diezinger, A., & Mayr-Kleffel, V. (2009). *Soziale Ungleichheit. Eine Einführung in soziale Berufe*. Freiburg im Breisgau: Lambertus-Verlag.
Duismann, G. H. (2007). Arbeitslehre. In J. Walter, F. B. Wember, J. Borchert & H. Goetze (Hrsg.), *Sonderpädagogik des Lernens* (Handbuch Sonderpädagogik, Bd. 2, S. 822–833). Göttingen: hogrefe.
Elster, F. (2013). Pädagogik des Übergangs. In M. S. Maier & T. Vogel (Hrsg.), *Übergänge in eine neue Arbeitswelt? Blinde Flecke der Debatte zum Übergangssystem Schule-Beruf* (S. 295–306). Wiesbaden: Springer VS.

Engels, D. (2006). Lebenslagen und soziale Exklusion. Thesen zur Reformulierung des Lebenslagenkonzepts für die Sozialberichterstattung. *Sozialer Fortschritt, 55* (5), 109–117.

Ginnold, A. (2008). *Der Übergang Schule – Beruf von Jugendlichen mit Lernbehinderung: Einstieg, Ausstieg, Warteschleife.* Bad Heilbrunn: Klinkhardt.

Golisch, B. (2002). *Wirkfaktoren der Berufswahl Jugendlicher: Eine Literaturstudie.* Frankfurt a.M.: Lang.

Holaschke, I. (2015). *30 Jahre danach – Biographien ehemaliger Schülerinnen und Schüler der „Lernbehindertenschule": Lebenszufriedenheit und beruflicher Werdegang.* Münster: Waxmann.

Jukschat, N. (2016). „Tja, darf eben nischt dazwischen kommen." Formen des Umgangs mit Armut trotz Arbeit. In K. Sammet, F. Bauer & F. Erhard (Hrsg.), *Lebenslagen am Rande der Erwerbsgesellschaft* (S. 230–249). Weinheim: Beltz Juventa.

Klemm, K. (2009). *Sonderweg Förderschulen: Hoher Einsatz, wenig Perspektiven. Eine Studie zu den Ausgaben und zur Wirksamkeit von Förderschulen in Deutschland.* Gütersloh: Bertelsmann Stiftung. https://www.bertelsmann-stiftung.de/fileadmin/files/BSt/Publikationen/GrauePublikationen/GP_Sonderweg_Foerderschulen.pdf. Zugegriffen: 06.12.2016.

Lehmkuhl, K., Schmidt, G., & Schöler, C. (2013). „Ihr seid nicht dumm, ihr seid nur faul." – Über die wunderliche Leistung, Ausgrenzung als selbstverschuldet erleben zu lassen. In M. S. Maier & T. Vogel (Hrsg.), *Übergänge in eine neue Arbeitswelt? Blinde Flecke der Debatte zum Übergangssystem Schule-Beruf* (S. 115–130). Wiesbaden: Springer VS.

Maier, M. S., & Vogel, T. (2013). Blinde Flecke der Debatte zum Übergangssystem Schule-Beruf. In M. S. Maier & T. Vogel (Hrsg.), *Übergänge in eine neue Arbeitswelt? Blinde Flecke der Debatte zum Übergangssystem Schule-Beruf* (S. 9–23). Wiesbaden: Springer VS.

Rosenberger, H. (2012). *Wahl-lose Berufswahl: Schüler mit sonderpädagogischem Förderbedarf im Lernen am Übergang Schule–Beruf* (Universität Erfurt, Erziehungswissenschaftliche Fakultät, Dissertation). Erfurt.

Schramme, S. (2015). Institutionelle Übergänge: Schule – Ausbildung – Beruf aus der Rückschau behinderter Frauen und Männer mit schulischen Integrationserfahrungen. *Vierteljahresschrift für Heilpädagogik und ihre Nachbargebiete, 84* (4), 299–308.

Schütze, F. (1983). Biographieforschung und narratives Interview. *Neue Praxis, 13,* 283–293. http://nbn-resolving.de/urn:nbn:de:0168-ssoar-53147. Zugegriffen: 01.12.2016.

Strauss, A. L., & Corbin, J. (1996). *Grounded Theory: Grundlagen Qualitativer Sozialforschung.* Weinheim: Beltz, Psychologie Verlags Union.

van Essen, F. (2013). *Soziale Ungleichheit, Bildung und Habitus: Möglichkeitsräume ehemaliger Förderschüler.* Wiesbaden: Springer VS.

Vogel, T. (2013). Von der Berufs- zur „Übergangspädagogik"? Gedanken zu einer Pädagogik in einer prekären Arbeitswelt. In M. S. Maier & T. Vogel (Hrsg.), *Übergänge in eine neue Arbeitswelt? Blinde Flecke der Debatte zum Übergangssystem Schule-Beruf* (S. 271–294). Wiesbaden: Springer VS.

Voges, W. (2005). *Methoden und Grundlagen des Lebenslagenansatzes* (Reihe: Lebenslagen in Deutschland, hrsg. vom BMGS). Bonn.

Walther, A., & Stauber, B. (2013). Übergänge im Lebenslauf. In W. Schröer, B. Stauber, A. Walther, L. Böhnisch & K. Lenz (Hrsg.), *Handbuch Übergänge* (S. 23–43). Weinheim: Beltz Juventa.

III
Sprachliche Bildung

Sprachliche Bildung und Schulerfolg
Zur Individualisierung der „Schlüsselkompetenz Sprache" im deutschen Schulsystem

Solveig Chilla

Zusammenfassung

Mit Blick auf die (mehr-)sprachliche Realität in Deutschland wird „Schlüsselkompetenz Sprache" als Voraussetzung für die individuelle Teilhabe an Bildung, Arbeit und Gesellschaft benannt. Es wird erörtert, dass der Zugang zu institutionell vermittelter Bildung und Teilhabe an die individuellen sprachlichen Fähigkeiten gekoppelt wird. Die Dominanz des Konstrukts „Bildungssprache Deutsch" im deutschen Bildungssystem führt dazu, dass ganze Gruppen von Kindern und Jugendlichen systematisch benachteiligt werden. Weiter wird diskutiert, wie ein pädagogisches Verständnis von sprachlicher Bildung als Motor der Inklusion wirken kann.

1 Sprache als „Schlüsselkompetenz"

Individuelle sprachliche Fähigkeiten von Kindern, Jugendlichen und Erwachsenen geraten in den letzten Jahren zunehmend in den Fokus gesellschaftlicher und politischer Bildungsdebatten. In diesen Diskussionen wird betont, welche Bedeutung *Sprachkenntnisse* für die individuelle Teilhabe und letztlich die erfolgreiche Bildungsbiografie haben (vgl. Sachverständigenrat 2016a). Als ein Beispiel können hier die kürzlich veröffentlichten Zahlen einer Umfrage der Frankfurter Allgemeinen Zeitung (FAZ) zu der Beschäftigungslage von Geflüchteten gelten: Demnach hätten die 30 größten Unternehmen im Deutschen Aktienindex (DAX) bislang nur 54 Geflüchtete eingestellt (Astheimer 2016). Dem gegenüber stehen ca. 1,09 Millionen Menschen, die im Jahre 2015 in Deutschland Asyl beantragt haben (Bundesamt für Migration 2016). Nach den Gründen gefragt, betont der Präsident des Deutschen Industrie- und Handelskammertages (DIHK) Eric Schweitzer, das „Kernproblem" seien die „fehlenden Sprachkenntnisse" (DIHK 2016).

Am Beispiel der *Schlüsselkompetenz Sprache* soll im Folgenden dargelegt werden, wie in der deutschen neoliberalen Gesellschaft mit ihrem Schulsystem der Zugang zu institutionell vermittelter Bildung und Teilhabe an die individuellen sprachlichen Fähigkeiten gekoppelt wird. Es dominiert ein Bildungsbegriff, der die individuelle Leistungsfähigkeit eines Subjekts zum Erwerb der deutschen *Bildungssprache* als Voraussetzung für den Anspruch auf professionelle pädagogische Unterstützung im Erwerb sprachlicher Bildung macht.

Weiter wird diskutiert, wie eine enge Sichtweise auf sprachliche Heterogenität in Kindertagesstätte (KiTa) und Schule auf die individuellen Möglichkeiten zur Entfaltung sprachlicher Fähigkeiten wirkt. Die Orientierung an monolingualen Altersnormen und ausgewählten Teilaspekten sprachlicher Fähigkeiten durch institutionalisierte Sprachdiagnostik, die sich auf die *Bildungssprache* Deutsch (in ihrer lautsprachlichen Varietät) konzentriert, wird als eine Ursache schulischer Benachteiligung ganzer Gruppen von Schüler*innen identifiziert. Die gesellschaftliche und damit schulische Orientierung an einem bildungssprachlichen Konstrukt führt trotz aller Inklusionsbemühungen dazu, lernende Subjekte nach ihren sprachlichen Defiziten zu klassifizieren. Die Einstufung eines Individuums nach sprachlichem Förderbedarf mit den Dimensionen Sprachbildung, Sprachförderung und Sprachtherapie kann so als eine Replikation des Etikettierungs-Ressourcen-Dilemmas (vgl. Powell 2011) in der Bildungslandschaft verstanden werden. Die Zuschreibung individueller sprachlicher Defizite als Ergebnis von Sprachdiagnostik wird zur Grundlage des Anspruchs auf unterschiedlich hohe Qualität und Quantität sprachpädagogischer Professionalität.

Gesellschaft und Schulsystem sind aufgefordert, die UN-Behindertenrechtskonvention (UN-BRK) in einem inklusiven Schulsystem umzusetzen. Mit der Individualisierung sprachlicher Bildung durch Bindung des diagnostisch ermittelten Sprachförderbedarfs an die *Bildungssprache*, welche hier als ein Sprachregister der deutschen Lautsprache und als identifikatorisches Merkmal der gebildeten Mittelschicht verstanden wird, wird Segregation in der Inklusion fortgeschrieben. In einer neoliberalen Gesellschaft entscheiden dann die finanziellen und sozialen Voraussetzungen der Herkunftsfamilie, ob es dem Individuum möglich wird, den sozialen Code der gebildeten Mittelschicht zu erwerben und so aktiv und erfolgreich am Erwerbsleben teilzuhaben (vgl. Kronauer 2010; Heitmeyer 2012; Benkmann und Chilla 2013).

2 Bildungs- und Alltagssprache

Bildung soll es ermöglichen, dass die kindliche Persönlichkeit, seine Begabungen und seine geistigen und körperlichen Fähigkeiten voll entfaltet werden können (vgl. Nutbrown 2010; Diehm und Panagiotopoulou 2011). In den Analysen zu den Ursachen des schlechten Abschneidens des deutschen Schulsystems in internationalen Vergleichsstudien wurden die individuellen sprachlichen Leistungen als „Schlüsselkompetenz" (Jampert et al. 2007) zu schulischer Bildung und gesellschaftlicher Teilhabe identifiziert. Das deutsche Schulsystem benachteiligt besonders die Schüler*innen, denen ein niedriger sozioökonomischer Status und ein „Migrationshintergrund" attestiert wird (u. a. Overwien und Prengel 2007; Stanat et al. 2010). Laut aktuellen Ergebnissen werden Schüler*innen, bei denen beide Merkmale zusammenkommen, vom Bildungssystem doppelt benachteiligt (vgl. Sachverständigenrat 2016b; Tietze et al. 2016). Dabei wirken *Sprachkompetenzen* als intermittierende Variable: Es sind nicht primär die sozialen Ausgangslagen selbst, die zur Bildungsbenachteiligung führen, sondern die sprachlichen Leistungen in der deutschen Lautsprache. Diese sind für die Möglichkeiten eines Individuums, an schulischer Bildung in einem segregativen Schulsystem aktiv und erfolgreich teilzuhaben, relevant. Nicht zuletzt ist es die Schulnote im Fach Deutsch, die in allen Bundesländern über die Empfehlung zur weiterführenden Schule mitentscheidet. Es ist also weniger die „Schlüsselkompetenz Sprache" in sensu Jampert et al. (2007) als die *Schlüsselvariable Deutschnote*, der eine herausragende Rolle in der schulischen Segregation zukommt. Dass die Notengebung wiederum von verschiedenen Dimensionen, und hier maßgeblich von den subjektiven Theorien der Lehrkräfte mitbestimmt wird, ist weithin bekannt. In Konsequenz segmentiert das deutsche Schulsystem Schüler*innen ethnisch und sozial, wie die Studie von Kristen (2002) eindrucksvoll zeigt (vgl. auch Diefenbach 2008).

Eine der ersten Reaktionen auf die Ergebnisse der OECD-Vergleichsstudien war es, die fehlenden Deutschkompetenzen zunächst nur von Schüler*innen mit Migrationshintergrund und später von Kindern aus einem „bildungsfernen Elternhaus", was oft mit Armut und einem niedrigen sozioökonomischen Status konfundiert, als maßgeblichen Faktor der Bildungsbenachteiligung zu beschreiben. Eine Vielzahl von Sprachtests und Deutschförderprogrammen wurde aufgelegt, mit deren Hilfe die sprachlichen Minderleistungen möglichst früh (d. h. in der Regel vor Schuleintritt) identifiziert und mittels Sekundär- oder Tertiärprävention begegnet werden sollten. Sprachdiagnostik in der deutschen Lautsprache wurde für alle Kinder im Vorschulalter verpflichtend. „Fit in Deutsch" (Niedersächsisches Kultusministerium 2006) zu sein, gilt seitdem als unabdingbare Voraussetzung für den Schulbesuch. Dabei zeigen Effektivitätsstudien und Metaanalysen zur sprachwissenschaftlichen

Fundierung der Sprachtests einerseits (vgl. Kany und Schöler 2010; Lisker 2010) und von Sprachfördermaßnahmen andererseits, dass es an Evidenzbasierung und Effektivität nahezu aller Verfahren und Konzepte mangelt. Eine weitere wichtige Erkenntnis ist, dass eine rein lautsprachliche Unterstützung durch pädagogische Fachkräfte in den Kindertagesstätten für eine erfolgreiche Bildungskarriere in Deutschland nicht ausreicht (vgl. u. a. Schneider et al. 2013).

Das deutsche Schulsystem nimmt für sich in Anspruch, ein bestimmtes, die individuellen alltagssprachlichen Fähigkeiten überschreitendes Leistungsniveau bilden zu können. Um dieses Bildungsziel zu erreichen, wird offenkundig ein bestimmtes und oft diffus beschriebenes Niveau sprachlicher Leistungen verlangt, über das (angehende) Schüler*innen vor Eintritt in die Institution(en) verfügen sollen. Erst wenn ein*e Schüler*in diese Fähigkeiten zeigt, wird es den Lehrkräften möglich, den Schüler*innen ihrem kognitiven Niveau und ihren Fähigkeiten angemessene Bildungschancen im Schulsystem zu eröffnen. Denn „Transport, Vermittlung und Abruf von Leistungen in der Schule (erfolgen) über Sprache – mündlich wie schriftlich (…)" (Holler 2007, S. 25). So erlebt seit einigen Jahren die Forderung nach „sprachlicher Bildung" und mit ihr die Hierarchisierung zwischen Alltags- und *Bildungssprache* eine Renaissance.

Der Begriff der „Büchersprache" wird bereits vor über zweihundert Jahren zur Charakterisierung eines verbindenden sprachlichen Registers (vgl. Halliday 1978) des gehobenen Bürgertums in Abgrenzung zum „gemeine(n) Haufe(n)" genutzt (Mendelssohn 1784, S. 193). Mit *Bildungssprache* ist zunächst die Artikulation (im Sinne eines hochsprachlichen Dialektes) in Kontrast zur Aussprache der Mundartsprecher*innen gemeint (vgl. Drach 1928), bevor Bernstein (vgl. 1959, 1971) eine genauere sprachwissenschaftliche Differenzierung beider Register und ihrer Eigenschaften („formal language" vs. „public language") vorlegt. Er identifiziert den Grad der grammatikalischen Komplexität als wesentlich; einfache Satzstrukturen seien der „public language" eigen, wohingegen komplexe Satzstrukturen, unpersönliche Personalpronomina und Temporal- und Kausalpräpositionen häufiger im formalen Register Verwendung finden sollen (vgl. auch Berendes et al. 2013). Die Dichotomie zwischen Alltags- und *Bildungssprache* beschreibt ferner Cummins (1980) als „Basic Interpersonal Communication Skills" (BICS) gegenüber „Cognitive Academic Language Proficiency" (CALP), ein Ansatz, der besonders in der Zweit- und Fremdsprachdidaktik weite Verbreitung findet.

Dass es einen Zusammenhang zwischen sozialer Schicht und der individuellen Verfügbarkeit sprachlicher Register gibt, erkannte Bernstein ebenfalls in den 1970er-Jahren, indem er die beiden Register als soziale „Codes" Gesellschaftsschichten zuordnet. Der elaborierte Code der Mittel- und Oberschicht grenzt sich jetzt nicht nur in seinen syntaktischen Merkmalen von der Sprache der Unterschicht ab, sondern verfügt weiter über einen differenzierteren Wortschatz, was auch durch aktuelle Studien gestützt wird, die den engen Zusammenhang zwischen niedrigem sozioökonomischen Status und Wortschatzzusammensetzung und -menge bestätigen (vgl. Fernald 2014). Schichtenspezifische Unterschiede zeigten sich nach Bernstein in der Fähigkeit von Kindern der Ober- und Mittelschicht, beide Codes effektiv und zielgerichtet zu verwenden, wohingegen Menschen aus niedrigeren Einkommensklassen allein der restringierte Code zur Verfügung stehe. Bourdieu beschäftigt sich 1982 ebenfalls mit dem Zusammenspiel zwischen Sprache und sozialer Schicht und betont, dass die Beherrschung verschiedener Register ausschlaggebend nicht nur für die Teilhabe und den Bildungserfolg, sondern auch Herrschaftszeichen selbst sein kann. „Sprachliches Kapital" als Teil des inkorporierten kulturellen Kapitals beinhaltet letztlich „die Sprachkompetenz, die nach schulischen Kriterien bewertet wird". Sie hängt „genau wie andere Formen des kulturellen Kapitals vom Bildungsniveau ab (…), das nach Bildungstiteln und sozialem Niveau gemessen wird" (Bourdieu 2005, S. 69). Zwei weitere Dimensionen der *Bildungssprache* sind nach Habermas (1977) ihre konzeptionelle Schriftlichkeit und ein fachspezifischer Wortschatz. Ihm zufolge würde *Bildungssprache* primär in Bildungsinstitutionen und Medien genutzt.

Verschiedene Autoren haben sich weiter mit der Interaktion von sozialem Status, sprachlichen Registern und institutioneller Bildung auseinandergesetzt (u. a. Schleppegrell 2004; Morek und Heller 2012; Berendes et al. 2013), wobei in Deutschland die für den schulischen Kontext einflussreichste Definition von Gogolin (2008) stammt, die dieses sprachliche Register wie folgt charakterisiert:

> „Gemeint ist das einen schulischen Bildungsgang durchdringende Sprachregister, das vor allem der Übermittlung von hoch verdichteten, kognitiv anspruchsvollen Informationen in kontextarmen Konstellationen dient. (…) Bildungssprache ist dasjenige Register, das den ‚erfolgreichen Schüler' auszeichnet. Es unterscheidet sich von der ‚Umgangssprache' durch die Verwendung fachlicher Terminologie und die Orientierung an syntaktischen Strukturen, Argumentations- und Textkompositionsregeln, wie sie für schriftlichen Sprachgebrauch gelten." (S. 26)

Verschiedene Autor*innen, z. B. Dehn (2011) oder Berendes et al. (2013), betonen, dass allein umgangssprachliche Fähigkeiten nicht ausreichen, um schulisch erfolgreich zu sein. Nur das Zusammenspiel und die Beherrschung beider Register, „(…) alltagssprachlich-kommunikativer Fähigkeiten im Allgemeinen und bildungssprachlicher Kompetenzen im Besonderen kann als eine zentrale Voraussetzung für eine erfolgreiche Teilhabe am gesellschaftlichen Leben und als wichtig für die persönliche Bildungsbiografie" (Berendes et al. 2013, S. 17) gelten. Und weiter, „während Kinder aus deutschsprachigen bildungsnahen Elternhäusern im familiären Alltag genügend bildungssprachliche Kompetenzen erwerben, sind sozial benachteiligte Gleichaltrige mit und ohne Migrationshintergrund stärker darauf angewiesen, dass Bildungssprache in der Schule vermittelt wird" (Sachverständigenrat 2016a, S. 9).

3 *Bildungssprache* in der institutionalisierten Bildung (KiTa und Schule)

Bildungssprache und soziale und ethnische Segmentierung sind in Deutschland eng verbunden. *Bildungssprache* bildet gleichsam den sozialen Status ab; eine Durchbrechung dieses Kreislaufs kann folglich darin bestehen, allen Kindern und Jugendlichen das bildungssprachliche Register in der Schule zu vermitteln (Sachverständigenrat 2016a). Bisher bleiben diese Bemühungen einer *Bildungssprache* für alle – und damit als Motor von Inklusion – jedoch ohne Erfolg, auch weil die Beherrschung des elaborierten sozialen Codes wesentliches distinktives Merkmal der (schrumpfenden) deutschen gebildeten Mittelschicht ist. Diese (überwiegend monolingual) deutschsprachigen Familien können es sich leisten, ihr Kind nicht in die Krippe zu geben und so durch mindestens eine enge Bezugsperson viel individuelle Zuwendung für die sprachliche und frühe Literacy-Förderung aufzuwenden (Bundeszentrale für politische Bildung 2016). Im Zweifel ziehen sie in einen anderen Stadtteil, so dass ihre Kinder die angemessene Schule besuchen können. Weiterhin können sie ein anregungsreiches außerschulisches Umfeld gewährleisten, das es ermöglicht, verschiedene Register zu erwerben und flexibel zu verwenden. Dass diese sich gefährdet wähnende Schicht ebenfalls Mühe hat, den o. g. Ansprüchen an die optimale bildungssprachliche Grundausstattung (Sachverständigenrat 2016a) zu genügen, zeigt sich auch darin, dass Schulempfehlungen, die nicht auf das Gymnasium führen, seitens der Eltern ignoriert werden (vgl. Lohmann und Groh-Samberg 2010). Die vermeintlichen Minderleistungen ihrer Kinder werden dann über ein enormes Maß an Nachhilfe kompensiert, für die eben diese bildungsnahe Mittelschicht immer mehr finanzielle Mittel aufwendet (vgl. Bertelsmann Stiftung 2016).

Bildungssprachliche Fähigkeiten sollen institutionell durch pädagogische Fachkräfte oder speziell ausgebildete Sprachförderkräfte vermittelt werden. Schließlich entscheidet die „Befähigung, Bildungssprache verstehen und verwenden zu können" über den „Schulerfolg" (Lange 2012, S. 126). Dabei gilt es zu bedenken, dass sich erst kürzlich mittels empirischer Studien der Frage nach einer sprachwissenschaftlichen Klassifizierung und Charakterisierung der *Bildungssprache* an sich genähert wird. Ob es spezielle sprachliche Eigenschaften gibt, die für Kinder mit verschiedenen Lernausgangslagen wie Migrationshintergrund Hürden darstellen könnten, wird ebenfalls erst seit wenigen Jahren systematisch erforscht, ohne abschließend geklärt zu sein (Berendes et al. 2013; Lengyel 2009). Abseits der Diskussion stehen Schüler*innen mit Lese-Rechtschreibstörung oder -schwäche, Schüler*innen mit psychischen Beeinträchtigungen, die auf den erfolgreichen Erwerb von *Bildungssprache* rückwirken, sowie die nicht geringe Zahl von Kindern und Jugendlichen, die aufgrund eines unzureichenden sprachlichen Anfangsunterrichts bzw. eines unpassenden Schriftsprachunterrichts durch die Schule daran gehindert werden, die altersgerechte bildungssprachliche Norm zu erreichen.

Aus sonderpädagogischer Perspektive ist weiter bemerkenswert, wie in der gesellschaftlichen Diskussion um die schulische Gewährleistung der Ermöglichung bildungssprachlicher Fähigkeiten Schüler*innen mit sonderpädagogischem Förderbedarf (SPF) ignoriert werden. Bei der Frage, wie *Bildungssprache* durch Unterricht vermittelt werden kann, werden Kinder und Jugendliche, von denen aufgrund zugewiesener kognitiver Einschränkungen vermutet wird, dass sie bildungssprachliche – gemeint: schriftsprachliche – Leistungen nicht erreichen können, ausgeklammert. Mit dem Primat des elaborierten lautsprachlichen Codes werden ebenfalls Schüler*innen mit Hörbeeinträchtigungen, die Deutsche Gebärdensprache (DGS) sprechen oder Kinder, Jugendliche und Erwachsene mit kommunikativen Fähigkeiten in Leichter Sprache per se exkludiert.

Die individuellen Voraussetzungen für sprachliche Leistungsfähigkeit müssen zunächst durch erfolgreiche Teilnahme an normierten diagnostischen Verfahren nachgewiesen werden, bevor mit gezielter sprachpädagogischer Gestaltung von Bildungsprozessen, die dem Bildungsspracherwerb und damit der Erreichung des elaborierten Codes dienlich ist, begonnen werden kann. Lässt Diagnostik diesen Schluss nicht zu, sondern attestiert verminderte sprachliche Leistungsfähigkeit, beispielsweise durch die Zuweisung sonderpädagogischen Förderbedarfs, wird bildungssprachliche Teilhabe zugunsten anderer Lernprozesse zurückgestellt.

Auch am Beispiel des Umgangs mit Geflüchteten und Kindern und Jugendlichen mit Migrationshintergrund und/oder mehrsprachig Aufwachsenden, zeigt sich, wie immer engmaschigere Diagnostik letztlich darauf ausgelegt ist, individuelle Defizite zu klassifizieren. Integration bedeutet Deutsch zu lernen (Götz 2016). Schulen müssen Kindern und Jugendlichen in Vorbereitungsklassen schneller und effizienter Deutsch beibringen, bevor die Schüler*innen Teil einer Klassengemeinschaft werden und am Fachunterricht teilnehmen dürfen. Die Vielzahl von Programmen zur Deutschförderung (vgl. Massumi et al. 2015) maskiert, dass die mehrsprachigen Kapazitäten und der Wert individueller Bildung vor dem unhinterfragten Primat der schriftsprachlichen Standardvarietät Deutsch ignoriert wird. Mehr- und einsprachige Kinder, deren bildungssprachliche Kenntnisse als nicht ausreichend diagnostiziert werden, sollen mittels eines „*Sprachentickets*" ihr Recht auf Zugang zur Bildung nachweisen (vgl. Hofer 2015). Dabei ist „die Bedeutung der Bildungsinstitutionen (...) am Erhalt der Einsprachigkeit (...) nicht zu unterschätzen: Ihre Aufgabe ist es, das monolinguale Selbstverständnis durchzusetzen" (Lengyel 2011, S. 99).

Am Beispiel „Sprachbarriere" von Geflüchteten zeigt sich eindrucksvoll, dass selbst in Firmen, bei denen auf der mittleren und höheren Gehaltsebene Mehrsprachigkeit gewünscht und die Umgangssprache Englisch ist, Geflüchtete erst ihre Fähigkeiten in einer Standardvarietät des Deutschen nachweisen müssen, bevor sie eingestellt werden können. Bildungssprachliche Fähigkeiten sind in diesem Verständnis allein deutsche Schriftsprachleistungen, keinesfalls die Beherrschung von Englisch, Französisch oder Arabisch (mit seinen Varietäten). Dabei ist bei genauerer Betrachtung keine der Definitionen zu Bildungssprache auf das Deutsche beschränkt. So kann mit der o.g. Beschreibung von Gogolin (2008) ebenso die DGS oder Englisch gemeint sein. Die Unfähigkeit des Schulsystems, mit diesen heterogenen Lernausgangslagen produktiv umzugehen, ist daher besonders problematisch. Fähigkeiten in Weltsprachen wie Englisch werden unter Ausklammerung der tatsächlichen sprachlichen Anforderungen im Arbeitsalltag nicht gewürdigt. Es wird versäumt, die gemeinschafts- und berufsschulische Ausbildung wie auch die Einstellungstests an den bereits ausdifferenzierten Programmen des Fachunterrichtes auf Englisch und Französisch weiterzuentwickeln, obwohl aus den Fachdidaktiken hier bereits international erprobte Konzepte vorliegen, die Inhalte aus dem Sprachen- und dem Sachfachunterricht kombinieren, international bekannt als „Content and Language Integrated Learning" (CLIL) (vgl. Coyle et al. 2010; Doetjes 2017).

In Bezug auf die Gestaltung sprachlicher Bildungsprozesse wird die Debatte weiter von der Vorstellung geprägt, dass individuelle sprachliche Defizite unterschiedliche Qualitäts- und Professionalisierungsstufen der Fachkräfte in der sprachpädagogischen Intervention begründen. Je nach festgestelltem „Sprachförderbedarf" sollen unterschiedlich qualifizierte Personen (Erzieher*innen, Multiplikator*innen für Sprache, Sprachförderkräfte, Sprachpädagog*innen, Sonderpädagog*innen mit dem Förderschwerpunkt Sprache, Logopäd*innen und andere therapeutische Fachkräfte) den sprachlichen Bildungsauftrag in KiTa und Schule wahrnehmen (vgl. auch Diehm und Panagiotopoulou 2011). Die Zuständigkeit resultiert dabei nicht zuletzt aus dem differenzierten System von Kostenträgern.

In diesem Zusammenhang ist die Professionalität jedoch wichtiger als die Profession. Subjektive Theorien, Wissen um den Spracherwerb insgesamt und die Selbstwirksamkeitsvorstellungen der pädagogischen Fachkräfte in Bezug auf die sprachliche Bildung von Kindern und Jugendlichen beeinflussen die sprachliche Bildung maßgeblich. Solange die Vorstellung unreflektiert weitergetragen wird, dass nur ein erwachsenes und optimal auf die Aufgabe „Sprachförderung" vorbereitetes

Sprachvorbild Sprache vermitteln kann, werden sozialkonstruktivistische Theorien in Bezug auf den individuellen Erwerb von *Bildungssprache* keinen Eingang in die Debatte finden. So belegen viele Studien, dass der Bildungsauftrag an Kindertagesstätten, die deutsche Lautsprache in ihrer Standardvarietät zu fördern, Pädagog*innen oft überfordert. Schweizerdeutsche Fachkräfte ordnen ihre pädagogischen Ansprüche der Kraftanstrengung unter, in der „DaZ- oder (Hoch-) Deutschförderung (…) möglichst reine Sprache zu verwenden, d. h. nicht zu „mischen" (Kassis-Filippakou und Panagiotopoulou 2015, S. 123). Gemischte Sprache und Dialekt als Zeichen des restringierten Codes sollen aus dem pädagogischen Alltag verdrängt werden, da sie für die „Förderung" institutioneller *Bildungssprache* hinderlich sein könnte. Dabei gelten „monolinguale Normen und indirekte Sprachverbote (…) aber in deutschen Kitas nicht für alle Sprachen, sondern in der Regel für Sprachen, die für eine erfolgreiche Bildungskarriere als nicht relevant oder förderlich eingestuft werden" (Panagiotopoulou 2016, S. 28). Hier wäre es wertvoll, aktuelle empirische Ergebnisse zu Interaktionen zwischen (verschiedenen) Laut- und Schriftsprachen für den Spracherwerb insgesamt heranzuziehen. Weiterhin werden umfangreiche Programme zur Sprachförderung und -therapie mit dem Ziel einer Verbesserung der individuellen Sprachleistungen eines Kindes veröffentlicht. Dass aber die überwiegende Zahl von Förder- und Therapiemaßnahmen nachgewiesenermaßen ineffektiv ist (vgl. Law et al. 2004; Schneider et al. 2013), findet in der pädagogischen Praxis, die mit dem Anspruch auf unreflektierte Sicherung der gesellschaftlichen Anforderung, *Bildungssprache* zu vermitteln, schlicht überfordert zu sein scheint, kaum Beachtung.

4 Sprachliche Bildung: Eine pädagogische Perspektive

Im deutschen Schulsystem wurde bisher nur selten gefragt, ob es pädagogisch sinnvoll ist, am Konstrukt *Bildungssprache* festzuhalten. Linguistisch, entwicklungspsychologisch und sprachpädagogisch ist die Dichotomie zwischen Bildungs- und Alltagssprache und damit die Trennung von Lebenswelt und Schule nicht nachvollziehbar (vgl. List 2010; Panagiotopoulou 2016). Sprachhandlungen werden hierarchisiert, indem die Alltagssprache als defizitär charakterisiert wird, was wiederum mittels linguistischer Beschreibungen, wie den Dimensionen *Komplexität* oder *Fachwortschatz*, operationalisiert und legitimiert wird. Im deutschen Schulsystem wird aber nur eine Varietät der Standardsprache in ihrer schriftsprachlichen Ausprägung als Norm gesetzt, ohne die sich so selbst replizierende soziale und ethnische Separation zu reflektieren. Sprachliche Bildung kann nicht allein durch die Notwendigkeit begründet werden, den elaborierten Code einer Bevölkerungsgruppe als distinktives und distinguierendes Merkmal der Segregation zu erhalten. Dann wird der Zugang ganzer Gruppen von Kindern und Jugendlichen zu sprachlicher Bildung verhindert.

Eine pädagogisch begründete sprachliche Bildung beschränkt sich nicht auf die Vermittlung von *Bildungssprache* auf Basis der Feststellung des sprachlichen Förderbedarfs in eng umgrenzten Teilaspekten von Sprache und damit der Abweichung der individuellen Leistungen eines Kindes von dem Konstrukt einer monolingualen Altersnorm. Der Bildungsauftrag entspringt aus den sprachlichen Bildungsbedürfnissen des je individuellen Kindes und seinem Recht auf sprachliche Bildung (vgl. Chilla und Niebuhr-Siebert 2017). Institutionalisierte sprachliche Bildung ist kein in sich geschlossenes Feld, sondern bedarf einer Integration verschiedener gesellschaftlicher, sozialer, familiärer und individueller Interessen, wobei die Wertvorstellungen der Mehrheitsgesellschaft gerade in Bezug auf den Sprach(en)erwerb reflektiert werden. Gleichzeitig werden individuelle Bildungs- und Entwicklungsvoraussetzungen und kindliche Lebenswelten, die unter Umständen stark von den Vorstellungen der Eltern und erwachsener Expert*innen abweichen, berücksichtigt (vgl. Chilla und Fuhs 2013; Lengyel 2011). Eine pädagogische Perspektive stellt sich der Normalitätsdiskussion im Sinne einer zu erreichenden Altersnorm für bestimmte sprachliche Leistungen (vgl. auch Prengel 2011), genauso wie der inhärenten sozialen und ethnischen Segmentierung durch das Primat „*Bildungssprache* Deutsch". Dies gilt umso stärker, wenn berücksichtigt wird, dass 63 % aller Kinder im Vorschulalter neben Deutsch noch mindestens eine weitere Sprache sprechen (Bildungsbericht 2016). Eine Perspektive auf Sprachkompetenz jenseits monomodal-monolingualer Normen und Konstrukte im Sinne einer *Quersprachigkeit* (List 2011) gehört zu einem pädagogischen Verständnis von sprachlicher Bildung. Eine Trennung von sprachlicher Bildung für alle einerseits, Sprachförderung als Prävention und Kompensation „potentiell schädigender Effekte von Entwicklungs- und Sozialisationsrisiken" für „Risiko-Kinder" andererseits und letztlich „nur noch" die Möglichkeit einer „Sprachtherapie" für Kinder mit Sprachentwicklungsstörungen, wie von Fried (2006, S. 173) vorgeschlagen, wird so obsolet (vgl. auch Diehm und Panagiotopoulou 2011).

Es ist nicht die Sprachkompetenz, sondern es sind die pädagogischen Fachkräfte, denen im deutschen Schulsystem eine Schlüsselrolle zukommt: ihre Spracherwerbstheorien, Normvorstellungen und Selbstwirksamkeitsüberzeugungen bedingen die Gestaltung und Ermöglichung sprachlicher Bildung. Kinder, die ihre Sprachen unter den Bedingungen einer Primärbeeinträchtigung erwerben, werden in einer pädagogischen Perspektive ebenso in der Entwicklung ihrer sprachlichen Fähigkeiten unterstützt wie Schüler*innen aus sozial starken Familien, Kinder aus prekären sozialen Lebenslagen oder geflüchtete Jugendliche. Mehrsprachigkeit und Interkulturalität sind als „Querschnittsdimensionen" (Lengyel 2011) zu reflektieren. Sprachliche Bildung wird zukünftig als Motor inklusiver Bildung wirken können, wenn sie nicht mehr an die individuellen und durch normierte Verfahren gemessenen sprachlichen Teilleistungsfähigkeiten, sondern an die schulische und gesellschaftliche Realität und damit die Lebenswelten des Individuums gekoppelt wird.

Literatur

Astheimer, S. (4. Juli 2016). Dax-Konzerne stellen nur 54 Flüchtlinge ein. *Frankfurter Allgemeine Zeitung.* http://www.faz.net/aktuell/wirtschaft/unternehmen/welcher-konzern-stellte-fluechtlinge-ein-14322168.html. Zugegriffen: 13.09.2016.

Autorengruppe Bildungsberichterstattung (Hrsg.). (2016). *Bildung in Deutschland 2016. Ein indikatorengestützter Bericht mit einer Analyse zu Bildung und Migration.* Bielefeld: Bertelsmann.

Benkmann, R., & Chilla, S. (2013). Inklusion im Kontext gesellschaftlicher Exklusion? Eröffnungsbeitrag zum VHN-Themenstrang „Inklusion und pädagogische Profession". *Vierteljahresschrift für Heilpädagogik und ihre Nachbargebiete, 82* (4), 283-293.

Berendes, K., Dragon, N., Weinert, S., Heppt, B., & Stanat, P. (2013). Hürde Bildungssprache? Eine Annäherung an das Konzept Bildungssprache und aktuelle empirische Forschungsergebnisse. In A. Redder & S. Weinert (Hrsg.), *Sprachförderung und Sprachdiagnostik. Perspektiven aus Psychologie, Sprachwissenschaft und empirischer Bildungsforschung* (S. 17-41). Münster: Waxmann.

Bernstein, B. (1959/2010). A public language: Some sociological implications of a linguistic form. *British Journal of Sociology, 10,* 311-326/ *61,* 53-69.

Bernstein, B. (1971). *Class, codes and control: Vol.1. Theoretical studies towards a sociology of language.* London: Routledge.

Bertelsmann-Stiftung (Hrsg.). (2016). *Eltern geben jährlich rund 900 Millionen Euro für Nachhilfe aus.* https://www.bertelsmann-stiftung.de/de/themen/aktuelle-meldungen/2016/januar/eltern-geben-jaehrlich-rund-900-millionen-euro-fuer-nachhilfe-aus/. Zugegriffen: 13.09.2016.

Bourdieu, P. (2005). *Was heißt sprechen? Zur Ökonomie des sprachlichen Tausches* (3., erw. Aufl.). Wien: Braunmüller.

Bundesamt für Migration und Flüchtlinge (2016). *Zahlen zu Asyl in Deutschland.* https://www.bpb.de/politik/innenpolitik/flucht/218788/zahlen-zu-asyl-in-deutschland. Zugegriffen: 13.09.2016.

Bundeszentrale für politische Bildung (2016). *Datenreport 2016. Ein Sozialbericht für die Bundesrepublik Deutschland.* Bonn: bpb.

Chilla, S., & Fuhs, B. (2013). Kindheiten zwischen Inklusion, Normalisierung und Autonomie. Das Beispiel Hörbeeinträchtigungen. In H. Kelle & J. Mierendorff (Hrsg.), *Normierung und Normalisierung der Kindheit* (S. 142-157). Weinheim: Beltz Juventa.

Chilla, S., & Niebuhr-Siebert, S. (2017). *Mehrsprachigkeit in der Kita. Grundlagen – Konzepte – Bildung*. Stuttgart: Kohlhammer.

Coyle, D., Hood, P., & Marsh, D. (2010). *CLIL: Content and Languages Integrated Learning*. Cambridge: Cambridge University Press.

Cummins, J. (1980). The construct of language prificiency in bilingual education. In J. E. Alatis (Hrsg.), *Current issues in bilingual education* (S. 81–103). Wahington, DC: Georgetown University Press.

Dehn, M. (2011). Elementare Schriftkultur und Bildunssprache. In S. Fürstenau & M. Gomolla (Hrsg.), *Migration und schulischer Wandel: Mehrsprachigkeit* (S. 129–152). Wiesbaden: VS Verlag für Sozialwissenschaften.

Deutscher Industrie- und Handelskammertag (DIHK) (2016). Die starke industrielle Basis in Deutschland sichern! *Schweitzer-Interview in der Saarbrücker Zeitung*. http://www.dihk.de/presse/meldungen/2016-08-17-schweitzer-interview. Zugegriffen: 25.11.2016.

Diefenbach, H. (2008). *Kinder und Jugendliche aus Migrantenfamilien im deutschen Bildungssystem: Erklärungen und empirische Befunde* (2., aktual. Aufl.). Wiesbaden: VS Verlag für Sozialwissenschaften.

Diehm, I., & Panagiotopoulou, A. (2011). *Bildungsbedingungen in europäischen Migrationsgesellschaften. Ergebnisse qualitativer Studien in Vor- und Grundschule*. Wiesbaden: VS Verlag für Sozialwissenschaften.

Doetjes, G. (2017). Englisch und weitere Fremdsprachen in der norwegischen ‚fellesskole' – Erfahrungen und Herausforderungen. In S. Chilla & K. Vogt (Hrsg.), *Heterogenität und Diversität im Englischunterricht – fachdidaktische Perspektiven* (Reihe: Kolloquium Fremdsprachenunterricht, S. 33–53). Frankfurt a.M.: Peter Lang.

Drach, E. (1928). Bildungssprache. In H. Schwarz (Hrsg.), *Pädagogisches Lexikon* (S. 665–673). Bielefeld: Velhagen & Klasing.

Fernald, E. (2014). How Talking to Children Nurtures Language Development Across SES and Culture. *American Association for the Advancement of Science (AAAS) 2014 Annual Meeting*. https://aaas.confex.com/aaas/2014/webprogram/Paper11747.html. Zugegriffen: 13.09.2016.

Fried, L. (2006). Sprachstandserhebungsverfahren für Kindergartenkinder und Schulanfänger in Politik und Pädagogik. In H. Schöler & A. Welling (Hrsg.), *Sonderpädagogik der Sprache. Handbuch der Sonderpädagogik* (Bd. 1, S. 665–683). Göttingen: hogrefe.

Goetz, I. (2. Juli 2016). Sprache und Diskriminierung. Die sollen erstmal richtig Deutsch lernen! *Spiegel Online*, http://www.spiegel.de/politik/deutschland/sprache-und-diskriminierung-gastbeitrag-von-irene-goetz-a-1098835.html. Zugegriffen: 13.09.2016.

Gogolin, I. (2008). Herausforderung Bilungssprache. *Die Grundschulzeitschrift, 23* (215/216), 26.

Habermas, J. (1977). Umgangssprache, Wissenschaftssprache, Bilungssprache. In Max-Planck-Gesellschaft zur Förderung der Wissenschaften (Hrsg.), *Jahrbuch 1977* (S. 36–51). Göttingen: Vandenhoek & Ruprecht.

Halliday, M. A. K. (1978/1994). *Language as social semiotic. The social interpretation of language and meaning*. London: Arnold.

Heitmeyer, W. (2012). Gruppenbezogene Menschenfeindlichkeit (GMF) in einem entsicherten Jahrzehnt. In W. Heitmeyer (Hrsg.), *Deutsche Zustände* (S. 15–41). Berlin: Suhrkamp.

Hofer, R. (2015). Zweitsprachforderung oder Mehrsprachigkeitsförderung? Eine kritische Betrachtung bildungspolitischer Maßnahmen am Beispiel des Sprachtickets. In G. Gombos,

M. Hill, V. Wakounig & E. Yildiz (Hrsg.), *Vorsicht Vielfalt. Perspektiven, Bildungschancen und Diskriminierungen* (S. 229–255). Klagenfurt/Celovec: Drava.

Holler, D. (2007). Bedeutung sprachlicher Fähigkeiten für Bildungserfolge. In K. Jampert, P. Best, A. Guadatiello, D. Holler & A. Zehnbauer (Hrsg.), *Schlüsselkompetenz Sprache: Sprachliche Bildung und Förderung im Kindergarten. Konzepte – Projekte – Maßnahmen* (2., überarb. u. erw. Aufl., S. 24–28). Weimar: Verlag das Netz.

Jampert, K., Best, P., Guadatiello, A., Holler, D., & Zehnbauer, A. (Hrsg.). (2007). *Schlüsselkompetenz Sprache. Sprachliche Bildung und Förderung im Kindergarten. Konzepte – Projekte – Maßnahmen* (2., überarb. u. erw. Aufl.). Weimar: Verlag das Netz.

Kany, W., & Schöler, H. (2010). *Fokus: Sprachdiagnostik. Leitfaden zur Sprachstandsbestimmung im Kindergarten* (2., erw. Aufl.). Berlin: Cornelsen.

Kassis-Filippakou, M., & Panagiotopoulou, A. (2015). Sprachförderpraxis unter den Bedingungen der Diglossie – Zur „Sprachentrennung" bzw. „Sprachenmischung" als Normalität im Kindergartenalltag der deutschsprachigen Schweiz. *Revue suisse des sciences de l'éducation, 37* (1), 113–129.

Kristen, C. (2002). Hauptschule, Realschule oder Gymnasium? Ethnische Unterschiede am ersten Bildungsübergang. *Kölner Zeitschrift für Soziologie und Sozialpsychologie, 54* (3), 534–552.

Kronauer, M. (2010). Inklusion-Exklusion. Eine historische und begriffliche Annäherung an die soziale Frage der Gegenwart. In M. Kronauer (Hrsg.), *Inklusion und Weiterbildung. Reflexionen zur gesellschaftlichen Teilhabe in der Gegenwart* (S. 24–58). Bielefeld: Bertelsmann.

Lange, I. (2012). Von „Schülerisch" zu Bildungssprache. Übergänge zwischen Mündlichkeit und Schriftlichkeit im Konzept der durchgängigen Sprachbildung. In S. Fürstenau (Hrsg.), *Interkulturelle Pädagogik und sprachliche Bildung* (S. 123–142), Wiesbaden: VS Verlag für Sozialwissenschaften.

Law, J., Garrett, Z., & Nye, C. (2004). The efficacy of treatment for children with developmental speech and language delay/disorder: a meta-analysis. *Journal of Speech, Language, and Hearing Research, 47* (4), 924–943.

Lengyel, D. (2009). *Zweitspracherwerb in der Kita. Eine integrative Sicht auf die sprachliche und kognitive Entwicklung mehrsprachiger Kinder.* Münster: Waxmann.

Lengyel, D. (2011). Frühkindliche Sprachförderung im Kontext von Mehrsprachigkeit. *Die Gaste,* (16). http://diegaste.de/gaste/diegaste-sayi1604almanca.html. Zugegriffen: 22.01.2016.

List, G. (2010). *Frühpädagogik als Sprachförderung: Qualifikationsanforderungen für die Aus- und Weiterbildung der Fachkräfte: Expertise für das Projekt „Weiterbildungsinitiative Frühpädagogischer Fachkräfte"* (WiFF). München: Deutsches Jugendinstitut e.V.

Lohmann, H., & Groh-Samberg, O. (2010). Akzeptanz von Grundschulempfehlungen und Auswirkungen auf den weiteren Bildungsverlauf. *Zeitschrift für Soziologie, 39* (6), 470–492.

Massumi, M., von Dewitz, N., Grießbach, J., Terhart, H., Wagner, K., Hippmann, K., & Altinay, L. (2015). *Neu zugewanderte Kinder und Jugendliche im deutschen Schulsystem. Bestandsaufnahme und Empfehlungen.* Köln: Mercator Institut.

Mendelssohn, M. (1784). Über die Frage: Was heißt aufklären? *Berlinische Monatsschrift, 4,* 193–200.

Morek, M., & Heller, V. (2012). Bildungssprache – Kommunikative, epistemische, soziale und interaktive Aspekte ihres Gebrauchs. *Zeitschrift für angewandte Linguistik, 57,* 67–101.

Niedersächsisches Kultusministerium (2007). *Fit in Deutsch. Feststellung des Sprachstandes.* Hannover: Niedersächsisches Kultusministerium.
Nutbrown, C. (2010). Kinderrechte: ein Grundstein frühpädagogischer Curricula. In W. E. Fthenakis & P. Oberhuemer (Hrsg.), *Frühpädagogik international: Bildungsqualität im Blickpunkt* (2. Aufl., S. 117–127). Wiesbaden: VS Verlag für Sozialwissenschaften.
Overwien, B., & Prengel, A. (Hrsg.). (2007). *Recht auf Bildung: zum Besuch des Sonderberichterstatters der Vereinten Nationen in Deutschland.* Opladen: Budrich.
Panagiotopoulou, A. (2016). *Mehrsprachigkeit in der Kindheit: Perspektiven für die frühpädagogische Praxis* (WiFF-Expertisen, Bd. 46). München: Deutsches Jugendinstitut.
Powell, J. J. W. (2011). *Barriers to Inclusion: Special Education in the United States and Germany.* Boulder, CO: Paradigm Publishers.
Prengel, A. (2011). Zwischen Heterogenität und Hierarchie in der Bildung – Studien zur Unvollendbarkeit der Demokratie. In L. Ludwig, H. Luckas, F. Hamburger & S. Aufenanger (Hrsg.), *Bildung in der Demokratie II. Tendenzen – Diskurse – Praktiken. Schriftenreihe der Deutschen Gesellschaft für Erziehungswissenschaft* (S. 83–94). Opladen: Budrich.
Sachverständigenrat deutscher Stiftungen für Integration und Migration (2016a). *Lehrerbildung in der Einwanderungsgesellschaft. Qualifizierung für den Normalfall Vielfalt* (Policy-Brief des SVR-Forschungsbereichs 2016-4). Köln: Stiftung Mercator.
Sachverständigenrat deutscher Stiftungen für Integration und Migration (2016b). *Doppelt benachteiligt? Kinder und Jugendliche mit Migrationshintergrund im deutschen Bildungssystem. Eine Expertise im Auftrag der Stiftung Mercator.* Köln: Stiftung Mercator.
Schleppegrell, M. J. (2004). *The language of schooling: A functional linguistics perspective.* Mahwah, NJ: Lawrence Erlbaum Associates.
Stanat, P., Rauch, C., & Segeritz, M. (2010). Schülerinnen und Schüler mit Migrationshintergrund. In E. Klieme, C. Artelt, J. Hartig, N. Jude, O. Köller, M. Prenzel, W. Schneider & P. Stanat (Hrsg.), *PISA 2009. Bilanz nach einem Jahrzehnt* (S. 200–230). Münster: Waxmann.
Tietze, S., Rank, A., & Wildemann, A. (2016). *Erfassung bildungssprachlicher Kompetenzen von Kindern im Vorschulalter. Grundlagen und Entwicklung einer Ratingskala (RaBi).* – URN: urn:nbn:de:0111-pedocs-120.

Fachdidaktischer Paradigmenwechsel als Wegbereiter schulischer Inklusion
Das Beispiel des Schriftspracherwerbs

Ada Sasse

Zusammenfassung

Schulische Inklusion braucht fachdidaktische Innovationen. Am Beispiel des Schriftspracherwerbs wird in historisch-vergleichender Perspektive aufgezeigt, wie Normalitätsvorstellungen in Erwerbsprozessen und darauf aufbauende pädagogisch-fachdidaktische Konzepte mit Segregation im Schulsystem verbunden sind. Ein Paradigmenwechsel im Verständnis kindlicher Erwerbsprozesse beim Lesen- und Schreiben lernen beinhaltet ein großes Potential für inklusive Entwicklungen im Unterricht.

Hans Wocken (2014) hat mit Blick auf die Geschichte der Bildung von Kindern und Jugendlichen mit Behinderungen festgestellt, dass „die Sonderschulen (...) die ersten öffentlichen Bildungseinrichtungen [waren], die den behinderten Kindern öffentliche Beachtung schenkten"; und: „Sonderschulen gab es deshalb, weil (...) die allgemeine Schule nicht fähig oder nicht bereit war, auch behinderte Kinder zu unterrichten" (S. 27). Das, was Schule in einem konkreten zeithistorischen Kontext zu leisten vermag, ist davon abhängig, auf welches pädagogische, fachdidaktische und entwicklungspsychologische Wissen die Lehrkräfte jeweils zurückgreifen können. Je ausdifferenzierter die Struktur eines Lerngegenstands bekannt ist und umso fundierter das pädagogische Wissen über kindliche Lern- und Entwicklungsprozesse ist – umso besser ist es um die Möglichkeiten bestellt, zwischen der Struktur des Lerngegenstands und den Lernvoraussetzungen der Kinder durch angemessene pädagogische Angebote eine Passung herzustellen.

Bislang werden die Möglichkeiten der schulischen Inklusion bevorzugt von den räumlichen, personellen und materiellen Rahmenbedingungen her diskutiert. Diese

Bedingungen werden zumeist als *quantitative Rahmenbedingungen* angesprochen (z. B. indem mehr Räume, sogenannte „Differenzierungsräume", mehr Lehr- und Lernmaterial für „Förderung" und mehr Personal für das Arbeiten im Zwei-Pädagog*innen-System gefordert werden). Aber es steht nicht zu erwarten, dass etwa bei einem bestimmten Sättigungsgrad ein Mehr an diesen Rahmenbedingungen in ein Mehr an pädagogischer Qualität schulischer Inklusion umschlagen werde. Deshalb ist auch über *qualitative Rahmenbedingungen* schulischer Inklusion zu reden: Vor allem über die Weiterentwicklung fachdidaktischer Konzepte und die Aneignung und Nutzung dieser Konzepte durch Lehrkräfte. Mit dem vorliegenden Beitrag wird das Beispiel eines fachdidaktischen Paradigmenwechsels vorgestellt: Hierbei handelt es sich um den Paradigmenwechsel, der sich in den vergangenen Jahrzehnten im Verständnis kindlicher Erwerbsprozesse beim Lesen- und Schreiben lernen und der damit verbundenen Entwicklung pädagogisch-didaktischer Konzepte zur Unterstützung des Schriftspracherwerbs vollzogen hat. An diesem Beispiel wird herausgearbeitet, wie fachdidaktische Innovation zu einem relevanten Wegbereiter schulischer Inklusion werden kann.

1 Exkludierend wirkende Folgen der Vorstellung von Schriftbeherrschung als Normalität

Bis in die letzten Jahrzehnte des zwanzigsten Jahrhunderts hinein galt die Fähigkeit zum Erlernen des Lesens und Schreibens als Eintrittskarte in die Normalschule und auch in die bürgerliche Normalität: Wer nach der Einschulung zügig mit Schrift zurechtkam, hatte in den Augen der meisten Lehrkräfte eine erfreuliche Prognose für die weitere Schullaufbahn. Dass die erfolgreiche Alphabetisierung eng an Normalitätsvorstellungen der Grund- und weiterführenden Schulen gebunden war und auch noch immer ist, hängt mit den Potenzialen des Lerngegenstands Schrift zusammen. So weist der Sprachwissenschaftler Harald Haarmann (1991) darauf hin, dass „auch heute noch (...) der Gedanke weit verbreitet [ist], daß das Menschsein eigentlich erst mit dem Schreiben beginnt" (S. 14). Und mit dem Beginn der Schriftlichkeit setzt nach allgemeinem Verständnis Geschichte im engeren Sinne ein. Schriftlichkeit wird auch als Voraussetzung dafür angesehen, am sozialen und gesellschaftlichen Leben in modernen Gesellschaften teilhaben zu können. Problematisch wird es, wenn auch die einfache Umkehrung dieser These für zutreffend gehalten wird: Dann steht nämlich die Frage, ob eine Person, die das Lesen und Schreiben nicht beherrscht, überhaupt ein Recht auf soziale und gesellschaftliche Partizipation habe. So bildete sich seit dem neunzehnten Jahrhundert sukzessive der

Konsens heraus, dass Kinder mit einem erschwerten oder verlangsamten Zugang zur Schrift für die allgemeine Schule nicht geeignet seien; und zwar aus drei Gründen:

a) Homogene Anforderungen an die gesamte Lerngruppe, die schnell eine Abkoppelung der langsam lernenden Schüler*innen bewirkte: Der Taubstummenlehrer Heinrich Ernst Stötzner, der 1864 dafür plädierte, besondere Schulen für „schwachbefähigte" Kinder einzurichten, begründete seinen Vorschlag auch mit der folgenden Beobachtung: Während die anderen Kinder „längst lesen und schreiben können, stehen" die schwachbefähigten Kinder „noch bei den Anfängen. Ihr Gedächtniß vermag nicht sobald die Formen der Buchstaben festzuhalten und ihre ungeschickten Fingerchen wollen nicht mit Stift und Feder umgehen lernen" (Stötzner 1864, S. 6). Und der Hilfsschulpädagoge und spätere NS-Funktionär Karl Tornow (vgl. Hänsel 2008), der in den 1920er-Jahren einen Vorschlag für einen spezifischen Bildungsplan für die Hilfsschule vorgelegt hatte, beschrieb das Besondere der Leselernsituation bei Hilfsschüler*innen wie folgt: „Eine Festlegung der einzelnen zu bearbeitenden Laute und Lautzeichen als Pensum für bestimmte Zeiten (…) ist unmöglich (…) Auch die lehrplanmäßige Festlegung eines bestimmten Fibelstoffes ist (…) hinfällig" (Tornow 1932, S. 203). Was die betreffenden Schüler*innen für die allgemeine Schule als „untauglich" erscheinen ließ, war also zunächst die Tatsache, dass sie mit ihren individuellen Lernvoraussetzungen und Bildungsbedürfnissen an den homogenisierten und lehrkraftzentrierten Unterricht nicht anschlussfähig waren.

b) Der Verzicht auf die Verbindlichkeit von vergleichbaren Lernzielen und Lerninhalten für alle Kinder und Jugendlichen: Das Besondere des Leselernprozesses in der Hilfsschule bestand nicht in einer besonderen Methode, sondern in der Akzeptanz des individuellen Lerntempos – und auch in der Akzeptanz der Beschränkung des Lernstoffes: In der Tatsache, dass einige Schüler*innen auch in den oberen Klassen der Hilfsschule nur unzureichend lesen konnten, zeigte sich für Tornow (1932) geradezu „der Sondercharakter der Hilfsschule"; nämlich „den einzelnen im Lesen auf dem Wege des Individualismus so weit als möglich zu fördern, im Übrigen aber die Vermittlung unter Verzicht auf das Lesen vorzunehmen" (S. 204). Der Hilfsschulpädagoge Karl Bartsch hatte schon einige Jahre vorher gefordert, die Hilfsschule in zwei Klassenzüge einzuteilen: In einem A-Zug sollten Kinder aufgenommen werden, „von denen man annehmen kann, dass sie auf Grund ihrer Anlage das Maß geistiger Bildung erreichen, das nötig ist, um sich im späteren Leben behaupten zu können" während im B-Zug Kinder lernen sollten, die „so geringe psychische Kräfte behalten, dass die geistige Bildung nicht ausreichen wird, sich (…) ins öffentliche Leben einzugliedern (…) Diese Kinder sollte man nicht mit Lesen, Schreiben und Rechnen plagen" (Bartsch 1927, S. 80f.). Dieser Verzicht hatte

Nachteile für Lehrende und Lernende gleichermaßen: Für die Lehrenden ging der Impuls verloren, auch für diese Schüler*innen geeignete Methoden des Schriftspracherwerbs zu entwickeln. Und für die Lernenden rückte der Lerngegenstand Schrift in noch weitere Ferne. Aus der Perspektive des Hilfsschulpädagogen Bartsch (1927) war das aber keineswegs ein Drama, denn „es hat Botenfrauen gegeben, die ihr Leben lang Botenfrauen waren und weder lesen noch schreiben konnten und doch ihren Auftrag ausführten" (S. 81).

c) Die lehrkraftzentrierte Vermittlung des Lerngegenstands bei unzureichendem Wissen über die Voraussetzungen des kindlichen Schriftspracherwerbs und bei Nichtberücksichtigung der kindlichen Lernvoraussetzungen: Die von den Hilfsschulpädagog*innen des frühen zwanzigsten Jahrhunderts beschriebenen Leselehrmethoden unterschieden sich nicht grundsätzlich von denen der unteren Klassen anderer Schulen dieser Zeit: So schlug Bartsch vor, ausgehend von wenigen Wörtern einzelne Buchstaben (wir sprechen heute von Graphemen) herauszuschälen (das Isolieren einzelner Phoneme im Wort wird heute als Analyse bezeichnet), ihnen den entsprechenden Laut (der heute als Phonem bezeichnet wird) zuzuordnen und auf diesem Weg zu einem bestimmten Bestand von Buchstabe-Laut-Beziehungen (Phonem-Graphem-Korrespondenzen) zu gelangen. Diese erlernten Buchstabe-Laut-Beziehungen wurden im Weiteren dazu genutzt, Wörter erst silbenweise zusammenzuziehen (wir sprechen heute von Synthese) und dann zunehmend sinnentnehmend zu lesen (vgl. Bartsch 1927, S. 83). Entsprechend dem pädagogischen Stand der Zeit verlief dieser Prozess lehrkraftzentriert: Die Lehrkraft gab die jeweils interessierenden Buchstabe-Laut-Verbindungen und die ersten zu erlesenden Worte vor. Das Vorgehen war kleinschrittig und richtete sich an die gesamte Lerngruppe, war also homogenisiert. Welches Wissen die einzelnen Kinder über Schrift schon erworben hatten, war bei diesem Verfahren nicht von näherem Interesse. Dabei auftretende Leseschwierigkeiten wurden nicht als mögliche Folge der gewählten Lehrmethode gesehen, sondern:

> „Dass das Kind in der Volksschule das Lesen nicht lernte, lag nicht allein daran, dass es die Übungen auf Grund seiner gestörten psychischen Funktionen nicht ausführen konnte, es lag auch nicht daran, dass eine Verbindung von Laut und Buchstabe (…) nicht geschaffen wurde. Das Druckbild sollte einen Laut auslösen, durchs Auge angeregt, sollte das motorische Zentrum in Bewegung gesetzt werden, oder das Wortklangbild sollte das visuell aufgenommene Formenbild erwecken. Die Leitungen, die diese hier in Betracht kommenden Zentren verbinden, scheinen gestört zu sein, während sie sich bei einem normalen Kinde leicht bilden." (Bartsch 1927, S. 85)

Heute wird übrigens, wie später noch darzustellen ist, der Schriftspracherwerb nicht mehr als ein zentraler Prozess der Wahrnehmungsentwicklung, sondern als ein Prozess der kognitiven Entwicklung gesehen. Die damalige Überzeugung aber, dass das Problem „im Kind" liege, bewirkte, dass schulische Selektionsprozesse bis in das letzte Viertel des zwanzigsten Jahrhunderts hinein entlang der Frage vollzogen wurden, ob ein Kind die Fähigkeit hätte, das Lesen und Schreiben zu lernen.

2 Schriftbeherrschung als Selektionskriterium im Bildungswesen der DDR

Die Definition von Gruppen von Schüler*innen über das Kriterium ihrer Fähigkeit zum Schriftspracherwerb war in der DDR bei Kindern und Jugendlichen am deutlichsten erkennbar, denen heute ein sonderpädagogischer Förderbedarf in der geistigen Entwicklung zugeschrieben werden würde und die in den 1970er- und 1980er-Jahren als „schulbildungsunfähige förderungsfähige Intelligenzgeschädigte" bezeichnet wurden (vgl. Eßbach 1985). Sie lernten zunächst auch in den Hilfsschulen. Mit der Erhöhung gesellschaftlicher Anforderungen an die Absolvent*innen der Hilfsschule, von denen die Beherrschung der Schriftsprache auf mindestens einfachem Niveau erwartet wurde, erhöhte sich seit den 1960er-Jahren „zunehmend der administrative Druck auf die ‚Ausschulung' der ‚bildungsunfähigen' aber ‚förderungsfähigen' Kinder, obwohl es zu dieser Zeit keine speziellen Bildungseinrichtungen (…) für diese Kinder gab" (Eßbach 1985, S. 60). Erst seit den 1970er-Jahren wurden in der DDR spezielle Einrichtungen mit der Bezeichnung „Rehabilitationspädagogische Förderungseinrichtung für schulbildungsunfähige förderungsfähige Intelligenzgeschädigte" etabliert.

Die Ausgrenzung dieser Kinder und Jugendlichen aus dem Bildungswesen war expliziter politischer Wille und hatte klare ideologische Gründe. Denn, wenn Kinder und Jugendliche in der DDR eine Zehnklassige Polytechnische Oberschule (in der offiziellen Lesart die Schule für alle Kinder und Jugendlichen) besucht und bis zum Ende der Schulpflicht den Erwerb des Lesens und Schreibens nicht erfolgreich bewältigt hätten, wäre das nicht mit dem zentralen Ziel des DDR-Schulsystems vereinbar gewesen. Es bestand darin, „sozialistische Persönlichkeiten heranzubilden, die eine allseitige hohe Bildung mit einem festen Klassenstandpunkt vereinen, den Anforderungen der modernen Produktion und der anderen gesellschaftlichen Bereiche auch künftig gewachsen sind" (Autorenkollektiv 1978). Kinder und Jugendliche, die sich an diesen Ansprüchen nicht messen ließen, waren folglich nicht im Bildungs-, sondern im Gesundheits- und Sozialwesen verortet. Denn: „Einrichtungen, die wegen des Unvermögens zur Aneignung der Kulturtechniken aus der Hilfsschule ausgeschulte Kinder aufnehmen, werden unter dieser Sicht dem Status einer Schule nicht gerecht" (Eßbach 1985, S. 101). Für die Arbeit in diesen Einrichtungen wurde ein ausdifferenziertes Erziehungscurriculum mit umfassenden lebenspraktischen Bildungszielen, vergleichbar den Lehrplänen der Geistigbehindertenschule in der Bundesrepublik, entwickelt. Es enthielt jedoch keine Hinweise dazu, Lesen und Schreiben zum Gegenstand pädagogischer Angebote werden zu lassen (vgl. Eßbach 1987). Zur Verfügung stand lediglich eine Mappe mit didaktisch kommentierten Arbeitsblättern, die beispielsweise die Mengenerfassung, die Deutung und Interpretation von Symbolen und Situationen sowie die mündliche Kommunikation im Sinne von „Bilderlesen" unterstützen sollte; schriftsprachliche Angebote wurden konsequent ausgespart (vgl. Schirmer 1978).

Hier können wir feststellen, dass auf die Kinder, die in der DDR als schulbildungsunfähige förderungsfähige Intelligenzgeschädigte bezeichnet wurden, zutraf, was auch für einen Teil der Hilfsschüler*innen in der Weimarer Republik zugetroffen hatte: *der Verzicht auf die Verbindlichkeit von vergleichbaren Lernzielen und Lerninhalten für alle Kinder und Jugendlichen.* Die Nichtbeherrschung der Schriftsprache galt sogar als konstitutiv für diese Gruppe; so hieß es mit Blick auf die Fähigkeiten, sich in der Umwelt zurechtzufinden, dass „der förderungsfähige Intelligenzgeschädigte, der sich nicht an Aufschriften bzw. schriftlichen Hinweisen orientieren kann, eine Reihe wichtiger Symbole, Piktogramme, Hinweiszeichen usw. kennen [muss], die ihm das Finden von Institutionen (…) erleichtern" (Eßbach 1985, S. 93).

Lässt sich diese scharfe Abgrenzung außer mit ideologischen Argumenten auch noch anders erklären? Zur Beantwortung dieser Frage kommen wir noch einmal auf die von Wocken (2014) eingangs genannte Einschätzung zurück, nach der es „Sonderschulen (…) deshalb [gab], weil (…) die allgemeine Schule nicht fähig oder nicht bereit war, auch behinderte Kinder zu unterrichten" (S. 27).

Im staatlichen Lehrplan für das Fach Deutsch der 1. Klasse der Zehnklassigen Polytechnischen Oberschule der DDR hieß es unter „Ziele und Aufgaben" zunächst, dass „alle Schüler – unter Berücksichtigung ihrer unterschiedlichen Voraussetzungen am Schulanfang – zum erfolgreichen Lernen befähigt werden sollen"; aber auch, dass „die Ausbildung der Grundfertigkeiten Lesen und Schreiben (…) in Klasse 1 im Vordergrund des muttersprachlichen Lesens" stehe (Ministerrat der DDR und Ministerium für Volksbildung 1987, S. 20). Die Berücksichtigung individueller Voraussetzungen bezog sich aber lediglich auf das vergleichsweise schmale Heterogenitätsspektrum der Unterstufe der Zehnklassigen Polytechnischen Oberstufe. Hier lernten Kinder, bei denen zu erwarten war, dass sie (wenn auch mit pädagogischer Unterstützung) den Schriftspracherwerb bewältigen würden. Sie sollten am Ende der 1. Klasse beispielsweise in der Lage sein, „kurze, unbekannte Texte (...) selbständig zu erlesen (...), diese Texte durch stilles Lesen inhaltlich erfassen und Fragen zum Inhalt beantworten; (...) sie sind daran gewöhnt, nach vorher erworbenen Wortbildvorstellungen Wörter unter Mitsprechen weitgehend einzügig zu schreiben" und „Forderungen des Lehrers, die sich an die Schreibhaltung und das Schreibtempo beziehen, beim Schreiben genau zu erfüllen" (Ministerrat der DDR und Ministerium für Volksbildung 1987, S. 22). Ähnlich die Lehrplanziele für das Schreiben: Die Schüler*innen „müssen" es bis zum Ende der 1. Klasse lernen „den wichtigsten Teil ihres aktiven Wortschatzes richtig zu schreiben, einfache orthographische Regelmäßigkeiten zu erfassen und bei der Ausführung schriftlicher Arbeiten zu berücksichtigen" (Ministerrat der DDR und Ministerium für Volksbildung 1987, S. 20).

Bei der Umsetzung dieser Lehrplaninhalte waren die Lehrkräfte nicht frei in ihren Entscheidungen, mit welchen Materialien im Unterricht vorzugehen war. Verbindlich waren über mehrere Jahrzehnte das Unterrichtswerk „Meine Fibel" (vgl. Dathe et al. 1990), eine Reihe vorgedruckter Schreibvorlagenhefte mit dem Titel „Ich lerne schreiben" (Ahlgrimm und Heßner 1990) sowie zum Ende der DDR auch ergänzende Arbeitsblätter (Richter 1990). Die Lehrkräfte waren darüber hinaus in einem begrenzten Rahmen frei in ihren Entscheidungen darüber, in welchem Tempo sie vorgingen. Ihr Handlungsrahmen war in einem eigenen Handbuch für Lehrkräfte mit dem Titel „Unterrichtshilfen" für jede einzelne Klassenstufe vorgegeben (für die Klasse 1: Dathe 1977). Die „Unterrichtshilfen" enthielten grundlegende pädagogisch-didaktische Hinweise zur Unterrichtsgestaltung und vor allem die umfangreiche Beschreibung des konkreten Vorgehens in jeweils mehrwöchigen Stoffeinheiten, wobei jeder Stoffeinheit konkrete Fibelseiten zugeordnet waren und das erwünschte Verhalten der Lehrkräfte eine detaillierte Darstellung erfuhr. So enthält die „Unterrichtshilfe" auf den Seiten 58 bis 61 die methodische Anleitung zur Fibelseite 8, auf der die Wörter Nina, Ina, Moni, Mimi und Mama präsentiert wurden. In dem entsprechenden Abschnitt der „Unterrichtshilfe" wurde nun präzise erläutert, in welchen Schritten diese Wörter analytisch-synthetisch bearbeitet werden können, was dabei zu beachten und welche Materialien dabei zu verwenden waren (vgl. Dathe 1977).

Ein solcher Anfangsunterricht konnte Kindern mit komplexen kognitiven, sinnesbezogenen oder auch motorischen Entwicklungsverzögerungen keine hinreichenden Anknüpfungspunkte bieten; für sie war er auch nicht ausgearbeitet worden. Die Anwesenheit eines nach heutigem Sprachgebrauch in hohem Maß „zieldifferent" lernenden Kindes hätte für die Lehrkräfte bedeutet, die im Lehrplan und in der „Unterrichtshilfe" angelegte Homogenisierung der Lernziele und der Anforderungen des Unterrichts insgesamt in Frage stellen zu müssen. Deshalb traf für das Bildungswesen der DDR zu, was im Abschnitt 1 bereits für die Hilfsschule in der Weimarer Republik konstatiert wurde: Es existierten mit Blick auf den Schriftspracherwerb in der 1. Klasse *homogene Anforderungen an die gesamte Lerngruppe, die eine schnelle Abkoppelung der langsam lernenden Schüler*innen bewirkte.* Diese Abkoppelung bedeutete in der DDR bei weniger starken Schwierigkeiten im Schriftspracherwerb die Umschulung auf die Hilfsschule und bei hier auftretenden gravierenden Problemen die Zuweisung in eine rehabilitationspädagogische Förderungsstätte.

Kommen wir nun zu der Frage, auf welchen Vorstellungen über die kindlichen Lern- und Erwerbsprozesse dieser Unterricht basierte.

Zum Schreiben: Alle Kinder der Klasse erwarben die einzelnen Phonem-Graphem-Korrespondenzen in geordneter, für alle verbindlicher Reihenfolge. Das Schreiben erfolgte mit einer verbundenen Handschrift; das Lesen mit Groß- bzw. Gemischtantiqua. Das Schreiben wurde nach dem graphomotorischen Ansatz gelehrt, was bedeutete: „In den Anfangsstadien des Erlernens der Rechtschreibung vollzieht sich das Einprägen" von sogenannten Wortbildern im Wortbildgedächtnis „vor allem auf dem Wege der visuellen Aufnahme von Wortbildern und der schreibmotorischen Realisierung" (Heidrich 1988, S. 42). Schreiben war in diesem Verständnis des Schriftspracherwerbs von Beginn an rechtschreiblich korrektes Abschreiben, da die Kinder sich durch das übende Abschreiben gleich die richtigen Schreibungen einprägen sollten. Das bedeutete: Es gab nach diesem Konzept kein Schreiben außerhalb der Rechtschreibung. Deshalb hatten Schreibübungen in Schreibvorlageheften herausgehobene Bedeutung und fand die kommunikative Funktion der Schrift in diesem Prozess eine eher nachrangige Berücksichtigung.

So wie die Schreiblehrprozesse angelegt waren, handelte es sich um außerordentlich voraussetzungsreiche Abläufe: Beim Schreiben mussten die Kinder in kürzester Zeit komplexe graphomotorische Fähigkeiten ausdifferenzieren, zugleich die Phonem-Graphem-Korrespondenzen (und zwar vier Schriftzeichen pro Graphem) erwerben sowie Analyse und Synthese beherrschen.

Zum Lesen: Der Leselehrprozess war in der Unterstufe der DDR bereits analytisch-synthetisch angelegt zu einem Zeitpunkt, zu dem in der Bundesrepublik noch der „Methodenstreit" zwischen Vertreter*innen der analytischen und Vertreter*innen der synthetischen Leselehrmethode tobte. Renate Valtin hat immer wieder darauf hingewiesen, dass die zunehmende Wertschätzung der analytisch-synthetischen Leselehrmethode in der Bundesrepublik nicht zu verstehen ist ohne die Rezeption der in der DDR etablierten Lesemethodik. Es waren insbesondere die fachdidaktischen Arbeiten des Erfurter Professors Gerhard Dathe, in denen er deutlich herausgearbeitet hatte, dass der analytisch-synthetische Zugang die Vorteile der analytischen und der synthetischen Methode enthielt und die Nachteile beider Ansätze aufheben konnte. Dathe (1974, 1985) hatte, ausgehend von der Struktur des Lerngegenstands Schrift, dargestellt, wie Kinder das Lesen als Einheit von Technik und Sinnentnahme erwerben können. Er hatte in diesem Kontext auch knapp skizziert, über welches Vorwissen Kinder über die Struktur und die Funktion von Schrift verfügen, bevor sie in den schulischen Schriftspracherwerb eintreten. Die Kinder „müssen begreifen, dass Geschriebenes etwas bedeutet"; sie gewinnen das „Verständnis für den Bedeutungsgehalt der Schriftzeichen (…) in der tätigen Auseinandersetzung mit der Umwelt", denn „sie leben quasi in einer ‚Welt der Buchstaben'" (Dathe 1985, S. 18). Gerhard Dathe hat diese relevanten Vorerfahrungen mit Schrift explizit auf die Lernanfänger*innen der Unterstufe bezogen; sie hätten jedoch auch einen pädagogischen Ansatzpunkt zur schriftbezogenen pädagogischen Unterstützung der Kinder dienen können, die gar nicht erst zur Einschulung in die Unterstufe in Frage kamen.

Damit sind wir bei der dritten, in Abschnitt 1 benannten Ursache der Ausgrenzung von Kindern aus dem Schriftspracherwerb angelangt, bei c) *Der lehrkraftzentrierten Vermittlung des Lerngegenstands bei unzureichendem Wissen über die Voraussetzungen des kindlichen Schriftspracherwerbs und bei Nichtberücksichtigung der kindlichen Lernvoraussetzungen.*

Die fachdidaktische Reflexion der Schreib- und Lesemethodik in der DDR-Unterstufe hinsichtlich ihrer Eignung für den Schriftspracherwerb in heterogenen Lerngruppen erfordert insgesamt die folgenden Differenzierungen: Der *graphomotorische Zugang zum Schreiben* war hinsichtlich der Vorkenntnisse und der kognitiven Entwicklung der Erstklässler*innen außerordentlich voraussetzungsreich und koppelte Kinder und Jugendliche mit gravierenden Entwicklungsverzögerungen und basalen Bildungsbedürfnissen von vornherein vom Lesen- und Schreiben lernen ab – nicht nur institutionell, sondern auch didaktisch. Der *analytisch-synthetische Zugang zum Lesen* ist hingegen ein, dem Lerngegenstand Schrift angemessener und sehr gut strukturierter Ansatz, der wegen seiner Lerngegenstandsbezogenheit und wegen seiner klaren Struktur auch für Kinder und Jugendliche geeignet ist, für die der Beginn des Schriftspracherwerbs mit besonderen Erschwernissen verbunden ist. Weil er aber ausschließlich im homogenen Unterricht der 1. Klasse der Unterstufe und der Hilfsschule Verwendung fand, konnte sein Potenzial nicht für die schriftsprachliche Entwicklung aller Kinder und Jugendlichen ausgeschöpft werden.

Es waren schließlich die politischen Veränderungen nach 1989 in der DDR, die schulische Integration in den neuen Bundesländern grundsätzlich möglich werden ließen. Es waren außerdem fachdidaktische Entwicklungen, die in den 1980er-Jahren in der Bundesrepublik Fahrt aufgenommen hatten und bewirkten, dass die pädagogische Frage des Lesen- und Schreiben Lernens von Kindern mit sonderpädagogischem Förderbedarf in der schulischen Integration/schulischen Inklusion schließlich unter veränderten pädagogischen Voraussetzungen bearbeitet werden konnte.

3 Lesen- und Schreiben lernen als potenzieller Lernprozess für alle Kinder und Jugendlichen

Dass am Beginn der 1990er-Jahre in den „alten" Ländern der Bundesrepublik bereits ein fachdidaktischer Paradigmenwechsel im Gange war, lässt sich an den Veröffentlichungen dieser Zeit gut ablesen. Tagungstitel sind gute Seismographen für solche Entwicklungen, und nicht zufällig trug eine Tagung des „Symposiums Deutsch Didaktik" im Sommer 1991 an der Pädagogischen Hochschule Erfurt-Mühlhausen den Titel „Ontogenetische Aspekte der Aneignung von Sprache und Literatur im Schulalter". Einer der zentralen Sätze dieser Tagungsdokumentation findet sich am Schluss des Beitrages von Erika Brinkmann (1991), die den Ertrag eigener Untersuchungen zum Schriftspracherwerb wie folgt zusammenfasste:

> „Die hier geschilderten Beobachtungen legen die Vermutung nahe, dass Rechtschreiblernen nicht bedeutet, einzelne Elemente nach Belehrung oder Vorgabe zu übernehmen, sondern dass unser orthographisches System von den Kindern in einem längerfristigen Prozess nach eigenen Regeln rekonstruiert wird. An Beispielen entwickeln die Kinder nach und nach über Zwischenformen ein eigenes System, das ihnen in zunehmendem Maße Sicherheit im Umgang mit der Schriftsprache verschafft."

Diese Vorstellung zu akzeptieren bedeutete, von der Wortbildtheorie Abschied zu nehmen; didaktische Aufmerksamkeit von der Unterweisung der Lehrkraft auf die kindlichen Lernprozesse zu verlagern und auch, jedem Kind bei der Bewältigung dieses Konstruktionsprozesses ein individuelles Lerntempo zuzugestehen. Von den Konstruktionen der Kinder auszugehen hieß nun für den Schulanfang, von umfangreichen Abschreibübungen Abstand zu nehmen und den Kindern stattdessen die Gelegenheit zu geben, freie Texte zu verfassen. Beim freien Schreiben kann das Kind seine Konstruktionsprozesse ausdifferenzieren, bei der Überarbeitung zu neuen Hypothesen und Einsichten gelangen und zeigen, was es über Schriftsprache schon weiß. Denn die Schreibprodukte legen das „konstruierende Können" der Kinder beim Schreiben offen und Gespräche mit dem Kind über seine Schreibungen lassen die kindlichen Hypothesen für Erwachsene zugänglich werden.

Kindliche Konstruktionsprozesse des Schreibens sind heute von den komplexen graphomotorischen Herausforderungen der verbundenen Schreibschrift entlastet. Seit mehr als zwei Jahrzehnten wird die Großantiqua als am besten geeignete Anfangsschrift angesehen: Kinder können die Großdruckbuchstaben wegen ihrer einfachen und gut unterscheidbaren Formen ohne umfangreiche Vorübungen schreiben und sich auf die kommunikative Seite des Schreibens konzentrieren. Die unverbundene Schrift erleichtert die Prozesse der Analyse und Synthese insbesondere dann, wenn Kinder die Phonem-Graphem-Korrespondenzen noch nicht sicher erworben haben. Und wo motorische Schwierigkeiten das Schreiben mit der Hand erschweren, ist heute die Kompensation durch materialisierte Schriften (Stempel, Druckerei) oder digitale Technik möglich.

Auf der Erfurter Fachtagung im Jahr 1991 war es Klaus-B. Günther (1991), der daran erinnerte, dass sieben Jahre zuvor, im Jahr 1984, „Uta Frith (…) auf einer Sitzung (…) ihr Stufenmodell des Schriftspracherwerbs, noch bevor es erstmals publiziert wurde, vorgestellt" (S. 69) hatte. Dieses Stufenmodell modellierte ebenso knapp wie überzeugend das, was Erika Brinkmann als kindliche Konstruktionsprozesse bezeichnet hatte. Heute gehören Stufenmodelle des Schriftspracherwerbs, deren idealtypische Stufen auf Basis der Kategorien logographemisch, phonologisch und orthographisch beschrieben werden, zum fachdidaktischen Allgemeinwissen. Lehrkräfte können diese Stufenmodelle heranziehen, um den jeweils erreichten Lernstand eines Kindes beim Lesen und Schreiben zu ermitteln und gewinnen dadurch Hinweise darauf, was das Kind als nächstes lernen kann. Schon 1991 verwies Klaus-B. Günther auf das integrations-, oder wie wir heute sagen würden, auf das inklusionspädagogische Potential eines solchen Stufenmodells; er verstand es „als allgemeines pädagogisch-förderdiagnostisches Instrumentarium für Kinder beim Schriftspracherwerb", das tatsächlich alle Kinder einbezieht und lediglich „gewisse behinderungsspezifische Modifikationen etwa bei gehörlosen Kindern notwendig" mache (Günther 1991, S. 69). Günther verwies hierbei insbesondere auf die frühen, logographemischen Auseinandersetzungen von Kindern mit Schrift (zu denen unter anderem das Nachahmen von Lesen, Kritzeln sowie das Malen von Buchstaben und Namen gehören). Diese Tätigkeiten hatten im schulischen Anfangsunterricht bis dahin kaum Beachtung gefunden. Auch im Lese- und Schreibunterricht für die Schulanfänger*innen in der DDR waren diese frühen Formen der Begegnung mit Schrift kaum relevant gewesen, da der stark voraussetzungsreiche Unterricht schon auf oberen Stufen des Schriftspracherwerbs ansetzte. Gerhard Dathe hatte, wie bereits beschrieben, solche basalen Vorerfahrungen in seinen Veröffentlichungen erwähnt. Es war jedoch bei der Erwähnung geblieben und Materialien, die die Entwicklung schriftbezogener Vorerfahrungen unterstützt hätten, lagen in der DDR nicht vor. Denn Kinder, die sich erst frühen, logographemischen Formen des Lesens und

Schreibens annäherten oder auf diesen Stufen längere Zeit verharrten, waren vom Schriftspracherwerb abgekoppelt und blieben es in den Förderungsstätten auch. Die Stufenmodelle des Schriftspracherwerbs verdeutlichen, dass die Auseinandersetzung mit Schrift bereits im ersten Lebensjahr beginnt und dass jedes Kind und jeder Jugendliche (potentiell) kompetent im Lesen und Schreiben ist – und zwar auf der oder den jeweils erreichten Stufe(n). Dies bedeutet, dass in der Schule auch solche Angebote unterbreitet werden müssen, bei denen Kinder auf Schrift erst aufmerksam werden und beginnen, die Funktionsweise und die Struktur von Schrift für sich zu entdecken (vgl. Sasse 2007). Stufenmodelle des Schriftspracherwerbs könnten übrigens dazu beitragen, auf die Zuschreibung allgemein gehaltener schulorganisatorischer Verwaltungsbegriffe wie „sonderpädagogischer" oder „pädagogischer Förderbedarf" zu verzichten und stattdessen zu einer Form der Beschreibung von kindlichen Entwicklungs- und Lernprozessen zu gelangen, wie sie Rainer Benkmann bereits 1994 mit dem zentralen Begriff der „Dekategorisierung" vorgeschlagen hat. Von den schriftsprachbezogenen Lernvoraussetzungen der Kinder und Jugendlichen her zu denken, die vor wenigen Jahrzehnten in der allgemeinen Schule noch nicht anwesend sein durften, eröffnet schließlich auch den Fachdidaktiken neue Perspektiven. So hat sich auch die Zahl der einschlägigen Veröffentlichungen zu inklusivem Deutschunterricht innerhalb weniger Jahre deutlich erhöht (vgl. z. B. Hennies und Ritter 2014; Dietz, Sasse und Wind 2014; Pompe 2015). Nicht zufällig sind die Stufenmodelle des Schriftspracherwerbs in den Beiträgen dieser Bände zentrale Bezugspunkte sowohl empirischer als auch pädagogisch-didaktischer Arbeiten.

Wir wissen heute sehr viel mehr über den Schriftspracherwerb bei Kindern und Jugendlichen mit verschiedenen Lernvoraussetzungen und Bildungsbedürfnissen als zu Zeiten der Weimarer Republik und in der späten DDR. Dieser Wissenszuwachs hat bewirkt, dass Fachdidaktiker*innen und Lehrkräfte heute auch über theoretische Modelle und professionelle Handlungsmöglichkeiten für Kinder und Jugendliche verfügen, mit denen sie noch vor wenigen Jahrzehnten kaum Berührungspunkte hatten. Der Blick zurück, beispielsweise in die späte DDR, verdeutlicht, welche gesellschaftlichen, aber auch welche pädagogischen und fachdidaktischen Umbrüche im Verlauf der wenigen Jahrzehnte, die eine Berufsbiographie umfassen, möglich sind. Und gegenwärtig stehen wir wieder am Beginn eines neuen Paradigmenwechsels, der weit mehr umfasst als den fachdidaktischen oder den inklusiven Diskurs. Denn der Lerngegenstand Schrift, für den wir uns in diesem Beitrag interessiert haben, ist nur Element eines weiteren umfassenden Wandels: Mit den digitalen Möglichkeiten der Verständigung verändern sich Erscheinungs- und Verwendungsformen der Schrift ebenso wie die Formen menschlicher Kommunikation. Schrift wird nicht nur für die schulische, sondern auch für die gesellschaftliche Inklusion relevant bleiben – jedoch in gründlich veränderten Verhältnissen, wie es Harald Haarmann (1991) schon zeitig prognostiziert hat: „Hinter einer einseitigen Hochachtung der Schrift verbirgt sich eine Geringschätzung des gesprochenen Wortes und der in vielen Teilen der Welt lebendigen mündlichen Überlieferung (…) Der Mensch der heutigen Zeit verwendet alte und neue Techniken der Informationsübermittlung, und die Schrift ist nur eine von vielen, die dieses leistet" (S. 14).

Literatur

Ahlgrimm, H., & Heßner, R. (1990). *Ich lerne schreiben*. Berlin: Volk und Wissen.
Autorenkollektiv (1978). *Geschichte der Sozialistischen Einheitspartei Deutschlands – Abriß*. Berlin: Dietz Verlag.
Bartsch, K. (1927). *Hilfsschulpraxis: Ein Beitrag zur Hilfsschulmethodik*. Halle: Marhold.
Benkmann, R. (1994). Dekategorisierung und Heterogenität: Aktuelle Probleme schulischer Integration von Lernschwierigkeiten in den Vereinigten Staaten und der Bundesrepublik Deutschland. *Sonderpädagogik, 24* (1), 4–13.
Brinkmann, E. (1991). Entwicklung von Rechtschreibmustern und -strategien – Beobachtungen der Schreibversuche einer „Spontanschreiberin" über zwei Jahre hinweg bis zum Schuleintritt. *Symposium Deutsch-Didaktik: Ontogenetische Aspekte der Aneignung von Sprache und Literatur im Schulalter*. 3.-7.6.1991 an der Pädagogischen Hochschule Erfurt/Mühlhausen. Protokollband Teil I (S. 54–63). Erfurt: PH.
Dathe, G. (1974). *Einführung in die Methodik des Erstleseunterrichts* (6. Aufl., Ausg. 1965). Methodik des Deutschunterrichts in der Unterstufe. Berlin: Volk und Wissen Volkseigner Verlag.
Dathe, G. (Hrsg.). (1977). *„Unterrichtshilfen" Deutsch Klasse 1*. Berlin: Volk und Wissen Volkseigner Verlag.
Dathe, G. (1985). *Erstleseunterricht* (3. Aufl.). Methodik des Deutschunterrichts in der Unterstufe. Berlin: Volk und Wissen.
Dathe, G., Wendelmuth, E., Richter, E., & Golz, K. (1990). *Meine Fibel*. Berlin: Volk und Wissen.
Dietz, F., Sasse, A., & Wind, G. P. (2014). *Lesen und Schreiben lernen im inklusiven Unterricht: Bedingungen und Möglichkeiten* (DGLS-Beiträge: Vol. 17). Herzogenrath: Dt. Ges. für Lesen und Schreiben.
Eßbach, S. (Hrsg.). (1985). *Beiträge zum Sonderschulwesen und zur Rehabilitationspädagogik: Bd. 43. Rehabilitationspädagogik für schulbildungsunfähige förderungsfähige Intelligenzgeschädigte*. Berlin: Verlag Volk u. Gesundheit.
Eßbach, S. (Hrsg.). (1987). *Grundlagenmaterial zur Gestaltung der rehabilitativen Bildung und Erziehung in rehabilitationspädagogischen Förderungseinrichtungen des Gesundheits- und Sozialwesens der DDR*. Berlin: Verlag Volk u. Gesundheit.
Günther, K.-B. (1991). Schriftspracherwerb als Stufenprozeß. Pädagogisch-förderdiagnostische Bedeutung und Grenzen. *Symposium Deutsch-Didaktik. Ontogenetische Aspekte*

der Aneignung von Sprache und Literatur im Schulalter. 3.-7.6.1991 an der Pädagogischen Hochschule Erfurt/Mühlhausen. Protokollband Teil I (S. 69–75). Erfurt: PH.

Haarmann, H. (1991). *Universalgeschichte der Schrift* (2., durchges. Aufl.). Frankfurt a.M.: Campus-Verlag.

Hänsel, D. (2008). *Karl Tornow als Wegbereiter der sonderpädagogischen Profession: Die Grundlegung des Bestehenden in der NS-Zeit.* Bad Heilbrunn: Klinkhardt.

Heidrich, M. (1988). *Rechtschreibunterricht in den unteren Klassen. Methodik des Deutschunterrichts in der Unterstufe.* Berlin: Volk und Wissen Volkseigner Verlag.

Hennies, J., & Ritter, M. (Hrsg.). (2014). *Deutschunterricht in der Inklusion: Auf dem Weg zu einer inklusiven Deutschdidaktik.* Stuttgart: Fillibach bei Klett.

Ministerrat der DDR & Ministerium für Volksbildung (1987). *Lehrpläne: Klasse 1.* Berlin: Volk und Wissen.

Pompe, A. (Hrsg.). (2015). *Deutsch inklusiv: Gemeinsam lernen in der Grundschule.* Baltmannsweiler: Schneider Verlag Hohengehren.

Richter, E. (1990). *Lernen und üben. Arbeitsblätter Deutsch Klasse 1.* Berlin: Verlag Volk und Wissen.

Sasse, A. (2007). *Das schaffe ich! Lesen und Schreiben vorbereiten* (Handreichung für Erwachsene und Arbeitsmaterial für Kinder). Braunschweig: Schroedel.

Schirmer, E. (1978). *Arbeitsmittel für schulbildungsunfähige förderungsfähige Kinder: Bildfibel.* Berlin: Verl. Volk und Gesundheit.

Stötzner, H. E. (1864). *Schulen für schwachbefähigte Kinder: Erster Entwurf zur Begründung derselben.* Leipzig: Winter.

Tornow, K. (1932). *Der Lehr- und Bildungsplan der Hilfsschule: Theoretische Grundlegung u. praktische Gestaltung des heilpädagogischen Bildungsgeschehens.* Halle/Saale: Marhold.

Wocken, H. (2014). *Im Haus der inklusiven Schule: Grundrisse – Räume – Fenster* (Lebenswelten und Behinderung: Bd. 16). Hamburg: Feldhaus, Ed. Hamburger Buchwerkstatt.

Reziprokes Lesen
Texte verstehen durch strategisches Lesen und kooperatives Lernen

Hans Wocken

Zusammenfassung

Die Methode des Reziproken Lesens dient nicht der Optimierung der Lesefertigkeit, sondern der Verbesserung des selbstständigen Leseverständnisses. Das sinnverstehende Lesen von Texten kann gelehrt und gelernt werden. Die tragenden Elemente der Methode sind das wechselseitige Lehren und Lernen (Reziproker Dialog) und die systematische Anwendung der vier Lesestrategien Klären, Fragen, Zusammenfassen, Vorhersagen. Der Beitrag beschreibt sehr konkret die unterrichtliche Praxis des Reziproken Lesens, stellt die empirische Evidenz der Methode dar und legt abschließend eine konstruktivistische Erklärung des Verfahrens nahe.

1 Einleitung

Es gibt Schüler*innen, die einen Text lesen, aber nicht verstehen, was sie gelesen haben. Sie können einen altersgemäßen Text flüssig und fehlerfrei lesen, aber sie können den Inhalt des gelesenen Textes nicht wiedergeben und sie haben den Gehalt des Textes nicht verstanden. Die Folgen für das schulische Lernen sind erheblich. Überall dort, wo Texte ein wesentliches Medium des Unterrichts sind, können die leseschwachen Schüler*innen nicht mehr folgen, weil ihnen Sinnentnahme und Bedeutungserfassung nicht gelingen. Die Anzahl der leseschwachen Schüler*innen in deutschen Schulen ist erschreckend hoch. Den PISA-Studien zufolge verfügt etwa ein Sechstel aller Schüler*innen trotz eines neunjährigen Schulbesuchs nicht über elementare Lesekompetenzen.

Im vorliegenden Beitrag geht es nicht um eine psychologische Erklärung von Leseschwächen, sondern akzentuiert um die pädagogische Frage, wie Leseschwächen durch pädagogische Maßnahmen behoben oder doch wenigstens gemindert werden können. Die Arbeit verfolgt aber nicht das ehrgeizige Ziel, das gesamte Spektrum erfolgversprechender pädagogischer Interventionen aufzulisten und darzustellen. Der *Fokus* ist vielmehr exklusiv auf ein bestimmtes methodisches Vorgehen ausgerichtet, das seit etwa drei Jahrzehnten national wie international von sich reden macht, in wachsendem Maße in vielen Bildungseinrichtungen Anwendung findet und beeindruckende empirische Erfolgsnachweise vorlegen kann: Das „Reziproke Lesen". Das Konzept des Reziproken Lesens stammt aus den USA, es wurde von den beiden Amerikanerinnen Annemarie Palincsar und Ann Brown entwickelt, empirisch evaluiert und 1984 erstmals publiziert. In Europa wurde es durch einen Bericht des Schweizers Urs Aeschenbacher aus dem Jahre 1989 bekannt. Bis das Reziproke Lesen in deutschsprachigen Ländern in der Didaktik und in der Sonderpädagogik in breitem Umfang wahrgenommen wurde, sollte es jedoch noch etwa zwei Jahrzehnte dauern.

Das Ziel der Methode Reziprokes Lesen ist nicht eine Optimierung der Lesefertigkeit oder eine Steigerung der Leseflüssigkeit. Die Methode ist also für den Erstleseunterricht nicht geeignet. Sie kann etwa ab Klasse 3/4 Anwendung finden, wenn in zunehmendem Maße Texte für unterrichtliche Vermittlungsprozesse an Bedeutung gewinnen. Reziprokes Lesen ist der Sache nach zunächst ein Aufgabenfeld und ein methodisches Arrangement des Deutschunterrichts, aber es ist darüber hinaus auch für alle sachunterrichtlichen Fächer von Bedeutung, sofern sie auf Texte lesen und Texte verstehen zurückgreifen. Weil das Reziproke Lesen schon von seinem Ursprung her ausdrücklich für Schüler*innen mit Leseschwächen konzipiert wurde, hat es eine hervorgehobene Relevanz für inklusive und sonderpädagogische Kontexte.

So viel als vorausschauende Orientierungsgrundlage über Gegenstand und Anliegen der vorliegenden Abhandlung. Nun ist es an der Zeit, die Methode im Detail vorzustellen.

2 Das Konzept des „Reziproken Lesens"

Das Konzept des Reziproken Lesens beruht in seinem Kern auf zwei tragenden Säulen:

1. Kooperatives Lernen
Die Reziprozität besteht in der Wechselseitigkeit des Lehrens und Lernens in der Phase der Texterschließung. Die methodische Vermittlung und Aneignung des Textverstehens kann als ein Gespräch zwischen Lehrkräften und Schüler*innen bzw. zwischen den Schüler*innen selbst beschrieben werden. Die Teilnehmer*innen eines Leseteams übernehmen abwechselnd die Rolle der Lehrkraft und leiten als Lehrkraft-Schüler*in das Gespräch in der Gruppe. Beim Reziproken Lesen erschließen sich die Schüler*innen durch einen Dialog den Text und steuern kooperativ ihre Verstehensprozesse.

2. Strategisches Lesen
Die kooperative Verständigung über einen gelesenen Text ist nicht als ein bloßer Austausch beliebiger Assoziationen, als eine geschwätzige Plauderei zu verstehen. Das Gespräch wird vielmehr durch eine systematische Verwendung einer gleichbleibenden Sequenz von Lesestrategien strukturiert, die sich in der Leseforschung für das Verstehen von Texten als hilfreich und wirksam erwiesen haben.

Beide Elemente, sowohl der kooperative Prozess der Wissenskonstruktion als auch der systematische Einsatz von Lesestrategien, gehören zusammen und machen erst in ihrer methodischen Verknüpfung das Konzept des Reziproken Lesens aus. Die kooperative Lesestrategie des Reziproken Lesens basiert also auf der theoretischen Grundannahme, dass der ko-konstruktive Austausch über einen gelesenen Text einerseits und die systematische Anwendung von Lesestrategien andererseits für die Entwicklung einer Kompetenz zum sinnverstehenden Lesen entscheidend sind. Der Untertitel dieser Arbeit „Texte verstehen durch strategisches Lesen und kooperatives Lernen" bringt die operative Zusammengehörigkeit der beiden Konzeptelemente zum Ausdruck. Diese beiden methodischen Elemente sollen nun im Einzelnen entfaltet werden.

2.1 Texte verstehen durch strategisches Lesen

Eine ausreichende Lesefertigkeit ist die unverzichtbare Voraussetzung für das Verstehen von Texten, das aber nicht automatisch aus der Lesefertigkeit folgt;

Textverstehen ist eine eigenständige Kompetenz. Eine unzureichende Lesefertigkeit kann durch wiederholtes Üben verbessert werden. Aber bei mangelhaftem Leseverständnis hilft das probate Rezept „üben, üben, üben" nicht weiter. Zur Entwicklung des Leseverständnisses bedarf es anderer Wege und Mittel.

Die Amerikanerinnen Annemarie Palincsar und Ann Brown (1984) haben vor der Entwicklung ihres Konzepts die Leseforschung wie auch ihre eigenen Unterrichtserfahrungen daraufhin befragt, was eine*n gute*n Leser*in auszeichnet. Ihre pauschale Antwort lautete: Ein*e gute*r Leser*in verfügt über Lesestrategien! Gute Leser*innen markieren und unterstreichen wichtige Textstellen, notieren am Rand Hinweise und Notizen, klären einzelne Wörter und Sätze, überprüfen durch Fragen an den Text das eigene Verständnis, aktivieren vorher das eigene Vorwissen und machen fortlaufend Prognosen über den weiteren Textinhalt. Vor allem zeichnen sie sich durch die metakognitive Kompetenz aus, das Vorgehen vorgängig zu planen, den Leseerfolg kontinuierlich zu überprüfen und den Leseprozess adaptiv zu steuern. „Lesestrategien sind absichtliche, zielgerichtete Bemühungen, das Dekodieren, Wortverständnis und Sinnkonstruktion zu kontrollieren und zu modifizieren" (Philipp 2012, S. 43). Von eher unbewussten, automatisierten Lesefähigkeiten unterscheiden sich Lesestrategien durch die Bewusstheit und Kontrollierbarkeit. Weil Lesestrategien einen bewussten Zugriff erlauben, planvoll ausgewählt und zielgerichtet eingesetzt werden, können sie auch vermittelt und angeeignet werden. Das ist die bedeutsame pädagogische Botschaft: Das Verstehen von Texten kann gelehrt und gelernt werden!

Aus den theoretischen Vorstellungen über gute Leser*innen leiteten Palincsar und Brown vier Strategien ab, die leseschwachen Schüler*innen vermittelt werden sollten: Klären, Fragen, Zusammenfassen, Vorhersagen (vgl. Palincsar und Brown 1984).

Klären (Clarification)

Die Leitfrage lautet: Welche Wörter oder Sätze verstehe ich noch nicht ganz? Die Strategie Klären lenkt die Aufmerksamkeit auf unbekannte Wörter oder unverstandene Textstellen und soll Stolpersteine für das Verstehen des Textes aus dem Weg räumen: „Was bedeutet dieses Wort?" „Ich verstehe diesen Satz nicht!" Die Teilnehmer*innen eines Leseteams sollen sich unklare Wörter und Sätze im reziproken Dialog gegenseitig erklären. Die Bedeutung von Wörtern kann auch durch nochmaliges Lesen erarbeitet, aus dem Kontext erschlossen oder durch Nachschlagen in einem Lexikon ermittelt werden.

Fragen (Questioning)

Die Leitfrage lautet: Welche Fragen kann der Text beantworten? Die Strategie Fragen dient der Überprüfung des eigenen Textverständnisses (self-monitoring). Die gestellten Fragen beziehen sich nur auf den gelesenen Textabschnitt und können unmittelbar aus dem Text selbst beantwortet werden. Sprachlich eignet sich für diese Strategie das gesamte Set der W-Fragen: Wer? Wie? Was? Warum? Die Strategie Fragen zielt auf eine Art Faktencheck; es wird geprüft und abgefragt, ob die wesentlichen Informationen eines Textabschnittes aufmerksam und verständig wahrgenommen worden sind. Das gezielte Nachfragen nach einzelnen Informationen und nach Zusammenhängen zwischen einzelnen Aussagen hält zum genauen Lesen an und fordert ggf. ein wiederholendes Lesen einzelner Textpassagen. Der reziproke Dialog zwischen den Schüler*innen ähnelt bei der Strategie „Verständnisorientierte Fragen stellen" einem Quiz.

Zusammenfassen (Summarizing)

Die Leitfrage lautet: Was ist der Kern des Textabschnitts? Das Wichtigste eines Textabschnittes soll in einem einzigen Satz zusammengefasst werden! Diese Strategie begünstigt die Konzentration auf den Kern der Sache und befähigt Leser*innen, vornehmlich die wichtigsten Informationen zu fokussieren und Nebensächliches im Text nicht zu beachten. Die Reduktion auf eine Kernaussage nötigt dazu, Sinn und Gehalt eines Textes mit eigenen Worten auf den Punkt zu bringen. Eine wichtige Hilfe für die Formulierung einer guten Zusammenfassung ist das Markieren zentraler Informationen und Sätze. Alternativ kann auch eine Aussage formuliert werden, die sich als Überschrift für einen Textabschnitt eignet.

Vorhersagen (Prediction)

Die Leitfrage lautet: Wie wird der Text weitergehen? Die Strategie Vorhersagen nimmt den Fortgang des Textes in den Blick und richtet die Aufmerksamkeit auf erwartbare Ereignisse und Fortsetzungen, die der Text nahelegt. Mit der Hypothesenbildung wird noch einmal das bisherige Textverständnis überprüft, das eigene Vorwissen über ähnliche Begebenheiten aktiviert und die Sinnerwartung stimuliert. Die Strategie hat eine stark motivierende Funktion, weil die Leser*innen ein gesteigertes Interesse entwickeln, ob sich ihre Leseerwartungen bewahrheiten oder als falsch erweisen.

Diese Strategien werden beim Reziproken Lesen von den Schüler*innen in einer Kleingruppe angewendet. Bevor die kooperative Arbeitsweise in den Leseteams dargestellt wird, mag ein Unterrichtsprotokoll einen anschaulichen Einblick in den Ablauf eines reziproken Leseprozesses geben.

Die Lehrerin (L) hat gerade einen kurzen Textabschnitt über „Taucher" vorgelesen, und Schüler 1 (S1) hat für die folgende Besprechung des Abschnittes zunächst die Rolle der Lehrkraft übernommen:

Zeile	Akteur	Wortbeitrag
1	S1	„Meine Frage ist: Was braucht ein Taucher, wenn er sich unter Wasser begibt?
	S2	Eine Uhr.
	S3	Flossen.
5	S4	Einen Gurt.
	S1	Das sind alles gute Antworten.
	L	Gute Arbeit! Ich habe auch eine Frage.
		Warum trägt der Taucher einen Gurt, was ist daran so Besonderes?
	S3	Es ist ein schwerer Gurt und macht,
10		dass der Taucher nicht an die Oberfläche getrieben wird.
	L	Sehr gut!
	S1	Nun meine Zusammenfassung ... In diesem Abschnitt ging es darum, was Taucher mitnehmen müssen, wenn sie tauchen.
	S5	Und auch darum, warum sie diese Dinge brauchen.
15	S3	Ich glaube, wir sollten klären, was das Wort „gear" bedeutet.
	S6	Das sind eben diese speziellen Dinge, die sie brauchen.
	L	Ein anderes Wort für „gear" wäre hier „Ausrüstung", die Ausrüstung, die das Tauchen erleichtert.
	S1	Ich glaube, ich habe keine Vorhersage.
20	L	Nun, wir haben in dieser Geschichte gehört, dass die Taucher bei ihrer Arbeit „viele fremdartige und wundervolle Tiere" sehen. Meine Vorhersage ist, dass nun einige dieser Tiere beschrieben werden. Von welchen fremdartigen Tieren im Ozean habt ihr schon gehört?
	S6	Tintenfische.
25	S3	Wale?
	S5	Haie!
	L	Hören wir die Geschichte weiter, dann werden wir es herausfinden. Wer wird diesmal unser Lehrer sein?"

Abb. 1 Unterrichtssequenz „Taucher" (Aeschbacher 1989, S. 195f.)

Die Klasse hat offenkundig schon einige Übung in der Methode des Reziproken Lesens, aber die Lehrerin beteiligt sich noch und unterstützt die Schüler*innen bei der Anwendung der Strategien. In dem Fallbeispiel kommen alle vier Lesestrategien zum Zuge; dies sei durch einige Kommentare in Abbildung 2 demonstriert.

Zeile	Akteur	Kommentar
1-2	S1	S1 stellt als temporärer Lehrer eine Frage, die sich aus dem Text beantworten lässt *(Strategie Fragen)*.
3-5	S2, S3, S4	Mitschüler*innen, die sich melden und von S1 aufgerufen werden, beantworten die Frage.
6	S1	S1 nimmt seine Rolle als Lehrkraft sehr ernst und belobigt die Antwortenden.
7-8	L	Die Lehrerin steuert ihrerseits ein Gesamtlob sowie eine weitere Frage bei *(Strategie Fragen)*.
12-13	S1	S1 formuliert eine Zusammenfassung *(Strategie Zusammenfassen)*,
14	S5	die von S5 ergänzt wird *(Strategie Zusammenfassen)*.
15	S3	S3 verlangt eine Wortklärung, nachdem S1 das Wort „gear" nicht für erklärungsbedürftig befunden hatte *(Strategie Klären)*.
19	S1	S1 passt ebenso bei der *Strategie Vorhersagen*.
20-23	L	Daher springt die Lehrerin mit einer Vorhersage ein *(Strategie Vorhersagen)* und aktiviert das Vorwissen der Schüler*innen.
27	L	Schließlich signalisiert sie den Übergang zum nächsten Textabschnitt, für dessen Besprechung ein*e andere*r Schüler*in als Lehrkraft eingesetzt wird.

Abb. 2 Kommentierte Unterrichtssequenz „Taucher"

2.2 Das kooperative Lehren und Lernen

Bei der Methode des Reziproken Lesens werden die beschriebenen Lesestrategien Klären, Fragen, Zusammenfassen, Vorhersagen in einem klar strukturierten Gespräch konsequent und systematisch angewendet. Ein gemeinsamer Text wird in Kleingruppen abschnittsweise gelesen. Ein*e Schüler*in übernimmt für jeweils einen Textabschnitt die Rolle der Lehrkraft („Teamchefin", „Lehrer-Schüler", „Gruppenkapitän") und moderiert das Gespräch. Der Kern der Methode ist der reziproke Dialog, in dem die Teilnehmer*innen einer Lesegruppe sich durch wechselseitiges Lehren und Lernen den Text erschließen. Der Verlauf einer Lesestunde bzw. einer Trainingseinheit soll nun im Detail beschrieben werden.[1]

- Die Lehrperson wählt einen ansprechenden und altersgemäßen Text aus. Der Text sollte einen mittleren Schwierigkeitsgrad besitzen, damit er auch von den Schülerinnen ein strategisches Leseverhalten herausfordert. Der Schwierigkeitsgrad ist dann richtig, wenn die einzelnen Schülerinnen alleine beim sinnverstehenden Lesen Mühe hätten und zum Textverstehen deshalb die Unterstützung

---

[1] Nachfolgend wird exemplarisch von einer Gruppe Schülerinnen ausgegangen.

der Gruppe gebrauchen können. Als Lesematerial kommen sowohl literarische Geschichten als auch Sachtexte in Frage. Der ausgewählte Text wird in sinnvolle und übersichtliche Abschnitte von etwa vier bis sechs Sätzen gegliedert.
- Die gesamte Klasse wird in kleine Gruppen mit vier oder fünf Schülerinnen aufgeteilt. Die Lesegruppen sollen hinsichtlich ihrer Lesekompetenz heterogen zusammengesetzt sein. Die Anwesenheit lesestarker Schülerinnen ist in den Gruppen unbedingt erforderlich, damit die leseschwachen Schülerinnen sie als Modelle für die Anwendung der Strategien nutzen können.
- Für die Anwendung der Strategie *Klären* werden vorbereitend Nachschlagewerke oder andere Informationsquellen bereitgestellt.

Abb. 3 Rollenbilder und Strategieabfolge aus dem Förderprogramm „Lesetraining mit Käpt'n Carlo" (Spörer, Koch, Schünemann und Völlinger 2016, S. 12)

- In den Lesegruppen werden laminierte Rollenkärtchen ausgegeben, mit denen die vier Lesestrategien an die einzelnen Teammitglieder verteilt werden. Jede Schülerin ist für eine Lesestrategie zuständig (Abb. 3). Bei Fünfergruppen übernimmt die fünfte Schülerin die Rolle der Lehrkraft und moderiert den ersten Lesezyklus.
- Die „Lehrerin-Schülerin" beginnt. Sie liest selbst die Überschrift des Textes laut vor und fordert dann die anderen Teammitglieder auf, ihr Vorwissen zu aktivieren und Vorhersagen über den möglichen Inhalt des Textes zu machen. Die Vorhersagen können in einem Satz schriftlich protokolliert werden.
- Jetzt werden die Texte in der Gruppe verteilt. Der Leseprozess beginnt mit einer individuellen Lesephase. Alle Teammitglieder lesen leise den ersten Abschnitt des Textes. Sie wenden in dieser Lesephase vertraute Texterschließungstechniken wie Markieren oder Randnotizen machen an. Alternativ kann die Teamchefin auch jemanden aus der Gruppe bestimmen, der den Text laut vorliest. Die Teamchefin coacht dann die Vorleserin bei Fehlern: „Lies bitte das Wort oder den Satz noch einmal!" Das laute Vorlesen empfiehlt sich, wenn das Hörverstehen

gefördert werden soll oder wenn schwache Leserinnen, etwa Schülerinnen mit kognitiven Beeinträchtigungen, in der Gruppe sind.
- Als erstes Gruppenmitglied wird die Schülerin mit der Strategie *Klären* aufgerufen (Schülerin K). Schülerin K benennt zunächst selbst unbekannte Wörter, identifiziert schwierige Textstellen, erbittet Beispiele oder ähnliche Erfahrungen. Die anderen Gruppenmitglieder beantworten die Fragen und erhalten dann Gelegenheit, ihrerseits Verständnisfragen zu stellen und mit der Gruppe Unklarheiten zu besprechen.
- Als nächste übernimmt die Schülerin mit der Strategie *Fragen* die Rolle der Lehrkraft (Schülerin F). Unter Verwendung vielfältiger W-Fragen werden wie in einem Quiz die wichtigsten Informationen eines Textabschnittes abgefragt. Die Teammitglieder beantworten die gestellten Fragen und korrigieren oder ergänzen sich wechselseitig. Auch sie dürfen dann Fragen äußern, die sich immanent aus dem Text beantworten lassen.
- Der Stab wird nun weitergereicht an die Schülerin Z, die für die Strategie *Zusammenfassen* zuständig ist. Schülerin Z macht zunächst selbst einen Vorschlag für eine Zusammenfassung, der dann von den anderen Teammitgliedern gewürdigt, gegebenenfalls modifiziert oder durch eine bessere Zusammenfassung ersetzt wird.
- Die nächste Schülerin (V) ist mit der Strategie *Vorhersagen* beauftragt und wagt als erste eine Prognose über den weiteren Textverlauf. Ihr Vorschlag ist wiederum Gegenstand einer abwägenden Prüfung in der Gruppe, der natürlich auch die Chance zu alternativen Vorhersagen eingeräumt wird.
- Die „Lehrerin-Schülerin" L gibt zum Abschluss eines Zyklus der gesamten Gruppe oder einzelnen Teammitgliedern ein Feedback und reicht dann den Lehrerin-Stab an die nächste Schülerin weiter.
- Nach jedem Textabschnitt wechseln alle Teammitglieder ihre Rollen. Die Schülerin K übernimmt nun die Strategie *Fragen*, die Schülerin F moderiert die Strategie *Zusammenfassen*, Schülerin Z ist jetzt für die Strategie *Vorhersagen* zuständig und die vormalige Schülerin V wird mit der Strategie *Klären* beauftragt. Die Aufgaben kreisen im Uhrzeigersinn, alle Teammitglieder geben symbolisch ihre Rollenkarten weiter.
- Mit dem Lesen des nächsten Textabschnittes beginnt der nächste Zyklus. Zunächst wird jeweils die Prognose aus der vorherigen Leserunde in den Blick genommen: „Welche Vorhersage ist eingetroffen?" Alle weiteren Textabschnitte werden in ritualisierter Form mit der gleichen Abfolge der Lesestrategien bearbeitet. Alle Teammitglieder schlüpfen von Abschnitt zu Abschnitt in eine neue Rolle.

Logbuch für Gruppenkapitäne

1. Suche ein Mitglied deiner Gruppe aus, das den Abschnitt vorliest.
2. Sage ihm, ob es gut gelesen hat und was noch besser werden kann.
3. Versteht gemeinsam den Abschnitt mit Hilfe der vier Lesestrategien.

Klären
Sage:
„Wer hat ein Wort, das geklärt werden soll?"

Hilfe:
„Lies den Satz vor und nach dem Wort."
„Frage jemanden, ob er dir das Wort erklärt."

Zum Schluss:
Was war gut?
Was geht noch besser?

Fragen
Sage:
„Wer stellt eine Frage zum Abschnitt?"

Hilfe:
„Mit welcher Frage findest du heraus, ob der Abschnitt verstanden wurde?"
„Welche Fragen würde der Lehrer stellen?"

Zum Schluss:
Was war gut?
Was geht noch besser?

Zusammenfassen
Sage:
„Wer fasst den Abschnitt zusammen?"

Hilfe:
„Was ist das Wichtigste?"
„Fasse in einem Satz mit eigenen Worten zusammen."

Zum Schluss:
Was war gut?
Was geht noch besser?

Vorhersagen
Sage:
„Wer trifft eine Vorhersage?"

Hilfe:
„Was könnte im nächsten Abschnitt stehen?"
„Ist das wahrscheinlich?"

Zum Schluss:
Was war gut?
Was geht noch besser?

4. Bestimme den nächsten Gruppenkapitän und reiche das Logbuch an ihn weiter.

Abb. 4 Rollenkarten und Strategieabfolge aus dem Förderprogramm „Lesetraining mit Käpt'n Carlo" (Spörer et al. 2016)

- Am Ende einer Leserunde haben alle Teammitglieder jede der vier Lesestrategien sowohl einmal als Lehrerin moderiert als auch als Schülerin bei anderen Schülerinnen modellhaft erlebt. Alle sind mal Lehrerin und alle sind mal Schülerin gewesen, und alle haben alle vier Lesestrategien modellhaft erlebt und selbst praktiziert. Dieses **We**chselseitige **L**ehren und **L**ernen wird auch als WELL-Methode bezeichnet und ist das herausragende Gütemerkmal des Reziproken Lesens.

Das „Logbuch für Gruppenkapitäne" (Spörer et al. 2016, S. 13) fasst den gesamten Ablauf einer Trainingseinheit in einer kompakten Grafik zusammen (s. Abb. 4).

3 Implementation der Methode

Die Strategien des Reziproken Lesens müssen in einer mehrstündigen Einführungsphase gelernt werden. In den ersten Übungseinheiten liest die Lehrperson einen Textabschnitt laut vor und demonstriert dann modellhaft, wie sie sich mit Hilfe der vier Strategien den Inhalt des Textes erschließt. Für die modellhafte Demonstration wird die Methode des „lauten Denkens" genutzt. Die Lehrkraft „veröffentlicht" durch lautes Verbalisieren ihre mentalen Prozesse bei der Anwendung der Strategien:

- „Den Abschnitt habe ich gelesen und verstanden, nun will ich ihn zusammenfassen. Dazu schaue ich mir noch einmal die Textstellen an, die ich markiert habe, denn die enthalten ja die wichtigsten Informationen!" (Zusammenfassen).
- „In dem Textteil wird ganz allgemein über die Tiere des Waldes gesprochen. Ich vermute deshalb, dass nun einzelne Tiere des Waldes genauer beschrieben werden!" (Vorhersagen).

Verlauf der Unterrichtseinheit	
	Fremdreguliertes Lernen
	Erklären der vier Lesestrategien und des Reziproken Lehrens
	Erklären des Logbuchs
	erstes Üben in den Kleingruppen
	Lesen mit Logbuch
	Ausblenden der Hilfen der Lehrkraft
	Lesen ohne Logbuch
	selbständige Strategieanwendung in den Kleingruppen
	Transfer auf andere Lernsituationen
	Selbstreguliertes Lernen

Abb. 5 Vom fremd- zum selbstregulierten Lernen (Spörer et al. 2016, S. 17)

Die Schüler*innen erfahren durch das laute Denken die internen, handlungsleitenden Gedanken der Modellperson. Die Schüler*innen beobachten die Lehrperson, hören dem lauten Verbalisieren genau zu und sind dann in der Lage, die modellhaft demonstrierten Strategien nachzuahmen. Nach wiederholtem Modelllernen verwandeln sich die Zuschauenden und Zuhörenden in Akteur*innen. Die Schüler*innen übernehmen immer mehr die Rolle als temporäre Lehrperson, die den Mitgliedern der Gruppe die Anwendung der Strategien vormacht, sowie die Schüler*innenrolle, in der sie anderen zuhören und beobachten, wie diese die Lesestrategien anwenden. In dem stetigen Rollenwechsel liegt das reziproke Moment der Methode. Am Anfang des Trainings beginnt immer die Lehrperson und macht noch einmal am ersten Textabschnitt die Anwendung der Strategien vor, um durch die Wiederholung das imitierende Nachahmen der Schüler*innen zu unterstützen. Die Lehrperson zieht sich dann zunehmend aus ihrer Rolle als Modell und Moderator*in zurück und überträgt die Verantwortung für den Leseprozess zunehmend an die Schüler*innen. Für die Einführungs- und Festigungsphase müssen etwa 10 bis 15 Lesestunden veranschlagt werden. In der Abbildung 5 ist dargestellt, wie in einem Trainingsprogramm sukzessiv der Weg vom fremdgesteuerten zum selbstgesteuerten Lesen gegangen wird.

4 Empirische Wirksamkeit

Die Entwicklung der Methode wurde von Anfang an durch empirische Evaluationen begleitet. Die Autorinnen Palincsar und Brown (1984) berichten über einen kontrollierten Unterrichtsversuch mit „Reziprokem Lehren", der sich über vier Wochen erstreckte und 15 Lektionen umfasste. An der experimentellen Studie nahmen leseschwache Siebt- und Achtklässler*innen teil, die vorher durchschnittlich nur 40 % der Fragen eines standardisierten Leseverständnistests richtig beantwortet hatten. Nach dem Kurs erreichten sie 70–80 % richtige Testantworten und konnten damit zum normalen Klassendurchschnitt aufschließen. Dieser beeindruckende Leistungsgewinn konnte auch noch Wochen und Monate später nach dem Training in Tests zum Leseverständnis nachgewiesen werden.

Die weiteren Forschungen reihen sich zu einer Erfolgsgeschichte auf, die in Sammelreferaten nachzulesen sind (Büttner, Warwas und Adl-Amini 2012; Büttner, Decristan und Adl-Amini 2015; Demmrich und Brunnstein 2004; Koch und Spörer 2016; Philipp 2010; Walter, Die und Petersen 2012). Zu guter Letzt kann als prominenter Kronzeuge John Hattie angeführt werden, der in seiner Mega-Metaanalyse dem Reziproken Lehren eine hohe Effektstärke von $d=0{,}74$ attestiert (Hattie, Beywl und Zierer 2013, S. 241), verbunden mit der bedenkenswerten Empfehlung: „Die Effekte sind am höchsten, wenn vor Beginn des Lehrdialogs kognitive Strategien explizit unterrichtet werden." (ebd., S. 242)

Die beachtlichen kognitiven Lernerfolge beim Reziproken Lesen sind sicherlich durch die rahmende Theorie des selbstregulierenden Lernens und das darin eingebundene Modelllernen (Abschnitt 3) lerntheoretisch gut zu erklären. Dank des „lauten Denkens" sehen die Schüler*innen am Modell, mit welchen Verfahren man sich ein tiefes Verständnis eines Textes erschließen kann. Hier soll eine weitere, eher ungewöhnliche Erklärung ins Spiel gebracht werden, nämlich eine konstruktivistische Sichtweise. Der Konstruktivismus versteht Lernen nicht als eine passive Abbildung von Wirklichkeit, sondern als einen selbständigen Akt der Wissenskonstruktion. Ein Lesetext wird von den Schüler*innen mit den vier Lesestrategien gründlich durchgearbeitet. Die Schüler*innen markieren, befragen, verdichten, prognostizieren – der Text wird „nach allen Regeln der Kunst" bearbeitet und dadurch das Textverständnis strategisch erarbeitet. Durch die Verknüpfung des elaborierten Textverständnisses mit den bisherigen Wissensbeständen konstruieren die Schüler*innen zunächst ein subjektives Verständnis des Textes. Diese subjektive Konstruktion von Wissen und Bedeutungen ist die eine Seite konstruktivistischen Lernens, die andere Seite ist die Ko-Konstruktion. Die eigene, subjektive Wissenskonstruktion eines Lesenden wird in der Gruppe mitgeteilt und gleichsam „veröffentlicht". Das eigene Textverständnis der Schüler*innen muss sich in den dialogischen Aushandlungen mit den Gruppenmitgliedern bewähren. Die Gruppe redet gleichsam beim Konstruieren noch ein Wort mit. Das Endresultat eines Textverständnisses ist also auch ein Ergebnis der Ko-Konstruktion in sozialen Interaktionsprozessen. Etwas salopp formuliert: Die subjektive Konstruktion von Wissen ist zu guter Letzt auch das Ergebnis von „Gruppenarbeit". Nach konstruktivistischem Lernverständnis ist der reziproke Dialog im Konzept des Reziproken Lesens das Geheimnis eines tiefen Textverstehens und einer wirksamen Aneignung von Lesekompetenz.

Im deutschsprachigen Raum hat insbesondere Rainer Benkmann sich für ein konstruktivistisches Verständnis von Lernbeeinträchtigungen und von Lernprozessen stark gemacht (Benkmann 1998) und wegen der Bedeutung ko-konstruktivistischer Interaktionsprozesse in logischer Konsequenz unermüdlich für die Anwendung kooperativer Methoden plädiert (Benkmann 2010).

Literatur

Aeschbacher, U. (1989). Reziprokes Lehren: Eine amerikanische Unterrichtsmethode zur Verbesserung des Textverstehens. *Beiträge zur Lehrerinnen- und Lehrerbildung*, (2), 194–204.

Benkmann, R. (1998). *Entwicklungspädagogik und Kooperation: Sozial-konstruktivistische Perspektiven der Förderung von Kindern mit gravierenden Lernschwierigkeiten in der allgemeinen Schule* (Zugl.: Hannover, Univ., Habil.-Schr., 1998). Weinheim: Dt. Studien-Verlag.

Benkmann, R. (2010). Kooperation und kooperatives Lernen unter erschwerten Bedingungen inklusiven Unterrichts. In A. Kaiser, W. Jantzen & I. Beck (Hrsg.), *Bildung und Erziehung* (Behinderung, Bildung, Partizipation. Enzyklopädisches Handbuch der Behindertenpädagogik, Bd. 3, S. 125–135). Stuttgart: Kohlhammer.

Büttner, G., Warwas, J., & Adl-Amini, K. (2012). Kooperatives Lernen und Peer Tutoring im inklusiven Unterricht. *Zeitschrift für Inklusion*, (1-2). http://www.inklusion-online.net/index.php/inklusion-online/article/view/61/61. Zugegriffen: 17.01.2017.

Büttner, G., Decristan, J., & Adl-Amini, K. (2015). Kooperatives Lernen in der Grundschule. In C. Huf & I. Schnell (Hrsg.), *Inklusive Bildung in Kita und Grundschule* (S. 207–220). Stuttgart: Kohlhammer.

Demmrich, A., & Brunstein, J. C. (2004). Förderung sinnverstehenden Lesens durch „Reziprokes Lehren". In G. W. Lauth, M. Grünke & J. C. Brunstein (Hrsg.), *Interventionen bei Lernstörungen* (S. 279–290). Göttingen: hogrefe.

Hattie, J., Beywl, W., & Zierer, K. (2013). *Lernen sichtbar machen*. Baltmannsweiler: Schneider-Verl. Hohengehren.

Koch, H., & Spörer, N. (2016). Effekte des Reziproken Lehrens im Vergleich mit einer von Lehrkräften konzipierten Unterrichtseinheit zur Förderung der Lesekompetenz. In M. Philipp & E. Souvignier (Hrsg.), *Implementation von Lesefördermaßnahmen. Perspektiven auf Gelingensbedingungen und Hindernisse* (S. 123–148). Münster: Waxmann.

Palincsar, A. S., & Brown, A. L. (1984). Reciprokal Teaching of Comprehension Fostering und Comprehension. Monitoring Activities. *Cognition and Instruction, 1* (2), 117–175.

Philipp, M. (2010). Peer Assisted Learning in der Lesedidaktik am Beispiel Lesestrategie-Trainings: Teil 1: Definitionen, empirische Evidenz und Programmvergleich. *leseforum.ch, 2010*, 1–14. http://www.leseforum.ch/myUploadData/files/2010_3_Philipp.pdf. Zugegriffen: 17.01.2017.

Philipp, M. (2012). *Besser lesen und schreiben: Wie Schüler effektiver mit Sachtexten umgehen lernen*. Stuttgart: Kohlhammer.

Spörer, N., Koch, H., Schünemann, N., & Völlinger, V. A. (2016). *Das Lesetraining mit Käpt'n Carlo für 4. und 5. Klassen: Ein Lehrermanual mit Unterrichtsmaterialien zur Förderung des verstehenden und motivierten Lesens*. Göttingen: hogrefe.

Walter, J., Die, S., & Petersen, A. (2012). Kooperatives Lernen auf der Basis von Lesetandems: Entwicklung und Evaluation eines tutoriellen Lesetrainings zur Steigerung der Leseflüssigkeit. *Zeitschrift für Heilpädagogik, 63* (11), 448–464.

IV
Aspekte der Professionalisierung von Lehrkräften

Der „sonderpädagogische Blick"
Vom Erkenntniswert besonderer Perspektiven in der Gestaltung pädagogischer Wirklichkeiten

Birgit Jäpelt

Zusammenfassung

Die Praxis pädagogischen Handelns wird in Verbindung mit der Grundannahme reflektiert, dass jegliches Handeln von mindestens einer Theorie ausgeht, die mehr oder weniger explizit ist. Die darauf bezogene Ausrichtung der Beobachtung als Bedingung für die Konstruktion pädagogischer Wirklichkeiten erzeugt das Spektrum pädagogischer Handlungsmöglichkeiten bzw. deren Grenzen. Diese Fokussierung basiert auf der Entscheidung „für oder gegen" bestimmte Theorien bzw. eines „Sowohl als auch". Sich des Auswahlprozesses bewusst zu werden, bedarf einer permanenten Selbstreflexion, die bereits im Studium zu erlernen sein sollte.

Dieser Beitrag widmet sich der Bedeutung differenzierender Perspektiven in der Wahrnehmung pädagogischer Wirklichkeiten. Jede Organisation kann auf der Basis von sehr verschiedenen theoretischen Erklärungen wahrgenommen und entwickelt werden. Für pädagogisches Handeln in einer inklusiven Schule ist diese Perspektivenvielfalt und die damit einhergehende Erhöhung von Komplexität eine zentrale Herausforderung. Für das Handeln ergibt sich die Notwendigkeit der vorübergehenden Reduktion von Komplexität als Teil eines andauernden Prozesses zur Herstellung passender Maßnahmen. Vor allem die Fähigkeit zur Kommunikation auf der Metaebene ist für diesen Prozess grundlegend. Ausgehend von der Idee eines *„sonderpädagogischen Blicks"* (vgl. Benkmann 2001, 2005, 2011; Heimlich 1999) beziehe ich mich zunächst auf Interviewaussagen, die mir im Rahmen einer Begleitforschung zur inklusiven Schulentwicklung (vgl. Benkmann, Gercke und

Jäpelt 2016) begegneten. Diese dokumentieren die Sicht einer Sonderpädagogin, Carola Hofmann[1], und die Sicht einer Grundschullehrerin, Sabrina Friedel.

Carola Hofmann: „Ich denke mal, das kommt eher aus der Sonderpädagogik. In der Grundschulpädagogik hast du ja immer mehrere Kinder sitzen. Und dann hast du den Blick auch nie trainiert wie ich den 20 Jahre lang trainiert habe, sonderpädagogischer Blick von Rainer Benkmann. Und den kann ich nicht irgendwie abschalten." (Jäpelt 2015, o. S.)

Sabrina Friedel: „Ich glaube, die Sonderpädagogen haben allein durch die fachliche Ausbildung einen anderen Blick auf die Kinder und bringen auch mehr Wissen mit, das im Unterricht anzuwenden ist. Was ich als normale Grundschullehrerin nicht kann (...) ich selber stoße an meine Grenzen, weil ich das fachliche Wissen nicht mitbringe, also weil ich wirklich auf Kinder gestoßen bin, die nicht in mein Grundschullehrerschema reingepasst haben." (ebd.)

Im Verlauf unseres Forschungsprozesses wurden diese beiden Perspektiven immer wieder thematisiert und sollen in diesem Beitrag aufgegriffen werden. Dabei geht es um die Bedeutung von Perspektiven auf die wechselseitigen Bedingtheiten in der Konstruktion von Behinderung und Benachteiligung. Dies erfolgt auf der Basis der erkenntnistheoretischen Positionen von Konstruktivismus und systemtheoretischen Grundannahmen. Dabei wird auch der Frage nachgegangen, welche Prozesse zu Maßnahmen der individuellen Förderung führen und wie diese reflektiert werden können. Wie kommt Sabrina Friedel zu der Überzeugung, dass ihr „Grundschullehrerschema" (ebd.) für manche Kinder untauglich ist? Wie könnte sie sich als Gestalterin von Bildungsprozessen für alle Kinder befähigen? Was würde passieren, wenn sie ihren Blick anders ausrichtet? Und welche Rolle würde dann die Sonderpädagogin Carola Hofmann übernehmen? Eine mögliche konstruktivistische Antwort könnte darin bestehen, auf die Möglichkeiten zur Veränderung von Unterricht durch die Erfahrung von Grenzen zu schauen. Die Wirklichkeit entsteht genau an der Stelle, auf die sich die Aufmerksamkeit richtet, und ist immer nur eine begrenzte Wirklichkeit. Die Wirklichkeit könnte über die Begrenzung hinaus voller Ressourcen sein. Jenseits objektiver Wahrnehmung bedeutet das, stets neu beobachten zu können, die eigene Ausrichtung auf Ressourcen oder Defizite zu erkennen und Verantwortung für diese Beobachtungen zu übernehmen. Beobachtung als wechselseitiger Prozess schließt Selbstbeobachtung ein.

---

1 Namen sind anonymisiert.

"So sind wir als Konstrukteure unseres Lebens immer auch und immer mehr mit uns selbst beschäftigt, wenn es um Fragen der Wahrheit, Richtigkeit, der Verständlichkeit und Bedeutsamkeit unseres Tuns und Denkens geht." (Reich 2004, S. 1)

Auf diese Fragen bringen beide Lehrerinnen ihre eigenen Antworten ein. Wie könnten sie in diesem Geschehen einander ergänzend miteinander kooperieren? Könnte Sabrina Friedel sich selbst darin erkennen, wie sie sich der Möglichkeit beraubt, über ihre eigenen Schemata hinaus zu denken. Könnte Carola Hofmann ihre eigenen Vorannahmen erkennen und darüber hinaus denken? Welche Rolle würde dann Sabrina Friedel übernehmen? Beide Lehrerinnen bemühen sich um Markierung einer Unterscheidung zwischen der *sonder*pädagogischen Perspektive und der *allgemein*pädagogischen Perspektive. Diese Unterscheidung entsteht als Konstrukt von Beobachter*innen, ebenso wie die Unterscheidung des *„sonderpädagogischen Blicks"* vom „Grundschullehrerschema" (Jäpelt 2015, o. S.). Das Konstrukt des *„sonderpädagogischen Blicks"* wurde u. a. von Rainer Benkmann (2001) als Konsequenz der Auseinandersetzung „mit ausgewählten Elementen des Radikalen Konstruktivismus, der Systemtheorie und des Neopragmatismus in ihrer Bedeutung für die Erziehungswissenschaft" (S. 95) beschrieben. Im systemisch-konstruktivistischen Verständnis lassen sich Lernende als autopoietisch organisierte Systeme verstehen, deren Selbstorganisationsprozesse mit *„sonderpädagogischem Blick"* erkannt werden. Wenn individuelle Lösungen der Lernenden im Umgang mit den Herausforderungen schulischer Bildung im Unterschied zu anderen Lernenden besonders auffallen, geraten sie ins Zentrum der Aufmerksamkeit der Sonderpädagog*innen. Dieser be*sondere* Blick basiert auf der

„Fähigkeit zu differenzierter Wahrnehmung und Beobachtung von Merkmalen und Ergebnissen heterogener und erschwerter Lern- und Denkprozesse einzelner Kinder (…), die besonderer Hilfe und Unterstützung bedürfen. (…) Der ‚sonderpädagogische Blick' vereint die Kompetenz zur Wahrnehmung von Erschwernissen beim Lernen sowie die Kompetenz zu deren Behebung oder Erleichterung durch Individualisierung" (Benkmann 2005, S. 422).

Im Unterschied dazu gerät mit dem „Grundschullehrerschema" (Jäpelt 2015, o. S.) mehr die Gesamtgruppe der Lernenden in den Blick. So unterscheiden sich die Muster der Beobachtung. Diese meist impliziten Muster entfalten ihre Wirksamkeit sowohl in der Ausrichtung von Wahrnehmungen als auch in der Ausrichtung von Handlungen und können Konflikte in der Zusammenarbeit hervorbringen. Ein reflektierter Umgang mit Wahrnehmungsmustern ermöglicht das Erkennen der Vielfalt von Perspektiven und Theorien. Sie werden, insoweit wie sie sich sprachlich erfassen lassen, explizit und befördern wechselseitiges Verstehen. Konflikte können gelöst werden. Auf metakognitiver Ebene gewinnt die Grundschullehrerin Friedel Erkenntnisse über das Denken der Sonderpädagogin Hofmann und umgekehrt. Kooperation wird sowohl im Dienst der Bedürfnisse einzelner Kinder als auch der Bedürfnisse der Gesamtgruppe wahrscheinlicher. Damit lässt sich der Wert von Reflexionsmöglichkeiten bzw. Beratungsprozessen für die Herausbildung metakommunikativer und metakognitiver Fähigkeiten erahnen.

> „SonderpädagogInnen als BeraterInnen werden zum innovativen ‚Werkzeug' der Unterrichts- und Schulentwicklung von Grund- und Regelschulen. Sie regen pädagogische Sichtweisen an, die auf der organisatorischen Ebene Schule verändern." (Jäpelt 2009, S. 74)

Sonderpädagogische Aufgaben bestehen zunehmend mehr in der Gestaltung von Beratungsprozessen zur Entwicklung von inklusiven Kulturen, wie sie im „Index für Inklusion" (Boban und Hinz 2003) beschrieben werden. Expert*innenberatung im Sinne von Fachberatung war schon immer Aufgabe von Sonderpädagog*innen. Sie stellen vor allem ihr Fachwissen zur Verfügung. Darüber hinaus haben sich Beratungskonzepte etabliert, in denen Berater*innen eher Prozesswissen für die Gestaltung von echten Gesprächen anbieten. Diese zeichnen sich dadurch aus, dass ein Dialog² stattfindet. Dialogische Gespräche haben transformierenden Charakter.

> „Als Transformativer Dialog kann jegliche Form des Austauschs angesehen werden, der es gelingt, eine Beziehung, die sich ansonsten durch getrennte und gegensätzliche Realitäten (und den sich daraus ergebenden Praxisformen) auszeichnet, in eine solche zu transformieren, in der gemeinsame und koordinierende Realitäten konstruiert werden." (Gergen, McNamee und Barrett 2003, S. 71)

Abbildung 1 gibt einen Überblick über ausgewählte Beratungsansätze, die sich in der Pädagogik bei Erziehungsschwierigkeiten etabliert haben.

---

2 Im Sinne der Dialogphilosophie von Martin Buber (1878-1965).

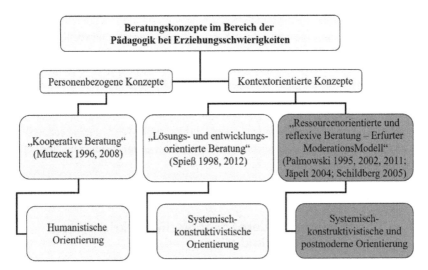

Abb. 1 Ausgewählte Beratungskonzepte in der Pädagogik bei Erziehungsschwierigkeiten (aktualisierte Übersicht, vgl. Jäpelt 2009, S. 78)

In der systemisch-konstruktivistischen und postmodernen Ausrichtung (in Abb. 1 rechts) wird grundsätzlich davon ausgegangen, dass ein Zugriff auf eine Realität mit objektiven Wissensbeständen nicht möglich ist. Darüber hinaus gilt die Grundannahme, dass Sprache formativ sei. Sprache schafft Wirklichkeiten. Insofern braucht es Verständigung darüber, welche subjektiven und kollektiven Wirklichkeiten welches Wissen konstruieren.

„Ich verstehe unter ‚Wirklichkeit' ein Netzwerk von Begriffen, die sich in der bisherigen Erfahrung des Erlebenden als angemessen, brauchbar oder ‚viabel' erwiesen haben, und zwar dadurch, daß sie wiederholt zur erfolgreichen Überwindung von Hindernissen oder zur begrifflichen ‚Assimilation' von Erfahrungskomplexen gedient haben. ‚Realität' hingegen ist in der konstruktivistischen Perspektive eine Fiktion und zudem eine gefährliche, denn sie wird von Rednern und Autoren zumeist dazu benützt, dem, was sie behaupten, den Anschein absoluter Gültigkeit zu verleihen (…)." (von Glasersfeld 2006, S. 2f.)

Ressourcenorientierte und reflexive Beratung kann zur Klärung von Begriffen, Sichtweisen und Rollenverständnissen nützlich sein. Über die Art und Weise, wie Lehrkräfte Unterscheidungen in der Beobachtung der eigenen Rolle und der eigenen Verantwortung reflektieren können, gestalten sich kollegiale Beziehungen.

Es geht also darum, wie die Beteiligten ihr Selbstverständnis in Sprache bringen. Auf diese Weise kann Komplexität alle Perspektiven integrierend vorübergehend erhöht werden. Die anschließende Umsetzung veränderter, mit dem eigenen Rollenverständnis vereinbarer, Handlungen ist schließlich Ergebnis operativ eingesetzter Reduktion von Komplexität. Veränderungen von Organisationen stehen im engen Zusammenhang mit Veränderungen von Bedeutungen, Unterscheidungen und Wertannahmen. Die Eindeutigkeit von Konnotationen zu den Begriffen ist selten gegeben. Sie ist besonders uneindeutig, wenn alte Begrifflichkeiten durch neue ersetzt werden. Das Thema der Inklusion scheint gut dazu geeignet, missverständliche Bedeutungen[3] hervor zu bringen.

1 Veränderte sonderpädagogische Blickrichtungen im Zeitalter der Inklusion

Sonderpädagogische Förderung erfordert nunmehr die Herstellung einer Differenz, die professionelles Handeln von Sonder- und Regelpädagog*innen am selben Ort unterscheidet. „Sonderpädagogik versteht sich deshalb als subsidiäre Pädagogik, als ein subsidiärer Dienst für die allgemeine Pädagogik" (Wocken 1991, S. 106). Sonderpädagog*innen sollen Kompetenzen zur Wahrnehmung von Förderbedarfen und zur Auslösung von entsprechendem Handeln vereinen. Der oben beschriebene *„sonderpädagogische Blick"* kann damit kennzeichnend für die sonderpädagogische Profession werden.

> „Sonderpädagogischer Förderbedarf ist hier eine Systemkategorie. Sie hat nicht nur die unmittelbaren Bedarfe des Kindes im Blick, sondern auch die Veränderung der Systembedingungen des Gemeinsamen Unterrichts, der Schule und der Lebenswelt, sei es in Form von Beratung der integrativ arbeitenden Lehrkräfte oder in Form der Umsetzung einer Intervention in die Lebenswelt, wenn Lernen behindert wird. Ziel dabei ist es, förderliche Kind-Umfeld-Bedingungen zu schaffen, die schulische Inklusion ermöglichen." (Benkmann 2011, S. 11)

Die Grundprinzipien subsidiärer Sonderpädagogik „Gemeinsamkeit und Bedürftigkeit" wie sie von Hans Wocken (1991) ausgearbeitet wurden, erfordern eine eigenständige konzeptionelle Umsetzung und eine besondere Blickrichtung auf die

---

3   Das Wort „inkludieren" ist ein treffendes Beispiel dafür. Es gehört in vielen Beschreibungen zum Vokabular, mit dem Inklusionsprozesse gemeint sein sollen. Verwendung findet es aber nicht selten als neues Wort für die alte Bedeutung von „integrieren".

komplexen Wechselwirkungen in pädagogischen Prozessen. Welche Bedingungen erhalten die Balance von Gemeinsamkeit und Bedürftigkeit in der inklusiven Schule? Wie können Sonderpädagog*innen die Entfaltung der individuellen Fähigkeiten subsidiär organisieren und dabei immer auch die Eigenverantwortlichkeit und Selbstbestimmung des Individuums als legitimen Anspruch des Einzelnen respektieren? Die Bedeutung des *"sonderpädagogischen Blicks"* erfährt damit eine Schärfung. Für das professionelle Selbstverständnis werden besondere Perspektiven bzgl. des einzelnen Individuums als autopoietisch organisiertes System im jeweiligen Kontext bedeutsamer als es bei institutioneller Trennung erforderlich gewesen wäre. Es zeigen sich neue Differenzlinien und Heterogenitätsdimensionen. Dies erfordert ein Überdenken bisheriger Muster von Diagnostik, Förderung und Kooperation. Gerade im gegenwärtigen Veränderungsprozess vom integrativen zum inklusiven Denken werden Weltbilder und festgefahrene Überzeugungen irritiert, die bei den tätigen Pädagog*innen bisher Handlungsfähigkeit sicherstellen konnten, z. B. das Konzept eines „Grundschullehrerschemas" (Jäpelt 2015, o. S.). Die wachsende Komplexität von Bildungsprozessen bezogen auf die *Konzeptualisierung von Inklusion* (vgl. Leuthold 2016) denken zu können, stellt eine Herausforderung für die gegenwärtige Ausbildung von Pädagog*innen dar. Die grundlegenden Überzeugungen variieren entsprechend ihrer Passung bzw. „Viabilität" (von Glasersfeld 2006, S. 10) und erzeugen vielfältige Verständnisse von Interventionen einer sich als subsidiär definierenden Pädagogik. Sowohl in der Beziehung zu den Kindern und Jugendlichen als auch in der Beziehung zu den Kolleg*innen muss v. a. von den Sonderpädagog*innen die „doppelte Kontingenz" (Luhmann 1984, S. 149) von Ungewissheit und Offenheit im Schulalltag bewältigt werden. Damit ergeben sich in der Praxis zwei Reflexionsbereiche, einerseits bezogen auf geteilte Bedeutungen mit den Schüler*innen und andererseits auf geteilte Bedeutungen mit den Kolleg*innen.

2 Bedeutung von Reflexion in inklusiven Veränderungsprozessen

Im Hinblick auf das „Technologiedefizit in der Pädagogik" (Luhmann und Schoor 1982) bleibt noch immer zu klären, wie die Ausbildung von Pädagog*innen entwickelt werden kann. Zur Begründung eines wertgeleiteten Handelns in der Gestaltung inklusiver Bildungsprozesse greifen neben ethischen bzw. menschenrechtlichen Positionierungen vor allem auch systemtheoretische. Einander beobachtend und ohne möglichen Bezug zu objektiven Kausalgesetzen definieren Menschen ihre

Rollen als Pädagog*innen oder als Schüler*innen und ihre Beziehungen. Es handelt sich um Vorstellungen von Kausalitäten. Diese führen zu Kausalplänen auf der Handlungsebene. Eine Reflexion von Kausalplänen und Rollen ist erforderlich, wenn die eine oder die andere Ausrichtung für gut befunden wird und das pädagogische Handeln bestimmen soll.

> „Da es keine für soziale Systeme ausreichende Kausalgesetzlichkeit, da es mit anderen Worten keine Kausalpläne der Natur gibt, gibt es auch keine objektiv richtige Technologie, die man nur erkennen und anwenden müßte. Es gibt lediglich operativ eingesetzte Komplexitätsreduktionen, verkürzte, eigentlich ‚falsche' Kausalpläne, an denen die Beteiligten sich selbst in bezug auf sich selbst und in bezug auf andere Beteiligte orientieren. *Das ist die einzige Basis jeder möglichen Technologie.*" (Luhmann und Schoor 1982, S. 19, Hervorh. i. Orig.)

Erst diese Reduktion erzeugt Handlungsfähigkeit. Die Kompetenz zur Reduktion von Komplexität wird genauso bedeutsam wie die Kompetenz zur Erhöhung von Komplexität. Worum es in der hier unternommenen Schärfung des „sonderpädagogischen Blicks" gehen soll, ist die Fähigkeit zur differenzierten Wahrnehmung der zur Beobachtung führenden Prozesse (Beobachtung der Beobachtung). Im konstruktivistischen Verständnis erfolgt jede Beobachtung auf zwei Ebenen, der Beobachtung erster und zweiter Ordnung. Auf der ersten Ebene können z. B. Unterscheidungen in der Bewertung von Beobachtungen als Fähigkeiten oder Defizite wirklichkeitskonstruierend werden. Eine konstruktivistische Grundannahme besteht in der Unmöglichkeit von beobachterunabhängigen Wahrheiten. Insofern wird Verstehen und Handeln nicht am objektiven Wahrheitskriterium gemessen. Vielmehr kann die Nützlichkeit für die handelnde Person nur mit persönlichen bzw. kollektiv geteilten Richtig/Falsch-Bewertungen bestimmt werden.

> „Sobald du dich auf den Bereich zweiter Ordnung – das Verstehen des Verstehens, die Funktion von Funktionen, die Wissenschaft der Wissenschaft – zurückziehst, werden plötzlich die Probleme ‚erster Ordnung' in einer Weise beleuchtet, die du auf der ersten Ebene nicht wahrnehmen kannst." (von Foerster 1999, S. 243)

Die neue Erkenntnis, die sich mit der Beobachtung zweiter Ordnung einstellen könnte, wäre die Selbsterkenntnis über die Entscheidungsprozesse, die zur Ausrichtung der Aufmerksamkeit auf die Fähigkeiten oder die Defizite führen. Im professionellen Rahmen begründen derartige Reflexionen die Ausprägung eigenständiger Konzepte bzw. Handlungstheorien, die den sogenannten *„sonderpädagogischen Blick"* ermöglichen.

> „In der Beobachtung zweiter Ordnung kann der formative Charakter von Sprache in Bewertungen, Diagnosen, Etikettierungen beobachtet werden. Beobachtungen werden mit Bedeutungen angereichert bzw. konnotiert: positiv oder negativ. Systemische Reflexionsgespräche im Kollegium machen derartige Prozesse erkenn- und veränderbar. Dann kann aus einer negativen Konnotation: ‚Inklusion macht keinen Sinn' eine positive Konnotation werden: ‚Inklusion ist eine spannende Herausforderung'." (Jäpelt 2014, S. 44f.)

Auf diese Weise verändern sich Wirklichkeiten und Blickrichtungen. So können im *„sonderpädagogischen Blick"* gleichzeitig *vielfältige* und *besondere* Perspektiven in Relation zu entsprechenden Theorien sprachlich fassbar und erkennbar werden. Eine derartig verstandene Professionalität basiert auf der Kompetenz zur kritischen Auseinandersetzung mit den Gültigkeitsansprüchen und Grenzen von Theorien. Dies geschieht in der Absicht Gemeinsamkeit und Bedürftigkeit im inklusiven Lernen zu balancieren (vgl. Wocken 1991). Zudem sollte deutlich werden, dass ein ausschließlicher Blick erster Ordnung eine Reduktion von Komplexität auf richtige Aussagen erzeugen kann. Die Aufmerksamkeit wäre auf die Förderbedürfnisse mit anschließender Etikettierung gerichtet und die Intervention eine separierende Einzelförderung. Das könnte eine Erwartungshaltung der Lehrkraft mit „Grundschullehrerschema" (Jäpelt 2015, o. S.) sein. Ein so verstandener *„sonderpädagogischer Blick"* würde jedoch allein die personenbezogene Verortung der sogenannten Störung bzw. Behinderung fokussieren. Die explizit begriffliche Fassung als *„sonderpädagogischer Blick"* vermag also Verstehen nicht sicherzustellen, solange die individuellen Bedeutungen ungeklärt sind. Es bedarf einer permanenten Reflexion über Bedeutungen und über die Veränderung von Bedeutungen und Erwartungen. Darüber kann Anschlussfähigkeit in der Kooperation von Sonder- und Regelpädagog*innen hergestellt werden.

> „Kooperation wird immer dann erforderlich, wenn eine Aufgabe für den Einzelnen zu schwer oder zu komplex wird. Dazu ist die Klärung der Beziehung grundsätzlich. In welcher Weise beziehen sich dann Grundschul- bzw. Regelschul- und SonderpädagogInnen aufeinander?" (Jäpelt 2009, S. 77)

Inklusive Lehr- und Lernräume beherbergen viele Theorien vieler Anwesender. Dieser Komplexität gerecht zu werden, erfordert besondere Fähigkeiten. Für Ausbildung bedeutet das, den Umgang mit verschiedenen Perspektiven managen zu lernen.

3 Management verschiedener Sichtweisen, Perspektiven & Blicke

Wertschätzung gegenüber den Wirklichkeitskonstruktionen der Anderen stellt eine grundlegende Haltung in ressourcenorientierten und reflexiven Beratungsgesprächen dar (vgl. Jäpelt 2004; Palmowski 1995, 2002, 2011; Schildberg 2005). Diese bedingt einen respektvollen Umgang, z. B. mit den erlebten Grenzen von Sabrina Friedel. Ein Veränderungsbedürfnis vorausgesetzt, können anschließend Möglichkeiten über die Grenzen hinaus konstruiert werden. So würden Denkpausen im Schulalltag verortet sein, wie sie Stevens (2001) ausführt als

> „eine Art der Reflexion, die man braucht, um seine Arbeit gut zu machen, und die notwendig ist, um zu verstehen, womit man sich beschäftigt (...) Es geht in der Denkpause also um die Art und Weise, wie Lehrer ihre Schüler und ihre Aufgabe betrachten." (S. 10f.)

Derartige Gespräche erlauben den Zugriff auf die eigenen, Grenzen setzenden, Schemata, auf Vorannahmen, Perspektiven, Theorien und Muster. Dieses meist implizite Wissen ist nicht nur, aber auch, das Resultat einer expliziten Auseinandersetzung mit Ausbildungsinhalten im Studium, z. B. der Grundschulpädagogik oder der Sonderpädagogik. Hier bilden sich Perspektiven in der Konstruktion von Behinderung und Benachteiligung, von Konzepten über das Lernen oder über die Idee der Inklusion. Durch Selbstreflexion entsteht Prozesssicherheit im Sinne einer konstruktivistischen Auslotung von Bildungsprozessen (vgl. Arnold 2011). Erst dieser Zusammenhang ermöglicht eine professionell reflektierte Praxis, in der die Beobachtung niemals ohne Beobachter*in angenommen wird. Studierende sollten deshalb Theorien (erster Ordnung) diskutieren und auf der Ebene der zweiten Ordnung reflektieren können (vgl. hierzu auch Kraus 2015). Ein Beispiel soll diese Idee illustrieren: Das Phänomen AD(H)S erzeugt unterschiedliche Kausalitäten im Schulalltag. Während sich eine Lehrerin (A) sehr stark an biomedizinischen Erklärungsansätzen orientiert, wird sie sich das auffällige Verhalten so erklären, dass organische Defizite Verhalten bestimmen und mit Medikamenten reguliert werden können (biomedizinischer Blick). Sie muss also weiter nichts tun, als die Medikamenteneinnahme zu befürworten. Das biomedizinische Erklärungsmodell steht hier für die Wahrnehmung erster Ordnung neben vielen anderen Modellen und Theorien. Auf der Beobachtungsebene zweiter Ordnung könnte sie sich fragen, was das mit ihr zu tun hat. Sie lernt dabei vielleicht über sich selbst, dass sie den naturwissenschaftlichen Forschungsergebnissen eine Wahrheit zugesteht, mit der sie ihre eigenen Entscheidungen legitimieren kann. Der Lehrer (B) mit einer behavioristischen Sichtweise erzeugt andere Kausalitäten zum Phänomen AD(H)S, die ihn anders handeln lassen. Er sieht darin ein Verhalten, dem mit Maßnahmen der Verhaltensmodifikation begegnet werden muss. Sein Handeln bezieht er aus der Theorie, dass alles Verhalten gelernt ist und auch wieder verlernt werden kann (behavioristischer Blick). Das verhaltenstheoretische Modell des Behaviorismus steht neben dem biomedizinischen und vielen anderen Modellen und Theorien (erster Ordnung). Sein pädagogisches Programm gestaltet der Lehrer (B) so, dass erwünschtes Verhalten verstärkt wird. In der Wahrnehmung zweiter Ordnung könnte er sich vielleicht darin erkennen, dass dieses stark kontrollierende Trainingsprogramm deshalb so angenehm für ihn ist, weil er kontrollieren kann und weil er planbare Handlungen braucht.

Im systemisch-konstruktivistischen Modell versteht Lehrerin (C) das Verhalten, das AD(H)S genannt wird, als Problemlösungsversuch, der eine wichtige Funktion im Kontext erfüllt. Die Kausalität wird hier nicht linear sondern zirkulär angelegt (systemisch-konstruktivistischer Blick). Das bedeutet, dass das Verhaltensmuster AD(H)S solange gezeigt werden muss, bis andere Lösungen besser funktionieren, denn „Lösungen und Lösungsversuche, die ein Problem nicht lösen, sind ein Teil des Problems" (Palmowski und Jäpelt 2002). Das systemisch-konstruktivistische Modell steht neben dem biomedizinischen, dem verhaltenstheoretischen und vielen anderen Modellen und Theorien erster Ordnung, die sonderpädagogisches Denken markieren können. In der Beobachtung zweiter Ordnung würde die systemisch-konstruktivistisch[4] denkende Lehrerin (C) sich selbst darin erkennen, dass sie Verantwortung für ihren eigenen Anteil an der Konstruktion und Aufrechterhaltung des Verhaltens übernimmt und die Eigenverantwortung der Schüler*innen respektiert. Vielleicht erkennt sie darin auch, dass sie ungern über jemand anderen bestimmen will.

Auf diese verschiedenen Modelle kann sich sonderpädagogisches Wissen beziehen:

- Biomedizinisches Modell[5]
- Psychologische Modelle
  - Behaviorismus

---

4 Systemische Theorien schließen hier die konstruktivistische Perspektive ein, so dass damit sowohl Beobachtungen auf der ersten als auch der zweiten Ordnung begründet werden.

5 Historisch gesehen muss für das Gebiet der Sonderpädagogik berücksichtigt werden, dass das biomedizinische Paradigma lange Zeit vorherrschend war. Diese Perspektive nimmt im Alltagsverständnis noch immer eine dominante Position ein.

- Psychoanalyse
- Soziologische Modelle
- Historischer Materialismus
- Symbolischer Interaktionismus
- Ökologische Modelle
- Systemisch-konstruktivistische Modelle (Balgo 2002, S. 13ff.)

In einer postmodernen Lesart stehen die Paradigmen gleichberechtigt nebeneinander und führen zur Ausrichtung der Blicke (Beobachtung erster Ordnung) und zu Einsichten über die jeweilige Ausrichtung der Aufmerksamkeit (Beobachtung zweiter Ordnung). Reflektierte Sonderpädagog*innen (er)kennen sowohl die grundlegende Systematik und innere Logik von Erklärungsansätzen und Modellen (Wissen), deren Geltungsbereich, ihre Grenzen sowie ihre ethisch-moralischen Konsequenzen und erzeugen darüber Handlungsfähigkeit. Ein „sonderpädagogischer Blick", wie ich ihn hier beschreibe, vereint Blickrichtungen erster und zweiter Ordnung. Dabei kann auf der Ebene der ersten Ordnung eher von Wissensbeständen (Fachwissen) gesprochen werden, auf der zweiten Ebene von Wissen über die Prozesse der Erzeugung von Wissen (Prozesswissen). Darin eingeschlossen ist die Akzeptanz postmoderner Kriterien von Wahrheit als beobachterabhängige Kategorie ohne objektiven Geltungsanspruch. Expertentum von Lehrkräften schließt somit „Wissendes Nicht-Wissen als Kern (sonder-)pädagogischen Wissens und professionellen (sonder-)pädagogischen Handelns" (Benkmann 2001, S. 93) ein.

Biomedizinische, behavioristische, systemisch-konstruktivistische und weitere Modelle bedingen vielfältige Perspektiven und Handlungsmöglichkeiten, die einander ergänzende oder auch einander widersprechende Wirklichkeiten erzeugen. Dabei geht es nicht allein darum, die Anzahl von Denk- und Handlungsmöglichkeiten einfach zu erhöhen, sondern durch eine Betrachtung auf der Metaebene (Beobachtung zweiter Ordnung) Struktur in das komplexe Theoriengebäude zu bringen. Eine hinlänglich bekannte Unterscheidung von Erklärungsmodellen in der Pädagogik bei Erziehungsschwierigkeiten erfolgt durch die Differenzierung in personenbezogene und kontextbezogene Erklärungs- und Handlungsmodelle[6]. Die Ausrichtung des Blickes kann vorrangig die Person oder vorrangig den Kontext für die Erklärung von (auffälligem) Verhalten favorisieren. Als Beispiele für die personenorientierte Sichtweise können der biomedizinische Blick von Lehrerin (A) und der behavioristische Blick von Lehrer (B) gelten. Ein Beispiel für

---

6 Hier sei nur beispielhaft auf den Beitrag von Karl-Heinz Benkmann (1989) vor mehr als einem Vierteljahrhundert im Handbuch der Sonderpädagogik, Bd. 6 verwiesen.

eine kontextbezogene Sichtweise ist der systemisch-konstruktivistische Blick von Lehrerin (C) (vgl. Abb. 2).

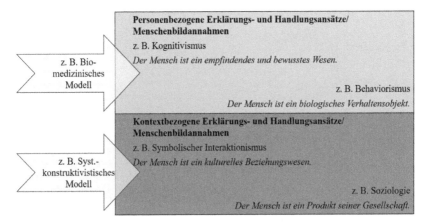

Abb. 2 Zwei Dimensionen zur Unterscheidung von Modellen zur Erklärung von Verhalten (eigene Grafik)

Darüber hinaus könnten sich Erklärungsansätze darin unterscheiden, inwieweit sich die Aufmerksamkeit mehr auf die innerlichen oder mehr auf die äußerlichen Bedingungen von Verhalten beziehen. Werden diese vier Unterscheidungsmöglichkeiten in einer Systematik erfasst, entsteht ein Schema aus vier Quadranten (vgl. Abb. 3). Das biomedizinische Modell findet sich an der Grenze zwischen den Quadranten oben rechts und oben links, das behavioristische Modell kann vollständig im Quadranten oben rechts und das systemisch-konstruktivistische Modell an der Grenze zwischen den Quadranten oben links und unten links verortet werden. Biomedizinische Sichtweisen sind deshalb als äußerliches Phänomen zu verstehen, weil hier biologische und neuronale Zusammenhänge durch Untersuchungen „beobachtet" und objektiv erfasst werden können. Innere Phänomene dagegen lassen sich nicht objektiv erfassen, sondern sind immer nur Interpretationen oder Deutungen subjektiver bzw. intersubjektiver Erfahrungen. Ihre Verifikation erfordert einen hermeneutischen Prozess, „(…) beispielsweise durch Selbstreflexion, dialogische oder konsensuelle Verständigung" (Fuhr und Dauber 2002, S. 24).

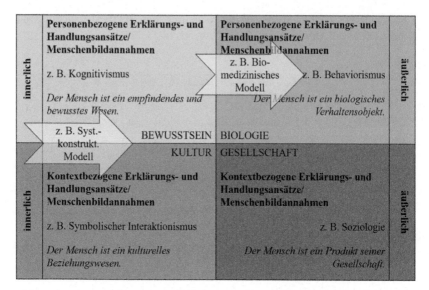

Abb. 3 Vier Dimensionen zur Unterscheidung von Modellen zur Erklärung von Verhalten (eigene Grafik)

In dieser vierdimensionalen Matrix bekommen Blicke weitere Ausrichtungen. Es können vorrangig unsichtbare innere oder sichtbare äußere Phänomene oder auch vorrangig personenbezogene (individuelle) oder kontextbezogene (kollektive) Phänomene betrachtet werden. Wenn alle Richtungen eingeschlossen werden, können Verständigungen über Erklärungen von Phänomenen gelingen. Die Unterscheidungen dienen weniger als Abgrenzung sondern verweisen auf die Gesamtheit jeglicher Phänomene menschlichen Verhaltens und erlauben eine differenzierte Ausrichtung von Maßnahmen zur individuellen Förderung im Bereich des Verhaltens:

- Die innerliche Erfahrung von Verhalten – Veränderungen entstehen durch Einsichten von Personen, darauf richten sich die Fördermaßnahmen.
- Das von außen beobachtbare Verhalten – Veränderungen entstehen durch ein neues Tun der Personen, darauf richten sich die Fördermaßnahmen.
- Die Relation von Verhalten und kulturellen Überzeugungen – Veränderungen entstehen durch gemeinsame Gespräche, darauf richten sich die Fördermaßnahmen.

- Die gesellschaftlich organisierten Verhaltensanforderungen – Veränderungen entstehen durch Anpassung von Systemen, darauf richten sich die Fördermaßnahmen.

Diese vier Dimensionen in Anlehnung an das Quadrantenmodell von Ken Wilber (1996, S. 160ff.) stellen eine Struktur zur Verfügung, durch die verschiedene Perspektiven, als Erklärung eines Phänomens und zum handelnden Umgang damit, zueinander in Relation gebracht werden können (vgl. auch Fuhr und Dauber 2002, S. 20ff.). Das Ganze besteht aus Teilen und die Teile wiederum bilden ein Ganzes. In der Sprache des Modells von Wilber (1996) wird dieser Zusammenhang *Holon* („Ganzes/Teil") genannt. Das bedeutet vereinfacht, dass die hier beschriebenen Theorien „Ganzes" in sich sind aber auch „Teil" einer Gesamtheit („Ganzes/Teil") von Theorien zum Erklären von Verhalten. Eine Theorie, die dies alles einschließen kann, eröffnet Erkenntnismöglichkeiten über das Ausmaß der Nützlichkeit einer jeden Theorie in Bezug auf eine bestimmte Fragestellung. Aus dieser besonderen Perspektive könnte das so aussehen: Die Lehrerin (A), die Ritalin befürwortet, kann mit dem Lehrer (B), der Verhaltensmodifikation einsetzt, die Vor- und Nachteile der jeweiligen Sichtweise reflektieren und erkennen, dass ihre beiden Perspektiven vorrangig äußere sichtbare Phänomene fokussieren. Ihre unterschiedlichen Vorlieben auf der Interventionsebene würden sie einander ergänzend betrachten. Es könnte ihnen gelingen, AD(H)S auch bezogen auf die unsichtbare Innenwelt zu interpretieren. Es könnte Ihnen möglich sein, AD(H)S in Relation zu kollektiven Überzeugungen (kontextbezogen-innen) und gesellschaftlichen Bedingungen (kontextbezogen-außen) zu verstehen, z.B. wenn die Bedeutung der Macht der Pharmaindustrie in unserer Gesellschaft für die Erklärung zunehmender Methylphenidatverordnungen in die Reflexion eingeschlossen wird. Erkennbar könnte werden, dass bestimmte gesellschaftliche Wertesysteme und soziale Normen zur Sanktion von deviantem Verhalten führen. Ein Verhalten, das als Krankheit definiert ist, erzeugt mehr Verständnis als deviantes Verhalten. Jede dieser Sichtweisen ließe sich als integraler Bestandteil weiterer Theorien betrachten.

> „Das Wort integral bedeutet umfassend, einschließend, nicht marginalisierend, umarmend. Integrale Ansätze versuchen in jedem Feld genau das zu sein: die größtmögliche Anzahl von Perspektiven, Stilen und Methodologien in eine kohärente Sicht des Gegenstands einzubeziehen. In gewissem Sinn sind integrale Ansätze ‚Meta-Paradigmen' oder Wege eine bereits existierende Anzahl verschiedener Paradigmen in ein wechselbezügliches Netzwerk sich gegenseitig bereichernder Ansätze zusammen zu bringen." (Wilber 2002, o. S.)

Eine professionelle Art sich über das „Ganze/Teil" zu beraten, basiert auf kommunikativen und metakommunikativen Fähigkeiten, Sichtweisen zu strukturieren. In der Kompetenz relativer Verwendung verschiedener Modelle sonderpädagogischen Denkens zeigt sich ein souveräner Umgang mit dieser Komplexität. Gleichzeitig erhöht sich dadurch die Anzahl der Möglichkeiten zur Gestaltung *sonder*pädagogischer Interventionen. Darüber hinaus fokussiert ein differenzierter „*sonderpädagogischer Blick*" vor allem den Umgang mit den unterschiedlichen Wirklichkeitskonstruktionen und den daraus hervorgehenden Formen der Unterstützung von Teilhabe. Auf der Handlungsebene erzeugt jede Perspektive ihre eigenen Verfahren. In der Abbildung 4 stehen in jeder der Perspektiven ausgewählte Ansätze zur Veränderung von Verhalten.

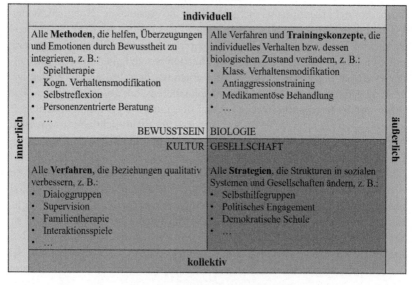

Abb. 4 Vier Dimensionen zur Unterscheidung von Modellen zur Veränderung von Verhalten und ihre damit verbundenen Techniken, Methoden, Verfahren (veränderte Abbildung in Anlehnung an Lutterbeck 2009, S. 50)

Die hier schon mehrfach angeführte Lehrerin (A) und der Lehrer (B) könnten erkennen, wie sehr sie in ihren grundlegenden Vorannahmen über störendes Verhalten übereinstimmen. Sowohl aus biomedizinischer als auch aus behavioristischer Perspektive streben sie danach, das Verhalten ihrer Schüler*innen über individuell ausgerichtete (personenbezogene) Verfahren zu verändern. Darüber hinaus erkennen sie eine Vielzahl von über das eigene Modell hinausweisende Verfahren. So wird ein wechselbezügliches Netzwerk an Möglichkeiten zur Kommunikation des auffälligen Verhaltens nutzbar. Vielfältige Erklärungsmöglichkeiten bedingen vielfältige Handlungsmöglichkeiten.

Sabrina Friedel würde den Aufbau ihres eigenen „Grundschullehrerschemas" (Jäpelt 2015, o. S.) thematisieren können und fähig sein, neue Informationen in ihr Schema zu integrieren und es dadurch zu verändern. Carola Hofmann wäre in der Lage, diesen Veränderungsprozess zu unterstützen und ein Sicherheit gebendes Beziehungsangebot zu unterbreiten. Darüber hinaus bringt sie besondere Förderangebote als Teil des Ganzen (Unterricht) ein. Auf diese Weise ergibt sich ein subsidiärer Dienst für die Gestaltung von Unterricht. Es werden situativ angemessene Entscheidungen getroffen, die den Bedürfnissen nach individueller Förderung und Erfüllung von Lehrplananforderungen entsprechen. Die Entscheidungen unterliegen dem Prinzip von Gemeinsamkeit und Bedürftigkeit (Wocken 1991). Dazu bedarf es einer Klärung der je unterschiedlichen Aufgaben von Regel- und Sonderpädagog*innen.

Der Ansatz der ressourcenorientierten und reflexiven Beratung bietet Techniken und Verfahren zur Herausbildung neuer Unterscheidungen und Blickrichtungen. Beratung ermöglicht Selbsterforschung bezogen auf die Annahmen „hinter" den Denkprozessen: Überzeugungen, Werte und Theorien. Ein *sonderpädagogischer Blick"* wäre in diesem Verständnis mit der Kompetenz verbunden, sowohl die Teile als auch das Ganze („Ganzes/Teil", Wilber 1996) zu betrachten. In der Gesamtschau kann die bestmögliche Förderung von Kindern im Unterricht realisiert werden. Selbsterforschung als besondere Perspektive würde die bekannte Beschreibung des *„sonderpädagogischen Blicks"* ergänzen. In der Ausbildung sollte es darum gehen, dass sich zukünftige Sonderpädagog*innen darin befähigen, die Perspektivenvielfalt von Theorien zu beherrschen. Darüber hinaus werden kommunikative Kompetenzen zu entwickeln sein, die echte Gespräche kennzeichnen. Die Einübung eines respektvollen Umgangs mit den Vorannahmen über Behinderung und Benachteiligung sollte grundlegend sein. Sie geben auf der Beobachtungsebene erster Ordnung Handlungssicherheit und erfahren auf der Beobachtungsebene zweiter Ordnung immer wieder Bedeutungswandel. Neue Bedeutungen wiederum erzeugen neue Handlungsmöglichkeiten, die zunächst von Verunsicherung gekennzeichnet sind, bevor sie insgesamt wieder Handlungssicherheit geben. Es geht um die Kompetenz zur Bewältigung von Ungewissheiten. Auf dieser Basis kann sich Unterricht verändern. Damit wird deutlich, dass in der Beratung von Regelpädagog*innen durch Sonderpädagog*innen ein andauernder Reflexionsprozess stattfindet, um die komplexen Herausforderungen in einer inklusiven Schule zu bewältigen. Indem sich die Sonderpädagog*innen als Expert*innen für diesen Prozess verstehen, kann sich der Erkenntniswert besonderer Perspektiven in der Gestaltung pädagogischer Wirklichkeiten offenbaren.

Literatur

Arnold, R. (2011). Systemische Erwachsenenbildung – Anmerkungen zur Radikalisierung der Teilnehmerorientierung. In B. Jäpelt & H. Schildberg (Hrsg.), *Wi(e)der die Erfahrung. Zum Stand der Kunst systemischer Pädagogik...* (S. 61–70). Dortmund: borgmann.
Balgo, R. (2002). Sonderpädagogik im historischen und aktuellen Kontext. In R. Werning, R. Balgo, W. Palmowski & M. Sassenroth (Autoren). *Sonderpädagogik, Lernen, Verhalten, Sprache, Bewegung und Wahrnehmung* (S. 13–100). München: Oldenbourg.
Benkmann, K. H. (1989). Pädagogische Erklärungs- und Handlungsansätze bei Verhaltensstörungen in der Schule. In H. Goetze & H. Neukäter (Hrsg.), *Pädagogik bei Verhaltensstörungen* (Handbuch der Sonderpädagogik, Bd. 6, S. 71–119). Berlin: Marhold.
Benkmann, R. (2001). Sonderpädagogische Professionalität im Wandel unter besonderer Berücksichtigung des Förderschwerpunkts Lernen. *Zeitschrift für Heilpädagogik, 52* (3), 90–98.
Benkmann, R. (2005). Zur Veränderung sonderpädagogischer Professionalität im Gemeinsamen Unterricht aus Sicht der Pädagogik bei Lernbeeinträchtigungen. *Zeitschrift für Heilpädagogik, 56* (10), 418–426.
Benkmann, R. (2011). Professionalisierung von Sonderschullehrkräften für den Gemeinsamen Unterricht. *Schulpädagogik heute „Diagnostik und Förderung", 2* (3), 1–16. http://www.schulpaedagogik-heute.de/conimg/SH3_43.pdf. Zugegriffen: 06.12.2016.
Benkmann, R., Gercke, M., & Jäpelt, B. (2016). Mehr Zeit am Anfang – Ergebnisse der wissenschaftlichen Begleitung eines Index-Prozesses zur inklusiven Schulentwicklung. In C. Förster, E. Hammes-Di Bernado, M. Rißmann & S. Tänzer (Hrsg.), *Pädagogische Lebenswelten älterer Kinder – zwischen Anspruch und Wirklichkeit* (S. 115–125). Herder: Freiburg.
Boban, I., & Hinz, A. (2003). *Index für Inklusion.* http://www.eenet.org.uk/resources/docs/Index%20German.pdf. Zugegriffen: 06.12.2016.
Fuhr, R., & Dauber, H. (Hrsg.). (2002). *Praxisentwicklung im Bildungsbereich – ein integraler Forschungsansatz* (Schriftenreihe zur Humanistischen Pädagogik und Psychologie). Bad Heilbrunn: Klinkhardt.
Gergen, K. J., McNamee, S., & Barrett, F. (2003). Transformativer Dialog. *Zeitschrift für Systemische Beratung und Therapie, 21* (2), 69–89.
Heimlich, U. (1999). Der heilpädagogische Blick – Sonderpädagogische Professionalisierung auf dem Weg zur Integration. In U. Heimlich (Hrsg.), *Sonderpädagogische Fördersysteme. Auf dem Weg zur Integration* (S. 129–146). Stuttgart: Kohlhammer.
Jäpelt, B. (2004). *Ressourcenorientierte und reflexive Beratung – Erfurter ModerationsModell. Prozess eines Curriculums zur systemisch-konstruktivistischen Beratung und Moderation*

(Universität Erfurt, Erziehungswissenschaftliche Fakultät, Dissertation). http://www.db-thueringen.de/servlets/DocumentServlet?id=2370. Zugegriffen: 06.12.2016.

Jäpelt, B. (2009). Sonderpädagogische Professionalität im Gemeinsamen Unterricht – SonderpädagogInnen als BeraterInnen – ein Zukunftsentwurf. In S. Börner, A. Glink, B. Jäpelt, D. Sanders & A. Sasse (Hrsg.), *Integration im vierten Jahrzehnt. Bilanz und Perspektiven* (S. 73–85). Bad Heilbrunn: Klinkhardt.

Jäpelt, B. (2014). Erweiterung von Möglichkeitsräumen durch eine differenzierte Betrachtung der Prozesse des Beobachtens. Der „gute Geist" des Helfens – eine Beziehung zwischen Konstruktivismus und Buddhismus. *Systemische Pädagogik, 4* (1), 40–50. https://www.uni-erfurt.de/issp/professuren/allgemeine-sonderpaedagogik-paedagogik-bei-erziehungsschwierigkeiten-und-integration/team/mitarbeiter-innen/dr-birgit-jaepelt/publikationen/. Zugegriffen: 06.12.2016.

Jäpelt, B. (2015). *Perspektiven auf die Schulausgangssituation*. Wissenschaftliche Begleitung zum Index-Prozess der Evangelischen GS Nordhausen. Unveröffentlichter Forschungsbericht. Erfurt.

Kraus, A. (2015). *Anforderungen an eine Wissenschaft für die Lehrer(innen)bildung. Wissenschaftstheoretische Überlegungen zur praxisorientierten Lehrer(innen)bildung*. Münster: Waxmann.

Leuthold, A. (2016). Das konzeptuelle Verständnis von Inklusion – Beschreibung einer Entwicklung am Beispiel Studierender erziehungswissenschaftlicher Studiengänge. *Zeitschrift für Inklusion,* (4). http://www.inklusion-online.net/index.php/inklusion-online/article/view/324/276. Zugegriffen: 22.10.2016.

Luhmann, N., & Schoor, K. (1982). Das Technologiedefizit der Erziehung und die Pädagogik. In N. Luhmann & K. Schoor (Hrsg.), *Zwischen Technologie und Selbstreferenz. Fragen an die Pädagogik* (S. 11–41). Frankfurt a.M.: Suhrkamp.

Luhmann, N. (1984). *Soziale Systeme. Grundriß einer allgemeinen Theorie*. Frankfurt a.M.: Suhrkamp.

Lutterbeck, R. (2009). Eine Plauderei über integrales Coaching. *integral informiert, 20,* 49–58. http://www.rolflutterbeck.de/medieninhalte/IntegralesCoaching-Plauderei-RL.pdf. Zugegriffen: 06.12.2016.

Mutzeck, W. (1996). *Kooperative Beratung: Grundlagen und Methoden der Beratung und Supervision im Berufsalltag*. Weinheim: Deutscher Studien Verlag.

Mutzeck, W. (2008). *Methodenbuch Kooperative Beratung*. Weinheim: Beltz.

Palmowski, W. (1995). *Der Anstoß des Steines: Systemische Beratungsstrategien im schulischen Kontext. Ein Einführungs- und Lehrbuch*. Dortmund: borgmann.

Palmowski, W. (2002). Beratung und Kooperation. In R. Werning, R. Balgo, W. Palmowski & M. Sassenroth (Autoren), *Sonderpädagogik, Lernen, Verhalten, Sprache, Bewegung und Wahrnehmung* (S. 261–294). München: Oldenbourg.

Palmowski, W. (2011). *Systemische Beratung: systemisch denken und systemisch beraten* (Reihe: Fördern lernen, Bd. 14, Beratung). Stuttgart: Kohlhammer.

Palmowski, W., & Jäpelt, B. (2002). Lösungen und Lösungsversuche, die ein Problem nicht lösen, sind ein Teil des Problems. *Unterrichten / erziehen. Die Zeitschrift für kreative Lehrerinnen und Lehrer, 21* (4), 174–176.

Reich, K. (2004). *Konstruktivistische Didaktik*. Weinheim: Beltz.

Schildberg, H. (2005). Ressourcenorientierte und reflexive Beratung – Erfurter Moderations-Modell. Zur theoretischen Grundlegung und Reflexion systemisch-konstruktivistischer und postmoderner Beratungspraxis in (sonder-)pädagogischen Kontexten (Universität

Erfurt, Erziehungswissenschaftliche Fakultät, Dissertation). http://www.db-thueringen. de/servlets/DocumentServlet?id=4207. Zugegriffen: 06.12.2016.

Spieß, W. (1998). *Die Logik des Gelingens: lösungs- und entwicklungsorientierte Beratung im Kontext von Pädagogik.* Dortmund: borgmann.

Spieß, W. (2012). *Die Logik des Gelingens und das multifunktionale, adaptive Prozessmodell.* Berlin: édition Z.

Stevens, L. (2001). *Denkpause. Ein Arbeitsbuch für Lehrer zum Umgang mit Schülern beim Lehren und Lernen* (Sozialpädagogik und Schulreform, Bd. 1). Baltmannsweiler: Schneider.

von Foerster, H. (1999). *Der Anfang von Himmel und Erde hat keinen Anfang. Eine Selbsterschaffung in 7 Tagen.* Wien: Döcker.

von Glasersfeld, E. (1991). Fiktion und Realität aus der Perspektive des radikalen Konstruktivismus. In F. Roetzer & P. Weibel (Hrsg.), *Strategien des Scheins* (S. 161–175). München: Klaus Boer.

Wilber, K. (1996). *Eros, Kosmos, Logos. Eine Vision an der Schwelle zum nächsten Jahrtausend.* Frankfurt a.M.: Wolfgang Krüger.

Wilber, K. (2002). Vorwort. In F. Visser (2002), *Ken Wilber – Denker aus Passion* (dt. Übersetzung v. H.P. Lin). Petersberg: Via Nova. http://www.integralworld.net/de/suny-foreword-de.html. Zugegriffen: 22.10.2016.

Wocken, H. (1991). Ambulante Sonderpädagogik. *Zeitschrift für Heilpädagogik, 42* (2), 104–111. http://www.hans-wocken.de/Werk/werk13.pdf. Zugegriffen: 06.12.2016.

Kompetent sein für Inklusive Schulen heißt auch Diagnostizieren lernen
Eine Aufgabe nicht nur für Sonderpädagog*innen

Gabi Ricken

Zusammenfassung

Die Entwicklung inklusiver Schulen geht einher mit der Weiterentwicklung sonderpädagogischer Aufgaben und dafür nötiger Kompetenzen. Für die diagnostischen Kompetenzen stellt sich somit die Frage, in welcher Richtung diese zu entwickeln sind. Die aus der Lehrer*innenexpertiseforschung kommenden Modelle und insbesondere das Konzept des „Noticings" stellen einen interessanten Rahmen für einen differenzierenden Blick auf die Anforderungen dar. Die Zusammenarbeit verschiedener Professionen in inklusiven Schulen führt zwangsweise zur bisher noch nicht geklärten Frage, in welcher Weise diagnostische Aufgaben zwischen Lehrkräften verschiedener Lehrämter zu verteilen sind und wer über welche Kompetenzen verfügen muss. Die Beantwortung dieser Frage ist schlussendlich relevant für die sonderpädagogisch-diagnostische Aus- und Weiterbildung.

Lehrkräfte sollen „inklusiv" arbeiten und sich dafür weiterbilden, Studierende auf inklusive Schulen bereits im Studium vorbereitet werden. Dies sind herausfordernde Aufgaben insofern, als dass alles andere als klar ist, welche inklusionsrelevanten Kompetenzen dafür zu unterscheiden und nötig sind; wie sich verschiedene pädagogische Professionen mit ihren Kompetenzen überschneiden oder unterscheiden.

Ansätze und Modelle, in denen Kompetenzen von Lehrkräften im allgemeinen Lehramt untersucht werden, gehen von einer Komplexität dieser aus, die sich im Sinne von Dispositionen nach Kognitionen und Emotionen sowie Motivation unterscheiden lassen, die in Situationen durch die Fähigkeiten des Wahrnehmens, Interpretierens und Entscheidens wirksam werden und zu spezifischen Handlungen im pädagogischen Feld (Performanzen) führen (Blömeke, Gustafsson und Shavelson 2015).

Während der Entwicklung dieser Kompetenzen muss fachliches, fachdidaktisches und pädagogisches Wissen aufgebaut und vernetzt werden. Insbesondere sollen Lehrkräfte die Lernvoraussetzungen und -prozesse der Kinder und Jugendlichen gut einschätzen können (vgl. McElvany et al. 2009; Artelt und Rausch 2014). Unter solchen Perspektiven werden Kompetenzen von Lehrkräften seit einigen Jahren intensiv untersucht (vgl. als frühe Studie z. B. Baumert und Kunter 2006).

Kompetenzen von Sonderpädagog*innen sind in Studien wie diesen nicht untersucht worden. Ebenso fehlt die Teilstichprobe der in inklusiven Schulen arbeitenden Lehrkräfte. Aussagen zu Kompetenzen basieren aktuell auf Befragungen von Lehrkräften oder Auswertungen von Ausbildungs- und Fortbildungsprogrammen (Amrhein und Badstieber 2014; Melzer und Hillenbrand 2015; Leidig et al. 2016).

Im Folgenden werden ausgehend von Überlegungen zu barrierefreien Lernsituationen Kompetenzen betrachtet, die bislang für einen inklusiven Unterricht in der Literatur diskutiert werden. Die Frage nach der Entwicklung dieser Kompetenzen im Lehramtsstudium wird am Beispiel diagnostischer Aufgaben skizziert.

1 Grundideen für „Inklusive Schulen": barrierefreie Lernsituationen

Mit der Verabschiedung der UN-Konvention über die Rechte von Menschen mit Behinderungen hat sich Deutschland zur Umsetzung eines Inklusiven Schulsystems verpflichtet (vgl. UN 2008, Art. 24). Dem folgend sollen Schulen *barrierefreie Lernorte* werden, so dass alle Kinder maximal in ihrer kognitiven, emotionalen und sozialen Entwicklung profitieren. Dieses Ziel dürfte keinesfalls überraschen; aber es irritiert, wie schwer dies umzusetzen zu sein scheint – Schulen waren in der Vergangenheit und sind aktuell mit Kindern überfordert, Sonderschulen waren lange Zeit die einzige Lösung für dieses Problem.

Die Herausforderungen liegen im Detail: die Anerkennung des einzelnen Kindes, seiner individuellen Leistungsentwicklungen und die Individualisierung von Lernarrangements müssen ebenso gelingen, wie der gemeinsame Dialog mit anderen Schüler*innen über Lerngegenstände, der über ein „Abliefern" von einzelnen Arbeitsberichten hinausgeht. Zudem sollen sich in einem lernförderlichen Unterricht alle wohlfühlen.

Diese Vorstellung von Unterricht kommt dem in der Behinderten- und Sonderpädagogik seit langem geforderten Anliegen, *Bedingungen entsprechend der*

Voraussetzungen der Kinder und Jugendlichen zu gestalten und nicht Kinder Schulen zuzuordnen, sehr nahe (Ricken und Schuck 2011). Ein hochwertiger Unterricht nach Helmke (2012) und ein professionelles Classroom-Management (Hennemann, Ricking und Huber 2015) gelten als erfolgsversprechende Wege dahin. Für einzelne Kinder könnten sich dennoch die konkrete *Art und Formulierung der Aufgabenstellungen, die Kommunikation in der Klasse, die äußeren Bedingungen, die Materialien, die Unterstützung oder Hilfestellung, die didaktische und soziale Lernform, die Form des erwarteten Ergebnisses, das Feedback und die Bewertung* als Barrieren erweisen. Dazu kommen Einschränkungen der Zugänglichkeit zu Lernsituationen, die sich aus den individuellen Bedingungen der Kinder selbst ergeben.

Die daraus folgenden Beeinträchtigungen im Lernhandeln gilt es zu erkennen, zu analysieren und zu benennen; Hypothesen für Veränderungen sind zu entwickeln, Veränderungen zu realisieren und in ihrer Wirkung zu evaluieren.

Herauszuarbeiten sind Ressourcen und Potentiale auf beiden Seiten, nicht allein von Sonderpädagog*innen, sondern in einem Team von Expert*innen für sonderpädagogische, schulpädagogische und fachdidaktische Fragen (Watkins 2012). Fachdidaktik eröffnet Perspektiven auf inhaltsspezifische Lehr- und Lernprozesse und didaktische Konzepte, strukturelle und professionelle Inhalte folgen aus schulpädagogischen Perspektiven. Die behinderten-/sonderpädagogische Perspektive *fokussiert auf die individuellen Bedingungen der Kinder* (z. B. sonderpädagogische Förderbedarfe) und deren *Bedeutung im jeweiligen konkreten Lernsetting*.

Die Beurteilung der Zugänglichkeit zu einem Bildungssetting entspricht der seit den 1980er-Jahren in der Behindertenpädagogik geforderten Kind-Umfeld-Diagnostik. Dazu kommen Überlegungen, Barrieren möglichst frühzeitig zu erkennen, so dass Lernstörungen verhindert werden können und Lernumgebungen so einzurichten, dass sie im Sinne eines Universal Designs for Learning möglichst keine oder kaum Barrieren enthalten. Um dies zu erreichen, müssen z. B. nach Rapp (2014) verschiedene Mittel und Wege angeboten, die Motivation und Beteiligung der Kinder aktiviert, Darstellung und Präsentation variiert werden und unterschiedliche Ebenen und Formen der Handlungen und des Ausdrucks möglich sein.

2 Gelingensbedingungen: Kompetenzen der Lehrkräfte

Vorliegende Studien zeigen einerseits, dass Kinder und Jugendliche mit spezifischen Problemlagen in ihrer kognitiven Entwicklung vom inklusiven Unterricht profitieren (z. B. Bless und Mohr 2007; Schwab 2014). Binnendifferenzierungen und individuelle Aufgabengestaltungen werden als Wege verstanden, wobei diese noch nicht für alle Fächer selbstverständlich sind. Die Systematik und Diagnose von Anforderungen sind, wo sie noch fehlen, voranzutreiben (Solzbacher 2016). Andererseits muss die emotionale Entwicklung von Kindern ebenso sorgfältig beobachtet werden. Sichtbar unterschiedlich schwierige Aufgaben und „Lerngroßraumbüros", in denen jede*r allein und ohne Konsequenz für andere arbeitet, tragen nicht zum sozialen Austausch zwischen Kindern und wohl eher zur Ausgrenzung bei. Kinder, die weniger interessante und „relevante" Aufgaben bearbeiten, dürften am stärksten gefährdet sein, ausgegrenzt zu werden (Krauthausen und Scherer 2014). In der Kombination mit abwertenden Feedbacks von Lehrkräften können Risiken und Beeinträchtigungen für die weitere Entwicklung entstehen, die erkannt werden müssen (Buchna, Hermanns, Huber und Krämer 2015; Linderkamp 2015). Unschwer ist abzuleiten, dass es besonderer Ausprägungen von Kompetenzen bedarf, um Lernsituationen so zu gestalten, dass sie die kognitive und sozial-emotionale Entwicklung aller Kinder mit ihren Besonderheiten unterstützen.

Die Frage ist nun, welche Kompetenzen für die Gestaltung von Lehr-Lernsituationen unterschieden werden können. Blömeke et al. (2015) unterscheiden in ihrem Modell kognitive von affektiv-motivationalen Kompetenzen: Professionswissen wird durch *Fachwissen, fachdidaktisches und pädagogisches Wissen* bestimmt. Überzeugungen, Berufsmotivation und *Selbstregulationsfähigkeit* machen die affektiv-motivationale Komponente aus. Überzeugungen – *Einstellungen, Haltungen und Wirksamkeitserwartungen* – werden ebenso für den inklusiven Unterricht als Komponente benannt (vgl. auch Watkins 2012; Urton, Wilbert und Hennemann 2015). Selbstkompetenzerleben von Lehrkräften in schwierigen, stressigen Situationen entscheidet erheblich über das Gelingen pädagogischer Prozesse (Schwer und Solzbacher 2014). Fürsorglichkeit („Mein*e Lehrer*in möchte, dass ich was lerne."), die Bereitschaft, Schüler*innen wahrzunehmen und wertschätzende Feedbacks zu geben und nicht zu diskriminieren, gehören ebenso zu inklusionsrelevanten Haltungen.

Bislang gibt es kein Gesamtbild aller Kompetenzen. Der aktuelle Stand entspricht einer aufzählenden Skizze kognitiver Kompetenzen, in der die Ausprägungen im Vergleich zu anderen Professionen nicht präzise unterschieden werden (vgl. Watkins 2012; Melzer, Hillenbrand, Sprenger und Hennemann 2015; Moser und Kropp 2015). Bestandteile sind folgende:

- *Fachdidaktisch-methodische Kompetenzen*: Lehrkräfte müssen über ein breites Repertoire hinsichtlich verschiedener Gestaltungsmöglichkeiten von Unterrichtssituationen verfügen, um Lernzeit möglichst störungsfrei ausnutzen zu können und Zugänge für alle vorzubereiten. Die notwendige Variation von

Aufgabenstellungen erfordert eine große fachliche Sicherheit im Durchdringen des Lerngegenstandes (*Fachwissen*).
- *Diagnostische Kompetenzen:* sind erforderlich, um Lernausgangslagen sowie Gelegenheits- und Zugangsbarrieren zu erkennen, kognitive sowie soziale und emotional-motivationale Prozesse zu beobachten, die Aufmerksamkeit auf konkrete Unterrichtsprozesse und das Wechselspiel zwischen Anforderungen und individuellen Lernprozessen auszurichten (Sherin, Jacobs und Philipp 2011), Entwicklungsverläufe zu beobachten und zu dokumentieren (formative Evaluation), sowie Fördereffekte zu bewerten.
- Kompetenz wird ebenso erforderlich hinsichtlich der Konzipierung, Planung, Realisierung und Dokumentation von individuellen Förder- und Interventionsphasen im und additiv zum Unterricht. Damit sind die Kenntnis und die Umsetzung *evidenzbasierter Förderkonzepte* gemeint sowie die Planung und Organisation unterschiedlicher Formen von Fördersituationen (Hennemann, Ricking und Huber 2015), die zudem mit dem Management in der Klasse abzustimmen sind.
- *Beratungskompetenz:* Lehrkräfte benötigen Kompetenzen für einen Austausch untereinander und mit anderen Professionen. Darin sind die Kenntnis und Anwendung verschiedener *Kooperations- und Beratungsmethoden*, die Reflexion in und über gemeinsame Arbeitsschritte eingeschlossen.
- Schlussendlich sind Kompetenzen notwendig, die zu einer *Organisationsentwicklung* des gesamten Systems Schule mit seiner kommunalen Einbindung beitragen.

Um noch einmal das Modell von Blömeke et al. (2015) zu bemühen: Ein Teil dieser Kompetenzen wirkt bei der Wahrnehmung von Unterrichtssituationen („*perception accuracy*"), bei deren zielangemessener Analyse und Interpretation („*interpretation*") sowie bei den pädagogischen Handlungsentscheidungen („*decision-making*") zusammen und zeigt sich in konkreten Handlungen der Lehrkräfte („*performance*").

3 Diagnostische Kompetenzen

Im Folgenden werden diagnostische Kompetenzen etwas genauer betrachtet und vor dem Hintergrund inklusiver Schule reflektiert. Überraschend ist festzustellen, dass Sonderpädagog*innen, die in inklusiven Schulen arbeiten, diagnostische Aufgaben in ihrer Bedeutung in ihrer Tätigkeit auf einem mittleren Rangplatz sehen (Melzer und Hillenbrand 2015). Dies könnte mit dem Verständnis diagnostischer Aufgaben zusammenhängen.

Nach Ingenkamp und Lissmann (2005) bestehen die diagnostischen Aufgaben im pädagogischen Kontext darin, die jeweils erreichten Entwicklungsstände sowie die Bedingungen der Lehr-Lernprozesse zu analysieren, zukünftige Entwicklungen unter den jeweiligen Bedingungen abzuschätzen und Entscheidungen hinsichtlich der Veränderungen pädagogischer Notwendigkeiten zu treffen.

Diese entsprechen sonderpädagogisch-/behindertenpädagogisch-diagnostischen Aufgaben (Ricken und Schuck 2011). Allerdings lag der Schwerpunkt in diesem Arbeitsfeld über Jahrzehnte auf der *Klassifikationsfrage*. Es ging dabei um die Identifikation des Entwicklungsstandes von Kindern mit dem Ziel, Kinder einzuschulen, zurückzustellen oder besonderen Schulen zuzuordnen. Kinder wurden anhand ihrer Merkmale Gruppen von z. B. lernbehinderten Kindern zugeordnet. Die diagnostischen Daten dienten der Begründung und Legitimation schulorganisatorischer Maßnahmen.

Die Klassifikationsstrategie wurde in der behindertenpädagogischen Diagnostik hinlänglich diskutiert. Einer der kritischen Punkte war die ursprüngliche Reduktion auf die Entwicklungsstände der Kinder und die damit verbundene Zuschreibung als Merkmal des Kindes. Inhaltlich problematisch erwies sich die fast ausschließliche Verwendung von Intelligenzkriterien als Parameter für Schulleistungsentwicklungen und die Ungenauigkeit hinsichtlich der Prognosen (Ricken und Schuck 2011).

1994 empfahl die Kultusministerkonferenz (KMK) auf der Basis eines finalen Behinderungsbegriffs eine personelle Orientierung. Bedingungen an allgemeinen Schulen sollten so gestaltet werden, dass sie dem besonderen Förderbedarf von Kindern gerecht werden. Diagnostisch festzustellen ist seitdem der *Sonderpädagogische Förderbedarf*, nunmehr im Zusammenhang mit den Lern- und Entwicklungsbedingungen der maßgeblichen Umweltsysteme (Kind-Umfeld-Analyse). Allerdings wird der sonderpädagogische Förderbedarf immer noch als relativ stabile Klassifikation betrachtet, die auf eher abstrakter Ebene eine Art Gesamtbedarf benennt, den ein Kind *hat*. Ein Blick in die Vorgaben zu den Feststellungsverfahren, die in jedem Bundesland unterschiedlich geregelt werden, zeigt eine Tendenz, Daten über die bisherige Entwicklung der Kinder und genauere Analyse der Lernvoraussetzungen einzubeziehen (z. B. „Handreichung zur sonderpädagogischen Förderung in Sachsen-Anhalt", Kultusministerium Sachsen-Anhalt 2011).

Trotz aller Problematik der Klassifikationsstrategie, die hier nur angedeutet wurde (vgl. hierzu Ricken und Schuck 2011), ist die Identifikation von „schwierigen Stellen" in der Entwicklung von Kindern nicht überflüssig, sondern notwendig. Unterstützungen können spezifisch nur dann organisiert werden, wenn die Problemlage identifiziert wird. Nimmt man die aktuellen Konzepte über Schulleistungsentwicklungen und deren Komplexität ernst, so ist die Perspektive auf Unterrichtsbedingungen zu erweitern. Helmke (2012) erfasst in seiner „Unterrichtsdiagnostik" u. a. den Anregungsgehalt des Unterrichts, das soziale Klima, die Klarheit des Unterrichts und die Klassenführung. Nutzt man diesen Zugang für einzelne Kinder, so wird eine Diagnostik in einem konkreten Unterricht und gegebenenfalls die Feststellung des Förderbedarfs eines Systems möglich, von dem aus Entscheidungen über Förderkonzepte (evidenzbasiert), Hilfemaßnahmen, Assistenzen und Veränderungen von Lernangeboten zu treffen sind. Zu bedenken bleibt, dass sich alle Feststellungen von Problemlagen auf Momentaufnahmen in Entwicklungsprozessen, die unter bestimmten Bedingungen verlaufen, beziehen.

Welche *diagnostischen Kompetenzen* sind für diese identifizierende, klassifizierende Aufgabe erforderlich? Helmke (2012) benennt methodisches *Wissen*: über diagnostische Begriffe, die Gütekriterien, Urteilsfehler, die Ergebnisse beeinflussen können, über diagnostische Methoden und deren Einsatzgebiete. Zu ergänzen wäre: Wissen über die theoretische Begründung, den Aufbau, die Durchführung, Auswertung und Interpretation von Methoden. Diagnostiker*innen müssen Informationen und Daten zusammenfassen und interpretieren können. Helmke (2012) sowie auch Ricken und Schuck (2011) betonen den Schritt der Bildung von Hypothesen, hinsichtlich der Entwicklungsprognosen und der Planung der Förderung und des Unterrichts. Ergebnisse der diagnostischen Arbeit – sonderpädagogische Gutachten u. a. – sind Lehrkräften, Eltern und Kindern mitzuteilen und zu erläutern.

Das Umgehen mit Methoden zur Identifikation von Lern- und Entwicklungsstörungen, das Zusammenfassen zu Gutachten oder Stellungnahmen hinsichtlich der sonderpädagogischen Förderbedarfe, einschließlich der Benennung von Ansatzpunkten zur Förderung der Kinder, ordnet sich hier gut ein und war bisher der Schwerpunkt sonderpädagogischer Diagnostik und ein Schwerpunkt in der Ausbildung.

Über Kompetenzen von Lehrkräften hinsichtlich der *Beurteilung* von Schulleistungen lassen sich anhand großer Datensätze, die für Regelschullehrkräfte erhoben wurden, Schlussfolgerungen ableiten. Unterschieden wird, wie akkurat das Niveau der Klassen, die relativen Positionen von Schüler*innen in der Klasse eingeschätzt wird sowie die Differenzierung der Schüler*innen voneinander erfolgt. Brunner, Anders, Hachfeld und Krauss (2011) zeigen für Mathematiklehrkräfte der Sekundarstufe, dass die Urteile hinsichtlich dieser Aspekte nicht einer einzigen diagnostischen Kompetenz entsprechen, und sie gehen von einer Mehrdimensionalität diagnostischer Kompetenzen aus. Es zeigt sich auch, wie schwierig es ist, einzuschätzen, wie die Kinder unterschiedliche Aufgaben lösen werden. Sicher sind Lehrkräfte in Bezug auf die Rangreihen der Kinder in der Klasse (McElvany et al. 2009). Fachdidaktisches Wissen und Erfahrungen moderieren diese Effekte ebenso wie konkrete Inhalte. Brunner et al. (2011) nehmen an, dass die Verbindlichkeit der Urteile ebenso wie weitere Merkmale der Kinder (Anstrengungsbereitschaft oder

Motivation) einen Einfluss haben. Wie diese Urteilskompetenzen für Sonderpädagog*innen ausgebildet sind, ist nicht bekannt und ist zu untersuchen.

Mit dem oben erwähnten Ziel, Bedingungen für Kinder zu gestalten, ist eine zweite diagnostische Aufgabe verbunden: Es geht um die *Erkennung von Schwierigkeiten im Lernhandeln in konkreten Situationen,* die relativ unabhängig vom sonderpädagogischen Förderbedarf sein können:

> *Paul beginnt nicht mit seinen Aufgaben, er läuft im Klassenraum umher, unterbricht den Unterricht durch scheinbar unpassende Fragen, er sitzt still auf dem Platz, wird von der Lehrkraft nicht bemerkt, versteht die Aufgabenstellung nicht, weil sie mit langen Sätzen formuliert wurde, kann kontrastarme Bilder nur schwer erkennen und dergleichen mehr.*

Genaue Beobachtungen und erste Variationen von Bedingungen sind notwendig, um Hypothesen über Bedingungen und Ideen für Veränderungen entwickeln zu können. Hartke und Vrban (2014) sowie Matthes (o. J.) schlagen für diese Betrachtung eine Konzentration auf einzelne konkrete Aspekte vor. Damit wird ein Lernprozess hinsichtlich möglicher Barrieren untersucht.

Durch Explorationen, den Einsatz von Checklisten und die Strukturierung der vorliegenden Daten, z. B. mit der Strukturlegetechnik von Matthes (o. J.), lassen sich die nötigen Schwerpunkte sichtbar machen. Es ist unwichtig, ob und welcher „Störungsklassen" (Förderbedarfe) die Lernenden zuordenbar wären, unmittelbare Schwierigkeiten beim Übernehmen von Lernzielen, beim Rekodieren von Buchstaben oder Entbündeln von Zahlen stehen im Focus systematischer Analysen.

Im Ergebnis sind Lernaufgaben und Förderziele konkret und abrechenbar zu bestimmen: Es geht z. B. um konkrete Buchstaben, die in den nächsten Tagen gelesen werden sollen. Auf diese Weise entstehen realistische Lernziele, die mit allen Beteiligten gemeinsam vereinbart werden.

Die genaue Analyse von Lernsituationen lässt sich verbinden mit dem in der Lehrerprofessionsforschung diskutierten Konzepts des „Noticing" (Sherin und van Es 2009). Im Mittelpunkt steht mit diesem die wissensgestützte Beobachtung der Interaktion zwischen Lernenden und Unterrichtsangebot. Lernende werden nicht „im Unterricht" untersucht, sondern die jeweiligen Wechselwirkungen zwischen Handlungen des Kindes und Handlungen der Lehrkraft. Unter einer sonderpädagogischen Perspektive geht es um schwierige individuelle Lebenslagen (Problemlagen) und (schwierige) Unterrichtsbedingungen.

Seidel, Blomberg und Stürmer (2010) unterscheiden weitere Ebenen diagnostischer Kompetenzen im Rahmen des „Noticing" für die Analyse von Lehr-Lernsituationen: Beschreiben, Erklären und Vorhersagen von Wirkungen auf weitere Prozesse. Es wird angenommen, dass sich die Handlungsalternativen von Lehrkräften mit der verbesserten Wahrnehmung von Unterrichtssituationen und ihrer Interpretationen erweitern. Offen ist die Frage, wie hinsichtlich dieser Aufgaben und Kompetenzen verschiedene Lehrämter und Professionen zusammenzuführen und zugleich zu differenzieren sind. Notwendig ist aber sicher, dass diese Analysen als professionell diagnostische Tätigkeiten reflektiert werden.

In der Lehrerbildungsforschung wird der Einsatz von Videoclips und Fallvignetten favorisiert, um diese Kompetenzen zu entwickeln. Kurze Ausschnitte erlauben „Gelenkstellen" im Unterricht genau zu analysieren: Beschreiben von Abläufen, Auswahl einzelner relevanter Aspekte, Diskussion alternativer Handlungsmöglichkeiten sowie Vergleiche zwischen geplanten und realisierten Phasen sowie zwischen vorbereiteten Aufgabenstellungen und Umsetzungen durch Schüler*innen.

Die gemeinsamen Reflexionsphasen aller Teilnehmenden und somit die Verbindung verschiedener Perspektiven in der Beschreibung und Beurteilung der Szenen schließen diese Lernaufgabe ab (z. B. Sherin und van Es 2009; Santagata und Angelici 2010; Biaggi, Krammer und Hugener 2013). Authentische Situationen, real oder gespielt, aus dem eigenen und aus unbekanntem Unterricht erreichen vergleichbare Wirkungen.

Die diagnostische Aufgabe setzt sich als *lernprozessbegleitende Diagnostik* in der Beobachtung und Evaluation *während der Umsetzung der Förderung* fort. In kurzen zeitlichen Abständen wird die Entwicklung der Kinder beobachtet, um bei geringen Fortschritten eine Veränderung im Förderkonzept oder im Ziel vornehmen zu können. Die Mehrfachmessungen werden mit wenig Aufwand im Unterricht vorgenommen. Im Fall von Verhaltensänderungen geschieht dies über die Registrierung von Häufigkeit des erwünschten bzw. unerwünschten Verhaltens. Für die Beobachtung des Lernens in der Schriftsprache und der Mathematik ist dies nicht ganz so einfach, da sich die Prozesse selbst ändern und aus Teilfähigkeiten bestehen. Verwendet werden Verfahren, die diese Fähigkeiten abbilden und nach der Itemresponse-Theorie auf einer Gesamtskala ordnen (Voß und Hartke 2014). Die Gesamtskala mit mehreren Niveauunterscheidungen bildet die Grundlage für die Beobachtung der Veränderungen der Kompetenzen der Kinder (z. B. KEKS Verfahren nach May und Bennöhr 2013). Daneben haben sich Verfahren durchgesetzt, die relativ homogene Leistungen prüfen, wie die Lesemenge pro Minute. Silben, Worte, Textabschnitte mit gleichem Schwierigkeitsgrad werden wiederholt eingesetzt. Diese Ansätze sind unter dem Namen Curriculumbasiertes Messen (CBM) bekannt geworden und verwenden Aufgabenpools, aus denen zufällig pro Messzeitpunkt Aufgaben gezogen werden (vgl. Voß und Hartke 2014). In den Studien von Hattie, Beywl und Zierer (2013) stellt das Sichtbarmachen von Entwicklung durch Beantwortung der Fragen „Where am I going? How am I going? Where to next?" einen der wirksamsten pädagogischen Faktoren dar.

Kompetenzen für diese diagnostische Tätigkeit bestehen in der Anwendung von lernverlaufsdiagnostischen Verfahren auf der Basis eines soliden Methodenwissens (theoretische Verankerung, Aufbau, Durchführung und Auswertung, Messqualitäten). Unterrichtsbeobachtungsverfahren müssen unter der Einbeziehung fachlichen und fachdidaktischen Wissens über Aufgabenanforderungen geplant und umgesetzt werden.

Die Analyse *konkreter Situationen* erfordert die Fähigkeit der aufmerksamen Beobachtung von Lernprozessen (Noticing), das Abwägen von Methoden hinsichtlich ihrer Eignung für Fragestellungen und Situationen. Variationen von Darstellungsformen oder Variationen von Fragen an die Kinder sind situativ zu nutzen.

Aus sonderpädagogischer Perspektive geht es auch um die Bewertung von Förderkonzepten in oder nach einer Förderphase, um eine sichtbare Dokumentation und wiederum um die Fähigkeit der Kommunikation diagnostischer Daten – hier nun weit über Gutachten hinaus.

4   Ausblick

Diagnostische Aufgaben werden unter inklusiven Bedingungen vielfältiger: Erkennen (möglichst frühzeitig) von Entwicklungsproblemen, konkrete Beschreibungen der „schwierigen Prozesse", sorgfältige Beobachtung und Analyse von Lernsituationen und Veränderungen in nachfolgenden Interventionsphasen einschließlich der Evaluation dieser. Möglichst präzise Beurteilungen von Lernständen der Kinder, aber auch der Passung zwischen Lernsituation/-anforderung und spezifischen Bedingungen der Lernenden sowie die Fähigkeit Hypothesen hinsichtlich möglicher Zusammenhänge zu bilden, markieren diagnostische Kompetenzen.

Offen sind gegenwärtig die Fragen danach, wie weit sich diagnostische Kompetenzen von Lehrkräften der Regelschullehrämter und von Sonderpädagog*innen unterscheiden, wie spezifische Expertisen abzugrenzen, wie diese Schnittstellen zu kommunizieren sind.

Dem schließt sich die Frage der Ausbildung an: konkrete Situationen, Fallbeispiele, Reflexionen über die Wahrnehmung von schwierigen Lernsituationen sind gegenwärtig im Gespräch. Filmsequenzen dienen als Trainings- und Überprüfungsmaterial für Lehrkräfte, um sich auf die inklusive Arbeit vorzubereite (Seidel et al. 2010; Gold und Holodynski 2015).

Literatur

Amrhein, B., & Badstieben, B. (2014). *Lehrerfortbildungen zu Inklusion – eine Trendanalyse.* Gütersloh: Bertelsmann Stiftung.
Artelt, C., & Rausch, T. (2014). Accuracy of teacher judgments. When and for what reasons? In S. Krolak-Schwerdt, S. Glock & M. Böhmer (Hrsg.), *Teachers' Professional Development. Assessment, Training, and Learning* (S. 27–43). Rotterdam: SensePublishers.
Baumert, J., & Kunter, M. (2006). Stichwort: Professionelle Kompetenz von Lehrkräften. *Zeitschrift für Erziehungswissenschaft, 9*(4), 469–520.
Biaggi, S., Krammer, K., & Hugener, I. (2013). Vorgehen zur Förderung der Analysekompetenz in der Lehrerbildung mit Hilfe von Unterrichtsvideos. *Seminar, 2,* 26–34.
Bless, G., & Mohr, K. (2007). Die Effekte von Sonderschulunterricht und gemeinsamem Unterricht auf die Entwicklung von Kindern mit Lernbehinderungen. In J. Walter (Hrsg.), *Sonderpädagogik des Lernens* (Handbuch der Sonderpädagogik: Band 2, S. 375–382). Göttingen: hogrefe.
Blömeke, S., Gustafsson, J.-E., & Shavelson, R. (2015). Beyond dichotomies. Competence viewed as a continuum. *Zeitschrift für Psychologie, 223* (1), 3–13.
Buchna, J., Hermanns, F., Huber, C., & Krämer, D. (2015). Soziale Inklusion als Herausforderung für die schulische Praxis – Impulse aus Theorie und Forschung. In K. Reich, D. Asselhoven & S. Kargl (Hrsg.), *Eine inklusive Schule für alle. Das Modell der Inklusiven Universitätsschule Köln* (S. 167–177). Weinheim: Beltz.
Brunner, M., Anders, Y., Hachfeld, A., & Krauss, S. (2011). Diagnostische Fähigkeiten von Mathematiklehrkräften. In M. Kunter, J. Baumert, W. Blum, U. Klusmann, S. Krauss & M. Neubrand (Hrsg.), *Professionelle Kompetenz von Lehrkräften. Ergebnisse des Forschungsprogramms COACTIV* (S. 215–234). Münster: Waxmann.
Gold, B., & Holodynski, M. (2015). Development and Construct Validation of a Situational Judgment Test of Strategic Knowledge of Classroom Management in Elementary Schools. *Educational Assessment, 20*(3), 226–248.
Hartke, B., & Vrban, R. (2014). *Schwierige Schüler – 49 Handlungsmöglichkeiten bei Verhaltensauffälligkeiten* (Bergedorfer Grundsteine Schulalltag, 9. Auflage). Hamburg: Persen.
Hattie, J., Beywl, W., & Zierer, K. (2013). *Lernen sichtbar machen.* Baltmannsweiler: Schneider-Verl. Hohengehren.
Helmke, A. (2012). *Unterrichtsqualität und Lehrerprofessionalität: Diagnose, Evaluation und Verbesserung des Unterrichts;* (4., aktual. Aufl.). Seelze-Velber: Klett/Kallmeyer.
Hennemann, T., Ricking, H., & Huber, C. (2015). Organisationsformen inklusiver Förderung im Bereich emotional-sozialer Entwicklung. In R. Stein & T. Müller (Hrsg.), *Inklusion im Förderschwerpunkt emotionale und soziale Entwicklung* (Inklusion in Schule und Gesellschaft: Bd. 5., S. 110–143). Stuttgart: Kohlhammer.
Ingenkamp, K., & Lissmann, U. (2005). *Lehrbuch der Pädagogischen Diagnostik* (5. Aufl.). Weinheim: Beltz.
Kultusministerium Sachsen-Anhalt (2011). *Handreichung zur sonderpädagogischen Förderung in Sachsen-Anhalt.* http://digital.bibliothek.uni-halle.de/pe/download/pdf/1964790. Zugegriffen: 14.12.2016.
Kultusministerkonferenz (KMK) – Ständige Konferenz der Kultusminister der Länder in der Bundesrepublik Deutschland (1994). Empfehlungen zur sonderpädagogischen För-

derung in den Schulen in der Bundesrepublik Deutschland (Beschluss der Kultusministerkonferenz vom 6.5.1994). *Zeitschrift für Heilpädagogik, 45* (7), 484–494 (Nachdruck).

Krauthausen, G., & Scherer, P. (2014). *Natürliche Differenzierung im Mathematikunterricht: Konzepte und Praxisbeispiele aus der Grundschule.* Seelze: Klett/Kallmeyer.

Leidig, T., Hennemann, T., Casale, G., König, J., Melzer, C., & Hillenbrand, C. (2016). Wirksamkeit von Lehrerfortbildungen zur inklusiven Beschulung im Förderschwerpunkt Emotionale und soziale Entwicklung – ein systematisches Review empirischer Studien. *Heilpädagogische Forschung, 42* (2), 61–77.

Linderkamp, F. (2015). Anforderungen an wirksames Handeln von Lehrkräften in Inklusionsschulen. In R. Krüger & C. Mähler (Hrsg.), *Handlungsfeld. Gemeinsames Lernen in inklusiven Klassenzimmern. Prozesse der Schulentwicklung gestalten* (S. 109–119). Köln: Carl Link.

Matthes, G. (o. J.). *Planung der Förderziele.* http://www.individuelle-lernförderung.de. Zugriffen: 30.11.2016.

May, P., & Bennöhr, J. (Hrsg.). (2013). *KEKS: Kompetenzerfassung in Kindergarten und Schule. Handbuch. Konzepte, theoretische Grundlagen und Normierung.* Berlin: Cornelsen.

McElvany, N., Schroeder, S., Hachfeld, A., Baumert, J., Richter, T., Schnotz, W., Horz, H., & Ullrich, M. (2009). Diagnostische Fähigkeiten von Lehrkräften bei der Einschätzung von Schülerleistungen und Aufgabenschwierigkeiten bei Lernmedien mit instruktionalen Bildern. *Zeitschrift für Pädagogische Psychologie, 23* (2–3), 223–235.

Melzer, C., & Hillenbrand, C. (2015). Aufgabenprofile. Welche Aufgaben bewältigen sonderpädagogische Lehrkräfte in verschiedenen schulischen Tätigkeitsfeldern? *Zeitschrift für Heilpädagogik, 66* (5), 230-242.

Melzer, C., Hillenbrand, C., Sprenger, D., & Hennemann, T. (2015). Aufgaben von Lehrkräften in inklusiven Bildungssystemen – Review internationaler Studien. *Erziehungswissenschaft, 26* (51), 61–80.

Moser, V., & Kropp, A. (2015). Kompetenzen in Inklusiven Settings (KIS) – Vorarbeiten zu einem Kompetenzstrukturmodell sonderpädagogischer Lehrkräfte. In T. H. Häcker & M. Walm (Hrsg.), *Inklusion als Entwicklung. Konsequenzen für Schule und Lehrerbildung* (S. 185–212). Bad Heilbrunn: Klinkhardt.

Rapp, W. H. (2014). *Universal design for learning in action: 100 ways to teach all learners.* Rochester, NY: Brookes Publishing.

Ricken, G., & Schuck, K. D. (2011). Pädagogische Diagnostik und Lernen. In A. Kaiser, P. Wachtel, B. Werner & D. Schmetz (Hrsg.), *Didaktik und Methodik* (Behinderung, Bildung, Partizipation. Enzyklopädisches Handbuch der Behindertenpädagogik, Bd. 4, S. 110–119). Stuttgart: Kohlhammer.

Santagata, R., & Angelici, G. (2010). Studying the impact of the lesson analysis framework on preservice teachers' abilities to reflect on videos of classroom teaching. *Journal of Teacher Education, 61* (4), 339–349.

Schwab, S. (2014). *Schulische Integration, soziale Partizipation und emotionales Wohlbefinden in der Schule: Ergebnisse einer empirischen Längsschnittstudie* (Integrations- und Heilpädagogik: Bd. 4). Wien: LIT.

Schwer, C., & Solzbacher, C. (Hrsg.). (2014). *Professionelle pädagogische Haltung: Historische, theoretische und empirische Zugänge zu einem viel strapazierten Begriff.* Bad Heilbrunn: Klinkhardt.

Seidel, T., Blomberg, G., & Stürmer, S. (2010). „Observer" – Validierung eines videobasierten Instruments zur Erfassung der professionellen Wahrnehmung von Unterricht. *Zeitschrift für Pädagogik, 56*. Beiheft, 296–306.

Sherin, M. G., & van Es, E. (2009). Effects of video club participation on teachers' professional vision. *Journal of Teacher Education, 60* (1), 20–37.

Sherin, M. G., Jacobs, V. R., & Philipp, R. A. (Hrsg.). (2011). *Studies in mathematical thinking and learning. Mathematics teacher noticing: Seeing through teachers' eyes*. New York: Routledge.

Solzbacher, C. (2016). Inklusive Begabtenförderung: Zum Zusammenhang von individueller Förderung und Inklusion in der Grundschule. In R. Benölken & F. Käpnick (Hrsg.), *Individuelles Fördern im Kontext von Inklusion. Tagungsband aus Anlass des zehnjährigen Bestehens des Projektes „Mathe für kleine Asse" und des einjährigen Jubiläums des Projektes „MaKosi"* (Schriften zur mathematischen Begabungsforschung: Band 8, S. 93–113). Münster: WTM.

UN – United Nations (Hrsg.). (2008). Übereinkommen über die Rechte von Menschen mit Behinderungen (dreisprachige Fassung im Bundesgesetzblatt Teil II Nr. 35 vom 31.12.2008). http://www.un.org/depts/german/uebereinkommen/ar61106-dbgbl.pdf. Zugegriffen: 24.01.2017.

Urton, K., Wilbert, J., & Hennemann, T. (2015). Die Einstellung zur Inklusion und die Selbstwirksamkeit von Lehrkräften. *Psychologie in Erziehung und Unterricht, 62* (2), 147–157. doi.org/10.2378/peu2015.art09.

Voß, S., & Hartke, B. (2014). Curriculumbasierte Messverfahren (CBM) als Methode der formativen Leistungsdiagnostik im RTI-Ansatz. In M. Hasselhorn, W. Schneider & U. Trautwein (Hrsg.), *Formative Leistungsdiagnostik* (Tests & Trends, NF Bd. 12, S. 83–99). Göttingen: hogrefe.

Watkins, A. (Hrsg.). (2012). *Inklusionsorientierte Lehrerbildung: Ein Profil für inklusive Lehrerinnen und Lehrer [TE4I]*. Odense, Brüssel: Europ. Agency for Development in Special Needs Education.

V
**Inklusive Bildung:
gestern – heute – morgen**

Inklusive Bildung
Sozialromantische Träumerei?

Urs Haeberlin

Zusammenfassung

Vor dem Hintergrund der historischen Bezugspunkte der Heil- und Sonderpädagogik sowie der aktuellen Widersprüche zwischen Inklusion und gesellschaftlicher Realität wird im Beitrag danach gefragt, woran sich eine auf Inklusion ausgerichtete Heil- und Sonderpädagogik zukünftig orientieren kann, um dem Vorwurf der sozialromantischen Träumerei zu entgehen. Dazu entwirft er in Verbindung mit einem grundlegenden Menschenbild einen inklusiven Bildungsbegriff, der sich gleichermaßen auf ethisch-normative wie gesellschaftskritische Positionen bezieht.

1 Die Vision der inklusiven Bildung

Seit mehreren Jahrzehnten ist die deutschsprachige Heil- und Sonderpädagogik von einer Strömung erfasst, die schulische Aussonderung ablehnt. Sie hat sich zunächst „Integrationspädagogik" genannt und bevorzugt heute mehrheitlich den Begriff „Inklusionspädagogik". Allerdings ist „Inklusion" bereits wieder zum Schlagwort geworden, das in unterschiedlichste politische Programme von links bis rechts eingedrungen ist, in der Folge recht schwammige Bedeutungen erhalten hat und so seine anfängliche innovative und sozialkritische Relevanz zu verlieren droht. Ein eigentlicher „Inklusionsboom" wurde vor allem durch die Ratifizierung der UN-Behindertenrechtskonvention durch die Bundesrepublik Deutschland ausgelöst. Zweifelsohne war

> „das Inkrafttreten der UN-Behindertenrechtskonvention (UN-BRK) im Jahr 2009 der Auslöser für eine breitere öffentliche Debatte. Deutschland hat sich mit weit über

100 anderen Staaten verpflichtet, Maßnahmen zur Inklusion in all seinen öffentlichen Einrichtungen umzusetzen. Inzwischen gibt es den Aktionsplan der Bundesregierung, der aufzeigt, dass alle gesellschaftlichen Handlungsfelder inklusiver gestaltet werden sollen." (Benkmann 2013, S. 2)

Allerdings werden auch immer wieder Zweifel daran geäußert, dass sich die politischen Instanzen in voller Ernsthaftigkeit auf den Umbruch einlassen, welcher eigentlich mit dem Begriff der Inklusion für das gesamte Bildungswesen vorangetrieben werden müsste. Man findet oft den Hinweis auf eine fehlerhafte Übersetzung des englischsprachigen Textes der Konvention, so auch bei Benkmann (2013):

„Dass sich Kultusministerien auf die deutsche Fassung der UN-BRK berufen, die von einem integrativen Schulwesen spricht, erscheint mir fragwürdig, weil nicht die deutsche, sondern die englische Fassung verbindlich ist, die im Artikel 24 eindeutig von einem ‚inclusive education system' spricht." (S. 2)

Damit wird von Benkmann angedeutet, dass er die aktuelle Kluft zwischen inklusionspädagogischer Vision und bildungspolitischer Realität erkennt. Benkmann (2009) nimmt Bezug auf mein Postulat, dass „in der Vision einer inklusiven Schule jedem Kind und jedem Jugendlichen gleiche Achtung und gleiche Anerkennung zuteilwürde" (Haeberlin 2007, S. 255). Es folgt die erläuternde Anmerkung:

„Nach dieser Aussage müsste die inklusive Schule die Personenwürde jedes Einzelnen als gleich achten und anerkennen, unabhängig von der Frage nach den Möglichkeiten und Grenzen eines Kindes oder eines Jugendlichen. Respekt und Anerkennung der Gleichheit aller schließen die Bejahung verschiedener individueller Bildungsbedürfnisse im Unterricht ein. Hiermit übernimmt das Konzept des Gemeinsamen Unterrichts die reformpädagogische Idee Friedrich Fröbels und Peter Petersens, individuelle Bildungsbedürfnisse in den Mittelpunkt pädagogischer Arbeit zu stellen. Nicht das Kind habe sich an den Unterricht, sondern der Unterricht habe sich an das Kind anzupassen." (Benkmann 2009, S. 144)

Meines Erachtens ist das ethisch motivierte Anliegen inklusiver Bildung durchaus ernst zu nehmen. Im Sinne einer ethisch fundierten und am Postulat der Gleichheit aller Menschen orientierten Denkweise würde sich Inklusionspädagogik für den bejahten und gewollten Einbezug aller Menschen in Bildungs- und Lebensgemeinschaften engagieren, in welchen alle bei aller Verschiedenheit als Partner*innen geachtet sind. Im Unterschied zur zunehmend auf Fragen der Schulorganisation reduzierten Integrationspädagogik möchte sich Inklusionspädagogik als neue Phase in der Entwicklung zur Zugehörigkeit und Anerkennung ausnahmslos aller verstehen. Dazu gehören natürlich auch alle Menschen mit geistiger, schwer mehrfacher und psychischer Behinderung bei noch so ungewöhnlicher Erscheinung und auffälligem Verhalten. Eine Umgestaltung der Schule zur *Schule für alle* gilt als wichtiger Meilenstein auf dem Weg zur inklusiven Gesellschaft, welche Ziel und Wesen der Schule entscheidend mitprägt. Wenn sich die öffentliche Schule zur inklusiven Schule entwickeln können soll, dann ist das Gelingen mit entsprechenden Entwicklungen des diese tragenden Staates verbunden. Angesichts vergangener und aktueller Zustände in allen Staaten dieser Welt braucht es allerdings für das Festhalten am Glauben an den von Benkmann und Chilla (2013) beschriebenen solidaritätsorientierten Wohlfahrtsstaat viel innere Kraft:

> „Statt eines ‚schlanken' bedürfte es eines an Solidarität orientierten Wohlfahrtsstaates, der Teilhabe arbeitsloser, von sozialem Abstieg bedrohter, behinderter und benachteiligter Bevölkerungsgruppen ermöglicht. Neue Wohlfahrtsprogramme müssten so ausgestattet werden, dass nachhaltige Effekte hinsichtlich der Inklusion dieser Gruppen erzielt werden." (S. 287)

Ihre Schlussfolgerungen aufgrund von empirischen Ergebnissen einer Langzeitstudie von Heitmeyer (2012) zur Wertschätzung von sozial schwachen Bevölkerungsgruppen in Befragungen machen die Kluft zwischen dem Glauben an einen Sieg des moralisch Guten und dem ernüchternden Blick auf die empirisch belegte Realität deutlich sichtbar: „Inklusion, und mehr noch ‚Inklusionsfähigkeit' des Individuums wäre damit von dessen Nützlichkeit für die Marktgesellschaft abhängig." (Benkmann und Chilla 2013, S. 287)

Die inklusionspädagogische Vision wird wahrscheinlich utopischer Wunschtraum bleiben, wenn keine grundlegende Revision des traditionellen europäischen Bildungsbegriffs und generell kein grundsätzlich gewandeltes allgemeines Menschenbild möglich werden sollten (vgl. Haeberlin 2010). Zur engen Verbindung einer inklusiven Schule mit einem notwendigen globalen Wandel zur inklusiven Gesellschaft hat sich Benkmann (2013) unmissverständlich geäußert:

> „Der große öffentliche Aufreger ist derzeit das zu verändernde Schulwesen, doch Inklusion meint viel mehr, nämlich die gesamte Gesellschaft. (...) Angesichts der immer stärkeren Spaltung dieser Gesellschaft, müssen andere gesellschaftliche Macht- und Interessensgruppen mitmachen, wenn es wieder mehr Zusammenhalt und Solidarität geben soll. Erst dann kann Schule ihren Beitrag leisten." (S. 2)

Dass die Vision von inklusiver Bildung zur sozialromantischen Träumerei zu werden droht, wenn sich eine grundlegende Änderung unseres tradierten Bildungsbegriffs und eine Wandlung des Menschen- und Gesellschaftsbildes als unmöglich erweisen sollten, zeigt ein Blick auf die Situation von Menschen mit schwerer und schwerster Behinderung. Was heißt für sie eigentlich Schule und Bildung? Sie sind oft nicht in der Lage, verbale Sprache zu erwerben, zu verstehen und zu verwenden. Ebenso ist oft nicht an den Erwerb anderer, in der traditionellen Schule üblicherweise vermittelter Kulturtechniken zu denken. Zudem bleiben manche dieser Menschen lebenslang von intensivster Pflege und von Hilfe bei einfachsten Verrichtungen abhängig. Wenn diese Menschen als an Bildung teilhabefähig betrachtet werden sollen, dann muss sich der Bildungsbegriff von der europäischen Tradition elitärer Bildung lösen. Im Unterschied zum seit Jahrtausenden üblichen Bildungsbegriff mit selektivem und elitärem Charakter muss Bildung basal verstanden werden. Damit ist gemeint, dass einziges Fundament (Basis) von Bildung das Erfahren von bereichernden, zwischenmenschlichen Beziehungen sein soll. Alle anderen Dimensionen, die das sog. „Gebildet-Sein" nach traditioneller Meinung erst ausmachen, sollen aus dem basalen und damit inklusiven Verständnis von Bildung verbannt sein. Diese Forderung wird sich in der Tradition unserer Kultur allerdings nur schwer durchsetzen lassen, ist aber für den Weg zur inklusiven Bildung notwendig. Wenn sich bei vielen Menschen – aber nicht bei allen – schulisch gefördertes kognitives Lernen, Sprache, kulturelles Tun sowie beruflicher und materieller Erfolg aufbauen, dann darf dies nicht weiterhin als Bewertungskriterium für Gebildet-Sein dienen. Vor solchem Hintergrund lässt sich das von Benkmann mehrmals dargestellte Dilemma zwischen der aktuellen Selektionsrealität, welche nach wie vor die schulische und gesellschaftliche Realität prägt, und der Hoffnung auf einen Wandel zur Inklusion in die derzeitige Verunsicherung vieler kritischer Pädagog*innen einordnen.

2 Verunsicherungen der Heil- und Sonderpädagogik

Wie einige andere Regelschullehrkräfte auch, hatte ich mich als junger Idealist und Weltverbesserer entschlossen, Sonderschullehrer zu werden. Ich wollte den schulschwachen Kindern dabei helfen, dass sie während der Schulzeit nicht Opfer der Abschätzigkeit von schulkonform funktionierenden Mitschüler*innen und von die Schulleistung vergötternden Lehrpersonen werden. Ich war überzeugt davon, dass dies möglich ist. Erst in meinen für die Hochschullaufbahn zusätzlich erforderlichen erziehungswissenschaftlichen Studien, die zunehmend auch soziologische Aspekte und Forschungen aufzeigten, wurde mir bewusst, dass die meisten, infolge Schulversagens in die Sonderschule für Lernbehinderte – damals „Hilfsschule" genannt – eingewiesenen Kinder aus Familien stammten, welchen im heutigen Sprachgebrauch „Bildungsferne" zugeschrieben wird. Damals waren es in der Regel Familien aus dem Spektrum der einheimischen Arbeiter*innen und Hilfsarbeiter*innen, heute sind es sehr häufig Familien mit Immigrationshintergrund (vgl. z.B. Haeberlin et al. 2003). Wenn man einmal Schulversagen und damit verbundene Sonderschuleinweisung als Ergebnis gesellschaftlich bedingter Ungleichheiten und Exklusionen erkannt hat, schwindet das Vertrauen in die Möglichkeiten einer Verbesserung der Situation der betroffenen Schüler*innen durch wohlwollende pädagogische Hilfe einer einzelnen idealistisch denkenden und fühlenden Sonderschullehrperson. Nach dem Out des Begriffs „Hilfsschüler" gewöhnte man sich zumindest in Fachkreisen daran, dass die durch gesellschaftliche Umstände aus dem Regelschulwesen in Sonderschulen verwiesenen Schulversager*innen als „Lernbehinderte" bezeichnet werden. Mit der Zuschreibung des Begriffs „Behinderung" für sozialbedingte Schulschwäche gelang der Sonderschulpädagogik der fragwürdige Gewinn eines alle sonderpädagogischen Einzelgebiete umklammernden Selbstverständnisses als „Behindertenpädagogik", welche eine ansehnlich große Klientel umfasst, die in Sonderschulen auszusondern ist. Es ist inzwischen allerdings vielfach belegt, dass die sog. „Lernbehinderten" durch ihren Familienhintergrund, durch ihre schulische Leistungsschwäche und daraus konstruierte „Sonderschulbedürftigkeit" sowie durch die Zuschreibung des Merkmals „behindert" zu jenen Menschengruppen gehören, welche von gesellschaftlicher Ausgrenzung als Folge von gruppenbezogenen Vorurteilen betroffen sind.

Heitmeyer (2006) verwendet für die Ausgrenzung von Menschen durch auf bestimmte Gruppen bezogene Vorurteile den Begriff „gruppenbezogene Menschenfeindlichkeit". Lernbehinderte und andere Behinderte sind nur eine von mehreren, scheinbar völlig unterschiedlichen Gruppen. Mit Bezug auf die Forschungen von Heitmeyer kann man vermuten (vgl. Haeberlin 2013, S. 12), dass „aktuelle Bildungs- und Kulturbenachteiligungen im Rahmen größerer kulturhistorischer und gesellschaftlicher Zusammenhänge interpretiert werden müssen." Nur vordergründig erstaunlich ist, dass während Jahrhunderten bis heute sehr verschiedenartig scheinende Menschengruppen von ähnlichen Vorurteilen betroffen waren und sind und in der Folge aus dem normalen gesellschaftlichen Leben ausgegrenzt wurden und werden. Die Meinung, dass beispielsweise Vorurteile gegenüber Menschen mit Immigrationshintergrund etwas völlig Anderes als Vorurteile gegenüber Behinderten sind, erweist sich bei genauerem Hinsehen als Irrtum. Es ist vielmehr von einem umfassenden Syndrom gesellschaftlicher Ausgrenzungen aufgrund eines Vorurteilskomplexes auszugehen. In einer Gesellschaft verankerte Vorurteile gegenüber *einer* Menschengruppe müssen als *ein* Element eines Systems von Vorurteilen gegenüber verschiedenen Menschengruppen verstanden werden. In den Forschungen von Heitmeyer (2006) zu Vorurteilen, die in Deutschland (wie vermutlich in ähnlicher Weise auch in anderen Ländern) verankert sind, sind neun miteinander korrelierende Elemente aufgezeigt worden:

„(1) *Rassismus* umfasst jene Einstellungen und Verhaltensweisen, die Abwertungen auf der Grundlage einer konstruierten ‚natürlichen' Höherwertigkeit der Eigengruppe vornehmen. (2) *Fremdenfeindlichkeit* ist auf als bedrohlich wahrgenommene kulturelle Differenzen und auf materielle Konkurrenz um knappe Ressourcen bezogen. (3) *Antisemitismus* ist als feindselige Mentalität auf die jüdische Gruppe und ihre Symbole gerichtet. (4) *Islamophobie* bezeichnet die Bedrohungsgefühle und die ablehnenden Einstellungen gegenüber der Gruppe der Muslime, ihrer Kultur und ihren öffentlich-politischen wie religiösen Aktivitäten. (5) *Etabliertenvorrechte* umfassen die von Alteingesessenen, gleich welcher Herkunft, beanspruchten Vorrangstellungen, die gleiche Rechte vorenthalten und somit Gleichwertigkeit unterschiedlicher Gruppen verletzen. (6) *Sexismus* betont die Unterschiede zwischen den Geschlechtern im Sinne einer Demonstration der Überlegenheit des Mannes und fixierter Rollenzuweisungen an Frauen. (7) *Homophobie* bezeichnet feindselige Einstellungen gegenüber Homosexuellen aufgrund eines ‚normabweichenden' sexuellen Verhaltens und damit verbundenen Auftretens in der Öffentlichkeit. (8) *Abwertung von Obdachlosen* zielt in feindseliger Absicht auf jene Menschen, die Normalitätsvorstellungen eines geregelten Lebens nicht nachkommen. (9) *Abwertung von Behinderten* meint feindselige Einstellungen, die sich gegen die ‚Normalitätsabweichung' und den daraus angeblich abgeleiteten Unterstützungsforderungen ergeben." (zit. nach Haeberlin 2013, S. 12f.)

Weil die Vorurteile gegenüber auf den ersten Blick sehr unterschiedlichen Gruppen von Menschen häufig bei einer Person als zusammenhängender Komplex auftreten, bietet sich der von Heitmeyer verwendete Begriff „Syndrom" an.

Derartige soziologische und sozialpsychologische Erkenntnisse verunsichern uns von pädagogischem Idealismus getragene Heil- und Sonderpädagog*innen zutiefst. Fast unerträglich wird die Verunsicherung aber, wenn man weiß, dass sogar Exponenten der Heil- und Sonderpädagogik Anhänger*innen der nationalsozialistischen Ideologie sein konnten, obschon gerade davon ihre „Schützlinge" existentiell bedroht waren. Mit solcher Verunsicherung war ich selbst konfrontiert, als ich 1979 den Lehrstuhl für Heilpädagogik an der Universität Freiburg (Schweiz) übernahm. Meine Beschäftigung mit der Geschichte des Lehrstuhls führte zur Feststellung, dass laut Protokoll der 57. Sitzung des schweizerischen Bundesrats vom 20. Juli 1945 der erste Professor für Heilpädagogik an dieser Universität, Josef Spieler, nach Ende des Zweiten Weltkrieges aus der Schweiz ausgewiesen worden war. Grund war seine Kollaboration mit den deutschen Nationalsozialisten. Beim – zum Glück nicht erfolgten – Einmarsch der Deutschen in die Westschweiz wäre er als Leiter des „Gaus Burgund" vorgesehen gewesen.[1] Erstaunliches fand ich bei weiteren Recherchen:

> „Seit 1. Februar 1940 war Josef Spieler Mitglied der NSDAP gewesen. Dennoch wurde der aus der Schweiz ausgewiesene Spieler 1952 bis 1965 Professor und sogar Rektor des Pädagogischen Instituts, bzw. ab 1962 der Pädagogischen Hochschule in Karlsruhe. 1976 erhielt er den Verdienstorden des Landes Baden-Württemberg und

---

1 Persönliche Mitteilung meines Vorgängers Prof. Eduard Montalta.

1985 das Ehrenbürgerrecht seiner Heimatstadt Walldürn. (...) Der erste Freiburger Professor für Heilpädagogik hatte offenbar eine für mich nicht überbrückbare Kluft zwischen Heilpädagogik als Unterstützung aller Menschen mit – auch schwersten – Behinderungen und nationalsozialistischer Ideologie mit erklärtem Ziel der Vernichtung von Behinderten als unnütze Last für Staat und Gesellschaft verkörpert!" (Haeberlin 2016a, S. 280f.)

Inzwischen ist durch verschiedene historische Forschungen (z. B. Ellger-Rüttgardt 2008; Hänsel 2006, 2008; Rudnik 1990) bekannt geworden, dass es sich hierbei nicht um ein singuläres Ereignis in der Heil- und Sonderpädagogik gehandelt hat. Im deutschen Hilfs- und Sonderschulwesen gab es offenbar eine beachtliche Zahl von Personen, die es sich im Widerspruch zwischen Anspruch auf Menschlichkeit und nationalsozialistischer Vernichtungsideologie bequem zu machen verstanden. Solche Widersprüchlichkeiten in der Heil- und Sonderpädagogik haben mich und wahrscheinlich auch Andere nachhaltig geprägt – und zwar bis hin zur aktuellen Debatte über inklusive Bildung. Mein Wechsel von der Universität Heidelberg an die Universität Freiburg (Schweiz) konnte mir die Verarbeitung von beobachteten Vergehen gegen Menschlichkeit und Inklusionsideal, die ich seit meiner Kindheit zu verkraften hatte, nicht einfacher machen:

„Zunächst hatte ich als noch relativ kleines Kind die schrecklichen Berichte über die Unmenschlichkeiten im nationalsozialistischen Deutschland zu verarbeiten gehabt. Die gesellschaftlichen Widersprüche hatten sich mir anschließend in der langjährigen Teilung zwischen den kapitalistischen und den kommunistischen Ländern gezeigt. Die Angst davor, dass sich der sog. ‚Kalte Krieg‘ zu einem dritten Weltkrieg eskalieren könnte, war nicht nur bei mir zum Dauerzustand geworden. Nach dem Zusammenbruch des kommunistischen Regimes kam schließlich allgemein – auch bei mir – Euphorie auf. Aber mit dem Jugoslawienkrieg wurde für uns alle – auch für mich – sichtbar, dass sich die Menschen offenbar nicht grundlegend zum Guten ändern bzw. ändern lassen. Seither wird die Welt wieder durch schlimmste Auswirkungen von ethnischen und oft mit Religionen verbundenen exklusionsfördernden Feindbildern und Ideologien gegeißelt. Global gesehen hat sich meines Erachtens nicht durchgesetzt, was heute mit übertriebener Hoffnung in der Heil- und Sonderpädagogik als *Inklusion* bezeichnet wird." (Haeberlin 2016a, S. 285)

Geprägt von den erlebten Widersprüchen sah ich als Hauptproblem in meiner Aufgabe als verantwortlicher Professor für die Ausbildung von Sonderschullehrpersonen stets die Frage:

„Wie vermittelt man gesellschafts- und bildungskritische Denkweisen und damit die Erkenntnis der großen Widersprüche in unserer Gesellschaft, ohne dass man damit die Heilpädagogen und Heilpädagoginnen in ihrer praktischen Arbeit verunsichert? Wie kann ich sowohl als Ausbildner wie auch als Herausgeber einer heilpädagogischen

Fachzeitschrift das Aushalten der Widersprüche zwischen gesellschaftlicher Realität mit laufend neuen Verstößen gegen die Menschlichkeit und Visionen eines besseren und für alle Menschen friedlichen Lebens vermitteln?" (ebd.)

3 Rückblick auf Traditionen der Exklusion und Menschenfeindlichkeit

Im Folgenden werden einige wenige Beispiele von Exklusionstendenzen skizziert, die einem heilpädagogischen Menschenbild im Wege standen und weiterhin stehen werden[2]: Viele von uns älteren Heil- und Sonderpädagog*innen hatten im Gymnasium große Hochachtung vor der griechischen und römischen Kultur erworben. Wer sich allerdings später um ein heilpädagogisches Menschenbild zu bemühen begann, musste Enttäuschung verspüren. In der von uns Bildungsmenschen bewunderten griechischen Kultur war nämlich das Töten von behinderten und schwächlichen Säuglingen selbstverständlich gewesen. Die lebensbedrohliche Abwertung von Schwachen, Behinderten und Entstellten wurde auch von berühmten und hoch geschätzten griechischen Philosophen gestützt. Dies prägte das Sehen und Denken der europäischen Bildungselite nachhaltig und dauerhaft. Auch die damit einhergehende Verherrlichung von Stärke, Tapferkeit und Schönheit in der klassischen Antike ist bis heute in der europäischen Kultur spürbar. Die Abwertung von Menschen ohne diese Merkmale hat die europäische Kultur geprägt. Aber auch mit der Christianisierung Europas wurde die Tradition der Abwertung von Schwachen, Entstellten und anderswie Normabweichenden nicht überwunden. Es galt nun bis in die beginnende Neuzeit die Lehre von der gottgegebenen und gottgewollten Ungleichheit der Menschen. So war die gesellschaftliche Ungleichheit zwischen den Ständen klar geordnet und erschien in dieser Ordnung als durch den Willen Gottes gerechtfertigt. Zudem gab es einige in bestimmten Merkmalen vom großen Teil der Bevölkerung abweichende „Sondergruppen", die von Exklusion bis hin zur Ermordung bedroht waren. Eine solche Menschengruppe bildeten durch die Jahrhunderte hindurch die Juden. Auch Menschen mit Behinderungen und Entstellungen sind seither immer wieder zu Sondergruppen gemacht worden, welchen die Menschenwürde und oft auch das Lebensrecht verweigert wurden. Menschen mit sichtbaren Entstellungen wurden im Mittelalter beispielsweise in unwürdiger Weise öffentlich zur Schau gestellt. Das unwürdige Zur-Schau-Stellen tradierte sich bis weit in die Neuzeit. Sogar noch zu Beginn des letzten Jahrhunderts wurden beispielsweise in

---

2   Mehr dazu in Haeberlin 2005.

dieser Tradition überdicke Menschen („die dicke Bertha"), Siamesische Zwillinge oder kleinwüchsige Menschen in Schaubuden gegen eine Eintrittsgebühr zur Schau gestellt, und in Zoos (Tierpark Carl Hagenbeck in Hamburg) waren „Menschen aus fremden Ländern" zu besichtigen. Im Mittelalter findet man auch die Meinung, dass entstellte und behinderte Menschen von Natur aus hinterlistig und bösartig seien. In breiten Kreisen herrschte in der christianisierten Bevölkerung des Mittelalters der Aberglaube, dass Kinder mit Behinderungen und Entstellungen vom Teufel im Mutterleib ausgewechselt worden sind – daher der Begriff *Wechselbalg*. Wer mit der Bildung eines humanistischen Gymnasiums gesegnet ist und dann irgendeinmal entdeckt, dass der moderne Rassismus eigentlich zumindest einen Teil seiner Wurzeln ausgerechnet in der wissenschaftsorientierten Aufklärungszeit zu haben scheint, wird von dieser Einsicht geschockt sein. In dieser Epoche setzte sich die Anthropologie als exakt wissenschaftlich arbeitende Disziplin zum Ziel, die Stellung des Menschen in der Natur durch empirische Methoden wie Beobachten, Messen und Vergleichen von Menschen im Vergleich zu Tiergruppen zu bestimmen. Die Ergebnisse wurden allerdings in der Bewertung des Menschen „letztlich von der Ähnlichkeit mit der klassischen Schönheit und den klassischen Proportionen bestimmt" (Mosse 2006, S. 29). Der an dieser Norm gemessene Mensch wurde zum rassenreinen Europäer hochstilisiert. Die davon Abweichenden wurden dieser Idealnorm abwertend untergeordnet.

Wenn man die Kulturgeschichte Europas von den Anfängen bis heute überblickt, ist in allen Ländern und in allen politischen Systemen immer wieder mit Hilfe von Feindbildern, die von der postulierten und als wünschenswert gemachten Normalität in einigen Merkmalen abweichen, die Stabilität von politischen Machtstrukturen gesichert worden. Mit diesem Mittel lässt sich das Selbstwertgefühl einer Nation oder einer Ethnie stärken und aufwerten. Ein eindrückliches und in seinen Konsequenzen für Missachtung der Menschenwürde fürchterliches Beispiel lieferte der Nationalsozialismus. Seine Feindbildstrategien, die seit dem 18. Jahrhundert in europäischen Ländern zu beobachten waren, wurden geschickt für das dafür offene Volksempfinden in Mythen verpackt. Betroffen waren bekanntlich insbesondere Juden, aber auch (in der damaligen Terminologie) Zigeuner, Homosexuelle, Schwachsinnige, Irre und Erbkranke. Die Feindbilder konnten bis heute nicht ausgerottet werden. Im Rahmen der Einwanderungswelle aus muslimischen Ländern sind Weitere hinzugekommen. Die meisten tradierten Feindbilder kommen immer wieder zum Vorschein. Parallel zur Tradition der Feindbildstrategie als Verbreitung von Vorurteilen gegenüber Menschengruppen wurden und werden bis heute die Wirksamkeit der Feindbilder unterstützende Idealbilder des angeblich normalen – meist schönen, gesunden und erfolgreichen – Menschen verbreitet. Dadurch wird die Abwertung der Menschen, die vom jeweiligen Idealbild der Normalität stark abweichen, zusätzlich gefördert.

4 Exklusion statt Inklusion – das unaufhebbare Dilemma

In den 1980er-Jahren tauchte unvermittelt wieder die Meinung auf, dass man Menschen das Lebensrecht absprechen darf (Singer 1984). Nach dem Sieg über die nationalsozialistische Bewegung war die Verwendung des Begriffs „Lebensrecht" und die damit verbundene Unterscheidung zwischen Menschen mit und ohne Recht auf Leben zunächst tabu. Aber Peter Singer und andere Vertreter*innen der Philosophie des Präferenzutilitarismus haben dieses Tabu gebrochen. Inzwischen hat die präferenzutilitaristische Ethik zunehmend breite Zustimmung erhalten. Auch in der Heil- und Sonderpädagogik ist die anfängliche Empörung beinahe schon eingeschlafen, was vielleicht auch als Hinweis auf Hilf- und Ratlosigkeit interpretiert werden kann. Nur noch selten flackern Proteste gegen den Präferenzutilitarismus (z. B. Feuser 2012; Schönbächler und Dadier 2015) und gegen mögliche Konsequenzen von Verharmlosungen der präferenzutilitaristischen Ethik (vgl. Bonfranchi 2013; Dederich 2013; Feuser 2013) wieder etwas auf. Es ist daran zu erinnern, dass in der präferenzutilitaristischen Ethik die Ansicht vertreten wird, dass ein Mensch nur dann Anspruch auf Leben habe, wenn er ein Minimum an Intelligenz, Explorationsdrang, Selbstbewusstsein, Zeitgefühl und Kommunikationsfähigkeit zeige. Nach erstem Bekanntwerden von präferenzutilitaristischen Publikationen war man in breiten Kreisen der Heil- und Sonderpädagogik schockiert über die These, dass Tiere oft mehr an menschentypischen kognitiven Fähigkeiten zeigen als Menschen mit schweren Behinderungen und es somit nicht rational begründbar sei, warum man Tiere töten dürfe, schwer behinderte Menschen jedoch nicht (Haeberlin 2005, S. 29ff.). Die Verharmlosung der Exklusionsfolgen dieser Sichtweisen wurde allmählich so erfolgreich, dass heute in manchen medizinischen Ethikkommissionen Philosoph*innen sind, welche sich als Präferenzutilitaristen verstehen. Obschon Singer explizit nur Menschen mit schweren Behinderungen das Lebensrecht abspricht, wurde von ihm nie eindeutig geklärt, wie die Grenze zur schweren Behinderung zu definieren ist.

In den letzten Jahrzehnten sind die Möglichkeiten der Biotechnologie in raschem Tempo und offensichtlich unaufhaltbar vorangeschritten. Die moderne Biotechnologie eröffnet bizarr erscheinende Zukunftsbilder: Sie gibt Anlass zum Glauben an die biotechnische Machbarkeit von Wunschmenschen. Und schon neigen auch wir

Heil- und Sonderpädagog*innen dazu, deren Folgen als Bedrohung der Solidarität mit Behinderten zu bagatellisieren. Die Wahrscheinlichkeit steigt, dass Zeugung und genetische Ausstattung von zukünftigen Generationen berechenbar werden. Wer die zukünftige Generation selbst erschaffen kann, wird sich eine Menschheit ohne Behinderte, Leistungsschwache und unerwünscht Abweichende zum Ziel setzen. Der Gedanke, dass Vielfalt und Verschiedenheit „normal" sind, wird damit verdrängt. Noch vor wenigen Jahren schienen es eher Fantasten und radikale Utopisten (z. B. die Gruppe der Extropianer in den USA) zu sein, die an die zukünftige Machbarkeit des Menschen nach unseren Idealvorstellungen glauben und den Wunschmenschen mit Hilfe von schönheitschirurgischen Eingriffen und gentechnologischen Maßnahmen herstellen wollen. Aber derartige Zukunftsprogramme scheinen immer realitätsnaher und durchaus in absehbarer Zukunft realisierbar zu werden. Die Exklusion von Menschen, die stark vom Ideal- und Wunschmenschen abweichen, droht sich, abnehmend kritisiert und kaum mehr bemerkt, zu verstärken.

Die Zahl der Menschen, die auf eine Angleichung ihres äußeren Aussehens an ein vermeintliches Schönheitsideal durch chirurgische Eingriffe hoffen, scheint in vielen Ländern stark zuzunehmen. Oft definieren Schönheitschirurg*innen eigenmächtig, was die Schönheit eines Menschen ausmacht. Auch dies kann die Exklusion von Menschen fördern, welche abseits vom Schönheitsideal sind. Und die Fortschritte der Fortpflanzungsmedizin zeigen immer deutlicher, wohin der Weg in die Zukunft geht. Die Vorstellung von der Selbsterschaffung der zukünftigen Generationen ist eine extreme Herausforderung für die Zukunft der Heil- und Sonderpädagogik und für die Erhaltung ihres auf Inklusion und nicht auf Exklusion ausgerichteten Menschenbildes. Denn der Machbarkeitswahn wird sich die Erschaffung von Generationen ohne Behinderte, Leistungsschwache und unerwünscht Abweichende zum Ziel setzen und damit diametral der Auffassung von Normalität als Vielfalt und Verschiedenheit entgegenstehen. Unter dieser Perspektive droht die aktuelle Hochstilisierung der Begriffe „Integration" und „Inklusion" zum bloßen Gerede zu verkommen (Haeberlin 2011; Haeberlin und Doblmair 2012).

5 Bleibt die Inklusionsvision sozialromantische Träumerei?

Ich habe versucht, das Dilemma zwischen Visionen von Toleranz, Akzeptanz und Inklusion einerseits und Realitäten von Ungleichheit, gruppenbezogener Menschenfeindlichkeit und Tendenzen zur Exklusion andererseits mit Blicken auf Vergangenheit und Gegenwart sichtbar zu machen. Für eine Auflösung des Dilemmas gibt es keine Rezepte, und wir müssen lernen, damit zu leben. Der Glaube an Rezepte zur Beseitigung der Widersprüche und zur staatlich organisierten Überwindung von tradierten Vorurteilen und der gruppenbezogenen Menschenfeindlichkeit begünstigt deren Verschärfung, was beispielsweise die Entwicklung in den Ländern unter kommunistischem Regime gezeigt hat. Ebenso gilt dies für den Glauben an die Möglichkeit eines Fortschritts zur Harmonisierung der gesellschaftlich verankerten Widersprüche. Eine tragfähige Sicht von inklusiver Bildung muss vielmehr erkennen und anerkennen, dass gesellschaftliche Widersprüche nicht harmonisierbar sind. Aber sie muss diese fortwährend publik machen, ideologiekritisch hinterfragen und zugleich lernen, ihre Unaufhebbarkeit auszuhalten, ohne den Glauben an den Sinn von Visionen des moralisch Guten und damit einer inklusiven Gesellschaft und Schule zu verlieren (vgl. Haeberlin 2016b).

Ich halte daran fest: Basis eines trotz aller Realisierungszweifel und Unzulänglichkeiten inklusiv verstandenen Menschenbildes für inklusive Bildung muss eine Ethik sein und bleiben, welche dem Wohl jener Kinder, Jugendlichen und Erwachsenen Priorität gibt, die zurzeit im Bildungs- und Berufswesen wie auch in anderen gesellschaftlichen Einrichtungen und im Anspruch auf Lebensqualität und Selbstbestimmung benachteiligt sind. Für eine inklusive Heil- und Sonderpädagogik und für die gesamte Pädagogik, die sich inklusiv verstehen will, ist das Postulat unverzichtbar, dass alle Menschen Anspruch auf Bildung und gesellschaftliche Teilhabe haben – auch wenn sie noch so sehr von kulturell gültigen Durchschnitten bezüglich Intelligenz, Aussehen, Verhalten oder ethnischer Zugehörigkeit abweichen. Die Orientierung an der Vision von allgemeiner Gerechtigkeit, anerkannter Verschiedenheit und Inklusion jedes Menschen in die menschliche Gemeinschaft muss Grundlage inklusiver Bildung sein. Auf dieser Basis kann am ehesten mit gewissen Erfolgsaussichten das Ziel anvisiert werden, dass sich der traditionelle europäische Bildungsbegriff in Richtung einer weniger elitären und exklusiven Vorstellung von Bildung und Gebildet-Sein verändert. Inklusive Bildung muss, wie im Abschnitt „Die Vision der inklusiven Bildung" erläutert, basal verstanden werden. Sie darf keinen einzigen Menschen als ungebildet oder gar als nicht-bildbar ausschließen.

Wie gezeigt, breitet sich aber heute erneut eine Denkweise aus, die für das Bildungs- und Lebensrecht Behinderter, insbesondere geistig Behinderter, verhängnisvoll werden könnte. Das elitäre europäische Bildungsverständnis ist zu sehr mit der heute gentechnologisch zunehmend ermöglichten Züchtung Erwünschter und Eliminierung Unerwünschter vereinbar, denn es lässt praktisch zwingend Zweifel an der Bildbarkeit bestimmter Menschen zu.

Für ein inklusives Verständnis von Bildung ist besonders wichtig, dass die inklusiv orientierte Ethik mit kritischer Gesellschaftsphilosophie verbunden wird. Diese Verbindung muss das Aushalten des Paradoxons ermöglichen, dass wir einerseits mit den gesellschaftlich bedingten Widersprüchen leben müssen und doch nicht den Glauben an die Vision inklusiver Entwicklungen trotz gesellschaftlicher Gegentendenzen verlieren dürfen. Es ist schwierig, die Kluft zwischen Realitäten und Visionen gelassen zu ertragen. Aber wir dürfen gleichwohl nicht übersehen, dass es die Kluft gibt. Wie wir uns damit abfinden können, dass Menschen immer die durch gesellschaftliche Widersprüche deformierten Wesen bleiben werden, ist die existentielle Frage, deren Beantwortung ins Religiöse verweist – oder wie es Otto Speck nennt: ins „Spirituelle" (Haeberlin 2015; Speck 2015). Wenn man einen solchen Schritt wagt, kann man eher ertragen, dass die Realität mächtig und ungerecht ist, und kann man eher die wissenschaftliche Rationalität mit intuitiv gewonnener Überzeugung (Haeberlin und Oberholzer-Studer 2016) ergänzen, dass ohne Visionen von etwas Besserem Bildung zum Handlanger der Realität zu werden droht.

Literatur

Benkmann, R. (2009). Individuelle Förderung und kooperatives Lernen im Gemeinsamen Unterricht. *Empirische Sonderpädagogik, 1* (1), 143–156.
Benkmann, R. (2013). Pädagogik kann gesellschaftliche Widersprüche nicht heilen. Interview mit Prof. Dr. Rainer Benkmann. *thüringer zeitschrift der Bildungsgewerkschaft GEW, 01/2013*, 2–4.
Benkmann, R., & Chilla, S. (2013). Inklusion im Kontext gesellschaftlicher Exklusion. *Vierteljahresschrift für Heilpädagogik und ihre Nachbargebiete, 82* (4), 283–293.
Bonfranchi, R. (2013). Wirkt sich die Pränatale Diagnostik (PD) diskriminierend auf Menschen mit schwerer geistiger und mehrfacher Behinderung aus? *Vierteljahresschrift für Heilpädagogik und ihre Nachbargebiete, 82* (2), 143–146.
Dederich, M. (2013). Zur Frage diskriminierender Wirkungen der Pränatalen Diagnostik (PD) auf Menschen mit schwerer geistiger und mehrfacher Behinderung. Eine Antwort auf Riccardo Bonfranchi. *Vierteljahresschrift für Heilpädagogik und ihre Nachbargebiete, 82* (2), 147–151.
Ellger-Rüttgardt, S. L. (2008). *Geschichte der Sonderpädagogik. Eine Einführung*. München: Ernst Reinhard Verlag.
Feuser, G. (2012). Menschenaffen kontra Mensch? Ethik-Preis der Giordano-Bruno-Stiftung an Peter Singer. *Vierteljahresschrift für Heilpädagogik und ihre Nachbargebiete, 81* (1), 1–8.
Feuser, G. (2013). Zu Riccardo Bonfranchis Frage, ob sich die Pränatale Diagnostik (PD) diskriminierend auf Menschen mit schwerer geistiger und mehrfacher Behinderung auswirke. *Vierteljahresschrift für Heilpädagogik und ihre Nachbargebiete, 82* (2), 152–157.
Haeberlin, U. (2005). *Grundlagen der Heilpädagogik. Einführung in eine wertgeleitete erziehungswissenschaftliche Disziplin*. Bern: Haupt.

Haeberlin, U. (2007). Aufbruch vom Schein zum Sein. *Vierteljahresschrift für Heilpädagogik und ihre Nachbargebiete, 76* (3), 253–255.
Haeberlin, U. (2010). *Das Menschenbild für die Heilpädagogik* (6. Aufl.). Bern: Haupt.
Haeberlin, U. (2011). Behinderte integrieren – alles klar? *Vierteljahresschrift für Heilpädagogik und ihre Nachbargebiete, 80* (4), 278–283.
Haeberlin, U. (2013). Inklusion als Vision und Exklusion als Realität. Reflexionen zur Inklusion und Exklusion von Benachteiligten in unserer Kultur und in unserem Bildungswesen. In S. Schwab, M. Gebhardt, E. M. Ederer-Fick & B. Gasteiger-Klicpera (Hrsg.), *Theorien, Konzepte und Anwendungsfelder der inklusiven Pädagogik* (S. 11–23). Wien: Facultas.wuv.
Haeberlin, U. (2015). Ausführliche Rezension zu O. Speck, Spirituelles Bewusstsein. Nahtod-Erfahrungen – wissenschaftliche und kulturelle Aspekte. *Vierteljahresschrift für Heilpädagogik und ihre Nachbargebiete, 84* (4), 352–356.
Haeberlin, U. (2016a). Ein subjektiv gefärbter Rückblick des scheidenden VHN-Herausgebers. *Vierteljahresschrift für Heilpädagogik und ihre Nachbargebiete, 85* (4), 277–289.
Haeberlin, U. (2016b). Empirisch Forschen! – Aber wertgeleitet! *Vierteljahresschrift für Heilpädagogik und ihre Nachbargebiete, 85* (4), 342–345.
Haeberlin, U., & Doblmair, M. (2012). Inklusive Bildung? – Ein spontaner Gedankenaustausch. *Vierteljahresschrift für Heilpädagogik und ihre Nachbargebiete, 81* (4), 328–334.
Haeberlin, U., & Oberholzer-Stuber, E. (2016). Rationalität und Intuition – vereinbar oder nicht? *Vierteljahresschrift für Heilpädagogik und ihre Nachbargebiete, 85* (4), 346–348.
Haeberlin, U., Bless, G., Moser, U., & Klaghofer, R. (2003). *Die Integration von Lernbehinderten* (3. Aufl.). Bern: Haupt.
Hänsel, D. (2006). *Die NS-Zeit als Gewinn für Hilfsschullehrer.* Bad Heilbrunn: Klinkhardt.
Hänsel, D. (2008). *Karl Tornow als Wegbereiter der sonderpädagogischen Profession. Die Grundlegung des Bestehenden in der NS-Zeit.* Bad Heilbrunn: Klinkhardt.
Heitmeyer, W. (2006). Gruppenbezogene Menschenfeindlichkeit: Gesellschaftliche Zustände und Reaktionen in der Bevölkerung aus 2002 bis 2005. In W. Heitmeyer (Hrsg.), *Deutsche Zustände. Folge 4* (S. 15–38). Berlin: Suhrkamp.
Heitmeyer, W. (2012). Gruppenbezogene Menschenfeindlichkeit (GMF) in einem entsicherten Jahrzehnt. In W. Heitmeyer (Hrsg.), *Deutsche Zustände. Folge 10* (S. 15–41) Berlin: Suhrkamp.
Mosse, G. L. (2006). *Die Geschichte des Rassismus in Europa.* Frankfurt a.M.: S. Fischer.
Rudnik, M. (Hrsg.). (1990). *Aussondern – Sterilisieren – Liquidieren. Die Verfolgung Behinderter im Nationalsozialismus.* Berlin: Edition Marhold im Wissenschaftlichen Verlag Spiess.
Schönbächler, C., & Dadier, S. (2015). Präimplantationsdiagnostik: Wo setzen wir die Grenzen? *Vierteljahresschrift für Heilpädagogik und ihre Nachbargebiete, 84* (2), 163–166.
Singer, P. (1984). *Praktische Ethik.* Stuttgart: Reclam.
Speck, O. (2015). *Spirituelles Bewusstsein. Nahtod-Erfahrungen – wissenschaftliche und kulturelle Aspekte* (2., überarb. Aufl.). Norderstedt: Books on Demand.

Die inklusive Schule
Vision oder Illusion?

Kurt Jacobs

Zusammenfassung

Der Beitrag „Schulische Inklusion – Vision oder Illusion?" stellt als erstes den menschenrechtlichen Ansatz, verkörpert durch die UN-Behindertenrechtskonvention als Grundlage für die Konzeption des inklusiven Unterrichts sowie den damit verbundenen Paradigmenwechsel heraus. Im Weiteren erfolgt eine kritische Auseinandersetzung des Autors mit ideologieträchtigen Inhalten der Inklusionstheorie an den Beispielen des Behinderungsbegriffs und der verwendeten Metapher „Eine Schule für Alle" unter Bezugnahme auf die UN-Behindertenrechtskonvention. Weiterhin setzt sich der Autor kritisch mit den sozialen Auswirkungen einer kapitalistischen Leistungsgesellschaft und den damit verbundenen Exklusionsprozessen auseinander. Außerdem werden die sonderpädagogische Inkompetenz von Regelschulkräften und die unzureichenden personellen Ressourcen als Negativfaktoren in der effizienten Ausgestaltung des inklusiven Unterrichts beleuchtet.

1 Grundsätzliches

Die Suche nach einem besseren Bildungssystem beschäftigt Wissenschaftler*innen, Lehrkräfte und Eltern. Die inklusive Schule, die Schule also, die alle Kinder ohne Rücksicht auf ihre physischen, kognitiven, sinnesmäßigen, sprachlichen, sozialen und emotionalen Fähigkeiten aufnehmen soll, steht im Gegensatz zu dem dreigliedrigen Schulsystem in den Ländern der Bundesrepublik, das dazu auch noch ein System aus Förderschulen mit unterschiedlichen Förderschwerpunkten für Schüler*innen mit sonderpädagogischem Förderbedarf unterhält. Inklusion wird als Chance gesehen, alle Kinder vom Kindergarten an miteinander lernen zu lassen, ihre Fähigkeiten und Anlagen zu erkennen und zu fördern.

Die international verankerte menschenrechtliche Grundlage dafür ist die UN-Behindertenrechtskonvention (nachfolgend UN-BRK genannt), die mit ihrer Ratifizierung durch die Bundesrepublik Deutschland für diese auch seit dem 26.03.2009 geltendes, d.h. verbindliches Recht darstellt. Mit Artikel 24, Abs. 1, S. 1 der UN-BRK erkennen die Vertragsstaaten das Recht von Menschen mit Behinderung auf Bildung an. Demnach besteht das Recht auf Bildung altersunabhängig und gewährt jedem Menschen die Freiheit auf lebenslanges Lernen. Es ist sowohl ein eigenständiges Menschenrecht als auch ein unverzichtbares Mittel zur Verwirklichung anderer Menschenrechte. Bildung muss auf die volle Entfaltung der menschlichen Persönlichkeit und auf die Stärkung der Achtung vor den Menschenrechten und Grundfreiheiten gerichtet sein. Die UN-BRK fügt dem eine neue inhaltliche Note hinzu: Bildung soll die menschlichen Möglichkeiten sowie das Bewusstsein der Würde und das Selbstwertgefühl des Menschen voll zur Entfaltung bringen und die Achtung vor der menschlichen Vielfalt stärken. Sie soll Menschen mit Behinderung zur wirklichen Teilhabe an einer freien Gesellschaft befähigen (Art. 24, Abs. 1).

Bildung spielt also für jede*n Einzelne*n innerhalb einer Gesellschaft, die die Forderung nach sozialer Inklusion von Menschen mit Behinderung voll verwirklichen möchte, eine zentrale Rolle. Mit der UN-BRK haben die Staaten anerkannt, dass behinderte Menschen ein Recht auf den Zugang zum allgemeinen Schulsystem haben. Dort sollen ihnen sinnvolle Bildungsangebote gemacht werden. Behinderte und nicht behinderte Kinder und Jugendliche sollen gemeinsam unterrichtet werden. Die UN-BRK geht dabei davon aus, dass ein inklusives Bildungssystem dem individuellen Anspruch auf inklusive Bildung am besten gerecht werden kann. So kann soziale Ausgrenzung behinderter Kinder und Jugendlicher im Schulbereich am ehesten vermieden werden. Die UN-BRK sieht in der Bildung einen Schlüsselbereich, um zu erreichen, dass Menschen mit Behinderung ein Leben innerhalb und nicht am Rand der Gesellschaft ermöglicht wird.

Die Anforderungen der UN-BRK sind allerdings nicht gleichbedeutend mit der pauschalen Abschaffung des Förderschulwesens. Im Sinne einer Ausnahme können auch nach der Konvention spezielle Förderräume aufrechterhalten werden, wenn der Staat in Übereinstimmung mit den Betroffenen dafür überzeugende Gründe darlegen kann, die nach Abwägung den vorrangigen Inklusionsansatz zurückstehen lassen. Allerdings ist die Regelschule im Sinne der Konvention der Ort, an dem Förderung regelmäßig stattfinden soll. Vor dem Hintergrund der bestehenden Systeme in den Bundesländern ist damit vielerorts eine Verlagerung der sonderpädagogischen Kompetenzen von der Förderschule an die Regelschule möglich. Es ist deshalb geradezu absurd, den Begriff der Inklusion als Vorwand für den Abbau sonderpädagogischer Fachkompetenz zu nehmen. Das Recht auf Zugang zur Regelschule für behinderte Menschen wird in der UN-BRK dadurch inhaltlich qualifiziert, dass der Staat sogenannte „angemessene Vorkehrungen" zu seiner Verwirklichung treffen muss (Art. 24, Abs. 2 c i.V.m.; Art. 2). Der Begriff „angemessene Vorkehrungen" bezeichnet ein rechtliches, in Deutschland noch nicht hinreichend verankertes Konzept. Danach sollen in einer individuellen Situation die bestehenden Gegebenheiten so angepasst werden, dass eine sinnvolle, bedarfsgerechte Beschulung gewährleistet ist (z.B. Bau einer Rampe und Behindertentoilette, Schreibzeitverlängerung als Nachteilsausgleich). Aus der UN-BRK folgt zusätzlich, dass auch schon bevor der Aufbau eines vollständigen inklusiven Bildungssystems abgeschlossen ist, Menschen mit Behinderung der Zugang zum allgemeinen Bildungssystem zu ermöglichen ist, denn bereits heute ist gemäß der Konvention sicherzustellen, dass Menschen mit Behinderung nicht aufgrund einer Behinderung vom allgemeinen Bildungssystem ausgeschlossen werden (Art. 24, Abs. 2). Sofern eine Person dies wünscht, muss ihr der Zugang zum Regelschulsystem deshalb möglich sein.

2 Beispielhaft ausgewählte kritikwürdige Aspekte in der Inklusionstheorie

2.1 Die konzeptionelle Verschleierung des Blicks auf das Phänomen Behinderung

Integration und Inklusion unterscheiden sich auf elementare Weise. Während in der Integration Kinder mit Behinderungen im Mittelpunkt des Interesses stehen, führt die Inklusion in ihrer radikalen Fassung zu einer grundlegenden Umorientierung. Behinderung gilt nur noch als eine Form der Besonderheit im Rahmen einer fast unendlichen Vielfalt des „menschlichen Auftritts". Beispiele dafür sind das Geschlecht, die ethnische und soziale Herkunft, Armut oder Reichtum, religiöse Zugehörigkeit, sexuelle Neigungen, Körpergewicht. Menschen mit Behinderung verlieren dadurch an gezielter Aufmerksamkeit. Sie werden unbedeutender und mutieren zu einem nebensächlichen Phänomen. Das ist ausdrücklich so gewollt (Ahrbeck 2011, S. 9).

Damit ist eine Entwicklung eingeleitet, über die bisher nur unzureichend kritisch reflektiert wurde. Die Gefahren, die sie beinhaltet, sind erheblich. Sie resultieren aus einem einseitigen, oder sollte man sagen, einem verschleierten Blick auf Menschen mit Behinderung, mit dem man sich auf die soziale Situation und die äußere Lebensrealität dieser Personengruppe fixiert. Die Person selbst mit ihren inneren Schwierigkeiten und Konflikten wird dadurch zu einem Randthema. Vor allem tritt sie in ihrem Eigenwillen zurück und in jenen Formen der Besonderheit, die eine tiefgehende, über das Alltägliche hinausgehende Auseinandersetzung erfordert.

Ich selbst wurde am 03.07.1937 mit einer hochgradigen Sehbehinderung geboren, die trotz mehrfacher Operationen im Alter von 31 Jahren zur vollständigen Erblindung führte. Als Kind und Jugendlicher mit hochgradiger Sehbehinderung erinnere ich mich auch heute noch oft an die schmerzlichen Erfahrungen, die ich durch das durchgängige Desinteresse meiner Freund*innen und Klassenkamerad*innen an den lebenserschwerenden Auswirkungen meiner Behinderung, an den alltäglichen Stresssituationen und den im Jugendalter verstärkt auftretenden Zukunftsängsten machen musste, auch wenn sie die von mir erbetenen Hilfeleistungen und Unterstützungen durchaus zu geben bereit waren. Hier fühlt man sich in seinem eigenen individuellen Sosein nicht verstanden, wenig wertgeschätzt und geachtet, was auch das eigene Selbstwertgefühl ins Wanken zu bringen vermag.

Der gut gemeinte Verweis auf die Normalität des Andersseins greift dabei ebenso zu kurz wie die Forderung nach Anerkennung von Vielfalt. In Anbetracht des immer wieder zitierten Satzes „es ist normal, verschieden zu sein" plädieren radikale Vertreter*innen des Inklusionsbegehrens für eine Auflösung klassischer Behinderungskategorien. Dies geschieht mit der Begründung, diese Begriffe seien auf unerträgliche Weise etikettierend und diskriminierend. Stattdessen sollen Problemlagen gelöst werden, die sich nicht mehr primär am Individuum festmachen. Systemische Fragen geraten somit in den Mittelpunkt des Interesses, die Person selbst in den Hintergrund. Die Anerkennung von Verschiedenheit und Vielfalt wird allerdings dann zu einem schalen Unternehmen, wenn der*dem Anzuerkennenden zuvor der begriffliche Boden entzogen worden ist. Wie soll man in der pädagogischen Arbeit Menschen mit Behinderung anerkennen, die primär auf ihre soziale Stellung und ihr vermeintlich weltweites Gruppenschicksal reduziert werden? Wie soll man ihnen über das Mitmenschliche hinaus achtend und wertschätzend begegnen, wenn sie nur noch als ein Teil einer abweichenden Vielfalt in Erscheinung treten? Anerkennen kann man nur, was man kennt. Schwieriges anzunehmen ist nur dann möglich, wenn man um das Schwierige weiß. Dazu gehört ein geschulter Blick auf die schulische und außerschulische Lebenssituation der betroffenen Kinder und gleichermaßen eine Achtung vor den schwerwiegenden Lebenseinschränkungen, vor der Last und dem Leid, die mit Behinderungen verbunden sein können. Es bedarf einer Hinwendung zur Person in ihrer lebensgeschichtlichen Einmaligkeit unter Achtung ihrer speziellen inneren Situation und möglicher ungelöster innerer Verstrickungen. Im Rahmen eines solchen Kenntnis- und Einfühlungsprozesses kann sich dann ein fruchtbringender Dialog zwischen Pädagog*in und den von Behinderung betroffenen Kindern oder Jugendlichen entwickeln, in dessen Verlauf sich diese zunehmend wertgeschätzt, geachtet, ja, im individuellen Sosein und den damit verbundenen Lebenserschwernissen verstanden fühlen.

Aus meiner Sicht und Erfahrung zeigen die Inklusionstheoretiker*innen mit ihren „Kategorisierungsängsten" eine sicherlich zumeist unbewusste „Abwehr gegenüber dem Phänomen Behinderung" in ihrem für sie selbst wahrscheinlich noch nicht geklärten Bewusstsein, sodass eine Motivation zur Bewusstseinsbildung auf ihrer Seite sicherlich mehr von Nöten wäre, als die alltägliche Pflege ihrer Ängste, Kategorisierungen und Etikettierungen zu vermeiden. Solche Kategorisierungen oder Etikettierungen werden auch zukünftig in unserer Gesellschaft immer noch präsent sein, nämlich spätestens dann, wenn ein*e Rollstuhlnutzer*in mit Rollstuhl oder ein blinder Mensch mit Langstock die eigene Wohnung verlässt. Vermeidungsverhalten hilft hier nicht weiter. Stattdessen kann die dialogische Auseinandersetzung mit dem von Behinderung betroffenen Menschen über seine Lebenserschwernisse, inneren Spannungen und Ängste, Quelle für Verständnis, Wertschätzung, Achtung und schließlich für Abbau von Vorurteilen sein. Es bedarf also einer Hinwendung zur Person, in ihrer lebensgeschichtlichen Einmaligkeit, unter Achtung ihrer speziellen inneren Situation und möglicher ungelöster innerer Verstrickungen. Vor allem ist die Einsicht von Nöten, dass hier komplexe, oft in sich widersprüchliche Problemfelder vorliegen, die einer kenntnisreichen, elaborierten Antwort bedürfen (vgl. Ahrbeck 2011).

2.2 „Eine Schule für Alle" – Eine ideologieträchtige Metapher?

„Eine Schule für Alle" ist im Grunde eine Metapher. Sie steht für eine gute alte pädagogische Idee, denn schon der berühmte Pädagoge Comenius formulierte im 17. Jahrhundert „Alle Kinder alles lehren." Wie schwer und unmöglich es bislang war und ist, diese Idee in der Praxis umzusetzen, belegen die Geschichte und auch die Gegenwart. So drängt sich geradezu die Frage auf, ob diese Wunschvorstellung sich nicht geradezu diametral entgegengesetzt verhält, zu den auf profitable Leistungsergebnisse gerichteten Prinzipien unserer hochindustrialisierten Leistungsgesellschaft. Optimale profitbezogene Leistungsergebnisse sind letztlich nur durch die Schaffung leistungsorientierter Hierarchiegruppen im Produktionsprozess zu erreichen, wobei sich die praktizierten Selektionsprinzipien auch in der differenzierten Schulstruktur widerspiegeln. Hier tritt die mit der Schule verbundene Allokationsfunktion deutlich zutage. Mit ihr übernimmt die Schule in ihrer Wegweiser- und Platzierungsfunktion die Aufgabe, mit den erstrebten und gemessenen Leistungsergebnissen dem einzelnen Individuum in der nachschulischen Gesellschaft eine bestimmte soziale Stellung und eine mehr oder weniger ausgeprägte Funktionstauglichkeit in der produktions- und leistungsorientieren Arbeitswelt zuzuweisen. In diesem Zusammenhang erhebt sich zwangsläufig die kritische Frage, ob in unserem bestehenden, auf Leistung und Auslese gerichteten Schulsystem überhaupt eine echte schulische Inklusion realisierbar ist oder ob sie nicht vielmehr durch die rigiden Ausleseprozesse für die betreffenden Schüler*innen lernmotivationshemmende und das Selbstwertgefühl beeinträchtigende Exklusionserlebnisse hervorruft und somit lediglich ein menschenrechtliches Feigenblatt darstellt (Heilmann, Krebs und Eggert-Schmid Noerr 2012).

Die Vorstellung, dass alle in unbegrenzter Vielfalt von den Hochbegabten bis zu den Schwerstmehrfachbehinderten in einer Schule bzw. Klasse nicht nur willkommen sein sollen, sondern auch das Optimum ihrer Lernleistungen erreichen können, ist geradezu mit der Quadratur des Kreises zu vergleichen. Abgesehen von der gesellschaftlich fragwürdigen Umsetzbarkeit eines auf totale Vielfalt umgebauten Schulsystems besteht die Gefahr, dass bei der gegenwärtigen Priorisierung des Prinzips der sozialen Teilhabe nicht nur die spezielle Lernförderung zu kurz kommt, sondern auch das persönliche Bedürfnis bestimmter Schüler*innen nach einer psychisch und sozial adäquaten Lernumgebung. Es fühlt sich nicht jedes lernende Kind in jeglicher Umgebung wohl. So gibt es in der schulischen Alltagsrealität in manchen Klassen des inklusiven Unterrichts auch Schüler*innen, deren destruktives Verhalten von Seiten des Lehrpersonals und der Mitschüler*innen als unerträglich empfunden wird. Sie schlagen und bespucken ohne ersichtlichen Grund für die übrigen beteiligten Mitschüler*innen, greifen sogar das Lehrpersonal tätlich an und zerstören Klassenmobiliar und Unterrichtsmaterialien. Vor diesem Hintergrund ist es verständlich, dass große Schwierigkeiten für die Beteiligten bestehen, solche Kinder als „willkommen" zu akzeptieren, zumal sie Ängste und Überforderungssituationen bei Mitschüler*innen und Lehrpersonal auslösen und den Unterricht für bestimmte Zeit unmöglich werden lassen. Wenn Inklusionstheoretiker*innen trotzdem in ihrer Begeisterung für die schulische Inklusion den Satz *„In einer Schule für alle sind alle Kinder herzlich willkommen!"* äußern, so kann in Anbetracht des destruktiven Verhaltens mancher Schüler*innen, die sozusagen außer sich sind und ohne inneren Halt, diese Aussage nur als eine romantisch-inklusionsfundamentalistische Behauptung bezeichnet werden.

Aufgrund der heterogenen Klassenzusammensetzung werden die Lehrkräfte mit solch vielschichtigen Problemen und speziellen Lebenssituationen von Kindern im Rahmen einer „Pädagogik der Vielfalt" konfrontiert, dass sie sich aufgrund ihres Studiums und ihrer Ausbildung, die nicht auf eine „inklusive Pädagogik" ausgerichtet waren, bestimmten Überforderungsängsten und -situationen ausgesetzt fühlen, was keine gute Grundlage für qualitativ hochwertiges pädagogisches Handeln darstellt. Die potentiell betroffenen Lehrkräfte fühlen sich, wie viele Gespräche mit mir zeigten, mit der neuen Situation unter Druck gesetzt und instrumentalisiert.

3 Worüber die Inklusionstheoretiker*innen selten sprechen: Die gesellschaftlichen Rahmenbedingungen – Wettbewerbs- und Leistungsstreben in einer globalisierten Welt

Vor allem in den beiden letzten Jahrzehnten hat sich die Bundesrepublik Deutschland mehr und mehr zu einer wirtschaftlich und technologisch hoch entwickelten Industrie- und Dienstleistungsgesellschaft entwickelt. Dabei ist sie inzwischen in den weltweiten Prozess der Globalisierung verflochten, in dem der internationale gnadenlose Wettbewerb zwischen den einzelnen Ländern vor allem auf die Steigerung der eigenen Produktivität und auf die Ausweitung des Außenhandels, zur stetigen Steigerung des inländischen Wachstums des Bruttoinlandprodukts, gerichtet ist. Wie gebannt warten die Politiker*innen in jedem Jahr auf die Prognose des Wirtschaftswachstums für das kommende Jahr, wobei sie gegenwärtige Wachstumsprozente und die positiven Wachstumsprognosen der Wirtschaftsweisen natürlich als Erfolg für ihre Politik in Anspruch nehmen. Von den Menschen aber, die diese geforderten, immer höheren Leistungen bei seit Jahren sinkendem Lohnniveau erbringen, ist hingegen kaum die Rede. Die Steigerung des Bruttoinlandsproduktes und das Leistungsprinzip sind also zweifellos die „goldenen Kälber" der Wirtschafts- und Arbeitswelt und damit der Gesellschaft schlechthin.

Für die Erbringung hoher und effizienter Leistungen werden heutzutage in der Arbeitswelt Eigenschaften wie Gesundheit, Fitness, Jugendlichkeit, hohe Motivation und Auffassungsgabe stillschweigend vorausgesetzt und dienen auch als Kriterien bei der Auswertung von Bewerbungen. Man identifiziert sich mit den in diesem Sinne Erfolgreichen und möchte somit selbst im Licht dieser gesellschaftlich erwarteten Eigenschaften glänzen. Menschen mit körperlichen, sinnesmäßigen oder psychischen Beeinträchtigungen gehören in der Regel nicht zu diesem Kreis, weil sie die solchermaßen von der Gesellschaft erwarteten Eigenschaften nicht oder nicht voll erfüllen können. So bleibt oftmals das Miteinander von Kindern mit und ohne Behinderung im gemeinsamen Unterricht als „verordnete Maßnahme" auf diesen zeitlich beschränkt, d. h. es wird im Freizeitbereich nicht weitergelebt, weil auch schon Kinder und Jugendliche als Mitglieder dieser Gesellschaft sich mit den gesellschaftlich präferierten „Werten der Makellosigkeit und Leistungsfähigkeit" identifizieren.

Vor diesem Hintergrund stellt sich die realistische Frage, ob die inklusive Schule als ein kultusministeriell verordnetes, menschenrechtliches Projekt langfristig nur im schulischen Sektor verharrt, weil sie nicht die gesellschaftliche Kraft zu entwickeln vermag, den in unserer Gesellschaft historisch langfristig angelegten neoliberalen Geist mit seinem Kosten-Nutzen-Denken in allen gesellschaftlichen Bereichen im Rahmen eines Paradigmenwechsels durch einen menschenrechtlichen Ansatz, wie er sich in einer inklusiven Gesellschaft widerspiegelt, zu ersetzen. Weitere Zweifel, ob sich unsere Gesellschaft überhaupt zu einer inklusiven Gesellschaft entwickeln will und kann, werden in der Feststellung deutlich, dass seit der Geburt der UN-BRK im Jahr 2006 und ihrer bundesdeutschen Ratifizierung im Jahre 2009 heute immer noch unverändert rund 300.000 Menschen mit Behinderung in Werkstätten für behinderte Menschen (WfbM) für ein monatliches Taschengeld arbeiten und somit ein entscheidender Fortschritt zur Entwicklung eines inklusiven Arbeitsmarktes bisher in der Bundesrepublik Deutschland nicht einmal wirklich angegangen worden ist (vgl. jährliche Statistik der Bundesagentur für Arbeit sowie des Statistischen Bundesamtes, Übersicht bei REHADAT-Statistik 2016). Ein weiterer Beleg für die berechtigten Zweifel am Zustandekommen einer inklusiven Gesellschaft sind auch die mehreren hunderttausend Menschen mit Behinderung, die ohne die Möglichkeit eines selbstbestimmten Lebens in einer eigenen Wohnung als Heimbewohner*innen in stationären Einrichtungen, oft mit Elementen struktureller Gewalt, ihr Alltagsleben fristen müssen. Ganz aktuell spiegeln sich die Halbherzigkeit und die Übermacht des Kosten-Nutzen-Denkens in der Politik auch in dem bereits verabschiedeten Bundesteilhabegesetz wider, das in den Augen vieler Betroffener dem Ziel der Kostenersparnis eine größere Bedeutung beimisst als dem Selbstbestimmungsrecht der Menschen mit Behinderung. Hier verbleibt schließlich die Frage im Raum, ob die Politiker*innen in der Fessel ihres Kosten-Nutzen-Denkens so gefangen sind, dass sie den menschenrechtlichen Ansatz der UN-BRK in seiner Bedeutung und Aussagekraft nicht verstehen können oder wollen.

4 Ausgewählte Probleme und Hemmnisse bei der Umsetzung eines optimalen inklusiven Unterrichts

4.1 Verschlechterung des schulischen Sozialklimas durch den gesellschaftlichen Wertewandel

Spricht man heutzutage von gesellschaftlichem Wertewandel, so ist damit vor allem gemeint, dass menschliche Sozialtugenden wie Hilfsbereitschaft, Rücksichtnahme, Solidarität und Einfühlsamkeit in die Situation des Schwächeren im alltäglichen gesellschaftlichen Miteinander immer mehr dahinschwinden. Stattdessen beobachte ich – und das wurde mir auch in vielen Gesprächen mit Lehrkräften und Sozialarbeiter*innen verschiedener Schulen in meinem Wirkungskreis bestätigt – eine Respektlosigkeit von jüngeren Kindern gegenüber älteren Jugendlichen und Erwachsenen in Form von Beschimpfungen mit Vulgärausdrücken und ein sich verstärkendes Potential von psychischen und körperlichen Aggressionen. Diese Einschätzung spiegelt sich auch in dem starken Anstieg sonderpädagogischen Förderbedarfs im Bereich emotionaler und sozialer Entwicklung wider (KMK 2016). Die Mehrheit dieser Kinder und Jugendlichen besucht die allgemeine Schule.

4.2 Die sonderpädagogische Inkompetenz von Regelschullehrkräften und die unzureichenden personellen Ressourcen als Negativfaktoren in der effizienten Ausgestaltung des inklusiven Unterrichts

Solange der inklusive Unterricht im Sinne eines Team-Teachings mit einer Doppelbesetzung von Regelschullehrkräften und Förderschullehrkräften ausgestaltet wird, können auch Kinder mit einem erhöhten Erziehungshilfebedarf im inklusiven Unterricht effizient gefördert werden, wenn die Förderschullehrkraft qua Studienabschluss über entsprechende pädagogische Kompetenzen für den Bereich der Erziehungshilfe-Pädagogik verfügt. Hierbei kommt es in der Regel im Unterrichtsvollzug zu dem positiven Effekt des Transferlernens, durch das sich die Regelschullehrkraft langfristig in Kooperation mit der Förderschullehrkraft entsprechende sonderpädagogische Handlungskompetenzen aneignen kann. Problematisch wird es aber dann, wenn das staatliche Schulamt personelle Ressourcen soweit einspart, dass keine unterrichtliche Doppelbesetzung mehr möglich ist und die zuständige Regelschullehrkraft lediglich auf zeitweilige Beratungsmöglichkeiten und -termine bei dem regional zuständigen Beratungskompetenzzentrum für den Bereich emotionale und soziale Entwicklung verwiesen wird. Ebenfalls problematisch wirkt es sich aus, wenn, wie im folgenden Fall geschildert, die in der Doppelbesetzung unterrichtende Sonderschullehrerin aufgrund eines Schulwechsels durch eine zweite Regelschullehrerin ersetzt wird. In einem mir bekannten Fall zeigte sich deutlich die sonderpädagogische Inkompetenz der Regelschullehrerinnen darin, dass sich die Regelschullehrerinnen im inklusiven Unterricht eines dritten Grundschuljahres einer neunjährigen Schülerin hilflos und bedrohlich ausgeliefert fühlen, wenn dieses Mädchen mit erhöhtem Erziehungshilfebedarf unvermittelt nicht nur andere Schüler*innen, sondern auch Lehrkräfte körperlich angreift und sie sozusagen in Serie bestiehlt. Hier rächt es sich, wenn Regelschullehrkräften während ihres Studiums die entsprechenden Studienangebote des Instituts für Sonderpädagogik einer Universität nicht zugänglich waren oder sie diese nicht wahrgenommen haben. Gleichzeitig werden dann in der Regelargumentation noch Ursache und Wirkung auf den Kopf gestellt, in dem man ein solches Kind mit erhöhtem Erziehungshilfebedarf als für den inklusiven Unterricht untragbar etikettiert anstatt die eigene sonderpädagogische Inkompetenz als eigentliche Ursache für die solchermaßen entstandenen Unterrichtskonflikte zuzugestehen. Wenn dann noch der Schulleiter beschließt und der Mutter schriftlich mitteilt, dass ihre Tochter aufgrund der Diebstähle nicht mehr an den Arbeitsgemeinschaften der Schule teilnehmen darf, so ist dies wohl genauso als Strafmaßnahme zu verstehen wie das dem Kind weiterhin auferlegte Verbot, nach Schulschluss gemeinsam mit den anderen Kindern Hausarbeiten machen zu dürfen. Diese Strafmaßnahmen stellen sich als „systematische Exklusion" dar und nehmen dem Kind jede weitere Chance auf eine wirklich echte inklusive Beschulung. Wird dann zeitgleich dieses frühkindlich traumatisierte Mädchen mit erhöhtem Erziehungshilfebedarf auch noch als untragbar für die nachschulische Betreuungseinrichtung etikettiert und der Einrichtung verwiesen und sogar von dem gemeinsamen Mittagessen in der Einrichtung ausgeschlossen, so wird damit gleichzeitig die eigentliche Ursache verschwiegen, dass diese nachschulische Betreuungseinrichtung mit einer Ausnahme für nahezu 200 Kinder nur mit pädagogisch nicht ausgebildetem Personal auf Niedriglohnbasis arbeitet.

5   Fazit

Die bereits in der Überschrift zu diesem Beitrag gestellte Frage „Schulische Inklusion – Vision oder Illusion?" lässt sich heute, sieben Jahre nach Ratifizierung der UN-BRK, selbst in Ansätzen nicht eindeutig beantworten. Seitdem haben sich in unserer Gesellschaft unvorhergesehene politische Entwicklungsprozesse ergeben, durch die das Klima in unserer Gesellschaft immer mehr durchsetzt ist von Egozentrismen und Entsolidarisierungsprozessen in fast allen Lebensbereichen. Da verwundert es nicht, dass Lehrkräfte erhebliche Diskrepanzen zwischen Schulwirklichkeit und Inklusion sehen: Die Forsa-Meinungsumfrage im Auftrag des Verbandes Bildung und Erziehung (Brand 2015, S. 8ff.) ermittelt, dass 41 % der befragten Lehrkräfte den Unterricht von Kindern mit Behinderung in Förderschulen für sinnvoller als den gemeinsamen Unterricht halten. Unabhängig davon, ob Lehrkräfte bereits in inklusiven Settings unterrichten, sprechen sich 55 % für den Erhalt der bisherigen Förder- und Sonderschulen aus (ebd.). Nach einer wissenschaftlichen Untersuchung von Aktion Mensch (2012) nimmt über die Hälfte der deutschen Bevölkerung Menschen mit Behinderung nicht wahr. Jede*r Dritte hat keinen Kontakt zu Menschen mit Behinderung (ebd.). Unwissenheit, Berührungsängste, Voreingenommenheit und Vorurteile gegenüber Menschen mit Behinderung sind daher als eigentliche Ursachen dafür auszumachen. Zudem hat die unvorhergesehene landesweite Flüchtlingsthematik und die daraus resultierende Ressourcenbindung und pädagogische zusätzliche Herausforderung die praktische Umsetzung schulischer Inklusionsprozesse in ihrer ursprünglich impulsgebenden Wirkung sichtbar gedämpft. Aktuell wird die schulische Inklusion nur noch halbherzig und mit gesetzlichen Vorbehalten (z. B. Ressourcenvorbehalt) umgesetzt. Schulische Inklusion droht somit immer stärker zu einem ineffizienten Sparmodell zu verkommen, das lediglich das Etikett „Schulische Inklusion" nach außen hin bewahrt.

Die Übermacht des neoliberalen Zeitgeistes und das daraus entspringende politische Handeln in unserem Land, was die menschenrechtlichen Belange von Menschen mit Behinderung zu einem „Inseldasein" in unserer Gesellschaft verschrumpfen lässt, spiegelt sich besonders wider in den Zielen und Inhalten des kürzlich verabschiedeten und am 01.01.2017 in Kraft getretenen Bundesteilhabegesetzes. Rückschauend ist die Diskussion über den ursprünglichen Gesetzesentwurf maßgeblich von den vielfältigen Kritiken und Protesten der Selbsthilfeorganisationen und Behindertenverbände von Menschen mit Behinderung bestimmt worden. Somit konnte schließlich erreicht werden, dass einige ursprünglich im Entwurf vorgesehene Verschlechterungen der sozialen Situation von Menschen mit Behinderung im beschlossenen Gesetz vermieden werden konnten. Trotzdem wurde das generelle Ziel, mit diesem Gesetz die UN-Behindertenrechtskonvention ein weiteres Stück umzusetzen, nicht erreicht. Das Menschenrecht auf Selbstbestimmung von Menschen mit Behinderung wurde dem Kosten-Nutzen-Vorbehalt und den Ermessensspielräumen bei Unterstützungsleistungen untergeordnet.[1]

---

1 Der wesentliche Verlauf der Gesetzesinitiative und deren kritische Stimmen können online nachvollzogen werden unter. http://nichtmeingesetz.de/ (Zugegriffen: 22.12.2016).

Weitere Zweifel am Gelingen gesellschaftlicher Inklusion ergeben sich durch die von D. Katzenbach und anderen Autoren gestellte berechtigte Frage, ob in einer vom neoliberalen Zeitgeist und vom Leistungsstreben und Profitdenken geprägten Leistungsgesellschaft wie der unsrigen eine schulische Inklusion überhaupt denkbar und realisierbar wäre, die mit ihren auf Eliteförderung ausgerichteten Auslesebestrebungen eine wesentliche gesellschaftliche Allokationsfunktion erfüllt, mit der die Stabilität und das Wachstum unserer neoliberalen Leistungsgesellschaft abgesichert werden sollen.

Auf diesem Hintergrund stellt sich gewissermaßen nur noch die Frage „Schulische Inklusion – quo vadis?".

Literatur

Ahrbeck, B. (2011). *Der Umgang mit Behinderung. Praxiswissen Bildung*. Stuttgart: Kohlhammer.

Aktion Mensch (2012). *Deutschland und Inklusion: Die Hälfte der Bevölkerung nimmt Menschen mit Behinderung nicht wahr.* Pressemitteilung. https://www.aktion-mensch.de/presse/pressemitteilungen/detail.php?id=876. Zugegriffen: 11.01.2017.

Brand, G. (2015). Forsa-Lehrerbefragung im Auftrag des VBE. Schulwirklichkeit passt nicht zur Inklusion. *VBE Magazin, 54* (6), S. 8–11. https://www.vbe-bw.de/wp-content/uploads/2015/06/Magazin-6_2015.pdf. Zugegriffen: 11.01.2017.

Heilmann, J., Krebs, H., & Eggert-Schmid Noerr, A. (Hrsg.). (2012). *Außenseiter integrieren. Perspektiven auf gesellschaftliche, institutionelle und individuelle Ausgrenzung* (Psychoanalytische Pädagogik, Bd. 39). Gießen: Psychosozial-Verl.

Jacobs, K. (2011). Der steinige Weg zur inklusiven Schulbildung: Probleme, Hemmnisse, Chancen. *Vierteljahresschrift für Behindertenpädagogik und Integration Behinderter*, (2), 126–141.

KMK (Kultusministerkonferenz) (2016). *Sonderpädagogische Förderung in Schulen 2005 bis 2014*. Statistische Veröffentlichung der Kultusministerkonferenz (Dokumentation Nr. 210 – Februar 2016). https://www.kmk.org/fileadmin/Dateien/pdf/Statistik/Dokumentationen/Dok_210_SoPae_2014.pdf. Zugegriffen: 12.01.2017.

REHADAT-Statistik (2016). *Berufliche Teilhabe – Werkstätten für Menschen mit Behinderung (WfbM)*. https://www.rehadat-statistik.de/de/berufliche-teilhabe/WfbM/index.html. Zugegriffen: 12.01.2017.

Zum Umgang mit Widersprüchen in der sonderpädagogischen Diskussion[1] um Inklusion

Karl-Ernst Ackermann

Zusammenfassung

Die sonderpädagogische Inklusionsdebatte wird unter anderem von weitreichenden Leitvorstellungen und Ansprüchen bestimmt, die in der Regel ebenso ungeklärt bleiben wie die damit einhergehenden Widersprüche. Die hieraus resultierenden latenten Spannungsfelder führen zusammen mit dem gegenwärtig konstatierten Theoriedefizit im sonderpädagogischen Inklusionsdiskurs zu theoretischen Selbstmissverständnissen und blockieren das Praxisprojekt Inklusion. Vor diesem Hintergrund stellt sich die Frage, welche Spannungsfelder sich im Blick auf das Thema Exklusion – Inklusion abzeichnen, welche Widersprüche identifiziert werden können und wie konzeptionell damit umgegangen werden soll. Mit Benkmann wird ausgehend von der Bedeutung gesellschaftlicher Exklusion für das sonderpädagogische Projekt Inklusion zunächst aus soziologischer Sicht (Kronauer) die Abhängigkeit der Inklusion vom Arbeitsmarkt und der Einlösung sozialer Rechte verdeutlicht. Aus differenztheoretischer Sicht werden drei zentrale Spannungsfelder der sonderpädagogischen Inklusionsdebatte um das Thema „Differenz" expliziert (Katzenbach). Und im Konzept der „trilemmatischen Inklusion" (Boger) lassen sich Widersprüche der Inklusion systematisch in den sonderpädagogischen Blick nehmen.

---

1   Im vorliegenden Text verwende ich der Kürze halber durchgängig die Bezeichnung ‚Sonderpädagogik' (bzw. ‚sonderpädagogisch'), ohne diesen Begriff den anderen gebräuchlichen Disziplin-Bezeichnungen wie Heilpädagogik, Behindertenpädagogik, Rehabilitationspädagogik vorzuziehen. Dementsprechend soll mit der Bezeichnung „sonderpädagogische Diskussion um Inklusion" verdeutlicht werden, dass es sich hierbei um eine Diskussion handelt, die vornehmlich im ‚sonderpädagogischen' Kontext geführt wird.

Zu der sonderpädagogisch verbreiteten Anfangseuphorie, mit ‚Inklusion' gleichsam einen Hebel zu haben, die Welt aus den Angeln zu heben, indem man der Aufforderung: „Inklusion einfach machen" folgt, gesellen sich nunmehr neben kritischen auch zunehmend skeptische und selbstkritische Stimmen. Darauf verweisen bereits die Titel einiger aktueller Publikationen, wie z. B.: „Inklusion. Eine Kritik" (Ahrbeck 2014), „Inklusion als Ideologie" (Kluge, Liesner und Weiß 2015) oder „Die Inklusionslüge" (Becker 2015).

In kritischer Absicht macht Bernhard (2015) in seinem Beitrag „Inklusion – Ein importiertes erziehungswissenschaftliches Zauberwort und seine Tücken" nachdrücklich darauf aufmerksam, dass das „Zauberwort" Inklusion bislang im sonderpädagogischen Diskurs „noch keinesfalls emanzipativ gewendet" sei und es deshalb „im herrschaftlichen Koordinatensystem" (S. 111) verbleibe. Und er bringt ein in der Behindertenpädagogik häufig mit dem Inklusionskonzept verbundenes Selbstmissverständnis auf den Punkt:

> „Indem die Inklusionsdebatte die gesellschaftliche Grundlage heterogener Lernvoraussetzungen und der mit ihnen verbundenen Probleme ignoriert, ja Heterogenität zur Tugend verklärt, die notwendig das pädagogische Prinzip der Individualisierung nach sich ziehe, suggeriert sie, die Bearbeitung des Problems sei ausschließlich auf pädagogischem Wege möglich." (Bernhard 2015, S. 113)

Auf diese problematische Tendenz in der Heil- und Sonderpädagogik, Inklusion mehr oder weniger in den alleinigen Kompetenzbereich der Pädagogik zu verorten und latente gesellschaftliche Machtverhältnisse und Strukturen, welche Exklusion nach sich ziehen, auszublenden, verweist auch Jantzen (2015): Die Inklusion tendiere in diesem Falle dazu, „im intersubjektiven und auf lokale Gemeinschaften bezogenen Bereich, d. h. ohne Bezug auf die ökonomischen, sozialen und politischen Bedingungen als Paradiesmetapher ins Illusionäre abzudriften" (S. 243).

Eine Möglichkeit, sich gegen diese Tendenz zu wappnen, kann darin gesehen werden, zunächst einmal die gesellschaftlichen Grundlagen von pädagogisch intendierter Inklusion zu klären. Hierbei müsste vor allem auch eine zentrale Einsicht aus kritisch-soziologischer Perspektive berücksichtigt werden, die von Bernhard (2015) aufgegriffen und aus erziehungswissenschaftlicher Sicht folgendermaßen formuliert wird: „Die Inklusion ist die pädagogische Antwort auf das soziale Phänomen der Exklusion" (S. 110). Soll diese „pädagogische Antwort" zutreffend sein, so muss man zunächst auf die ganze Fragestellung bzw. auf das „soziale Phänomen Exklusion" eingehen und dieses grundlegend verstanden haben. Dies kann im vorliegenden Zusammenhang nur ansatzweise versucht werden, indem auf die soziologische Expertise von Kronauer (2010, 2013, 2014, 2015a, b) verwiesen wird (siehe Abschnitt 2).

Neben der problematischen Tendenz, Inklusion als eine isoliert zu bewältigende sonderpädagogische Aufgabenstellung aufzufassen – und somit „Die Grenzen der Erziehung", auf die Bernfeld bereits 1925 aufmerksam gemacht hatte, zu missachten – muss auch auf den inflationären Gebrauch des Begriffes Inklusion in der Fachdiskussion und auf die Notwendigkeit einer entsprechenden Theoriebildung hingewiesen werden. So wird kritisch vermerkt, dass der Begriff Inklusion mit seiner Popularisierung auch im Fachdiskurs immer unschärfer verwendet werde, so dass von einer „regelrechten Verwahrlosung des Begriffs" (Katzenbach 2015a, S. 19) gesprochen werden müsse und es einer dringenden Besinnung auf die Theoriefundamente bedürfe.

Vor diesem Hintergrund möchte ich die Annahme kurz skizzieren, von der ich mich im Weiteren leiten lasse. Mit dem Projekt ‚Inklusion' wird ein interdisziplinärer Problemzusammenhang aufgegriffen, der von einer einzelnen Disziplin nicht bewältigt werden kann. Es gilt, den gesamten Problemzusammenhang zu verstehen und dementsprechend auch die gesellschaftlichen Grundlagen von Inklusion ebenso in den Blick zu nehmen wie pädagogische, psychologische, rechtliche, ethische etc. Facetten.

Mit dem Gedanken *Inklusion* gehen meist weitreichende Ansprüche einher, die in der sonderpädagogischen Fachdiskussion nur selten in dem eben angedeuteten umfangreichen Zusammenhang expliziert werden. Diese Ansprüche bleiben jedoch eher implizit, insbesondere dort, wo Inklusion als pädagogischer Imperativ lediglich eindimensional verstanden wird. Nur selten geraten dann Unverträglichkeiten und Widerstände theoretischer wie praktischer Art in den Blick. Spannungen, Ambivalenzen, Paradoxien, Antinomien oder Widersprüche bleiben meist ausgeblendet. Im vorliegenden Zusammenhang möchte ich deshalb am Beispiel von drei Ansätzen danach fragen, wie in der gegenwärtigen sonderpädagogischen Diskussion um Inklusion mit Irritationen, Ambivalenzen, Spannungsfeldern oder Widersprüchen umgegangen wird.

1 „Irritierende Entwicklung"

In seinem Beitrag „Inklusive Bildung in Zeiten roher Bürgerlichkeit" macht Rainer Benkmann (2014) auf eine „irritierende Entwicklung" (S. 76) aufmerksam. Unter Rückgriff auf Heitmeyers Studie „Gruppenbezogene Menschenfeindlichkeit" beschreibt er zunächst einen zunehmenden Trend seitens der Eliten der Gesellschaft zur „rohen Bürgerlichkeit", worunter unter anderem die dominanter werdende feindselige Einstellung gegenüber schwächeren Bevölkerungsgruppen gemeint ist

(Heitmeyer 2010, 2012). „Rohe Bürgerlichkeit" betone Konkurrenz und Eigenverantwortung und basiere auf einer Ideologie der Ungleichwertigkeit von Menschen. Vor diesem Hintergrund beschreibt Benkmann (2014), wie die neoliberale Marktgesellschaft auf der einen Seite durch eine zunehmende Verbreitung der Ideologie der Ungleichwertigkeit von Menschen geprägt ist, womit entsprechende exkludierende Folgen in vielen gesellschaftlichen Bereichen einhergehen. Auf der anderen Seite wird in dieser Gesellschaft zugleich auch die Forderung nach Inklusion im Bildungssystem und in der Wissenschaft und damit einhergehend nach Gleichheit aller Menschen erhoben.

Benkmann (2014) stellt in diesem Zusammenhang fest, dass diese „irritierende Entwicklung" – nämlich einerseits Zunahme der „rohen Bürgerlichkeit" und andererseits die Forderung nach Inklusion – „die Ambivalenz und geringe Kohärenz der neoliberalen Marktgesellschaft" (S. 76) abbildet. Die faktischen Kräfteverhältnisse sind eindeutig:

> „Unsere Gesellschaft wird durch die Orientierung am Ökonomisierungsprinzip bestimmt, wodurch die Tendenz der Infragestellung der Gleichwertigkeit der Menschen gefördert wird. Und das Bildungssystem mit seiner selektiven mehrgliedrigen Struktur reproduziert diese Orientierung und stabilisiert soziale Ungleichheit, was Eliten und mächtige Lobbygruppen unterstützen." (Benkmann 2014, S. 76)

Bei einer ähnlichen Beobachtung an anderer Stelle greift er explizit auf Kronauers Sicht von gesellschaftlicher Exklusion zurück (Benkmann 2015, S. 351f.). Hierauf soll kurz eingegangen werden, um zu verdeutlichen, wie durch die Explikation von Exklusion – sozusagen als historischer und ökonomischer Voraussetzung von Inklusion – dem oben skizzierten pädagogischen Trend gegengesteuert werden kann.

2 Soziologische Sicht auf Exklusion und Inklusion (Kronauer)

Mit Blick auf die sonderpädagogische Inklusionsdiskussion überschreibt Kronauer (2015a) einen seiner Beiträge mit dem Titel: „Wer Inklusion möchte, darf über Exklusion nicht schweigen". Seiner Beobachtung nach werden in Deutschland seit Veröffentlichung der UN- Behindertenrechtskonvention (UN-BRK) im Jahr 2010 zwei verschiedene Diskussionen über Inklusion geführt, nämlich zum einen die sonderpädagogische Debatte um Inklusion von Menschen mit Behinderungen, zum anderen die sozialwissenschaftliche Diskussion um Exklusion, die auf europäischer Ebene bereits Ende der 1980er-Jahre begonnen und in der das gesellschaftspolitische Problem neuer sozialer Spaltungen aufgegriffen wurde. Vor allem im Blick auf Veränderungen am Arbeitsmarkt, in den Beschäftigungsverhältnissen selbst und im Bereich der sozialen Rechte werde hier nach Möglichkeiten der Inklusion gefragt. Merkwürdig sei, dass diese beiden Diskussionen bislang getrennt verliefen und die sonderpädagogische Diskussion weitgehend die soziologische Diskussion zur Exklusion nicht rezipiert habe.

> „Es befremdet, wie sehr die auf die Inklusion von Menschen mit Behinderung ausgerichtete (…) jüngste Inklusionsdebatte in Deutschland den Kontext der sozialen Ausschließungen, der in der Exklusionsdebatte seit Jahrzehnten thematisiert wird, ausblendet." (Kronauer 2015b, S. 22)

Die Aufforderung, „Inklusion und Exklusion zusammen [zu] denken" (Kronauer 2015a, S. 149), wendet sich kritisch an die Adresse der Sonder- und Rehabilitationspädagogik, in der Inklusion eher isoliert als pädagogische Aufgabe aufgegriffen wird. Demgegenüber verdeutlicht Kronauer (2015b), dass in der historischen Abfolge die soziologische Exklusionsdebatte vorausging.

> „In der öffentlichen Diskussion ging der Exklusionsbegriff dem Inklusionsbegriff voraus – und zwar weniger als ein theoretisch ausgewiesener Begriff, denn als Bezeichnung für eine problematische gesellschaftliche Entwicklung, mit der eine ‚neue soziale Frage' aufgekommen sei." (S. 21)

Die von Frankreich ausgehende europäische Exklusionsdebatte der späten 1980er-Jahre war eine Reaktion auf die Wiederkehr von Arbeitslosigkeit und Armut, von denen man bis dahin glaubte, dass sie längst überwunden worden seien. Hierfür sprach ja auch die scheinbar anhaltende Prosperität der drei Jahrzehnte nach dem zweiten Weltkrieg „mit relativer Vollbeschäftigung und zurückgehender Einkommensungleichheit" (Kronauer 2015a, S. 149), in denen Institutionen „im Rahmen kapitalistischer Wirtschaftsverhältnisse dazu beigetragen hatten, die lohnabhängige Bevölkerung in einem bis dahin historisch nicht gekannten Maße als Bürger anzuerkennen und in die bürgerliche Gesellschaft einzubinden" (ebd.).

Den ausschlaggebenden Grund für das Gelingen einer solchen historisch frühen Vorform von Inklusion macht Kronauer in der Einrichtung sozialer Rechte und deren Intention aus. Diese Rechte sollten vor allem jenen Großteil der Bevölkerung, der auf Erwerbsarbeit bzw. Lohnarbeit angewiesen ist, vor völliger Arbeitsmarktabhängigkeit schützen – nämlich vor Risiken des Einkommensverlustes, vor Arbeitslosigkeit, vor Krankheit und Alter. Die sozialen Rechte sollten einen Mindeststandard der Lebensführung ermöglichen, der kulturell angemessen ist. Außerdem sollten sie Güter und Dienstleistungen zugänglich machen, die zuvor nur Angehörigen der privilegierten Klassen vorbehalten waren, wie z. B.: Gesundheitsversorgung, höhere Bildung, Wohnraum. Diese Erwartungen bestätigten sich in den ersten Nachkriegsjahrzehnten tatsächlich und trugen zur Statusgleichheit der Individuen als Bürger*innen bei.

Systematisch betrachtet geht Kronauer davon aus, dass die Voraussetzung für die in dieser Nachkriegszeit gelingende Inklusion in einem ausgeglichenen Verhältnis zwischen jenen Vermittlungsinstanzen bestand, die in einer Gesellschaft die Teilhabe an ihr ermöglichen. Als solche Vermittlungsinstanzen identifiziert er *Arbeit*, insbesondere die *Erwerbsarbeit*, sowie *Bürgerrechte*, insbesondere *soziale Rechte* und darüber hinaus *soziale Nahbeziehungen*. Doch die Achillesverse beim Versuch, Demokratie und Kapitalismus durch Sozialrechte „inklusiv zu versöhnen", war und ist „die prekäre Verbindung zwischen sozialen Rechten und auf Gewinn abzielender Erwerbsarbeit" (Kronauer 2015b, S. 25). Denn: „Der Zugang zur Inklusionsinstanz Erwerbsarbeit hängt von unternehmerischen Entscheidungen und nicht vom Bürgerstatus ab." (ebd.)

Zugleich gilt: Die sozialstaatlichen Systeme, die die Lohnabhängigen vor den Risiken der Marktabhängigkeit schützen sollen, sind auf Erträge aus der Erwerbsarbeit angewiesen. Allerdings kann Erwerbsarbeit nicht als soziales Recht (Recht auf Arbeit) garantiert werden, weil die private unternehmerische Kontrolle über wirtschaftliche Entscheidungen bzw. das Machtgefälle zwischen Kapital und Arbeit nicht über ein wirtschaftsdemokratisches Fundament kontrolliert wird (Kronauer 2015a, S. 151). Ohne ein solches wirtschaftsdemokratisches Fundament bleibe jedoch die Gewährleistung aller sozialen Rechte prekär. „Denn die Lohn- und Gehaltsabhängigen sind auf Erwerbsarbeit angewiesen, um soziale Sicherungsleistungen zu beziehen." (ebd.) Und zugleich gilt: Für Wohlfahrtsstaaten bzw. Sozialstaaten ist eine hohe Erwerbsbeteiligung eine Voraussetzung für die Finanzierung ihrer Leistungen.

Diese Interdependenzen lassen sich auch als Teufelskreis beschreiben (Kronauer 2014), eine Einsicht, die für das pädagogische Verständnis von Inklusion von Bedeutung sein dürfte: „Die Inklusion in und durch soziale Rechte setzte somit eine gleichlaufende Inklusion in Erwerbsarbeit voraus, obwohl diese nicht ihrerseits über soziale Rechte organisiert wurde." (Kronauer 2015a, S. 152)

> „Der Exklusionsbegriff verweist nun auf die Erosion dieser Grundlagen seit den 1970er Jahren. Die Erosion zehrt an beiden Seiten, an der Erwerbsarbeit und am Wohlfahrtsstaat. Sie setzt an der (…) zentralen Schwachstelle im Gebäude der sozialen Rechte an, ihrer Verkoppelung mit Arbeitsmarkt und Erwerbsarbeit, die ihrerseits nicht oder nur sehr partiell durch soziale Rechte geregelt werden." (Kronauer 2015a, S. 152)

Und dieser Erosionsprozess schreitet fort! „Ohne einen Unterbau von Wirtschaftsdemokratie, von gesellschaftlich ausgeübter Kontrolle über den Umgang mit Arbeit, Geld und natürlichen Ressourcen, muss das Gebäude sozialer Rechte brüchig bleiben." (Kronauer 2015a, S. 155)

Diese Erosion betrifft auch die Inklusion oder konkreter: ein noch zu realisierendes, angestrebtes „inklusives Bildungssystem". Kronauer (2015a) verweist auf die „widersprüchlichen Anforderungen" (S. 155), die sich einem solchen Bildungssystem stellen: Spannungsverhältnisse zwischen Leistungsgerechtigkeit, Chancengleichheit und Teilhabegleichheit. „Bildungssysteme in kapitalistischen Gesellschaften bereiten Menschen darauf vor, in einen Wettbewerb um Arbeitsstellen einzutreten, der notwendigerweise soziale Ungleichheiten zur Folge hat." (ebd., S. 155f.)

Um diese Ungleichheiten über jeweils erbrachte Leistungsunterschiede zu legitimieren, müsste Chancengleichheit im Bildungssystem gegeben sein. Hierzu müssten wiederum die mitgebrachten unterschiedlichen Startpositionen, die durch Herkunft bedingt sind, ausgeglichen werden, damit der Leistungswettbewerb als fair gelten könne. „Wie aber können Bildungssysteme diesen Ausgleich leisten? Und wie lange sollen sie sich dem Ausgleich der Startchancen widmen, bevor gewissermaßen der Startschuss zum Leistungswettbewerb legitimerweise fallen kann?" (Kronauer 2015a, S. 156)

Um das geforderte inklusive Bildungssystem zu realisieren, müssen diese Fragen geklärt werden. Und auch dann bleibt noch folgender kritischer Punkt:

> „Wie steht es um die Nachfrage nach Bildungsabschlüssen auf dem Arbeitsmarkt? Wie weit muss sich die Wahrnehmung des sozialen Rechts auf Bildung, wenn es denn verwirklicht wäre, anschließend der Marktnachfrage unterordnen (…)?" (ebd.)

Die Realisierung eines inklusiven Bildungssystems nach Artikel 24 der UN-BRK liegt letztlich nicht am Unterzeichnerstaat, sondern an dem Arbeitsmarkt und der davon abhängigen Einlösung sozialer Rechte einer jeweiligen Gesellschaft und darüber hinaus in einem ausgeglichenen Verhältnis von Arbeitsmarkt, Erwerbsarbeit und der Gewährleistung von Ressourcen für die Umsetzung sozialer Rechte.

3 Katzenbachs differenztheoretisch ausgerichtete Sicht auf die Inklusionsdiskussion

Ausgehend von der sonderpädagogischen Fachdiskussion um Inklusion kritisiert Katzenbach die Unschärfe und Beliebigkeit, die beim Umgang mit dem Begriff Inklusion gegenwärtig vorherrscht und die zu einer „regelrechten Verwahrlosung" (Katzenbach 2015a, S. 19) des Begriffes Inklusion geführt habe. Demgegenüber sieht er die dringende Notwendigkeit, sich intensiv um die theoretischen Grundlagen der Inklusion zu kümmern, um dem Anspruch gerecht werden zu können, der sich aus der Intention von Inklusion ergibt: „Denn die Programmatik der Inklusion erfordert einen spannungsreichen gesellschaftlichen Veränderungsprozess, der theoretisch reflektiert und eingeordnet werden muss." (Katzenbach 2015a, S. 19)

Durch die Klärung der Theoriefundamente und eines begrifflichen und theoretischen Bezugsrahmens könne die Praxis für den Prozess der Umsetzung von Inklusion angemessen vorbereitet und ausgerüstet werden. Als Maßstab für eine nun vorrangig zu berücksichtigende Theorienbildung dienen ihm die erkenntniskritischen Ansprüche der Kritischen Theorie (Horkheimer 1986; Horkheimer und Adorno 1988).

Katzenbach fokussiert zunächst zwei zentrale Spannungsfelder, die von einer kritischen, in emanzipatorischer Absicht entwickelten Theorie der Inklusion unbedingt berücksichtigt werden müssten:

Zum einen das Spannungsfeld zwischen Thematisierung und De-Thematisierung von Differenz. Zum anderen das Spannungsfeld, das sich aus dem Verhältnis zwischen „egalitärer Differenz" (Honneth 1992) und meritokratischem Prinzip ergibt (Katzenbach 2015a, S. 19).

3.1 Das Spannungsverhältnis von De-Thematisierung und Thematisierung von Differenz

Als programmatische Eckpunkte des Inklusionsdiskurses macht Katzenbach zum einen den Anspruch aus, Inklusion nicht mehr nur auf die Kategorien ‚behindert–nicht behindert', sondern nunmehr auf alle Heterogenitätsdimensionen zu beziehen. Zum anderen hebt er den Anspruch hervor, auf kategoriale Zuschreibungen zu verzichten. Um diese Veränderung im Selbstverständnis von Inklusion zu verdeutlichen, arbeitet Katzenbach den Leitgedanken von Inklusion in Abgrenzung zum Leitgedanken der Integration folgendermaßen heraus:

> „Inklusion zielt auf das selbstverständliche, gleichberechtigte und wertschätzende Miteinander der Verschiedenen, wobei das Selbstverständnis darin besteht, dass ihre Unterschiedlichkeit nicht eigens thematisiert werden muss (...) Integration zielt auf das gleichberechtigte und wertschätzende Miteinander der Verschiedenen, wobei ihre Unterschiedlichkeit explizit thematisiert wird, um Gleichberechtigung und Wertschätzung zu sichern." (Katzenbach 2015a, S. 23)

Mit dieser programmatischen Abgrenzung der Inklusion von der Integration stelle sich somit die Frage nach dem Stellenwert der Thematisierung von Differenz. Für Katzenbach bleibt allerdings die Frage offen, welchen theoretischen und praktischen Gewinn ein Gebot der De-Thematisierung von Differenz mit sich bringe. Er demonstriert dieses Problem am Beispiel des Artikels 24, Absatz 2 der UN-BRK (2010). Dort wird in Satz (b) der Zugang zu einem inklusiven Unterricht für Menschen mit Behinderungen gefordert. Über diese Infrastruktur muss im Idealfall nicht mehr gesprochen werden, „weil sie selbstverständlich vorgehalten wird (De-Thematisierung)" (Katzenbach 2015a, S. 24). Zugleich werden im Satz (c) „angemessene Vorkehrungen für die Bedürfnisse des Einzelnen" gefordert, die es jedoch erforderlich machen, die besonderen Bedarfe des Einzelnen im Blick auf Behinderung zu thematisieren.

Hinsichtlich des Spannungsverhältnisses zwischen De-Thematisierung und Thematisierung von Differenz gelangt Katzenbach zu dem Schluss, dass Differenzen auch benannt werden müssen, um der existierenden Diversität menschlichen Lebens angemessen begegnen zu können. „Angesichts der Vielfalt menschlicher Daseinsformen ist es meines Erachtens völlig unmöglich, dieser ungeheuren Diversität auch nur im Ansatz gerecht zu werden, ohne die Unterschiede zwischen Menschen auch explizit zu benennen." (Katzenbach 2015a, S. 25)

Bei einer totalen Abstinenz von Kategorisierung bestehe das Problem, dass Benachteiligungen Einzelner oder von Gruppen gar nicht mehr in den Blick geraten, da sie unsichtbar geworden sind.

In Abgrenzung zu der von Hinz (2002) geforderten Überwindung der sog. „Zwei-Gruppen-Theorie" fordert Katzenbach folgende Aufgaben für eine kritische Theorie der Inklusion ein: „Die Theoriebildung der Inklusion sollte daher das Spannungsverhältnis von Thematisierung und De-Thematisierung aufnehmen, statt es als Denken im Sinne der Zwei-Gruppen-Theorie zu denunzieren." (Katzenbach 2015a, S. 25) Dementsprechend müssten bei der theoretischen Fundierung von Inklusion auch angemessene Kategorien zur Erfassung der Verschiedenheit entwickelt werden.

3.2 Spannungsfeld zwischen „egalitärer Differenz" und meritokratischem Prinzip

Eine theoretisch ebenso unzureichend erfasste Problematik wie die eben beleuchtete der (De-) Thematisierung sieht Katzenbach in dem Theorem der „egalitären Differenz" von Honneth (1992). Damit werde beansprucht, die Unterschiede zwischen Menschen zwar wahrzunehmen, doch diese nur sehr zurückhaltend zu bewerten. Dieses Verständnis von Differenz sei im Inklusionsdiskurs weit verbreitet. Katzenbach greift diese Denkfigur auf, beleuchtet aber auch die mit ihr einhergehende Gefahr einer möglichen Banalisierung und Übergeneralisierung der Unterschiede zwischen Menschen. Der völlige Verzicht auf eine Bewertung im Sinne von „schlechter" oder „besser" müsse letztlich dazu führen, subjektiv erfahrenes Leiden oder ungerechte Verhältnisse nicht mehr benennen zu können.

„Wenn mithin alle Unterschiede zwischen Menschen und ihren Lebensverhältnissen nur noch anders, aber nicht mehr als besser oder schlechter angesehen werden dürfen, entzieht man sich selbst die Grundlage für die Kritik gesellschaftlicher Missstände und sozialer Ungerechtigkeit." (Katzenbach 2015a, S. 26)

In diesem Zusammenhang greift Katzenbach eine Differenzierung aus der soziologischen Differenzdiskussion auf: Mit *horizontaler Differenz* werden die Unterschiede zwischen Menschen oder Gruppen in Anerkennung ihrer prinzipiellen Gleichwertigkeit bezeichnet. *Vertikale Differenz* hingegen bezieht sich auf hierarchisch bedingte soziale Ungleichheiten. Diese Unterscheidung zwischen ‚Verschiedenheit' oder ‚Unterschiedlichkeit' einerseits und ‚sozialer Ungleichheit' andererseits müsse auch im Inklusionsdiskurs zukünftig berücksichtigt werden. Denn marktbasierte Gesellschaften sind auf vertikale soziale Ungleichheit hin angelegt. Knappe Güter werden wettbewerbsorientiert verteilt; hieraus resultiert die Dynamik marktwirtschaftlicher Gesellschaften. Diese über das *meritokratische Prinzip* ermöglichte Stratifizierung stelle letztlich einen eminenten Fortschritt gegenüber der ständisch organisierten feudalen Gesellschaft dar. Nicht die Geburt, sondern die individuelle Leistung soll ausschlaggebend für soziale Position und Status sein. Zwar werde dieses meritokratische Prinzip nirgendwo konsequent umgesetzt, doch werde es auch nirgendwo bezweifelt oder radikal in Frage gestellt. Der Gedanke der *egalitären Differenz* stehe also in einem permanenten Spannungsverhältnis mit dem in unserer Gesellschaft verankerten *meritokratischen Prinzip* der Bestenauswahl.

Dieses Spannungsverhältnis bildet sich unter anderem pointiert in der Schule ab. Die Allokationsfunktion von Schule begründet sich durch das meritokratische Prinzip der auf individuelle Leistung bezogenen Bestenauswahl. Und die Legitimationsfunktion von Schule vermittelt den Schüler*innen, dass diese auf dem meritokratischen Prinzip beruhende soziale Ordnung legitim ist (Katzenbach 2015a, S. 22).

Die dringend notwendige theoretische Fundierung von Inklusion dürfe dieses Spannungsverhältnis zwischen *meritokratischem Prinzip* und *egalitärer Differenz* nicht ignorieren, sondern müsse es dezidert aufgreifen. Dies gilt umso mehr auch deshalb, weil der gegenwärtige Inklusionsdiskurs systematisch vernachlässige, wie tief die Allokationsfunktion in das schulische Geschehen eingelagert sei. „Dieses Spannungsverhältnis wird nicht aufzuheben sein, aber es gilt damit intelligent umzugehen" (Katzenbach 2016, S. 22) – so z. B. im Blick auf Professionalitätsbildung.

3.3 Spannungsverhältnis relative Differenz – radikale Differenz

Im Blick auf die angestrebte kritische Theorie der Inklusion in emanzipatorischer Absicht geht Katzenbach (2016) an anderer Stelle auf ein weiteres Spannungsverhältnis ein. Er greift hierzu den Diskurs um Differenz in der Sozialphilosophie, in den Sozial- und Kulturwissenschaften (Disability Studies) und in der Erziehungswissenschaft auf und fokussiert das sozialphilosophisch diskutierte Spannungsverhältnis zwischen *relativer Differenz* und *radikaler Differenz* (vgl. Dederich 2013, S. 37ff.).

Anknüpfend an Dederichs These, „dass die Begriffe ‚Vielfalt', ‚Heterogenität' und ‚Diversität' eine relative, d. h. an konkreten empirischen Kriterien orientierte Andersheit bezeichnen" (Dederich 2013, S. 42), führt Katzenbach den Begriff *relative Differenz* folgendermaßen ein: „Relative Differenz beziehe sich immer auf empirisch vorfindbare Merkmale. Damit sei sie zwingend auf ein übergreifendes Kriterium angewiesen, auf das bezogen der Vergleich überhaupt erst Sinn ergebe." (Katzenbach 2016, S. 24)

Diesen Gedanken führt er mit Dederich (2013) folgendermaßen aus: „Die Verschiedenheit zwischen Individuen ist insofern relativ, als sie auf eine übergreifende, die Vergleichs- und Unterscheidungsmerkmale liefernde Totalität (etwa: die Herkunft, die Sprache oder die Kultur) bezogen bleibt." (S. 42)

Relative Differenz wird als eine Unterscheidung verstanden, die durch den Bezug auf das Allgemeine – man könnte auch sagen: durch den Bezug auf das ‚tertium comparationis' – getroffen wird. Diese Unterscheidung betrifft also Verschiedenheiten, die durch vergleichbare Anteile bzw. das Allgemeine miteinander in Relation gesetzt werden können.

Die *radikale Differenz* hingegen geht über einen solchen Bezugspunkt hinaus, sie setze gerade an dem „Nichtidentischen" (Adorno 1997, S. 273) an. Katzenbach bezieht sich hier unter anderem auf ein aus erziehungswissenschaftlicher Perspektive formuliertes Verständnis von radikaler Differenz:

> „Differenztheoretisch denken heißt daher nicht nur, Unterscheidungen zu treffen und Unterschiede festzustellen, sondern auch, seinerseits keinen festen Ursprung identifizieren, keinen archimedischen Punkt einnehmen zu können und insofern permanent an Differenzen sich verwiesen zu sehen." (Ricken und Reh 2014, S. 28)

Im Inklusions-Diskurs werde Differenz – so könnte das Fazit von Katzenbach zusammengefasst werden – bisher eher im Sinne relativer Differenz verstanden. Eine kritische Theorie der Inklusion muss jedoch die radikale Differenz ebenso in den Blick nehmen.

Eine solche erkenntniskritische Perspektive ist meines Erachtens für eine kritische Theorie von Inklusion unbedingt einzubeziehen. Doch stellt sich zugleich auch die Frage, was es für die heilpädagogisch-sonderpädagogische Diskussion bedeutet, keinen „archimedischen Punkt" aufgreifen zu können, sondern sich kontinuierlich mit Differenz auseinanderzusetzen.

Welche Konsequenzen hat dieses Verständnis für die Heil- und Sonderpädagogik als angewandte Erziehungswissenschaft?

Die Aporien, die sich hier auftun, erinnern an die Schwierigkeiten einer emanzipatorisch orientierten Erziehungswissenschaft, die *negative Dialektik* für pädagogisches Handeln fruchtbar zu machen.

4 Bogers Konzept der trilemmatischen Inklusion

Eine völlig andere Fokussierung von Widersprüchen wird in der „Theorie der trilemmatischen Inklusion" von Mai-Anh Boger (2015) vorgenommen, in der „Ambivalenzen und Widersprüche zwischen und innerhalb von Konzeptionen von Inklusionen" (S. 51) aufgezeigt werden. In ihren Ansatz fließen Ergebnisse einer von ihr durchgeführten qualitativen Studie zu der Leitfrage, „Was ist Inklusion?", mit ein.

Die Antworten auf diese Grundfrage ergaben für Boger (2015) das „Muster eines Trilemmas": „Ein Trilemma besteht aus drei Sätzen, von denen immer nur zwei gleichzeitig wahr sein können" (S. 51). Bezogen auf ihre Untersuchung konkretisiert sie dies folgendermaßen:

„Es ergaben sich drei Leitkategorien, von denen jeweils zwei eine Achse bilden, die die jeweilige dritte Leitkategorie ausschließt. Bei diesen drei Basissätzen handelt es sich um:
- Inklusion ist Empowerment.
- Inklusion ist Normalisierung.
- Inklusion ist Dekonstruktion." (ebd)

Diese drei Basissätze lassen sich in Form eines Trilemmas miteinander kombinieren. Bei allen Kombinationen handele es sich um gleichrangige Aspekte von Inklusion. Es geht Boger (2015) darum, „wahrzunehmen, welche Interessen und Bedürfnisse bezüglich Inklusion im Raum sind und welche pädagogischen Konzepte es gibt, die sich auf diese Bedürfnisse beziehen" (S. 52). Sie geht zunächst auf die drei Aspekte von Inklusion sowie auf die Kombinationsmöglichkeiten ein und fragt dann nach den daraus resultierenden Konsequenzen für „eine Professionalisierung inklusionspädagogischer Praxis" (S. 51).

Inklusion als Empowerment

– zielt auf Selbstermächtigung ab. Für die Pädagogik resultiere hieraus die Forderung, die Solidarisierungsfähigkeit von Schüler*innen zu stärken: Für Kinder mit Behinderung gehe es darum, trotz ihres Labels *Behinderung* ein positives Selbstverständnis zu entwickeln und zu erfahren, dass man nicht alleine ist. Für die „anderen Anderen" (S. 52) gehe es darum, sich mit Menschen mit Behinderung solidarisch zu fühlen und auch für deren Rechte zu kämpfen und eine Vorstellung von allgemeinen Menschenrechten zu entwickeln.

Inklusion als Normalisierung

Unter Normalisierung fasst Boger (2015) Forderungen und Wünsche zusammen, normal behandelt zu werden, die gleichen Rechte zu haben wie die „Normalen". „So problematisch der Begriff ‚Normalität' auch sein mag, kann Inklusion ohne solche Normalisierung nicht gelingen. Es muss ein Recht geben, an dieser Normalität teilzuhaben." (S. 53)

Inklusion als Dekonstruktion

Unter diesem Aspekt wird die Forderung verstanden, „die Konstruktionen, die die Welt in binäre Codes teilen, zu erodieren, also die Wahrnehmung in den Kategorien ‚Mann–Frau', ‚schwarz–weiß', ‚behindert–nicht behindert' (…) etc. zu unterlassen oder mindestens zu irritieren oder zu flexibilisieren" (Boger 2015, S. 53).

Ebenso gehöre hierzu das Anliegen, gegen dichotomisierende Symbolpolitik und symbolische Gewalt anzugehen sowie die Forderung nach Dekategorisierung

(z. B. Auflösung des ‚Etikettierungs-Ressourcen-Problems' in Schulen). Denn: „Symbolische Gewalt ist Gewalt" (ebd.).

Im Weiteren stellt sie die drei möglichen – und zugleich auch unmöglichen – Kombinationen vor, die diese Basissätze eingehen können. Dabei geht sie auch auf die Stärken und Schwächen ein sowie auf „die Art von Reaktanz" (ebd., S. 54) bzw. auf die Widerstände, die gegen die jeweilige Form von Inklusion hervorgerufen werden können.

4.1 Inklusion als Empowerment und Normalisierung

Diese Kombination fordere das Recht auf Teilhabe an Normalität ein. Durch Empowerment könne dieser Anspruch als legitim erfahren werden. Das Selbstbild als politische*r Bürger*in und die entsprechende Solidarisierung befähigten dazu, sich für eine Sache einzusetzen und dafür zu kämpfen.

Diese Kombination schließe Dekonstruktion aus, da man sich nicht für die Rechte von beispielsweise Menschen mit Behinderung einsetzen könne, ohne auf die Kategorien „Behinderung" und „Normalität" Bezug zu nehmen. „Ohne die Konstruktion der Kategorie Behinderung kann es keine *Behinderten*rechtskonvention geben. Die Kategorie ‚Behinderung' zu dekonstruieren, wenn ich für Behindertenrechte kämpfe, hieße den Ast abzusägen, auf dem ich sitze." (Boger 2015, S. 55)

4.2 Inklusion als Normalisierung und Dekonstruktion

Wenn Inklusion als Dekonstruktion von Normalität verstanden wird, bedeutet dies, dass die Anderen sich nicht mehr als Andere wahrnehmen – wie z. B. in dem Slogan: „Es ist normal, verschieden zu sein". Um jedoch dem Begriff Normalität seine Macht zu nehmen, muss man sich dennoch darauf beziehen, „denn gerade die Normalisierung des Anormalen führt zu ihrem dekonstruktiven Zusammenbruch" (Boger 2015, S. 56). Dann könne die Erfahrung gemacht werden, Teil einer Gemeinschaft zu sein. In einem solchen barrierefreien Raum ohne Diskriminierung könne man dann sein Anderssein vergessen. Hierbei sei Empowerment ausgeschlossen, da dieses nur Sinn mache, wenn man als Andere sprechen könne.

Eine mögliche Abwehrreaktion (Reaktanz) gegen eine solche Form von Inklusion bestehe in dem Gefühl, in einem Teil seiner Identität nicht mehr wahrgenommen zu werden. Inklusion als normalisierende Dekonstruktion könne dementsprechend zu dem Problem führen, dass man Menschen mit Behinderung nicht mehr adressieren könne. „Nicht als x adressiert zu werden, bedeutet auch eine Teilidentität unsichtbar zu machen und somit das Empowerment zu verunmöglichen." (Boger 2015, S. 57) In einem Raum, in dem man sich nicht behindert fühlt, ist es ausgeschlossen, sich als Behinderte*r akzeptiert zu fühlen. „So können solche pädagogischen Maßnahmen das mühsam erarbeitete Identitätsgefühl, dass es völlig ok ist, behindert zu sein und eben nicht wie die anderen, irritieren." (ebd.)

4.3 Inklusion als Dekonstruktion und Empowerment

Bei dieser Kombination von Inklusion stehe die Dekonstruktion der zugeschriebenen Opferrolle und die Emanzipation von Normalitätsvorstellungen im Zentrum. Ein konkretes Beispiel für diese Kombination könne in der „Krüppelbewegung" gesehen werden. Oft hätten die entsprechenden Bewegungen „etwas parodistisch-subversives" (Boger 2015, S. 58) an sich, sie hätten auch eine massive politische Sprengkraft, „da es eine Art ist zu sagen ‚Nein Danke – ich will gar nicht teilhaben'" (ebd.). Diese Form von Inklusion bedeute „das Recht, kein Stück vom Kuchen haben zu wollen" (ebd.). Es gehe hierbei um ein positives Verständnis von selbstgewählter Exklusion. Die besondere Bedeutung dieser Kombination bestehe darin, Andersheit bedingungslos zu akzeptieren. Dies bestärke ein positives Selbstwertgefühl und trage dazu bei, sich von Normalitätsvorstellungen zu befreien. Hier werde auch „das Narrativ der Ohnmacht dekonstruiert" (ebd.).

Doch es handele sich hierbei auch um abgeschottete Räume. „So schön Begegnung auch sein mag, genauso schön ist es, auch mal unter sich zu sein. Und beides ist wichtig für die Identitätsbildung." (Boger 2015, S. 58)

In dieser Kombination wird Normalisierung bewusst ausgeschlossen, denn es gehe ja darum, sich nicht anzupassen, sondern eben anders zu sein. Die Gefahr dieser Figur von Inklusion bestehe in einer „Fixierung in der Subkultur mit zunehmender Entfremdung vom Rest der Welt" (Boger 2015, S. 59), in einer Verleugnung von Realität.

4.4 Fazit

Boger (2015) vertritt die These, dass alle drei Elemente von Inklusion gleichermaßen notwendig sind, dass kein Element alleine die „Mammutaufgabe der Inklusion" (S. 59) lösen könne. Mit Blick auf die auszubildende Professionalität, die darin bestehen müsse, „Ungleichgewichte in diesem Dreieck" (S. 59) wahrzunehmen und neue Konstellationen auszutarieren, formuliert sie folgende Prinzipien:

1. Es gehe darum, in Theorie und Praxis den „jeweiligen toten Winkel" (S. 59) sich bewusst zu machen und „die Reaktanz, die diesem entspringt als solche verstehen" (ebd.) zu können. Boger verweist aber auch sehr deutlich auf die Widersprüche, die sich mit dem Projekt Inklusion stellen: „Inklusion in einer kapitalistischen Gesellschaft kann nie ganz gelingen, aber wir können sehr wohl inklusive Momente erschaffen." (ebd.)
2. Die Wahl einer Kombinationsfigur von Inklusion könne nicht beliebig erfolgen, sondern hänge von dem jeweiligen Einzelfall ab. „So bestimmt das Kind selbst, was Inklusion für es bedeutet und was ihm zur Inklusion gerade fehlt. Dadurch gelangt die Deutungshoheit darüber, was Inklusion ist, wieder in die Hände des Betroffenen." (S. 60)

5 Abschließende Bemerkung

Wie eingangs angedeutet, geht es mir um die Frage, wie in der sonderpädagogischen Inklusionsdiskussion mit Irritationen, Spannungsfeldern oder Widersprüchen umgegangen wird.

Wie zunächst herausgearbeitet wurde, müssen die gesellschaftlichen Grundlagen des Spannungsfeldes Exklusion–Inklusion aus soziologischer Sicht berücksichtigt werden. Darüber hinaus sind aber auch die verschiedenen Spannungsfelder der Differenz, die sich aus der kategorialen Reflexion ergeben, auszuloten, begrifflich zu schärfen und in theoretischen Bezug zu setzen, wenn denn der fatale sonderpädagogische Trend vermieden werden soll, sich in grenzenlosen sonderpädagogischen Allmachtsphantasien zu verlieren und sich vom erziehungswissenschaftlichen und sozialphilosophischen Diskurs zu isolieren.

Im differenztheoretisch orientierten Ansatz von Katzenbach werden die theoretischen Spannungsfelder und Widersprüche dezidiert herausgearbeitet und die zentralen Begriffe geschärft; durch die kritische Theoriebildung in emanzipatorischer Absicht werden die gesellschaftlichen Grundlagen adäquat berücksichtigt, die disziplinären „Grenzen der Erziehung" bzw. der Sonderpädagogik berücksichtigt und die hervorgebrachte Theorie erkenntniskritisch reflektiert – und möglichst auch deren Verwendungszusammenhang kritisch antizipiert.

Allerdings gibt es auch einen Aspekt, der weiterhin Berücksichtigung fordert: Was bedeutet es für eine sonderpädagogische Inklusionsdiskussion, differenztheoretisch zu denken, d. h. sich auf keinen archimedischen Punkt beziehen zu können, sondern „permanent an Differenzen sich verwiesen zu sehen" (Ricken und Reh 2014, S. 28)?

So unverzichtbar die differenztheoretische Perspektive für die kritische Theoriebildung der Inklusion ist – und derzeit scheint hierzu keine adäquate Alternative in Sicht – so problematisch ist sie für praktische pädagogische Tätigkeit.

Worin besteht der „intelligente Umgang" mit radikalen Differenzen? Taugt für die pädagogische Praxis möglicherweise die „Theorie der trilemmatischen Inklusion"?

Bogers Ansatz bietet ein kompaktes, pragmatisch ausgerichtetes inklusionsorientiertes Konzept für pädagogische Handlungsfelder, das „Ambivalenzen und Widersprüche zwischen und innerhalb von Konzeptionen von Inklusion" (Boger 2015, S. 51) deutlich herausarbeitet. Brillant ist dieses Konzept, weil es in sich systematisch auf der kategorialen Ebene Exklusion und Inklusion permanent thematisiert: Die Logik des Trilemmas enthält exklusive und inklusive Elemente zugleich. Hierdurch wird nicht nur deutlich, dass Inklusion eine disziplinäre und professionelle „Mammutaufgabe" ist, sondern auch die „Deutungshoheit" über Inklusion in die Hände der Betroffenen zu legen ist.

Ob jedoch die drei Kategorien die geeigneten sind, ist zu hinterfragen. Entspricht die Trilemma-Struktur auch der faktischen und theoretischen Problematik? Sind es wirklich nur diese drei Kategorien, die die Inklusion ausmachen, oder mehr? Und wenn ja, wie geht man dann mit Widersprüchen um?

Auch ob die gewählten Kategorien einer differenztheoretisch orientierten Reflexion genügen, wäre zu prüfen. Und ob das kompakt-pragmatische Konzept nicht dazu verführt – entgegen den Intentionen der trilemmatischen Logik – zu einer beliebig strapazierten Methodik zu werden, um pädagogisches Vorgehen als inklusives zu legitimieren, sei dahingestellt.

Das Kernproblem der Debatte um Inklusion besteht nach Winkler (2014) „in ihrer pädagogischen Vergesslichkeit" (S. 116; vgl. auch Winkler 2015). Diese liege darin „dass politische und juristische Erwartungen zum Maßstab erhoben werden, während zugleich fundamentale Prinzipien des (sozial-)pädagogischen Handelns außer Betracht bleiben, bzw. mehr noch: dass eine Theorie fehlt, die Inklusion pädagogisch begreift" (Winkler 2014, S. 116).

In diesem Lichte gesehen, können die hier betrachteten Ansätze für sich beanspruchen, dass sie nicht an dieser Vergesslichkeit leiden. Gleichwohl bleibt die Frage nach einer theoretischen Entsprechung zwischen der notwendigen differenztheoretischen Schärfung der Begriffe und Theoriebildung auf der einen, und dem pädagogisch verantwortlichen Arbeiten in inklusiver Praxis auf der anderen Seite noch offen.

Literatur

Ahrbeck, B. (2014). *Inklusion. Eine Kritik* (Brennpunkt Schule). Stuttgart: Kohlhammer.
Adorno, T. W. (1997). *Negative Dialektik* (9. Aufl., Suhrkamp-Taschenbuch Wissenschaft: Vol. 113). Frankfurt a.M.: Suhrkamp.
Becker, U. (2015). *Die Inklusionslüge: Behinderung im flexiblen Kapitalismus. X-Texte zu Kultur und Gesellschaft*. Bielefeld: transcript.
Benkmann, R. (2014). Inklusive Bildung in Zeiten roher Bürgerlichkeit. *Gemeinsam leben, 22* (2), 68–77.
Benkmann, R. (2015). Gemeinschaftsschule im Kontext gesellschaftlicher Exklusion. In Siedenbiedel, C. & Theurer, C. (Hrsg.), *Grundlagen inklusiver Bildung. Teil 2. Entwicklung zur inklusiven Schule und Konsequenzen für die Lehrerbildung* (S. 348-359). Immenhausen: Prolog.
Bernhard, A. (2015). Inklusion – Ein importiertes erziehungswissenschaftliches Zauberwort und seine Tücken. In S. Kluge, A. Liesner & E. Weiß (Hrsg.), *Inklusion als Ideologie* (Jahrbuch für Pädagogik, S. 109–120). Frankfurt a.M.: Peter Lang Edition.
Boger, M.-A. (2015). Theorie der trilemmatischen Inklusion. In I. Schnell (Hrsg.), *Herausforderung Inklusion. Theoriebildung und Praxis* (S. 51–62). Bad Heilbrunn: Klinkhardt.
Dederich, M. (2013). *Philosophie in der Heil- und Sonderpädagogik* (Nachbarwissenschaften der Heil- und Sonderpädagogik, Bd. 2). Stuttgart: Kohlhammer.
Heitmeyer, W. (Hrsg.). (2010). *Deutsche Zustände. Folge 9*. Berlin: Suhrkamp.
Heitmeyer, W. (2012). Gruppenbezogene Menschenfeindlichkeit (GMF) in einem entsicherten Jahrzehnt. In W. Heitmeyer (Hrsg.), *Deutsche Zustände. Folge 10* (S. 15–41). Berlin: Suhrkamp.
Hinz, A. (2002). Von der Integration zur Inklusion – terminologisches Spiel oder konzeptionelle Weiterentwicklung. *Zeitschrift für Heilpädagogik, 53* (9), 354–361.
Honneth, A. (1992). *Kampf um Anerkennung: Zur moralischen Grammatik sozialer Konflikte*. Frankfurt a.M.: Suhrkamp.
Horkheimer, M. (1986): *Traditionelle und kritische Theorie*. Frankfurt/M.: Fischer (Erstausgabe 1937).
Horkheimer, M. / Adorno, W. (1988): *Dialektik der Aufklärung*. Frankfurt/M.: Fischer.
Jantzen, W. (2015). Inklusion und Kolonialität – Gegenrede zu einer unpolitischen Inklusionsdebatte. In S. Kluge, A. Liesner & E. Weiß (Hrsg.), *Inklusion als Ideologie* (Jahrbuch für Pädagogik, S. 241–254). Frankfurt a.M.: Peter Lang Edition.
Katzenbach, D. (2015a). Zu den Theoriefundamenten der Inklusion – Eine Einladung zum Diskurs aus der Perspektive der kritischen Theorie. In I. Schnell (Hrsg.), *Herausforderung Inklusion. Theoriebildung und Praxis* (S. 19–32). Bad Heilbrunn: Klinkhardt.
Katzenbach, D. (2015b). De-Kategorisierung inklusive? Über Risiken und Nebenwirkungen des Verzichts auf Etikettierungen. In C. Huf & I. Schnell (Hrsg.), *Inklusive Bildung in Kita und Grundschule* (S. 33–55). Stuttgart: Kohlhammer.
Katzenbach, D. (2016). Inklusion, psychoanalytische Pädagogik und der Differenzdiskurs. In R. Göppel & B. Rauh (Hrsg.), *Inklusion – Zwischen idealistischer Forderung, individueller Förderung und institutioneller Herausforderung* (S. 17-29). Stuttgart: Kohlhammer.
Kluge, S., Liesner, A., & Weiß, E. (Hrsg.). (2015). *Inklusion als Ideologie* (Jahrbuch für Pädagogik). Frankfurt a.M.: Peter Lang Edition.

Kronauer, M. (2010). Inklusion – Exklusion: Eine historische und begriffliche Annäherung an die soziale Frage der Gegenwart. In M. Kronauer (Hrsg.), *Theorie und Praxis der Erwachsenenbildung. Inklusion und Weiterbildung. Reflexionen zur gesellschaftlichen Teilhabe in der Gegenwart* (S. 24–58). Bielefeld: Bertelsmann.

Kronauer, M. (2013). Soziologische Anmerkungen zu zwei Debatten über Inklusion und Exklusion. In R. Burtscher (Hrsg.), *Forschung. Zugänge zu Inklusion. Erwachsenenbildung, Behindertenpädagogik und Soziologie im Dialog* (S. 17–25). Bielefeld: Bertelsmann.

Kronauer, M. (2014). Matthäuseffekt und Teufelskreis: Zum Problem der Mehrdimensionalität von Inklusion und Exklusion in kapitalistischen Gesellschaften. *Mittelweg 36, 23* (2), 79–96.

Kronauer, M. (2015a). Wer Inklusion möchte, darf über Exklusion nicht schweigen. Plädoyer für eine Erweiterung der Debatte. In S. Kluge, A. Liesner & E. Weiß (Hrsg.), *Inklusion als Ideologie* (Jahrbuch für Pädagogik, S. 147-158). Frankfurt a.M.: Peter Lang Edition.

Kronauer, M. (2015b). Politische Bildung und inklusive Gesellschaft. In C. Dönges, W. Hilpert & B. Zurstrassen (Hrsg.), *Didaktik der inklusiven politischen Bildung* (Schriftenreihe/Band 1617, S. 18-29). Bonn: Bundeszentrale für Politische Bildung.

Ricken, N., & Reh, S. (2014). Relative und radikale Differenz: Herausforderung für die ethnographische Forschung in pädagogischen Feldern. In A. Tervooren, N. Engel, M. Göhlich, I. Miethe & S. Reh (Hrsg.), *Pädagogik. Ethnographie und Differenz in pädagogischen Feldern. Internationale Entwicklungen erziehungswissenschaftlicher Forschung* (S. 25–46). Bielefeld: transcript.

Winkler, M. (2014). Inklusion: Nachdenkliches zum Verhältnis pädagogischer Professionalität und politischer Utopie. *Neue Praxis*, (2), 108–123.

Winkler, M. (2015). Inklusion – die vergessene Dimension: Versuch einer Vergewisserung. *Jugendhilfe, 53* (1), 5–13.

Verzeichnis der Autor*innen

Ackermann, Karl-Ernst, Dr.; Prof. em. für Geistigbehindertenpädagogik am Institut für Rehabilitationswissenschaften an der Humboldt-Universität zu Berlin. karl-ernst.ackermann@gmx.de.

Chilla, Solveig, Dr.; Prof.in für Sprachbehindertenpädagogik am Institut für Sonderpädagogik an der Pädagogischen Hochschule Heidelberg. chilla@ph-heidelberg.de.

Gercke, Magdalena, M.A.; Wiss. Mitarbeiterin für Pädagogik bei Lernbeeinträchtigungen im Fachgebiet Sonder- und Sozialpädagogik an der Universität Erfurt. magdalena.gercke@uni-erfurt.de.

Goll, Harald, Dr.; Prof. für Inklusive Bildungsprozesse bei geistiger und mehrfacher Behinderung im Fachgebiet Sonder- und Sozialpädagogik an der Universität Erfurt. harald.goll@uni-erfurt.de.

Haeberlin, Urs, Dr.; Prof. em. für Heilpädagogik am Heilpädagogischen Institut an der Universität Freiburg (Schweiz). uhaeberlin@bluewin.ch.

Heimlich, Ulrich, Dr.; Prof. für Lernbehindertenpädagogik an der Ludwig-Maximilians-Universität München. ulrich.heimlich@edu.lmu.de.

Husemann, Rudolf, Dr.; Prof. em. für Weiterbildung/Erwachsenenbildung an der Erziehungswissenschaftlichen Fakultät der Universität Erfurt. mail@ollihusemann.de.

Jacobs, Kurt, Dr.; Prof. em. für Berufliche Rehabilitation und Integration Behinderter am Institut für Sonderpädagogik im Fachbereich Erziehungswissenschaften an der Goethe-Universität Frankfurt. kjacobs@hofheim.de.

Jäpelt, Birgit, Dr.; Wiss. Mitarbeiterin für Pädagogik bei Erziehungsschwierigkeiten, Allgemeine Sonderpädagogik und Integration im Fachgebiet Sonder- und Sozialpädagogik an der Universität Erfurt. birgit.jaepelt@uni-erfurt.de.

Krappmann, Lothar, Dr.; Prof. em. für Soziologie der Erziehung im Wissenschaftsbereich Erziehungswissenschaft und Grundschulpädagogik an der Freien Universität Berlin. krappmann@mpib-berlin.mpg.de.

Opalinski, Saskia, M.A.; Wiss. Mitarbeiterin für Bildungsforschung und Schulentwicklung am Institut für Erziehungswissenschaft an der Pädagogischen Hochschule Freiburg. saskia.opalinski@ph-freiburg.de.

Powell, Justin J. W., Dr.; Prof. für Bildungssoziologie am Institute of Education and Society an der Universität Luxemburg. justin.powell@uni.lu.

Ricken, Gabi, Dr.; Prof.in für Sonderpädagogische Psychologie und Diagnostik an der Fakultät für Erziehungswissenschaften an der Universität Hamburg. Gabriele.Ricken@uni-hamburg.de.

Rosenberger, Heike, Dr.; Akad. Rätin für Inklusive Pädagogik/ Förderschwerpunkte Lernen sowie emotionale und soziale Entwicklung im Fachgebiet Sonder- und Sozialpädagogik an der Universität Erfurt. heike.rosenberger@uni-erfurt.de.

Sasse, Ada, Dr.; Prof.in für Grundschulpädagogik mit Schwerpunkt Lernbereich Deutsch am Institut für Erziehungswissenschaften der Humboldt Universität zu Berlin. ada.sasse@cms.hu-berlin.de.

Thonagel, Tim, M.A.; Bildungsreferent; Lehrbeauftragter im Fachgebiet Sonder- und Sozialpädagogik an der Universität Erfurt. tim.thonagel@uni-erfurt.de

Weishaupt, Horst, Dr.; Prof. em. am Deutschen Institut für Internationale Pädagogische Forschung, Frankfurt am Main. weishaupt@dipf.de.

Wocken, Hans, Dr.; Prof. em. für Lernbehindertenpädagogik und Integrationspädagogik an der Fakultät für Erziehungswissenschaften der Universität Hamburg. hans-wocken@t-online.de.

Printed by Printforce, the Netherlands